地方上級／国家総合職・一般職・専門職

公務員試験

新スーパー過去問ゼミ**7**

憲法

資格試験研究会編
実務教育出版

新スーパー過去問ゼミ7
刊行に当たって

　公務員試験の過去問を使った定番問題集として，公務員受験生から圧倒的な信頼を寄せられている「スー過去」シリーズ。その「スー過去」が大改訂されて「**新スーパー過去問ゼミ7**」に生まれ変わりました。

　「7」では，最新の出題傾向に沿うよう内容を見直すとともに，より使いやすくより効率的に学習を進められるよう，細部までブラッシュアップしています。

「新スーパー過去問ゼミ7」改訂のポイント

　① 令和3年度〜令和5年度の問題を増補

　② 過去15年分の出題傾向を詳細に分析

　③ 1行解説・STEP解説，学習方法・掲載問題リストなど，
　　 学習効率向上のための手法を改良

　もちろん，「スー過去」シリーズの特長は，そのまま受け継いでいます。

　　　　・テーマ別編集で，主要試験ごとの出題頻度を明示
　　　　・「必修問題」「実戦問題」のすべてにわかりやすい解説
　　　　・「POINT」で頻出事項の知識・論点を整理
　　　　・本を開いたまま置いておける，柔軟で丈夫な製本方式

　本シリーズは，「地方上級」「国家一般職［大卒］」試験の攻略にスポットを当てた過去問ベスト・セレクションですが，「国家総合職」「国家専門職［大卒］」「市役所上級」試験など，大学卒業程度の公務員採用試験に幅広く対応できる内容になっています。

　公務員試験は難関といわれていますが，良問の演習を繰り返すことで，合格への道筋はおのずと開けてくるはずです。本書を開いた今この時から，目標突破へ向けての着実な準備を始めてください。

　あなたがこれからの公務を担う一員となれるよう，私たちも応援し続けます。

資格試験研究会

本書の構成

❶学習方法・問題リスト：巻頭には，本書を使った効率的な科目の攻略のしかたをアドバイスする「**憲法の学習方法**」と，本書に収録した全過去問を一覧できる「**掲載問題リスト**」を掲載している。過去問を選別して自分なりの学習計画を練ったり，学習の進捗状況を確認する際などに活用してほしい。

❷試験別出題傾向と対策：各章冒頭にある出題箇所表では，平成21年度以降の国家総合職，国家一般職，国家専門職，地方上級（全国型・東京都・特別区），市役所（Ｃ日程）の出題状況が一目でわかるようになっている。具体的な出題傾向は，試験別に解説を付してある。

※市役所Ｃ日程については令和5年度の情報は反映されていない。

テーマ別出題頻度表示の見方

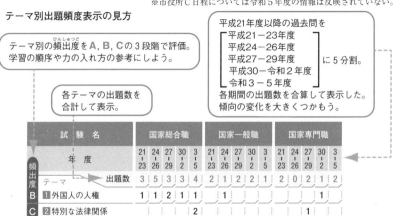

テーマ別の頻出度を**A，B，C**の3段階で評価。学習の順序や力の入れ方の参考にしよう。

平成21年度以降の過去問を
　平成21－23年度
　平成24－26年度
　平成27－29年度
　平成30－令和2年度
　令和3－5年度
に5分割。
各期間の出題数を合算して表示した。傾向の変化を大きくつかもう。

各テーマの出題数を合計して表示。

	試　験　名	国家総合職					国家一般職					国家専門職				
	年　度	21 23	24 26	27 29	30 令2	3 5	21 23	24 26	27 29	30 令2	3 5	21 23	24 26	27 29	30 令2	3 5
頻出度	テーマ　　出題数	3	5	3	3	4	2	1	2	2	1	2	0	2	1	2
B	①外国人の人権	1	1	2	1	1	1								1	
C	②特別な法律関係					2									1	

❸必修問題：各テーマのトップを飾るにふさわしい，合格のためには必ずマスターしたい良問をピックアップ。解説は，各選択肢の正誤ポイントをズバリと示す「**1行解説**」，解答のプロセスを示す「**STEP解説**」など，効率的に学習が進むように配慮した。また，正答を導くための指針となるよう，問題文中に以下のポイントを示している。

　　　＿＿＿＿（アンダーライン部分）：正誤判断の決め手となる記述

　　　（色が敷いてある部分）：覚えておきたいキーワード

「**FOCUS**」には，そのテーマで問われるポイントや注意点，補足説明などを掲載している。

　必修問題のページ上部に掲載した「**頻出度**」は，各テーマをA，B，Cの3段階で評価し，さらに試験別の出題頻度を「★」の数で示している（★★★：最頻出，★★：頻出，★：過去15年間に出題実績あり，―：過去15年間に出題なし）。

❹POINT：これだけは覚えておきたい最重要知識を，図表などを駆使してコンパクトにまとめた。問題を解く前の知識整理に，試験直前の確認に活用してほしい。

❺実戦問題：各テーマの内容をスムーズに理解できるよう，バランスよく問題を選び，詳しく解説している。問題ナンバー上部の「＊」は，その問題の「**難易度**」を表しており（＊＊＊が最難），また，学習効果の高い重要な問題には ✪ マークを付している。

✪ ＊＊ No.2　必修問題と ✪ マークのついた問題を解いていけば，スピーディーに本書をひととおりこなせるようになっている。

なお，収録問題数が多いテーマについては，「**実戦問題❶**」「**実戦問題❷**」のように問題をレベル別またはジャンル別に分割し，解説を参照しやすくしている。

❻索引：巻末には，POINT等に掲載している重要語句を集めた用語索引がついている。用語の意味や定義の確認，理解度のチェックなどに使ってほしい。

本書で取り扱う試験の名称表記について

本書に掲載した問題の末尾には，試験名の略称および出題年度を記載している。

①国家総合職：国家公務員採用総合職試験，
国家公務員採用Ⅰ種試験（平成23年度まで）

②国家一般職：国家公務員採用一般職試験［大卒程度試験］，
国家公務員採用Ⅱ種試験（平成23年度まで）

③国家専門職：国家公務員採用専門職試験［大卒程度試験］，
国税専門官採用試験，財務専門官採用試験，労働基準監督官採用試験

④地方上級：地方公務員採用上級試験（都道府県・政令指定都市）

（全国型）：広く全国的に分布し，地方上級試験のベースとなっている出題型

（東京都）：東京都職員Ⅰ類B採用試験

（特別区）：特別区（東京23区）職員Ⅰ類採用試験

※地方上級試験については，実務教育出版が独自に分析し，「全国型」「関東型」「中部・北陸型」「法律・経済専門タイプ」「その他の出題タイプ」「独自の出題タイプ（東京都，特別区など）」の6つに大別している。

⑤市役所：市役所職員採用上級試験（政令指定都市以外の市役所）

※市役所上級試験については，試験日程によって「A日程」「B日程」「C日程」の3つに大別している。また，「Standard」「Logical「Light」という出題タイプがあるが，本書では大卒程度の試験で最も標準的な「Standard-Ⅰ」を原則として使用している。

本書に収録されている「過去問」について

①平成9年度以降の国家公務員試験の問題は，人事院により公表された問題を掲載している。地方上級の一部（東京都，特別区）も自治体により公表された問題を掲載している。それ以外の問題は，受験生から得た情報をもとに実務教育出版が独自に編集し，復元したものである。

②問題の論点を保ちつつ問い方を変えた，年度の経過により変化した実状に適合させた，などの理由で，問題を一部改題している場合がある。また，人事院などにより公表された問題も，用字用語の統一を行っている。

CONTENTS

公務員試験　新スーパー過去問ゼミ7
憲法

注　記

【判例の表記について】

（最大判昭53・10・4）とあるものは，「最高裁判所大法廷判決昭和53年10月4日」の意。

（最決昭60・7・19）とあるものは，「最高裁判所決定昭和60年7月19日」の意。

　なお，判旨の表記は，読みやすさを考慮して，口語化・簡略化を行っている部分がある。

【法律名称の表記について】

　（13条），（15条1項）などと，カッコ内に法律の名称がなく，条文のみが表記されている場合は，すべて憲法の条文である。

　その他の法律については，以下のような表記の簡略化を行っている場合がある。

　議院証言法……議院における証人の宣誓及び証言等に関する法律

　刑訴法……刑事訴訟法　　　国賠法……国家賠償法

　公選法……公職選挙法　　　地自法……地方自治法

　国公法……国家公務員法　　独禁法……私的独占の禁止及び公正取引の確保に関する法律

カバー・本文デザイン／小谷野まさを　　書名ロゴ／早瀬芳文

憲法の学習方法

Ⅰ．学習のポイント

1．憲法とは

　憲法とは，国の基本法です。したがって，日本国憲法は，日本の基本となる法です。その内容は，大きく，次の４つの分野に分かれます。

> ①総論
> ②基本的人権
> ③統治機構
> ④平和主義

　①は，ポツダム宣言受諾を契機に日本国憲法が制定されたという戦後の歴史からはじまって，「憲法」の意味（立憲主義など），そして国民主権・基本的人権の尊重・平和主義の三大原則などを学習する分野です。

　②は，私たちの権利や自由，具体的には，言いたいことを言えるという表現の自由，宗教を信じる信教の自由などを学習する分野です。

　③は，政治のシステム，具体的には，国会・内閣・裁判所の三権分立などを学習する分野です。

　④は戦争の放棄を宣言した９条を中心に，平和について学習する分野です。

2．公務員試験における憲法とは

　憲法は，法律系科目（民法，行政法その他）の学習において，入門的な位置づけにある科目です。なぜなら，小中高校の社会科ですでに学習済みだからです。したがって，法律の学習のスタート科目に最適です。また，民法などと比べると，試験問題の難易度が高くない科目です。それゆえ，本番でも得点源となり，多くの受験生が得意科目にしています。

　まず，学習の範囲ですが，上記の４つの分野をすべて同様に学習する必要はありません。①と④は，ほとんど出題されないからです。そもそも歴史や三大原則などは出題しづらいですし，平和主義は，個人のイデオロギーに深くかかわるので，試験の出題に適さないものです。したがって，**公務員試験憲法の出題の多くは，②と③の２大頻出分野から**になります。

　次に，出題の内容ですが，**②人権では判例の出題**が中心になります。判例とは，簡単にいえば，最高裁判所の判断のことです。日本国憲法で違憲立法審査権が導入されて，私たちの人権が裁判所で争われることが多くなったからです。そして，判例では，たとえば，テーマ１に出てくるマクリーン事件では「外国人にも原則として人権が保障される」などの重要ポイントを理解し，暗記します。これに対し，**③統治では条文の出題**が中心になります。条文とは，憲法や国会法などの法律に書いてある文章のことです。統治は政治のシステムの分野なので，たとえば，国会は衆議院と参議院の二院制で構成されるといった，制度についての仕組みが書かれた条文の内容が重要だからです。なお，憲法だけでなく，国会法などの重要法律の条文も出題されていることに注意してください。

　さらに，人権と統治という分野には関係なく，学問上の論争点に関する**論理問題の出題**もあります。典型例として，衆議院の解散をめぐる通説（圧倒的な多数学説のこと）と少

数説の争いについて，各説の理由づけや批判などの正確な知識が問われる問題です。

以上から，公務員試験における憲法では，②人権と③統治の２大分野を中心に，②では判例，③では条文，さらに学説を重点的に学習することが必要になります。

> ・人権→判例
> ・統治→条文（憲法その他）
> ・論点→学説（通説と少数説）

Ⅱ「スー過去」憲法の特長と使い方

1.「スー過去」憲法の特長

本書では，各問の解説を，重要な判例や条文を十分に引用して，かつ，その正誤ポイントを明示する形で示しています。これにより，出題の素材となる判例や条文などの理解，暗記に役立ち，かつ，実際の本試験問題の正誤判断のポイントとなる○×の箇所がわかるからです。

公務員試験は，法学者や，弁護士などの法曹を養成するための試験ではありません。合格に必要なのは，限られた時間の中で試験に合格するための力を身につけられるかということです。そのため，本書では学術的な厳密な意味での理論的な緻密さや正確性の追求よりも，合格のための理解・暗記の方に優先的な価値を置いて記述しています。本書の目的は，ただ一つ，皆さんの公務員試験合格だからです。

2.「スー過去」憲法の使い方

掲載している問題は，**最低でも３回**は解いてください。２回目までは全ての問題を解きます。３回目は，試験直前期に，間違えた問題のみを解き直します。これが最も確実に合格できる問題演習法です！

ただし，受験生からのよくある質問をもとに，以下，より短期かつ戦略的な使用例を提示します。公務員試験は，満点を取らなければならない試験ではなく，全体の６割以上の得点で合格できる試験です。憲法は，他の科目よりも得点源になる科目なので，８割が目標になります。５問中４問取れれば合格できるのです。

（1）受験試験別

各テーマにある試験別★マークを，まず，利用してください。受験する試験で過去に出題がないテーマなどは飛ばしてください。

そのうえで，本書は，公務員試験全般の過去問題集です。国家総合職から市役所まで，さまざまな試験を分析して，その中の良問をセレクトして編集しています。そのため，地方上級などの第一志望者から，「国家総合職の問題まで解かなければいけませんか」という質問をよく受けるのですが，国家総合職の受験生であれば，当然，**全問題**を解いてください。そうでなければ，**国家総合職以外の問題**（国家一般職，地方上級など）を解いてください。国家総合職の問題は，他の試験と比べて長文であり，正誤判断が結論（〜できる，〜できない等）ではなく理由づけ部分であるなど，比較的難問が多く異質だからです。

（2）問題別

　各テーマの必修問題は，当該分野における最良問をピックアップして掲載しています。そのため，年度が古い問題もあえて載せています。したがって，まず**必修問題はすべて解いてください**。そして，解説中の**1行解説のみ**は必ず読むようにしましょう。もし，1行だけでは理解が不十分であれば，さらに解説文も読んでいきましょう。

　次に，実戦問題には，**ダイヤアイコン付きの問題**があります。学習効果の高い良問を選んでいますので，この問題を解き，**1行解説のみ**を読んでいきましょう。

（3）テーマ別

　受験生から最も多い質問がこれです！　本書は，もともと頻出問題集ですから，頻出テーマのみセレクトして項目立てをしています。それでも，「時間がないので少しでも学習テーマ数を絞ってほしい」という質問が絶えません。

　もちろん，そのためにテーマ別にA～Cマークがあります。そのうえで，ここで，まったく別の観点から再考してみます。いわゆる費用対効果の視点です。つまり，出題頻度は比較的高くてもマスターするために時間がかかりすぎるテーマや，逆に，出題頻度はそれほど高くはないがかなり短時間でクリアできるテーマがあります。この視点から最大に絞り込んだ場合は，以下の**テーマは後回しでもOK**です。これによって，学習量を約3分の2に減少することもできます。

テーマ2，5，11，19，21，26～28は後回しも可

（4）最後に

　個別の分野の学習に際しては，POINTの解説部分を参考にして，間違えた問題についての条文などの内容をしっかり復習してください。これで，最頻出の条文・判例・論点は押さえられます。さらに，ときどき出題される内容についても，各問題の解説で知識をプラスしていってください。そのようにして，出題ポイントを理解，暗記することによって，真の実力を身につけ，本試験に臨んでください。

　本書を利用される皆さんが，第一志望の公務員試験に合格されることを，心よりお祈りいたします。

合格者に学ぶ「スー過去」活用術

　公務員受験生の定番問題集となっている「スー過去」シリーズであるが，先輩たちは本シリーズをどのように使って，合格を勝ち得てきたのだろうか。弊社刊行の『公務員試験受験ジャーナル』に寄せられた「合格体験記」などから，傾向を探ってみた。

🔊 自分なりの「戦略」を持って学習に取り組もう！

　テーマ1から順番に一つ一つじっくりと問題を解いて，わからないところを入念に調べ，納得してから次に進む……という一見まっとうな学習法は，すでに時代遅れになっている。**合格者は，初期段階でおおまかな学習計画を立てて，戦略を練っている**。まずは各章冒頭にある「試験別出題傾向と対策」を見て，自分が受験する試験で各テーマがどの程度出題されているのかを把握し，「掲載問題リスト」を利用するなどして，**いつまでにどの程度まで学習を進めればよいか，学習全体の流れをイメージ**しておきたい。

🔊 完璧をめざさない！ザックリ進めながら復習を繰り返せ！

　本番の試験では，6～7割の問題に正答できればボーダーラインを突破できる。裏を返せば3～4割の問題は解けなくてもよいわけで，完璧をめざす必要はまったくない。
　受験生の間では，「問題集を何周したか」がしばしば話題に上る。問題集は，1回で理解しようとジックリ取り組むよりも，初めはザックリ理解できた程度で先に進んでいき，何回も繰り返し取り組むことで徐々に理解を深めていくやり方のほうが，学習効率は高いとされている。**合格者は「スー過去」を繰り返しやって，得点力を高めている**。

🔊 すぐに解説を読んでもOK！考え込むのは時間のムダ！

　合格者の声を聞くと「**スー過去を参考書代わりに読み込んだ**」というものが多く見受けられる。科目の攻略スピードを上げようと思ったら「ウンウンと考え込む時間」は一番のムダだ。過去問演習は，解けた解けなかったと一喜一憂するのではなく，**問題文と解説を読みながら正誤のポイントとなる知識を把握して記憶すること**の繰り返しなのである。

🔊 分量が多すぎる！という人は，自分なりに過去問をチョイス！

　広い出題範囲の中から頻出のテーマ・過去問を選んで掲載している「スー過去」ではあるが，この分量をこなすのは無理だ！と敬遠している受験生もいる。しかし，**合格者もすべての問題に取り組んでいるわけではない**。必要な部分を自ら取捨選択することが，最短合格のカギといえる（次ページに問題の選択例を示したので参考にしてほしい）。

🔊 書き込んでバラして……「スー過去」を使い倒せ！

　補足知識や注意点などは本書に直接書き込んでいこう。**書き込みを続けて情報を集約していくと本書が自分オリジナルの参考書になっていくので，インプットの効率が格段に上がる**。それを繰り返し「何周も回して」いくうちに，反射的に解答できるようになるはずだ。
　また，分厚い「スー過去」をカッターで切って，章ごとにバラして使っている合格者も多い。**自分が使いやすいようにカスタマイズして，「スー過去」をしゃぶり尽くそう**！

学習する過去問の選び方

●具体的な「カスタマイズ」のやり方例

本書は全203問の過去問を収録している。分量が多すぎる！と思うかもしれないが，合格者の多くは，過去問を上手に取捨選択して，自分に合った分量と範囲を決めて学習を進めている。

以下，お勧めの例をご紹介しよう。

❶必修問題と💎のついた問題に優先的に取り組む！

当面取り組む過去問を，各テーマの「**必修問題**」と💎マークのついている「**実戦問題**」に絞ると，およそ全体の４割の分量となる。これにプラスして各テーマの「**POINT**」をチェックしていけば，この科目の典型問題と正誤判断の決め手となる知識の主だったところは押さえられる。

本試験まで時間がある人もそうでない人も，ここから取り組むのが定石である。まずはこれで１周（問題集をひととおり最後までやり切ること）してみてほしい。

❶を何周かしたら次のステップへ移ろう。

❷取り組む過去問の量を増やしていく

❶で基本は押さえられても，❶だけでは演習量が心もとないので，取り組む過去問の数を増やしていく必要がある。増やし方としてはいくつかあるが，このあたりが一般的であろう。

> ◎基本レベルの過去問を追加（難易度「＊」の問題を追加）
> ◎受験する試験種の過去問を追加
> ◎頻出度Ａのテーマの過去問を追加

これをひととおり終えたら，前回やったところを復習しつつ，まだ手をつけていない過去問をさらに追加していくことでレベルアップを図っていく。

もちろん，あまり手を広げずに，ある程度のところで折り合いをつけて，その分復習に時間を割く戦略もある。

●掲載問題リストを活用しよう！

「**掲載問題リスト**」では，本書に掲載された過去問を一覧表示している。

受験する試験や難易度・出題年度等を基準に，学習する過去問を選別する際の目安としたり，チェックボックスを使って学習の進捗状況を確認したりできるようになっている。

効率よくスピーディーに学習を進めるためにも，積極的に利用してほしい。

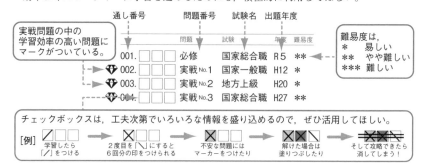

掲載問題リスト

本書に掲載した全203問を一覧表にした。□に正答できたかどうかをチェックするなどして，本書を上手に活用してほしい。

11

♦	127.	☐☐☐	実戦 No.5	国家専門職	H24	**
	128.	☐☐☐	実戦 No.6	国家総合職	H25	**
♦	129.	☐☐☐	実戦 No.7	国家総合職	R元	**
	130.	☐☐☐	実戦 No.8	国家総合職	H10	***

テーマ⑱内閣総理大臣

		問題	試験	年度	難易度
	131.	☐☐☐	必修	国家総合職	R3	**
♦	132.	☐☐☐	実戦 No.1	国家一般職	H25	**
♦	133.	☐☐☐	実戦 No.2	地上特別区	H17	**
♦	134.	☐☐☐	実戦 No.3	国家総合職	R2	**
	135.	☐☐☐	実戦 No.4	国家総合職	H25	**
	136.	☐☐☐	実戦 No.5	国家総合職	H27	***

テーマ⑲議員内閣制

		問題	試験	年度	難易度
	137.	☐☐☐	必修	国家総合職	H16	***
♦	138.	☐☐☐	実戦 No.1	国家専門職	H27	**
	139.	☐☐☐	実戦 No.2	地上全国型	H18	**
	140.	☐☐☐	実戦 No.3	国家総合職	H23	**
	141.	☐☐☐	実戦 No.4	地上全国型	H11	***
	142.	☐☐☐	実戦 No.5	国家総合職	H12	***

第7章 裁判所
テーマ⑳司法権の範囲と限界

		問題	試験	年度	難易度
	143.	☐☐☐	必修	国家一般職	R4	**
♦	144.	☐☐☐	実戦 No.1	地上特別区	H24	**
♦	145.	☐☐☐	実戦 No.2	地上特別区	H30	*
	146.	☐☐☐	実戦 No.3	地上全国型	R3	*
	147.	☐☐☐	実戦 No.4	国家総合職	H28	**
	148.	☐☐☐	実戦 No.5	国家総合職	R3	**
	149.	☐☐☐	実戦 No.6	国家総合職	H22	**
	150.	☐☐☐	実戦 No.7	国家一般職	H15	**

テーマ㉑裁判所の組織と権能

		問題	試験	年度	難易度
	151.	☐☐☐	必修	地上特別区	R5	**
	152.	☐☐☐	実戦 No.1	国家一般職	H25	*
♦	153.	☐☐☐	実戦 No.2	国家一般職	H27	**
♦	154.	☐☐☐	実戦 No.3	国家専門職	H26	**

テーマ㉒司法権の独立

		問題	試験	年度	難易度
	155.	☐☐☐	必修	地上特別区	R4	**
♦	156.	☐☐☐	実戦 No.1	地上特別区	H25	**

	157.	☐☐☐	実戦 No.2	地上全国型	H30	*
	158.	☐☐☐	実戦 No.3	地上特別区	H29	**
	159.	☐☐☐	実戦 No.4	国家総合職	R4	**

テーマ㉓違憲審査制

		問題	試験	年度	難易度
	160.	☐☐☐	必修	地上特別区	R元	**
♦	161.	☐☐☐	実戦 No.1	国家一般職	H19	*
♦	162.	☐☐☐	実戦 No.2	国家総合職	H25	**
♦	163.	☐☐☐	実戦 No.3	国家総合職	H29	**
♦	164.	☐☐☐	実戦 No.4	国家総合職	H20	**
	165.	☐☐☐	実戦 No.5	国家総合職	H27	***
	166.	☐☐☐	実戦 No.6	国家総合職	H11	***
	167.	☐☐☐	実戦 No.7	国家一般職	H13	***
	168.	☐☐☐	実戦 No.8	地上全国型	H4	***

第8章 財政・地方自治・法形式
テーマ㉔財政

		問題	試験	年度	難易度
	169.	☐☐☐	必修	国家一般職	R4	**
♦	170.	☐☐☐	実戦 No.1	地上全国型	H28	*
♦	171.	☐☐☐	実戦 No.2	地上特別区	H25	**
	172.	☐☐☐	実戦 No.3	地上特別区	H27	**
	173.	☐☐☐	実戦 No.4	国家総合職	H24	**
♦	174.	☐☐☐	実戦 No.5	地上特別区	R元	**
	175.	☐☐☐	実戦 No.6	地上特別区	R3	**
	176.	☐☐☐	実戦 No.7	国家総合職	H27	***
	177.	☐☐☐	実戦 No.8	地上全国型	H22	***
	178.	☐☐☐	実戦 No.9	国家一般職	H17	***

テーマ㉕地方自治

		問題	試験	年度	難易度
	179.	☐☐☐	必修	国家総合職	R元	**
♦	180.	☐☐☐	実戦 No.1	地上特別区	H27	**
♦	181.	☐☐☐	実戦 No.2	国家専門職	H28	**
	182.	☐☐☐	実戦 No.3	地上特別区	R4	*
♦	183.	☐☐☐	実戦 No.4	国家総合職	H30	**
	184.	☐☐☐	実戦 No.5	国家総合職	R4	***
	185.	☐☐☐	実戦 No.6	国家一般職	H18	**
	186.	☐☐☐	実戦 No.7	国家総合職	H28	**

テーマ㉖条約と法令

		問題	試験	年度	難易度
	187.	☐☐☐	必修	国家総合職	H27	***
♦	188.	☐☐☐	実戦 No.1	地上特別区	H27	**
	189.	☐☐☐	実戦 No.2	国家一般職	R元	**

第1章

人権総論

第1章 人権総論

試験別出題傾向と対策

試験名	国家総合職					国家一般職					国家専門職				
年度	21〜23	24〜26	27〜29	30〜2	3〜5	21〜23	24〜26	27〜29	30〜2	3〜5	21〜23	24〜26	27〜29	30〜2	3〜5
出題数	3	5	3	3	4	2	1	2	2	1	2	0	2	1	2
B ①外国人の人権	1	1	2	1	1		1							1	
C ②特別な法律関係				2									1		
A ③幸福追求権	1	2	1	1		1		1	1		1				1
A ④法の下の平等	1	2		1	1	1		1	1	1	1		1		1

　人権総論は，基本的人権の歴史から始まって人権の主体，人権の限界，そして本書では13条（幸福追求権），14条（法の下の平等）までをその範囲とする。この分野では，「総論」という言葉からイメージされやすい人権宣言の歴史，人権の観念などは出題されておらず，出題は上記の表の4テーマが大部分を占める。

● 国家総合職
　近時の出題形式は，判例・通説の見解を問う組合せ型の問題である。内容的には，マクリーン事件における性質説などの判例・通説に沿った問題となっているが，他の試験に比べて，①問題文が長文であること，②近年の新判例もよく出題されること，③判例の理由づけの部分も選択肢の中に使われていること，に特徴がある。

● 国家一般職
　出題形式は，単純正誤型や組合せ型の問題がほとんどであるが，近時，質問に対する発言という会話形式の問題も出題されている。内容的には，マクリーン事件，猿払事件や全農林警職法事件，前科照会事件などの判例・通説に沿った重要な知識が繰り返し問われている。

● 国家専門職
　人権総論というテーマ単独の出題は多くはない。1問のみ各選択肢バラバラに人権総論のテーマを問う総合問題が出題されているが，そこで問われている内容は本章で扱っている判例・通説に沿った重要な知識にすぎない。なお，憲法の出題数が少ないことから，1つの問題の中で選択肢1は「表現の自由」，選択肢2は「職業選択の自由」というように，バラバラに個別の人権を問う問題が出題されること

地方上級 (全国型)					地方上級 (特別区)					市役所 (C日程)					
21〜23	24〜26	27〜29	30〜2	3〜5	21〜23	24〜26	27〜29	30〜2	3〜5	21〜23	24〜26	27〜29	30〜2	3〜4	
1	2	2	1	3	1	1	1	2	1	0	1	1	1	1	
							1						1		テーマ 1
	1	1					1								テーマ 2
1		2	1					1			1		1	1	テーマ 3
	1			2	1	1		1			1				テーマ 4

が国家専門職の大きな特徴である。

● 地方上級

　出題は，猿払事件や全農林警職法事件，尊属殺重罰規定事件や議員定数不均衡事件などの重要テーマの判例・通説の見解を素直に問う単純正誤型などが出題されている。

● 特別区

　出題形式は，単純正誤型である。特別区では，組合せ型などのほかの出題形式での出題はほぼない。そして，この章での出題は，「法の下の平等」の判例が中心となっている。非嫡出子の法定相続分など，同様の事件の判例が繰り返して出題されているので，過去問演習が有効である。なお，近時，外国人の人権等を問う問題が初めて出題された。

● 市役所

　市役所試験は，他の試験と比べて，各選択肢が短文なのが特徴である。この章の出題内容は，外国人の人権や特別権力関係の理論，憲法13条では肖像権，14条では議員定数不均衡などである。

第1章　人権総論

外国人の人権

必修問題

　外国人の人権に関するア～オの記述のうち，**判例に照らし，妥当なものの
みを挙げているのはどれか。**　　　　　　　　【国家総合職・令和5年度】

ア：社会保障上の施策において在留外国人をどのように処遇するかについ
　　ては，国は，特別の条約の存しない限り，当該外国人の属する国との
　　外交関係等に照らしながら，その政治的判断によりこれを決定するこ
　　とができ，その限られた財源の下で福祉的給付を行うに当たり，自国
　　民を在留外国人より優先的に扱うことも許されるべきことと解され，
　　障害福祉年金の支給対象から在留外国人を除外することは，立法府の
　　裁量の範囲に属する事項と見るべきであり，憲法25条に違反しない。

イ：外国人登録法が定める在留外国人を対象とする**指紋押なつ制度**は，同
　　法の目的を達成するために制定されたもので，その立法目的には十分
　　な合理性があり，かつ，必要性も肯定することができる。また，その
　　具体的な制度内容は，精神的，肉体的に過度の苦痛を伴うものとまで
　　はいえず，方法としても，一般的に許容される限度を超えない相当な
　　ものであったと認められるので，このような指紋押なつ制度を定めた
　　同法の規定は憲法13条に違反しない。

ウ：**地方公共団体の管理職**の職務は広範多岐に及び，公権力を行使するこ
　　となく，また，公の意思に参画する蓋然性が少なく，地方公共団体の
　　行う統治作用に関わる程度の弱い管理職も存在することから，外国人
　　を任用することが許されない管理職と許される管理職とを区別して任
　　用管理を行う必要があり，このような任用制度を構築することなく，
　　日本国民である職員に限って管理職に昇進することができることとす
　　る措置をとることは，合理的な理由を欠き，憲法14条1項に違反する。

エ：台湾住民である旧軍人軍属が戦傷病者戦没者遺族等援護法及び恩給法
　　に定める国籍条項等の規定によりそれらの適用から除外され，日本の
　　国籍を有する旧軍人軍属と台湾住民である旧軍人軍属との間に差別が
　　生じていることは，当該国籍条項等が台湾住民である旧軍人軍属に対
　　する補償問題は日本国政府と中華民国政府の外交交渉による解決が予
　　定されたことに基づいて設けられたと解されること，その後，両国の
　　外交関係の消滅によりその解決が事実上不可能となったことに鑑みる
　　と，十分な合理的根拠を欠くものとして，憲法14条1項に違反する。

オ：外国人の在留の許否は国の裁量に委ねられ，わが国に在留する外国人
　　は，憲法上わが国に**在留する権利**ないし引き続き在留することを要求

頻出度	国家総合職 ★★★	地上特別区 ★	**1** 外国人の人権
B	国家一般職 ★	市役所C ★	
	国税専門官 ★		
	地上全国型 ―		

第1章 人権総論

することができる権利を保障されているものではなく，ただ，出入国管理令上法務大臣がその裁量により更新を適当と認めるに足りる相当の理由があると判断する場合に限り在留期間の更新を受けることができる地位を与えられているにすぎないものであり，したがって，外国人に対する憲法の基本的人権の保障は，このような外国人在留制度の枠内で与えられているにすぎないものと解するのが相当であって，<u>在留の許否を決する国の裁量を拘束するまでの保障が与えられているものと解することはできない。</u>

1 ア，イ，エ

2 ア，イ，オ

3 ア，ウ，オ

4 イ，ウ，エ

5 ウ，エ，オ

難易度 ＊＊

必修問題の<u>解説</u>

人権享有主体性における外国人の人権の問題，つまり，日本国憲法の基本的人権の保障が日本国籍を有しない外国人にも及ぶか否かを問う問題である。

ア◯ 福祉的給付を行う際，自国民を在留外国人より優先的に扱うことは許容。
限られた財源の下で福祉的給付を行うに当たり，**自国民を在留外国人より優先的**に扱うことも許されるとした塩見訴訟の判例である（最判平元・3・2）。

イ◯ 外国人登録法が定める在留外国人を対象とする指紋押なつ制度は合憲。
外国人登録法が定める在留外国人を対象とする指紋押なつ制度は憲法13条に違反しないとした外国人指紋押なつ事件の判例である（最判平7・12・15）。なお，外国人登録法の指紋押なつ制度は，平成11年に廃止された。

ウ✕ 日本国民である職員のみが管理職に昇任できる措置は合憲である。
判例は，普通地方公共団体が職員に採用した在留外国人の処遇につき合理的な理由に基づいて日本国民と異なる取扱いをすることまで許されないとするものではない。また，そのような取扱いは，合理的な理由に基づくものである限り，憲法14条1項に違反するものでもない。原則として日本の国籍を有する者が公権力行使等地方公務員に就任することが想定されているとみるべきであり，わが国以外の国家に帰属し，その国家との間でその国民としての権利義務を有する外国人が公権力行使等地方公務員に就任することは，本来

わが国の法体系の想定するところではない。普通地方公共団体が管理職の任用制度を構築した上で，**日本国民である職員に限って管理職に昇任**することができることとする措置を執ることは，合理的な理由に基づいて日本国民である職員と在留外国人である職員とを区別するものであり，この措置は，憲法14条1項に違反するものではないとする（最大判平17・1・26）。

エ✕ **台湾住民である旧軍人軍属が国籍条項等により適用除外されていても合憲。**
判例は，台湾住民である旧軍人軍属が戦傷病者戦没者遺族等援護法及び恩給法に定める国籍条項等の規定によりそれらの適用から除外されているのは，当該国籍条項等が台湾住民である旧軍人軍属に対する補償問題は日本国政府と中華民国政府の外交交渉による解決が予定されたことに基づくものであり，それには十分な合理的根拠があるので，憲法14条1項に違反するものとはいえないとする（最判平4・4・28）。

オ◯ **外国人の人権保障は，外国人在留制度の枠内で与えられているにすぎない。**
外国人に対する基本的人権の保障は，**外国人在留制度の枠内**で与えられているにすぎず，在留の許否を決する国の裁量を拘束するまでの保障が与えられているものではないとしたマクリーン事件の判例である（最大判昭53・10・4）。

以上から，妥当なものは**ア，イ，オ**であり，**2**が正答となる。

正答 **2**

FOCUS

外国人の人権は，「権利の性質に応じて保障が及ぶものと及ばないものに分かれる」という性質説が判例・通説である。マクリーン事件で性質説を押さえ，認められる人権と認められない人権の具体例を覚えていこう。

重要ポイント 1　人権の分類

包括的基本権		幸福追求権（13条），平等権（14条）
自由権	精神的自由	思想・良心の自由（19条），信教の自由（20条） 表現の自由（21条），学問の自由（23条）
	経済的自由	職業選択の自由（22条），財産権（29条）
	人身の自由	基本原則（18条，31条） 被疑者・被告人の権利（33条〜39条）
受益権		請願権（16条），裁判を受ける権利（32条） 国家賠償・補償請求権（17条，40条）
参政権		公務員選定罷免権（15条）
社会権		生存権（25条），教育を受ける権利（26条），労働基本権（28条）

重要ポイント 2　外国人の人権享有主体性

　日本国憲法は，人権を規定する第3章に「国民の権利及び義務」という表題をつけ，人権の主体を国民に限定するような構造をとっている。このことから，外国人が人権を享有できるか否かが問題となる。

　判例・通説は，外国人にも**権利の性質**上適用可能な人権規定は保障が及ぶという性質説をとっている。人権が前国家的な性格を有し，憲法が国際協調主義をとるからである。判例は，次のように判示している。

> **判例** マクリーン事件（最大判昭53・10・4）
>
> 　憲法第3章による基本的人権の保障は，権利の性質上日本国民のみをその対象としていると解されるものを除き，わが国に在留する外国人に対しても等しく及ぶ。

　したがって，性質説を前提に，いかなる人権がどの程度，外国人に保障されるかが次に問題になる。

　保障されるか？　原則，肯定 ──→ **その範囲は？**　権利の性質で決める

重要ポイント 3　外国人に保障されない人権

（1）入国の自由・在留の権利

　入国の自由は，国際慣習法上保障されない。在留の権利（ないし引き続き在留を要求する権利）も，入国の継続ということで保障されない。また再入国の権利も入国と同様ということで保障されない。なお，亡命権も保障されていない。

（2）参政権（選挙権・被選挙権）

　参政権の中では，特に選挙権が問題になる。判例は，定住外国人の地方選挙権に

つき，次のように判示している。

📖**判例 定住外国人の地方選挙権**（最判平 7・2・28）

> 憲法93条2項にいう「住民」とは，地方公共団体の区域内に住所を有する日本国民を意味するものであり，定住外国人はこれに含まれない。もっとも，定住外国人については，その意思を日常生活に密接な関連を有する地方公共団体の公共的事務の処理に反映させるべく，法律で，地方公共団体の長，その議会の議員などに対する選挙権を付与する措置を講じることは，憲法上禁止されているものではない。

　判例のポイントは2点である。1つ目は，定住外国人は憲法93条2項にいう「住民」には含まれないこと。2つ目は，定住外国人に法律で地方参政権を認めることが許容されること。つまり，立法政策の問題ということである。

（3）公務就任権

　公権力の行使等にかかわる地方公務員への就任権は，国民主権の原理から日本国民に保障される権利であり，外国人には保障されない。

📖**判例 外国人職員昇任試験拒否**（最大判平 17・1・26）

> 国民主権の原理に照らし，原則として日本の国籍を有する者が公権力行使等地方公務員に就任することが想定されているとみるべきである。

（4）社会権

　生存権などは，原則として保障されない。社会権は，各国の財源の下で，各人の所属する国によって保障されるべき権利だからである。

重要ポイント 4　外国人に保障される人権とその程度

（1）幸福追求権

　みだりに指紋の押なつを強制されない自由は，外国人にも保障される。ただし，指紋押なつ制度は合憲である（最判平 7・12・15）。

（2）自由権

　自由権の中では，精神的自由のうち，参政権的な機能を持つ**政治活動の自由**が問題になる。判例は，次のように判示している。

📖**判例 マクリーン事件**（最大判昭 53・10・4）

> 政治活動の自由については，わが国の政治的意思決定またはその実施に影響を及ぼす活動等外国人の地位にかんがみこれを認めることが相当でないと解されるものを除き，その保障が及ぶ。

　したがって，政治活動の自由も保障はされるが，その程度は，わが国の政治的意思決定やその実施に影響を及ぼさない限り，ということになる。外国人に参政権が否定されていることから日本の政治に影響を及ぼすことは認められないからである。

実戦問題 **1** 基本レベル

No.1 外国人の人権に関する次の記述のうち，判例に照らし，妥当なのはどれか。 【国家一般職・平成12年度】

1 憲法第3章の諸規定は，同表題が「国民の権利及び義務」とされていることから，外国人には適用されない。

2 国会議員の選挙権を有する者を日本国民に限っている公職選挙法の規定は，憲法14条1項および15条に違反して無効である。

3 わが国に在留する外国人は，憲法上，外国へ一時旅行する自由を保障されている。

4 わが国に在留する外国人に対して，政治活動の自由についても，わが国の政治的意思決定またはその実施に影響を及ぼす活動等外国人の地位に鑑みこれを認めることが相当でないと解されるものを除き，その保障が及ぶ。

5 社会保障上の施策において在留外国人をどのように処遇するかについて，障害福祉年金の給付に関し，自国民を在留外国人に優先させることとして在留外国人を支給対象者から除くことは，憲法14条1項および25条の規定に違反する。

No.2 憲法の人権規定の外国人に対する適用についての最高裁判所の判決に関する記述として，妥当なのはどれか。 【地方上級・平成20年度】

1 外国人の入国の自由について，今日の国際慣習法上，外国人に入国の自由を保障することが当然であり，憲法が規定する国際協調主義にかなうとした。

2 外国人の政治活動の自由について，外国人の地位に鑑み認めることが相当でないと解されるものを除き，保障されるとした。

3 外国人の生存権の保障について，自国民を在留外国人より優先させ，在留外国人を福祉的給付の支給対象者から除くことは許されないとした。

4 外国人の選挙権について，定住外国人へ地方公共団体における選挙の権利を付与しないことは合憲であり，法律で定住外国人に地方公共団体における選挙の権利を付与することはできないとした。

5 外国人登録法で義務付けられていた指紋押なつ制度について，何人もみだりに指紋の押なつを強制されない自由を有するとして，指紋押なつ制度は違憲であるとした。

実戦問題 **1** の解説

No.1 の解説 外国人の人権

→問題はP.23　**正答4**

1✕ 第3章の諸規定は外国人にも適用されうる。

憲法第3章の諸規定は，原則として，外国人にも適用される（最大判昭53・10・4）。

2✕ 国会議員の選挙権を国民に限定しても合憲である。

国会議員の選挙権を有する者を日本国民に限っている公職選挙法の規定は，憲法14条1項および15条に違反しない（最判平5・2・26）。

3✕ 外国人に海外旅行の自由は保障されない。

わが国に在留する外国人は，憲法上，**外国へ一時旅行する自由**を保障されていない（最判平4・11・16）。

4◎ 外国人の政治活動の自由は原則として保障される。

正しい。マクリーン事件である（最大判昭53・10・4）。

5✕ 社会保障で自国民を優先させても合憲である。

社会保障上の施策において在留外国人をどのように処遇するかについて，障害福祉年金の給付に関し，自国民を在留外国人より優先的に扱うことも許される（最判平元・3・2）。

No.2 の解説 人権規定の外国人に対する適用

→問題はP.23　**正答2**

1✕ 外国人に入国の自由は保障されない。

最高裁判所は，憲法上，外国人は，わが国に**入国する自由**を保障されていないとしている（最大判昭53・10・4）。

2◎ 外国人の政治活動の自由は原則として保障される。

マクリーン事件の最高裁判所判決である（最大判昭53・10・4）。

3✕ 福祉的給付で自国民を優先させても合憲である。

最高裁判所は，限られた財源の下で福祉的給付を行うに当たり，自国民を在留外国人より優先的に扱うことも許されるとして，障害福祉年金の支給対象者から在留外国人を除外することは，立法府の裁量の範囲に属するとしている（最判平元・3・2）。

4✕ 法律で定住外国人に地方選挙権を付与できる。

最高裁判所は，法律で定住外国人に地方公共団体における選挙の権利を付与することは，憲法上禁止されていないとしている（最判平7・2・28）。

5✕ 指紋押なつ制度は合憲である。

最高裁判所は，何人もみだりに**指紋の押なつを強制されない自由**を有するとしたうえで，この自由も，公共の福祉のため必要がある場合には相当の制限を受けるとして，外国人登録法で義務づけられていた指紋押なつ制度を合憲とした（最判平7・12・15）。なお，この外国人登録法の指紋押なつ制度は，平成11年に廃止された。

実戦問題 ❷　応用レベル

✦ No.3 外国人の人権に関するア〜オの記述のうち，妥当なもののみをすべて挙げているのはどれか。　　　　　　　　　　　　【国家総合職・平成27年度】

ア：外国人が基本的人権の保障の対象となるかどうかについて，判例は，憲法第３章の規定が「何人」と「国民」という表現で区別していることを踏まえ，前者の表現を採用する規定については，権利の性質上日本国民のみを対象としていると解されるものを除き，わが国に在留する外国人に対しても等しく及ぶと解すべきであり，後者の表現を採用する規定については，その保障は及ばないとしている。

イ：憲法13条によって保障される個人の私生活上の自由には，みだりに指紋の押なつを強要されない自由も含まれるが，この自由は，権利の性質上，わが国の国民のみに保障されるものであり，わが国に在留する外国人には保障されないとするのが判例である。

ウ：外国人の社会権について，判例は，人権の前国家的性格や憲法の国際協調主義に基づき，一定程度保障されていると解されるが，限られた財源の下で福祉的給付を行うに当たっては，自国民を在留外国人より優先的に行うことが原則であるとしている。

エ：出国の自由は憲法22条２項を根拠として外国人に対しても認められているものの，国際慣習法上，外国人を自国内に受け入れるかどうか，受け入れる場合にいかなる条件を付するかは，当該国家が自由に決定することができ，入国の自由は保障されないとするのが判例である。

オ：外国人の経済的自由権については，権利の性質上，国民と異なる特別な制約を加える必要がある場合も想定されることから，外国人であることのみを理由として種々の制限を行うことも，合理的理由があれば立法府の裁量として許容される。

1 ア，イ　　**2** ア，ウ　　**3** イ，オ
4 ウ，エ　　**5** エ，オ

No.4 居住・移転の自由等に関するア〜エの記述のうち，判例に照らし，妥当なもののみをすべて挙げているのはどれか。　　　　　　【国家総合職・平成25年度】

ア：憲法第３章の諸規定による基本的人権の保障は，権利の性質上日本国民のみをその対象としていると解されるものを除き，わが国に在留する外国人に対しても等しく及び，居住・移転の自由との関係では，わが国に在留する外国人に居住地に関する登録義務を課すことは，公共の福祉のための制限として許容されるものではない。

イ：国際慣習法上，外国人の入国を認めるか否かは各国の自由裁量に委ねられる

とされており，居住・移転の自由を保障する憲法22条１項も日本国内における自由を保障する旨を規定したものであって，同項は外国人に日本への入国の自由を保障するものではない。

ウ：憲法22条２項は，わが国に在留する外国人の出国の自由を認めているところ，日本国民が外国へ一時旅行することが同項によって保障されているのと同様，出国の自由を認めている以上は，わが国に在留する外国人の再入国の自由も同項によって保障されていると解すべきである。

エ：憲法22条２項の外国に移住する自由には外国へ一時旅行する自由も含まれるが，海外渡航に際し旅券所持を義務付ける旅券法が「著しく且つ直接に日本国の利益又は公安を害する行為を行う虞があると認めるに足りる相当の理由がある者」に対して外務大臣が旅券の発給を拒否することができると定めていることは，公共の福祉のための合理的な制限として許容される。

1 ア **2** ア，エ **3** イ，ウ
4 イ，エ **5** ウ，エ

No.5 外国人の人権に関するア〜オの記述のうち，妥当なもののみをすべて挙げているのはどれか。ただし，争いのあるものは判例の見解による。

【国家総合職・令和元年度】

ア：憲法22条２項の外国移住の自由は，権利の性質上，外国人に対しても保障されることから，わが国に在留する外国人は，憲法上，外国へ一時旅行する自由を保障されていると解するのが相当である。

イ：わが国に在留する外国人は，その住所を有する地方公共団体の自治の担い手の一人でもあることに照らすと，当該外国人が地方公共団体における自己統治の過程に密接に関連する職員以外の職員となることに対する制限を肯定するためには，厳格な合理性が要求される。

ウ：憲法93条２項にいう住民とは，地方公共団体の区域内に住所を有する日本国民を意味するものと解するのが相当であり，当該規定は，わが国に在留する外国人に対して，地方公共団体の長，その議会の議員等の選挙の権利を保障したものということはできない。

エ：外国人に対する憲法の基本的人権の保障は，外国人在留制度の枠内で与えられているにすぎないものと解するのが相当であり，在留中の外国人の行為が合憲合法の場合でも，法務大臣がその行為を当不当の面からわが国にとって好ましいものとはいえないと評価し，当該行為から将来当該外国人がわが国の利益を害する行為を行うおそれがある者であると推認することは，なんら妨げられるものではない。

オ：精神的自由権と同様に，経済的自由権についても，権利の性質上，適用可能な人権規定の保障はわが国に在留する外国人にも全て及ぶと解すべきであり，外国人であることのみを理由として経済的自由権を制限することは許されない。

1 ア，イ　　**2** ア，エ　　**3** イ，オ
4 ウ，エ　　**5** ウ，オ

***
No.6 次の文章は，普通地方公共団体である上告人に保健婦（現在は「保健師」）として採用された被上告人が，平成６年度および同７年度に，上告人に置かれる人事委員会の実施する管理職選考を受験しようとしたが，日本の国籍を有しないことを理由に受験が認められなかったため，国家賠償法１条１項に基づき，上告人に対し，慰謝料の支払等を請求した事案についての最高裁判所の判決の理由の一部であり，文章中の空欄A～Eにはア～オのいずれかの記述が入る。空欄BおよびDに入るものの組合せとして妥当なのはどれか。　　【国家一般職・平成19年度】

「4　しかしながら，前記事実関係等の下で被上告人の慰謝料請求を容認すべきものとした原審の判断は，是認することができない。その理由は，次のとおりである。

（1）　地方公務員法は，一般職の地方公務員（以下「職員」という。）に本邦に在留する外国人（以下「在留外国人」という。）を任命することができるかどうかについて明文の規定を置いていないが（…略…），普通地方公共団体が，
　　　　A　　ではない。普通地方公共団体は，職員に採用した在留外国人について，国籍を理由として，給与，勤務時間その他の勤務条件につき差別的取扱いをしてはならないものとされており（…略…），地方公務員法24条６項に基づく給与に関する条例で定められる昇格（給料表の上位の職務の級への変更）等も上記の勤務条件に含まれるものというべきである。しかし，上記の定めは，普通地方公共団体が　　B　　ではない。また，そのような取扱いは，合理的な理由に基づくものである限り，憲法14条１項に違反するものでもない。

管理職への昇任は，昇格等を伴うのが通例であるから，在留外国人を職員に採用するに当たって管理職への昇任を前提としない条件の下でのみ就任を認めることとする場合には，そのように取り扱うことにつき合理的な理由が存在することが必要である。

（2）　地方公務員のうち，住民の権利義務を直接形成し，その範囲を確定するなどの公権力の行使に当たる行為を行い，若しくは普通地方公共団体の重要な施策に関する決定を行い，またはこれらに参画することを職務とするもの（以下「公権力行使等地方公務員」という。）については，次のように解するのが相当で

ある。すなわち，公権力行使等地方公務員の職務の遂行は，　C　である。それゆえ，　D　であること（…略…）に照らし，原則として日本の国籍を有する者が公権力行使等地方公務員に就任することが想定されているとみるべきであり，　E　というべきである。

そして，普通地方公共団体が，公務員制度を構築するに当たって，公権力行使等地方公務員の職とこれに昇任するのに必要な職務経験を積むために経るべき職とを包含する一体的な管理職の任用制度を構築して人事の適正な運用を図ることも，その判断により行うことができるものというべきである。そうすると，普通地方公共団体が上記のような管理職の任用制度を構築した上で，日本国民である職員に限って管理職に昇任することができることとする措置を執ることは，合理的な理由に基づいて日本国民である職員と在留外国人である職員とを区別するものであり，上記の措置は，労働基準法３条にも，憲法14条１項にも違反するものではないと解するのが相当である。」

ア：住民の権利義務や法的地位の内容を定め，あるいはこれらに事実上大きな影響を及ぼすなど，住民の生活に直接間接に重大なかかわりを有するもの

イ：わが国以外の国家に帰属し，その国家との間でその国民としての権利義務を有する外国人が公権力行使等地方公務員に就任することは，本来わが国の法体系の想定するところではないもの

ウ：国民主権の原理に基づき，国および普通地方公共団体による統治のあり方については日本国の統治者としての国民が最終的な責任を負うべきもの

エ：法による制限の下で，条例，人事委員会規則等の定めるところにより職員に在留外国人を任命することを禁止するもの

オ：職員に採用した在留外国人の処遇につき合理的な理由に基づいて日本国民と異なる取扱いをすることまで許されないとするもの

	B	D
1	ア	オ
2	イ	ア
3	エ	ウ
4	オ	ア
5	オ	ウ

実戦問題 ❷ の 解説

→問題はP.25　正答5

No.3 の解説　外国人の人権

ア×　「何人」と「国民」とで区別されない。

判例は，記述のように「何人」と「国民」とで区別する文言説は採用していない。憲法第3章の諸規定による基本的人権の保障は，権利の性質上日本国民のみをその対象としていると解されるものを除き，わが国に在留する外国人に対しても等しく及ぶものと解すべきとあるとする**性質説**を採用している（マクリーン事件：最大判昭53・10・4）。

イ×　外国人にも，みだりに指紋の押なつを強制されない自由が保障される。

後半が誤り。判例は，みだりに**指紋の押なつを強制されない自由**は，権利の性質上，わが国に在留する外国人にも等しく及ぶとする（外国人指紋押なつ拒否事件：最判平7・12・15）。そのうえで，しかしながら，この自由も，公共の福祉のため必要がある場合には相当の制限を受けるとして，当時の外国人登録法が定める在留外国人についての指紋押なつ制度を合憲とした。なお，この制度は，平成11年に廃止されている。

ウ×　判例は，外国人の社会権を一定程度保障されるとはしていない。

前半が誤り。外国人の社会権について，判例は，人権の前国家的性格や憲法の国際協調主義に基づき，一定程度保障されていると解されるとはしていない。ただし，社会保障上の施策において在留外国人をどのように処遇するかについては，国は特別の条約の存しない限り，その政治的判断によりこれを決定することができるとして，限られた財源の下で福祉的給付を行うに当たり，自国民を在留外国人より優先的に扱うことも，許されるべきとする（塩見訴訟：最判平元・3・2）。

エ○　外国人に出国の自由は保障されるが，入国の自由は保障されない。

判例である（最大判昭32・12・25，最大判昭32・6・19）。

オ○　外国人の経済的自由は制限される。

外国人の経済的自由権については，権利の性質上，種々の制限を行うことも許容される。

以上から，妥当なものは**エ**と**オ**であり，**5**が正答となる。

→問題はP.25　正答4

No.4 の解説　外国人の居住・移転の自由等

ア×　居住地に関する登録義務は，合憲。

前半は正しいが，後半が誤り。判例は，憲法22条1項は，日本国内のいずれの地でも自分の欲するところに，居所または住所を定めることを妨げられないこと，および一旦定めた居所または住所を他に移すことを妨げられないことを保障したものであるが，それは絶対的にかかる自由が保障されているというわけではなく，この自由と公共の福祉の比較権衡上，公共の福祉のために制限を受ける場合があり，住民を保護し取り締まる目的から，新たに一定の場所に住居を定めたものに対し，その旨の届出もしくは登録をなすべきこ

とを命じ，これに違反するときは制裁を加える旨の規定を設けたからといっ
て，それは，居所もしくは住所を定めること自体を制限するものでもない。
また居所もしくは住所の移転自体を制限するものでもないから，かかる規定
は，憲法22条1項に違反し，居住・移転の自由を侵害するものであるという
ことはできず，かつて外国人登録令が同令の適用については，当分の間，朝
鮮人を外国人とみなし，戦時中より日本内地に在住する朝鮮人に対し，居住
地の市町村長に対する所要事項の登録を命じ，これに違反して登録の申請を
なさず，または虚偽の申請をなしたときは処罰する旨を規定したからといっ
て，憲法22条1項に違反するものではないとする（最大判昭28・5・6）。

イ○ **入国の自由はない。**
外国人に**入国の自由**は保障されない（最大判昭32・6・19）

ウ× **再入国の自由はない。**
前半は正しいが，後半が誤り。憲法上，わが国に在留する外国人の出国の自
由は認められているとするのが判例である（最大判昭32・12・25）。しかし，
判例は，わが国に在留する外国人は，外国へ一時旅行する自由は保障されて
いるものでないことは明らかである以上，その**再入国の自由**も保障されない
とする（最大判平4・11・16）。

エ○ **旅券法は，合憲。**
旅券法の規定は合憲である（最判昭60・1・22）。

以上から，妥当なものはイとエであり，**4**が正答となる。

No.5 の解説　外国人の人権の判例

ア× **わが国に在留する外国人に外国へ一時旅行する自由は，保障されない。**
判例は，わが国に在留する外国人は，憲法上，**外国へ一時旅行する自由**を保
障されていないとする（最判平4・11・16）。

イ× **日本国民である職員に限って管理職に昇任できるのは，合理的な区別。**
判例は，原則として日本の国籍を有する者が公権力行使等地方公務員に就任
することが想定されているとみるべきであり，わが国以外の国家に帰属し，
その国家との間でその国民としての権利義務を有する外国人が公権力行使等
地方公務員に就任することは，本来わが国の法体系の想定するところではな
いものというべきである。普通地方公共団体が管理職の任用制度を構築した
うえで，**日本国民である職員に限って管理職に昇任**することができることと
する措置を執ることは，合理的な理由に基づいて日本国民である職員と在留
外国人である職員とを区別するものであり，この措置は，憲法14条1項に違
反するものではないとする（最大判平17・1・26）。なお，本記述は同事件
における泉裁判官の反対意見である。

ウ○ **憲法93条2項の住民は，地方公共団体の区域内に住所を有する日本国民。**
判例は，本記述に続けて，憲法93条2項は，わが国に在留する外国人に対し
て地方公共団体における選挙の権利を保障したものとはいえないが，わが国

に在留する外国人のうちでも永住者等であってその居住する区域の地方公共団体と特段に緊密な関係を持つに至ったと認められるものについて，法律をもって，地方公共団体の長，その議会の議員等に対する選挙権を付与する措置を講ずることは，憲法上**禁止されていない**とした（最判平7・2・28）。

エ ○ **外国人に対する人権保障は，外国人在留制度の枠内で与えられている。**

判例は，外国人に対する憲法の基本的人権の保障は，外国人在留制度の枠内で与えられているにすぎないものと解するのが相当であって，在留の許否を決する国の裁量を拘束するまでの保障，すなわち，在留期間中の憲法の基本的人権の保障を受ける行為を在留期間の更新の際に消極的な事情として斟酌されないことまでの保障が与えられているものと解することはできないとした（最大判昭53・10・4）。

オ ✕ **外国人であることを理由として経済的自由を制限することも許される。**

経済的自由については，権利の性質上，適用可能な人権規定の保障がわが国に在留する外国人にすべて及ぶとは解されておらず，外国人であることのみを理由として経済的自由を制限することも許されうる。

以上から，妥当なものはウとエであり，**4**が正答となる。

No.6 の解説 **外国人の公務就任権**　　　→問題はP.27　**正答5**

本問は，東京都において外国籍職員の管理職昇任試験の受験拒否が争われた判例（最大判平17・1・26）を素材とした出題である。

A：エが入る。

B：オが入る。空欄の直後の文章において，「そのような取扱いは，合理的な理由に基づくものである限り，憲法14条1項に違反するものでもない」としていることから，判断できる。

C：アが入る。

D：ウが入る。空欄の直後の文章において，「原則として日本の国籍を有する者**が公権力行使等地方公務員に就任**することが想定されているとみるべきであり」としていることから，判断できる。

E：イが入る。解答の際は最も判断しやすい空欄Eに注目しよう。

したがって，Bには**オ**，Dには**ウ**が入り，**5**が正答となる。

特別な法律関係

必修問題

特別の公法上の法関係に関する次の記述のうち，妥当なのはどれか。

【国家総合職・令和4年度】

1 裁判官に対し積極的に政治運動をすることを禁止することは，合理的で必要やむをえない限度にとどまるものである限り憲法の許容するところであって，禁止の目的が正当で，その**目的**と禁止との間に**合理的関連性**があり，禁止により得られる利益と失われる利益との**均衡**を失するものでなければ，憲法21条1項に違反しないというべきであるとするのが判例である。

2 被拘禁者の新聞紙等の**閲読の自由**については，逃亡および罪証隠滅の防止という勾留の目的のほか，監獄内の規律および秩序の維持のために一定の制限を受けることはやむをえず，その制限が許されるためには，被拘禁者の性向，監獄内の保安状況，新聞紙等の内容等の具体的事情の下において，その閲読を許すことにより監獄内の規律および秩序が害される一般的，抽象的なおそれがあれば足りるとするのが判例である。

3 受刑者とその親族でない者との**信書の発受を制限**する旧監獄法の規定について，このような信書の発受は，信書の相手方が親族である場合に比べてその保護の必要性は高くないことから，受刑者の身柄の確保，受刑者の更生等の点において障害が生ずる可能性があると認められる場合にはその制限が許され，同法の規定は，憲法21条および14条1項に違反しないとするのが判例である。

4 旧社会保険庁に勤務する一般職国家公務員で，管理職的地位になく，その職務の内容や権限に裁量の余地のない者が，休日に，その職務とまったく無関係に支持政党の機関紙等を配布した行為につき，国家公務員の**政治的行為を禁止**する国家公務員法の罰則規定を適用することは，表現の自由という基本的人権に対し必要やむをえない限度を超えた制約を加え，これを処罰の対象とするものといわざるをえないから，憲法21条および31条に違反するとするのが判例である。

5 公務員の労働基本権に関し，最高裁判所は，抽象的な公共の福祉論や全体の奉仕者論に基づいて**労働基本権の制限**を容易に認めていたが，その後，いわゆる二重の絞り論と呼ばれる合憲限定解釈を行って，正当化される争議行為の制限の範囲を限定するようになり，現在でもこの考え方が維持されている。

難易度　＊＊＊

必修問題の解説

　憲法が「人権」として定めるのは，公権力と一般国民との関係である。そこで，本問で問われる公務員などのように，公権力と特殊な関係にある者の人権がどこまで保障されるかが問題とされてきた。公務員にも一般国民と同じように労働基本権が保障されるか否か，などの重要論点を具体的に知っておく必要がある。

1 ◎ **裁判官に対し積極的な政治活動を禁止することは合憲である。**

　寺西裁判官事件の判例である（最大決平10・12・1）。猿払事件と同様の**合理的関連性の基準**を用いている。

2 ✕ **閲読を許すことにより放置できない障害が生ずる相当の蓋然性が必要。**

　監獄内の規律および秩序の維持のために被拘禁者の新聞紙，図書等の閲読の自由を制限する場合においても，それは，この目的を達するために真に必要と認められる限度にとどめられるべきものである。したがって，その制限が許されるためには，当該閲読を許すことによりその規律および秩序が害される一般的，抽象的なおそれがあるというだけでは足りず，被拘禁者の性向，行状，監獄内の管理，保安の状況，当該新聞紙，図書等の内容その他の具体的事情の下において，その閲読を許すことにより監獄内の規律および秩序の維持上放置することのできない程度の障害が生ずる**相当の蓋然性**があると認められることが必要であり，かつ，その場合においても，その制限の程度は，障害発生の防止のために必要かつ合理的な範囲にとどまるべきものとするのが判例である（最大判昭58・6・22）。

3 ✕ **信書の発受の保護の必要性は広く認められる。**

　受刑者とその親族でない者との信書の発受を制限する旧監獄法の規定について，このような信書の発受は，信書の相手方が親族である場合に比べてその保護の必要性は高くないとしている点が誤り。判例は，その必要性は広く認められるとしている（最判平18・3・23）。

4 ✕ **本件配布行為は罰則規定の構成要件には該当しない。**

　判例は，本件配布行為は，管理職的地位になく，その職務の内容や権限に裁量の余地のない公務員によって，職務とまったく無関係に，公務員により組織される団体の活動としての性格もなく行われたものであり，公務員による行為と認識しうる態様で行われたものでもないから，**公務員の職務の遂行の政治的中立性**を損なうおそれが実質的に認められるものとはいえない。そうすると，本件配布行為は本件罰則規定の構成要件に該当しないというべきであるとする（最判平24・12・7）。本肢（原判決）のような違憲とする判示をしていない。

5 ✕ **二重の絞り論は維持されていない。**

　公務員の労働基本権に関し，最高裁判所は，抽象的な公共の福祉論や全体の奉仕者論に基づいて労働基本権の制限を容易に認めていた。その後，いわゆ

る二重の絞り論と呼ばれる合憲限定解釈を行って，正当化される争議行為の制限の範囲を限定するようになった。しかし，現在この考え方は維持されていない。判例は，公務員の行う争議行為のうち，違法とされるものとそうでないものとの区別を認め，さらに違法とされる争議行為にも違法性の強いものと弱いものとの区別を立て，あおり行為等の罪として刑事制裁を科されるのはそのうち違法性の強い争議行為に対するものに限るとした。あるいは，あおり行為等につき，争議行為の企画，共謀，説得，慫慂，指令等を争議行為にいわゆる通常随伴するものとして，国公法上不処罰とされる争議行為自体と同一視し，かかるあおり等の行為自体の違法性の強弱または社会的許容性の有無を論ずるように不明確な限定解釈は，かえって犯罪構成要件の保障的機能を失わせることとなり，その明確性を要請する憲法31条に違反する疑いすら存するものといわなければならない。いわゆる全司法仙台事件についての当裁判所の判決（最大判昭44・4・2）は，本判決において判示したところに抵触する限度で，変更を免れないものであるとした（最大判昭48・4・25：全農林警職法事件）。

正答 **1**

FOCUS

　公務員の人権については，政治活動の自由の制限と労働基本権の制限が特に重要である。猿払事件と全農林警職法事件の判旨を押さえておこう。なお，5肢すべて公務員の人権の問題という出題は少ないが，表現の自由や労働基本権の問題などの選択肢の一つとしても出題されているので，出題頻度は決して低くはないことに注意。

POINT

重要ポイント 1 ▶ 特別権力関係の理論

　特別権力関係理論は，明治憲法下における学説である。この理論では，特別の公法上の原因（法律の規定など）によって成立する公権力と国民との特別な法律関係を「特別権力関係」ととらえる。この関係においては法治主義が排除され，（法律の根拠なしに）人権が制限でき，司法審査も排除されるとする。すなわちポイントは①法治主義と②司法審査の2つの排除である。

　しかし，現行の日本国憲法は，法の支配の原理を採用し，基本的人権の尊重を基本原則としているので，**特別権力関係理論をとることはできない**。そこで，現在では，特別な法律関係においても人権規定が原則として適用され，人権の制限は目的に照らし必要かつ合理的でなければならないとされる。さらに，人権制限には法律の根拠が必要であり，違法な措置に対しては司法審査が及ぶと考えられている。つまり①法治主義と②司法審査の2つが妥当する。

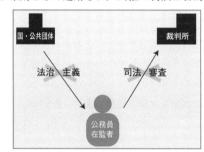

　このテーマで特に問題とされるのは，公務員関係における公務員の人権と，在監関係における在監者（刑事施設などに強制的に収容されている者）の人権である。

重要ポイント 2 ▶ 公務員の人権

　特に政治活動の自由の制限と，労働基本権（28条）の制限が問題になる。

（1）政治活動の自由

　現行法上の制限は，公務員の政治活動を全面一律に禁止し，違反者に刑事罰を科すものである。北海道の猿払村の郵便局員（当時，国家公務員）が，衆議院議員の選挙用ポスターを公営掲示板に掲示したり，配布したことが，国家公務員法に違反するとされた事件で，判例は次のように判示している。

判例｜猿払事件（最大判昭49・11・6）

> 行政の中立的運営とこれに対する国民の信頼の確保という規制目的は正当であり，その目的のために（公務員の）政治的行為を禁止することは目的との間に合理的関連性があり，禁止によって得られる利益と失われる利益との均衡がとれており，合憲である。

　判例のポイントは，合憲を導いた3つの基準，すなわち，①目的の正当性，②目的と手段との間の合理的関連性，③利益の均衡，である。以上の3つの基準のいずれも満たすとして，公務員の政治的行為の禁止を**合憲**としている。

(2) 労働基本権の制限

　現行法上，①警察職員，自衛隊員などは三権がすべて，②非現業の一般職の公務員は団体交渉権と争議権が，③現業の公務員は争議権が，それぞれ否定されている。

公務員	否定される労働基本権
警察職員，自衛隊員など	三権すべて
非現業の一般職	団体交渉権と争議権
現業	争議権

　このような厳しい制限が許されるか否か争いがあるが，判例は，国家公務員法の争議行為の禁止が問題となった事件で，公務員の地位の特殊性と職務の公共性を強調して，現行法上の制限を**合憲**としている。理由としては，次の判示のように，①的外れであり，②歯止めが欠如しており，③代償措置があることを挙げている。ただし，前提として，公務員にも労働基本権の保障が及ぶとしている点には注意が必要である。

判例 全農林警職法事件（最大判昭48・4・25）

> 憲法28条の労働基本権の保障は公務員に対しても及ぶ。しかし，公務員が争議行為に及ぶことは，その地位の特殊性および職務の公共性と相いれない。公務員の勤務条件は国会の制定した法律，予算によって定められることとなっているのであるから，公務員が争議行為をしても使用者である政府によっては解決できない。また，私企業の争議行為に対しては，市場の抑制力が働く。そして，公務員は制度上整備された代償措置による保障を受けている。したがって，国公法が公務員の争議行為を禁止するのは，国民全体の共同利益からするやむをえない制約であって，憲法28条に違反するものではない。

重要ポイント 3 　在監者の人権

　喫煙の禁止（P.45），新聞・図書の閲読の制限，信書の発受の制限などが問題とされてきた。判例は，「よど号」ハイジャックの新聞記事を拘置所長が抹消した処分が争われた事件で，次のように判示し，抹消処分を適法であるとした。在監者に対する閲読の自由の制限が許される場合がある。

判例 よど号ハイジャック新聞記事抹消事件（最大判昭58・6・22）

> 新聞，図書の閲読の自由も，一定の合理的制限を受けることがある。この制限が許されるためには，閲読を許すことによって，監獄の規律・秩序が害される一般的，抽象的なおそれがあるというだけでは足りず，閲読を許すことにより監獄内の規律・秩序の維持にとって障害が生ずる相当の蓋然性があると認められることが必要であり，その場合には，それを防止するために必要かつ合理的な範囲で閲読の自由を制限することができる。

実戦問題

❖ No.1 **基本的人権の限界に関する次の記述のうち，判例に照らし，妥当なのはどれか。**

【国家専門職・平成27年度】

1 公務員も憲法28条にいう勤労者に当たり，原則として労働基本権の保障を受け，ただその担当する職務の内容に応じて，私企業における労働者とは異なる制限を受けるにすぎないから，その制限は合理性の認められる必要最小限度のものにとどめられなければならず，その制限違反に対して刑事罰を科すことは許されない。

2 公務員の政治活動の自由の制限は，公務員の職務上の地位やその職務内容，行為の具体的態様を個別的に検討し，その行為によってもたらされる弊害を除去するための必要最小限度の制限が許されるにすぎず，その制限違反に対して刑事罰を科すことは許されない。

3 未決勾留により拘禁されている者にも意見，知識，情報の伝達の媒体である新聞，図書等の閲読の自由が憲法上認められるが，閲読を許すことにより刑事施設内の規律及び秩序が害される一般的，抽象的なおそれがある場合には，当該閲読の自由を制限することができる。

4 企業者が特定の思想，信条を有する者をそのことを理由として雇い入れることを拒んでも，それを当然に違法としたり，直ちに民法上の不法行為とすることはできない。

5 国公立大学おいては，その設置目的を達成するために学則等を一方的に制定し，学生を規律する包括的権能が認められるが，私立大学においては，そのような包括的権能は認められず，同様の行為を行うことは，社会通念に照らして合理的と認められる範囲を超え許されない。

💎 No.2 **公務員の労働基本権に関する次の記述のうち，判例に照らして妥当なものが2つあるが，その組合せとして正しいのはどれか。**

【地方上級（全国型）・平成30年度】

ア：公務員は私経済活動において自ら労務を提供する者ではないから，憲法上の勤労者ではないが，生存権保障の理念に鑑みて，労働基本権が保障されている。

イ：公務員の使用者は実質的には国民全体であることだけの理由から，公務員に対して団結権をはじめその他一切の労働基本権を否定することは許されないが，公務員の地位の特殊性と職務の公共性から，公務員の労働基本権に必要やむをえない限度で制限を加えることは，十分合理的な理由がある。

ウ：国家公務員の勤務条件は国会で法律・予算の形で決められ，労使間の自由な団体交渉による合意に基づいて決められるわけではないので，国家公務員には，私企業の労働者の場合のような労使による勤務条件の共同決定を内容とする団体交渉権の保障はない。

エ：国家公務員の労働基本権は経済的自由だけでなく精神的自由にも深く関わるため，国家公務員の経済的地位向上の手段としてのみならず，政治的主張を貫徹するための手段としての争議行為も許されている。

1 ア，イ

2 ア，ウ

3 イ，ウ

4 イ，エ

5 ウ，エ

No.3 次のA～Dの文章は，公務員の労働基本権に関する最高裁判所の判決を要約したものを古いものから順に並べたものである。これらの文章の空欄ア～オに該当する語句の組合せとして，妥当なのはどれか。　【国家総合職・平成29年度】

A：「公共の福祉」や「（　ア　）」といった原則から，憲法28条が保障する勤労者の権利についても，国家公務員が一般の勤労者とは異なった特別の取扱いを受けることがあるのは当然である。

B：「（　ア　）」を根拠として公務員の労働基本権をすべて否定するようなことは許されない。もっとも，労働基本権は勤労者の（　イ　）保障の理念に基づいて憲法28条の保障するところであるが，これらの権利は国民生活全体の利益の保障という見地からの制約を内在的制約として内包している。

C：公務員の労働基本権については，その（　ウ　）に対応するなんらかの制約を内在的制約として内包していると解釈しなければならない。しかし，公務員の労働基本権に具体的にどのような制約が許されるかについては，公務員にも労働基本権を保障している憲法の根本趣旨に照らし，慎重に決定する必要があり，地方公務員による争議行為に対するあおり行為のうち，刑事制裁が科されるのは，（　エ　）争議行為に対するものに限られる。

D：公務員の地位の特殊性と（　ウ　）に鑑みるときは，これを根拠として公務員の労働基本権に対し必要やむをえない限度の制限を加えることは，十分合理的な理由がある。また，公務員の勤務条件は，原則として国会の制定した法律，予算により定められることとなっており，これらの勤務条件の決定に関し，政府が国会から適法な委任を受けていない事項について，公務員が政府に対し争議行為を行うことは（　オ　）に反すること，公務員の争議行為には，私企業と異なり市場の抑制力がないこと，労働基本権の制限に対して，人事院などの制度上整備された適切な代償措置が講じられていることなどから，争議行為に対するあおり行為のうち，刑事制裁を科されるものを（　エ　）争議行為に対するものに限定せず，また，争議行為を一律に禁止することも，勤労者をも含めた国民全体の共同利益の見地からするやむをえない制約というべきであり，憲法28条に違反するものではない。

	ア	イ	ウ	エ	オ
1	全体の奉仕者	生存権	職務の公共性	違法性の強い	議会制民主主義
2	全体の奉仕者	生存権	公権力との関係性	違法性の強い	三権分立
3	全体の奉仕者	幸福追求権	職務の公共性	非現業職員による	三権分立
4	特別権力関係	生存権	職務の公共性	非現業職員による	議会制民主主義
5	特別権力関係	幸福追求権	公権力との関係性	非現業職員による	三権分立

実戦問題の解説

No.1 の解説　特別な法律関係

→問題はP.37　**正答4**

1☒　**労働基本権の制限違反に対して刑事罰を科すことは許される。**

判例は，あおり行為等の罪として刑事制裁を科されるのは違法性の強い争議行為に限るなどとした，いわゆる**合憲限定解釈**は，到底是認できないとして従来の判決を変更し，制限違反に対して刑事罰を科すことは許されるとする（最大判昭48・4・25）。

2☒　**政治活動の制限違反に対して刑事罰を科すことは許される。**

判例は，国家公務員法102条1項などを合理的で必要やむをえない限度を超えるものとは認められず，憲法21条に違反しないとして，制限違反に対して刑事罰を科すことは許されるとする（最大判昭49・11・6）。

3☒　**一般的抽象的なおそれでは閲読の自由を制限できない。**

判例は，閲読を許すことにより刑事施設内の規律及び秩序が害される**一般的，抽象的なおそれ**では足りず，放置することができない程度の障害を生ずる**相当の蓋然性**がある場合に，当該閲読の自由を制限することができるとする（最大判昭58・6・22）。

4◎　**思想・信条を理由に雇い入れを拒んでも当然に違法ではない。**

三菱樹脂事件の判例である（最大判昭48・12・12）。

5☒　**私立大学でも学生を規律する包括的権能が認められる。**

判例は，大学は，「国公立であると私立であるとを問わず」，一般市民社会とは異なる特殊な**部分社会**を形成しているとしているので，後半の私立大学の部分が誤り（最判昭52・3・15）。

No.2 の解説 公務員の労働基本権　　　　　　　　→問題はP.38　**正答3**

ア× 公務員も憲法上の勤労者である。

判例は，公務員も憲法28条の**勤労者**であり，労働基本権が保障されているとする（最大判昭48・4・25）。

イ○ 公務員の労働基本権に制限を加えることができる。

判例は，公務員の地位と職務の公共性から，公務員の労働基本権に必要やむをえない限度で制限を加えることは，十分合理的な理由があるとする（最大判昭48・4・25）。

ウ○ 国家公務員には私企業のような団体交渉権の保障はない。

判例は，国家公務員には，私企業の労働者の場合のような労使による勤務条件の共同決定を内容とする**団体交渉権**の保障はないとする（最大判昭52・5・4）。

エ× 政治的主張の手段としての争議行為は許されない。

判例は，私企業の労働者であると，公務員であるとを問わず，使用者に対する経済的地位向上の要請とは直接関係がない**政治的目的の争議行為**を行うことは，もともと憲法28条の保障とは無関係なものであるとする（最大判昭48・4・25）。したがって，政治的主張を貫徹するための手段としての争議行為は許されていない。

以上から，妥当なもの2つは，**イとウ**であり，**3**が正答となる。

No.3 の解説 公務員の労働基本権の最高裁判決　　　→問題はP.39　**正答1**

公務員の労働基本権（28条）に関する最高裁判所の判決には，**A～D**のような変遷がある。

A：初期の判例である（最大判昭28・4・8など）。空欄**ア**には，「全体の奉仕者」（憲法15条2項）が入る。なお，特別権力関係の理論は大日本帝国憲法下の学説である。

B：全逓東京中郵事件の判例である（最大判昭41・10・26）。空欄**イ**には，「生存権」（憲法25条1項）が入る。幸福追求権（同13条後段）ではない。

C：都教組事件の判例である（最大判昭44・4・2）。空欄**ウ**には，「**職務の公共性**」，空欄**エ**には，「**違法性の強い**」が入る。公権力との関係性や非現業職員ではない。

D：全農林警職法事件の判例である（最大判昭48・4・25）。勤務条件法定主義，代償措置論などを判示した。空欄**オ**には，「**議会制民主主義**」が入る。三権分立ではない。

以上から，**1**が正答となる。

必修問題

　幸福追求権に関するア～エの記述のうち，妥当なもののみをすべて挙げているのはどれか。　【国家専門職・令和3年度】

ア：憲法13条の幸福追求権には，個別的な基本権の規定によって明文で保障されていない基本権の受け皿としての役割が想定されており，したがって，幸福追求権と個別的な基本権とは<u>一般法と特別法の関係</u>に立つと一般に解されている。

イ：犯罪捜査のために行われる警察官による写真撮影は，現に犯罪が行われまたは行われたのち間がないと認められる場合であって，証拠保全の必要性および緊急性があり，かつ，その撮影が一般的に許容される限度をこえない相当な方法をもって行われるときは，その対象の中に，犯人の**容ぼう等**のほか，犯人の身近にいたためこれを除外できない状況にある第三者の容ぼう等を含むことになっても，<u>憲法13条に違反しない</u>とするのが判例である。

ウ：公共の利害に関する事項についての表現行為の**事前差止め**を仮処分によって命ずる場合には，口頭弁論または債務者の審尋を経ることを要し，裁判所がこれらの手続を経ずに事前差止めを命ずる仮処分命令を発することは，債権者の提出した資料によって，その表現内容が真実でないかまたはもっぱら公益を図る目的のものでないことが明白であり，かつ，債権者が重大にして著しく回復困難な損害を被るおそれがあると認められるときであっても，<u>憲法21条の趣旨に反する</u>とするのが判例である。

エ：前科および犯罪経歴は人の名誉，信用に直接関わる事項であり，これをみだりに公開されないことは法律上の保護に値する利益であるが，市区町村長が弁護士法に基づく弁護士会の照会に応じ，犯罪人名簿に記載されている**前科等**について回答することは，当該市区町村長が弁護士会を裁判所に準じる官公署と考え，回答内容がみだりに公開されるおそれはないと判断して回答した場合には，<u>違法な公権力の行使には当たらない</u>とするのが判例である。

1　ア，イ　　　**2**　ア，ウ　　　**3**　ウ，エ

4　ア，イ，エ　　**5**　イ，ウ，エ

難易度　＊＊

必修問題の解説

　憲法13条は，「生命，自由及び幸福追求に対する国民の権利」，すなわち幸福追求権を規定している。問題を解くに当たっては，この幸福追求権によって保障される新しい権利・自由，あるいは保障されない権利・自由を，判例に沿って理解しておくことが必要である。

ア◯ **幸福追求権は一般法の位置づけ。**
　幸福追求権と個別的な基本権とは一般法すなわち，原則となる普通の法と特別法の関係に立つと解されている。

イ◯ **要件を充たせば，写真撮影に第三者の容ぼう等を含む場合も合憲である。**
　肖像権を認めた京都府学連事件の判例である（最大判昭44・12・24）。

ウ✕ **要件を充たせば，口頭弁論などを経ない裁判所の事前差止めも合憲である。**
　事前差止めを命ずる仮処分命令を発するについては，口頭弁論または債務者の審尋を行い，表現内容の真実性等の主張立証の機会を与えることを原則とすべきものと解する。ただ，差止めの対象が公共の利害に関する事項についての表現行為である場合においても，口頭弁論を開きまたは債務者の審尋を行うまでもなく，債権者の提出した資料によって，その表現内容が真実でなく，またはそれがもっぱら公益を図る目的のものでないことが明白であり，かつ，債権者が重大にして著しく回復困難な損害を被るおそれがあると認められるときは，口頭弁論又は債務者の審尋を経ないで差止めの仮処分命令を発したとしても，憲法21条の趣旨に反するものということはできないとするのが判例である（最大判昭61・6・11）。

エ✕ **市町村長が前科等をみだりに公開することは違法な公権力の行使に当たる。**
　前科および犯罪経歴は人の名誉，信用に直接にかかわる事項であり，**前科等のある者もこれをみだりに公開されない**という法律上の保護に値する利益を有するのであって，市区町村長が漫然と弁護士会の照会に応じ，犯罪の種類，軽重を問わず，前科等のすべてを報告することは，公権力の違法な行使に当たるとするのが判例である（最判昭56・4・14）。

　以上から，妥当なものはアとイであり，**1**が正答となる。

正答 1

FOCUS

　憲法13条の幸福追求権の問題では，近時の新判例が選択肢の一部に使われることも多い。それとともに，京都府学連事件を代表とする古典的な判例も出題されている。したがって，新判例をチェックしつつ，古典的な重要判例も正確に押さえておかなければならない。

重要ポイント 1 　幸福追求権の意義

　憲法は,「生命, 自由及び幸福追求に対する国民の権利については, 公共の福祉に反しない限り, 立法その他国政の上で, 最大の尊重を必要とする」(13条後段)と定めている。

　この13条の幸福追求権は, 憲法に列挙されていない**新しい人権**の根拠となる一般的・包括的な権利である。そして, この幸福追求権によって保障される個々の権利は, 具体的権利(裁判上の救済を受けることができる権利という意味)である。

　日本国憲法は, 14条以下で人権規定を置いているが, それらは歴史的に重要な権利・自由を列挙したものにすぎず, すべての人権を列挙することはできない。13条の幸福追求権の規定は, 社会の変革に伴い, 個人の尊重・尊厳(13条前段)に不可欠であり, 基本的な権利・自由として保護するに値する法的利益を, 新しい人権として憲法上保障される人権の一つと解する根拠となる規定なのである。

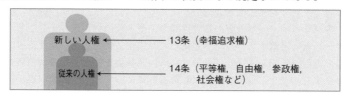

重要ポイント 2 　プライバシーの権利

　判例・通説は, 幸福追求権を根拠としてプライバシーの権利を認めている。かつては「私生活をみだりに公開されない権利」ととらえられていたプライバシーの権利は, 現在では,「自己に関する情報をコントロールする権利」ととらえられている。**情報プライバシー権説**である。その理由は, 情報化社会といわれて久しい現代社会において, 個人が自己に関する情報をコントロールすることが必要だと考えられるようになったからである。

　最高裁判所が新しい人権として認めたものとして, この意味でのプライバシーの権利が最も重要である。このプライバシーの権利に属するものに, 肖像権, 前科等を公開されない利益などがある。なお, プライバシー侵害を理由に出版差止めを認める判決がなされている(『石に泳ぐ魚』事件, 最判平14・9・24)。

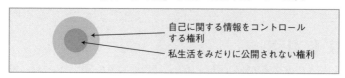

重要ポイント 3 　新しい人権についての判例

　判例で認められた新しい人権として重要なものに, 以下のものがある。

判例 京都府学連事件 （最大判昭44・12・24）

> 個人の私生活上の自由の一つとして，何人も，その承諾なしに，みだりにその容ぼう・姿態を撮影されない自由を有する。これを肖像権と称するかどうかは別として，少なくとも，警察官が，正当な理由もないのに，個人の容ぼう等を撮影することは，憲法13条の趣旨に反し，許されない。しかし，みだりに容ぼう等を撮影されない自由も，国家権力の行使から無制限に保護されるわけではなく，公共の福祉のため必要のある場合には相当の制限を受ける。現に犯罪が行われもしくは行われた後，間がないと認められる場合であって，しかも証拠保全の必要性および緊急性があり，かつその撮影が一般的に許容される限度を超えない相当な方法で行われるときは，裁判官の令状がなくても，憲法13条に違反しない。

　デモ行進に際して，警察官が犯罪の証拠保全のために行った写真撮影の適法性が争われた事件である。判例のポイントは，プライバシーの権利の一種である**肖像権**を認めたことである。その一方で，公共の福祉によって制限されることにも注意。

肖像権は・・・新しい人権として，13条の幸福追求権によって保障される。

しかし

13条の「公共の福祉」によって制約される。

判例 前科照会事件 （最判昭56・4・14）

> 前科および犯罪経歴は，人の名誉，信用に直接にかかわる事項であり，前科等のある者もこれをみだりに公開されないという法律上の保護に値する利益を有する。弁護士からの前科の有無の照会に対して区長が漫然と前科がある旨の回答をした行為は公権力の違法な行使に当たる。

　この判例は，区役所が弁護士の照会に応じた行為を違法と判示したもので，憲法上の権利としてプライバシーの権利を認めたものと考えられている。

　なお，この56年判決を踏襲したものに，**ノンフィクション「逆転」事件**の判決がある。この事件は，私人が著作物の中で他人の前科を実名を使用して公表したことが法的に許されるか否かが争われたものであるが，判例は，私人の著作物によっても前科を公表されないことにつき法的保護に値する利益があることを認めている（最判平6・2・8）。

判例 被拘禁者の喫煙禁止 （最大判昭45・9・16）

> 喫煙の自由は，憲法13条の保障する基本的人権の一つに含まれるとしても，あらゆる時，所において保障されなければならないものではないから，喫煙を禁止する規定は憲法13条に違反するものとはいえない。

　この判例は，一般論として喫煙の自由を認めたものにすぎない。つまり，仮に憲法13条の保障する基本的人権の一つに含まれるとしても，禁止できるという内容であり，喫煙の自由を新しい人権の一つとして正面から認めたものではない。

　近時，トランスジェンダー手術要件を13条違反とした（最大決令5・10・25）。

❖ **No.1** 憲法13条の幸福追求権に関する次の記述のうち，判例に照らし，妥当な
ものはどれか。 【地方上級（全国型）・令和４年度】

1 個人の私生活上の自由の一つとして，何人も，その承諾なしに，みだりにその
容ぼう・姿態を撮影されない自由を有するものではない。

2 行政機関が住民基本台帳ネットワークシステムにより本人確認情報を管理，利
用等する行為は，憲法13条により保障されたプライバシー権その他の人格権を侵
害するものではない。

3 個人の私生活上の自由の一つとして，何人もみだりに指紋の押なつを強制され
ない自由を有するものではない。

4 患者が，輸血を受けることは自己の宗教上の信念に反するとして，輸血を伴う
医療行為を拒否するとの明確な意思を有している場合であっても，このような意
思決定をする権利は，人格権の一内容として尊重されない。

5 婚姻の際に氏の変更を強制されない自由は，憲法上の権利として保障される人
格権の一内容である。

No.2 憲法13条に関するア～オの記述のうち，妥当なもののみをすべて挙げて
いるのはどれか。ただし，争いのあるものは判例の見解による。

【国家一般職・平成27年度】

ア：幸福追求権は，人格的生存に必要不可欠な権利・自由を包摂する包括的な権
利であり，個別的人権規定との関係では，個別的人権の保障が及ばない場合
における補充的な保障機能を果たすものとされている。

イ：速度違反車両の自動撮影を行う自動速度監視装置による運転手の容ぼうの写
真撮影は，現に犯罪が行われている場合になされ，犯罪の性質，態様からい
って緊急に証拠保全をする必要があったとしても，その方法が一般的に許容
される限度を超えるものであり，憲法13条に違反する。

ウ：個人の尊重の原理に基づく幸福追求権は，憲法に列挙されていない新しい人
権の根拠となる一般的かつ包括的な権利であり，この幸福追求権によって根
拠付けられる個々の権利は，裁判上の救済を受けることができる具体的権利
である。

エ：前科および犯罪経歴は人の名誉，信用に直接に関わる事項であり，前科およ
び犯罪経歴のある者もこれをみだりに公開されないという法律上の保護に値
する利益を有する。

オ：刑事施設内において未決勾留により拘禁された者の喫煙を禁止することは，
逃走又は証拠隠滅の防止という未決勾留の目的に照らし，必要かつ合理的な
制限とはいえず，憲法13条に違反する。

1 ア，オ **2** イ，オ **3** ア，ウ，エ
4 ア，ウ，オ **5** イ，ウ，エ

No.3 幸福追求権に関するア〜オの記述のうち，判例に照らし，妥当なもののみをすべて挙げているのはどれか。　【国家一般職・平成21年度】

ア：個人の私生活の自由の一つとして，何人も，承諾なしに，みだりに容ぼう・姿態を撮影されない自由を有し，警察官が，正当な理由なく個人の容ぼう等を撮影することは，憲法13条の趣旨に反し許されず，速度違反車両の自動撮影を行う自動速度監視装置による運転者の容ぼうの写真撮影は，現に犯罪が行われている場合になされ，犯罪の性質，態様からいって緊急に証拠保全をする必要があるものの，同乗者の容ぼうを撮影することとなり，その方法が一般的に許容される限度を超えるものであるから，憲法13条に違反する。

イ：ある者の前科等にかかわる事実が著作物で実名を使用して公表された場合に，その者のその後の生活状況，当該刑事事件それ自体の歴史的又は社会的な意義，その者の当事者としての重要性，その者の社会的活動及びその影響力について，その著作物の目的，性格等に照らした実名使用の意義および必要性を併せて判断し，当該前科等にかかわる事実を公表されない法的利益がこれを公表する理由に優越するときは，その者はその公表によって被った精神的苦痛の賠償を求めることができる。

ウ：前科および犯罪経歴は，人の名誉，信用に直接かかわる事項であり，前科等のある者もこれをみだりに公開されないという法律上の保護に値する利益を有するのであって，市区町村長が，本来選挙資格の調査のために作成，保管する犯罪人名簿に記載されている前科等をみだりに漏えいしてはならない。

エ：憲法13条は，国民の私生活上の自由が公権力の行使に対しても保護されるべきことを規定しており，個人の私生活上の自由の一つとして，何人も，個人に関する情報をみだりに第三者に開示又は公表されない自由を有することから，行政機関が住民基本台帳ネットワークシステムにより住民の本人確認情報を収集，管理または利用する行為は，当該住民がこれに同意していない場合には，憲法13条に違反する。

オ：外国国賓による講演会の主催者として，大学が学生から参加者を募る際に収集した，参加申込者の学籍番号，氏名，住所および電話番号に係る情報は，他者に対して完全に秘匿されるべき性質のものではなく，単純な個人識別情報であって，その性質上他者に知られたくないと感じる程度が低く，その一方，当該講演会の警備の必要性は高いことから，大学が当該情報を本人に無断で警察に開示した行為は，社会通念上許容される限度を逸脱した違法な行為とまではいえず，不法行為を構成しない。

1 ア，エ　　**2** イ，ウ　　**3** イ，オ　　**4** ウ，エ　　**5** ウ，オ

実戦問題 **1** の 解説

No.1 の解説　憲法13条

→問題はP.46　**正答2**

1✕ **承諾なしに，みだりにその容ぼう等を撮影されない自由がある。**

個人の私生活上の自由の一つとして，何人も，その承諾なしに，みだりにその**容ぼう・姿態を撮影されない自由**を有する（最大判昭44・12・24）。

2◎ **住基ネットによる本人確認情報の管理等は，プライバシー権を侵害しない。**

行政機関が住基ネットにより本人確認情報を管理，利用等する行為は，個人に関する情報をみだりに第三者に開示または公表するものということはできず，当該個人がこれに同意していないとしても，憲法13条により保障された**プライバシー権その他の人格権**を侵害するものではない（最判平20・3・6）。

3✕ **みだりに指紋の押なつを強制されない自由がある。**

個人の私生活上の自由の一つとして，何人もみだりに**指紋の押なつを強制されない自由**を有する（最判平7・12・15）。

4✕ **輸血を伴う医療行為を拒否する意思決定の権利は人格権として尊重される。**

患者が，輸血を受けることは自己の宗教上の信念に反するとして，輸血を伴う医療行為を拒否するとの明確な意思を有している場合，このような意思決定をする権利は，人格権の一内容として尊重されなければならない（最判平12・2・29）。

5✕ **婚姻時に氏の変更を強制されない自由は人格権の一内容ではない。**

婚姻の際に氏の変更を強制されない自由が，憲法上の権利として保障される人格権の一内容であるとはいえない（最大判平27・12・16）。

No.2 の解説　憲法13条
→問題はP.46　**正答3**

ア○ 幸福追求権は補充的な保障機能を果たす。

個別的人権規定がある場合には，その規定で保障すればよいので，それ以外の場合に，幸福追求権で保障すべきことになる。したがって，幸福追求権は，個別的人権規定がない場合の補充的な保障機能を果たすものとされる。

イ✕ 運転手の容ぼうの写真撮影は合憲である。

判例は，速度違反車両の自動撮影を行う自動速度監視装置による運転者の**容ぼうの写真撮影**は，現に犯罪が行われている場合になされ，犯罪の性質，態様からいって緊急に証拠保全をする必要性があり，その方法も一般的に許容される限度を超えない相当なものであるから，憲法13条に違反しないとする（最判昭61・2・14）。

ウ○ 幸福追求権は具体的な権利である。

幸福追求権は，新しい人権の根拠となる包括的な権利であり，個々の権利は，裁判上の救済を受けることができる具体的権利である。

エ○ 前科等はみだりに公開されない。

判例は，前科および犯罪経歴（以下「前科等」）は人の名誉，信用に直接にかかわる事項であり，**前科等のある者もこれをみだりに公開されない**という法律上の保護に値する利益を有するとしたうえで，市区町村長が漫然と弁護士会の照会に応じ，犯罪の種類，軽重を問わず，前科等のすべてを報告することは，公権力の違法な行使にあたるとする（最判昭56・4・14）。

オ✕ 拘禁者の喫煙を禁止することは合憲である。

判例は，**喫煙禁止**という程度の自由の制限は，必要かつ合理的なものであると解するのが相当であり，未決勾留により拘禁された者に対し喫煙を禁止する規定が憲法13条に違反するものといえないとする（最大判昭45・9・16）。

以上から，妥当なものはア，ウ，エであり，**3**が正答となる。

ア✕ **同乗者の容ぼうを撮影することも合憲。**

写真撮影は，犯罪の状況を証拠として保存するために行われるので，たまたま同乗していた第三者を撮影の対象から除外することは困難である。そこで判例は，自動速度監視装置による運転者の容ぼうの写真撮影の際に，運転者の近くにいるため除外できない状況にある同乗者の容ぼうを撮影することになっても，憲法13条に違反しないとする（最判昭61・2・14）。

イ◯ **精神的苦痛の賠償を求めることができる。**

ノンフィクション「逆転」事件の判例である（最判平6・2・8）。

ウ◯ **前科等をみだりに漏えいしてはならない。**

前科照会事件の判例である（最判昭56・4・14）。

エ✕ **住基ネットにより本人確認情報を管理利用することは合憲。**

判例は，行政機関が住基ネットにより住民の本人確認情報を管理，利用等する行為は，個人に関する情報をみだりに第三者に開示または公表するものということはできず，当該個人がこれに同意していないとしても，憲法13条により保障された個人に関する情報をみだりに第三者に開示または公表されない自由を侵害するものではないとしている（最判平20・3・6）。

オ✕ **大学が情報を本人に無断で警察に開示した行為は不法行為となる。**

判例は，学籍番号，氏名，住所および電話番号は，大学が個人識別等を行うための単純な情報であって，その限りでは，秘匿されるべき必要性が必ずしも高いものではないが，このような個人情報についても，本人が，自己が欲しない他者にはみだりにこれを開示されたくないと考えるのは自然なことであり，その期待は保護されるべきとして，これらの情報を無断で警察に開示した大学の行為は，学生らが任意に提供したプライバシーにかかわる情報の適切な管理についての合理的な期待を裏切るものであり，学生らの**プライバシーを侵害**するものとして不法行為を構成するとしている（最判平15・9・12）。

以上から，妥当なものはイとウであり，**2**が正答となる。

実戦問題❷ 応用レベル

***
No.4 プライバシーの権利に関するア～オの記述のうち，判例に照らし，妥当なもののみをすべて挙げているのはどれか。 【国家総合職・平成19年度】

ア：個人の私生活上の自由の一つとして，何人もその承諾なしにみだりにその容ぼう・姿態を撮影されない自由を有するものというべきであり，警察官が正当な理由もなく個人の容ぼう等を撮影することは，憲法13条の趣旨に反し許されない。他方，公共の福祉の観点から，警察官が犯人の容ぼう等を写真撮影することは，現に犯罪が行われ，もしくは行われた後間がない等の要件を充足すれば許されるものの，犯人の身辺にいた第三者がなんら承諾をしないまま当該第三者が写真に撮影された場合には，違法となる。

イ：前科および犯罪経歴は，人の名誉，信用に直接かかわる事項であり，前科等のある者はこれをみだりに公開されないという法律上の保護に値する利益を有するから，弁護士会が照会文書により市区町村長に前科等の照会をした場合において，照会文書中の照会を必要とする事由には中央労働委員会，地方裁判所に提出するためとの記載がしてあったにすぎないのに，市区町村長が漫然と当該照会に応じて，犯罪の種類・軽重を問わず前科等のすべてを報告することは公権力の違法な行使に当たる。

ウ：大学が国賓である外国政治家の講演会を開催するに当たり，参加予定の学生に対してあらかじめ学籍番号，氏名，住所および電話番号の記入を求めて作成した参加者名簿を警察の要請に応じて提出した場合において，学籍番号，氏名等の個人情報は，秘匿の必要性が必ずしも高くない情報であるが，自己が欲しない他者にはみだりに個人情報を開示されたくないとの期待は保護されるべきであり，事前に警察への情報開示を行う旨の承諾を学生から得ておくことが容易であったと考えられる以上，大学が無断で個人情報を警察に開示する行為は，情報の適切な管理についての合理的期待を裏切るものであり，プライバシーを侵害するものとして不法行為を構成する。

エ：何人も前科にかかわる事実をみだりに公表されないことにつき法的保護に値する利益を有し，これは公的機関との関係においては尊重されるべきものであるが，私人間においては，前科にかかわる事実が社会一般の関心や批判の対象になるべき事項であることなどを考慮し，当該事実の公表を受忍すべきであるから，過去に傷害罪の前科があることについてノンフィクション作品に公表された者は，公表によって被った精神的苦痛の賠償をその作者に対して求めることはできない。

オ：承諾なくして小説のモデルにされた者が，その小説の記述により自己のプライバシー等を侵害されたとして小説の出版差止めを求める場合において，当該差止めの可否は，侵害行為の対象となった人物の社会的地位や侵害行為の

性質に留意し，予想される侵害行為によって受ける被害者側の不利益と侵害
行為を差し止めることによって受ける侵害者側の不利益とを比較衡量して決
すべきであるから，差止めを請求した者が公的立場にある者ではなく，ま
た，小説の表現内容が公共の利害に関する事項でもないことに加え，小説が
出版されれば請求者の精神的苦痛が倍加して平穏な日常生活等を送ることが
困難となるおそれがあり，小説を読む者が新たに加わるごとに請求者の精神
的苦痛が増加しその平穏な日常生活が害される可能性も増大する場合には，
小説の出版に係る公表の差止請求は認められるべきである。

1　ア，イ

2　ア，ウ，エ

3　イ，ウ，オ

4　エ，オ

5　オ

*** **No.5** 憲法13条が定める幸福追求権から導き出される具体的権利として主張さ
れているものの一つにプライバシーの権利がある。これに関するア～オの記述のう
ち，判例に照らし，妥当なもののみをすべて挙げているのはどれか。

【国家総合職・平成24年度】

ア：憲法13条は，国民の私生活上の自由が，警察権等の国家権力の行使に対して
　　も保護されるべきことを規定しているものということができるが，本人の承
　　諾なしにみだりにその容ぼう・姿態を撮影されない自由は，この私生活上の
　　自由とまではいうことができず，犯罪捜査の必要上警察官が行う写真撮影
　　は，その対象の中に，犯人の近くにいたためこれを除外できない状況にある
　　第三者の容ぼう・姿態が本人の同意なく含まれることになっても，憲法13条
　　に違反しない。

イ：前科および犯罪経歴は人の名誉，信用に直接に関わる事項であり，前科およ
　　び犯罪経歴のある者もこれをみだりに公開されないという法律上の保護に値
　　する利益を有しているのであって，市区町村長は，選挙資格の調査のために
　　作成保管する犯罪人名簿に記載されている前科および犯罪経歴をみだりに漏
　　えいしてはならない。

ウ：速度違反車両の自動撮影を行う自動速度監視装置により速度違反車両の運転
　　者の容ぼうを写真撮影することは，犯罪の証拠保全という目的は正当である
　　ものの，運転者の近くにいる同乗者の容ぼうをも撮影することにつながりか
　　ねないため，その方法は，一般的に許容される限度を超えない相当なものと
　　いうことはできず，憲法13条の趣旨に反し，許されない。

エ：大学が外国国賓による講演会の主催者として学生から参加者を募る際に収集した参加申込者の学籍番号，氏名，住所および電話番号に係る情報は，思想信条の自由等とは無関係であって，他者に対して完全に秘匿されるべき情報ではなく，プライバシーに係る情報として法的保護の対象となるものではなく，大学がこれらの情報を本人に無断で警察に開示した行為は，国賓による講演会の警備の必要性が極めて高いものであったということに鑑みても，プライバシーを侵害するものとして不法行為を構成するとはいえない。

オ：住民基本台帳ネットワークシステムによって管理・利用等される本人確認情報は個人の内面に関わるような秘匿性の高い情報とはいえず，また，同システムのシステム技術上の不備や法制度上の不備によって本人確認情報が法令等の根拠に基づかずにまたは正当な行政目的の範囲を逸脱して第三者に開示または公表される具体的な危険が生じているともいえず，行政機関が同システムにより住民の本人確認情報を管理・利用等する行為は，当該住民がこれに同意していないとしても，憲法13条の保障する個人に関する情報をみだりに第三者に開示または公表されない自由を侵害するものではない。

1 ア，エ

2 ア，オ

3 イ，ウ

4 イ，エ

5 イ，オ

No.6 憲法13条に関するア～エの記述のうち，妥当なもののみをすべて挙げているのはどれか。 【国家総合職・平成28年度】

ア：大学が講演会の主催者として学生から参加者を募る際に収集した参加申込者の氏名，学籍番号，住所および電話番号に係る情報は，当該大学が個人識別等を行うための単純な情報であって，その限りにおいては，秘匿されるべき必要性が必ずしも高いものではないため，このような個人情報について，本人が，自己が欲しない他者にはみだりにこれを開示されたくないと考えることが自然なこととまで直ちにいえず，当該個人情報は，プライバシーに係る情報として法的保護の対象とならない。

イ：犯行時少年であった者の仮名を用いて法廷での様子，犯行態様の一部，経歴や交友関係等を雑誌に掲載することは，少年法61条の保護法益である少年の名誉・プライバシーや成長発達過程において健全に成長するための権利よりも，明らかに社会的利益を擁護する要請が強く優先される特段の事情が認められない限り，不法行為が成立する。

ウ：医師が，患者の肝臓の腫瘍を摘出するために，医療水準に従った相当な手術をした場合であっても，患者が宗教上の信念からいかなる場合にも輸血を受けることは拒否するとの固い意思を有し，輸血を伴わないで肝臓の腫瘍を摘出する手術を受けることができるものと期待して入院したことを知っており，当該手術の際に輸血を必要する事態が生ずる可能性があることを認識していたにもかかわらず，ほかに救命手段がない事態に至った場合には輸血するとの方針を採っていることを説明しないで当該手術を施行し，患者に輸血をしたときは，当該医師は，患者が当該手術を受けるか否かについて意思決定をする権利を奪われたことによって被った精神的苦痛を慰謝すべく，不法行為に基づく損害賠償責任を負わなければならない。

エ：個人の生命，身体，精神および生活に関する利益は，各人の人格に本質的なものであって，その総体を人格権ということができ，この権利の侵害に対してはこれを排除する権能が認められなければならないから，空港の供用に伴う騒音等により被害を受けている空港周辺地域の住民は，人格権に基づいて，一定の時間帯につき空港を航空機の離着陸に使用させることの差止めを請求することができる。

1　イ　　　　　**2**　ウ　　　　　**3**　エ

4　ア，エ　　　**5**　イ，ウ

（参考）少年法

（記事等の掲載の禁止）

第61条　家庭裁判所の審判に付された少年又は少年のとき犯した罪により公訴を提起された者については，氏名，年齢，職業，住居，容ぼう等によりその者が当該事件の本人であることを推知することができるような記事または写真を新聞紙その他の出版物に掲載してはならない。

No.7　＊＊＊　**憲法13条に関するア〜オの記述のうち，判例に照らし，妥当なもののみをすべて挙げているのはどれか。**　【国家総合職・平成30年度】

ア：検索事業者が利用者の求めに応じて行う，検索結果としてのURLの提供は，現代社会において，インターネット上の情報流通の基盤として大きな役割を果たしているものの，検索事業者自身の表現行為という側面を有しているとまではいえず，その一方で，児童買春をしたという事実に基づき逮捕されたという事実は，他人にみだりに知られたくないプライバシーに属する事実であるから，当該逮捕をされた者は，検索事業者に対し，当該逮捕された事実が含まれたURL等情報を検索結果から削除することを求めることがで

きる。

イ：何人も，その承諾なしに，みだりにその容ぼう・姿態を撮影されない自由を有し，警察官が，正当な理由もないのに，個人の容ぼう等を撮影することは，憲法13条の趣旨に反し許されないが，警察官による個人の容ぼう等の写真撮影は，現に犯罪が行われもしくは行われたのち間がないと認められる場合であって，証拠保全の必要性および緊急性があり，その撮影が一般的に許容される限度を超えない相当な方法をもって行われるときは，撮影される本人の同意がなく，また裁判官の令状がなくても，同条に違反しない。

ウ：知事選挙の候補者について書かれた記事を掲載した雑誌に対して求めた，名誉権の侵害に基づく頒布等の事前差止めの可否は，侵害行為によって受ける被害者側の不利益と侵害行為を差し止めることによって受ける侵害者側の不利益とを個別的具体的に比較衡量して決すべきである。当該記事の表現内容は公職選挙の候補者に対する評価，批判等に係る公共の利害に関する事項であるものの，雑誌の発行により事後的には回復し難い重大な損失を受けるおそれがあり，侵害行為による不利益が大きいことから，当該差止めは認められる。

エ：「逆転」と題する著作物において，実名で前科を公表されたことに対する慰謝料請求につき，前科のある者は，前科がその者の名誉あるいは信用に直接に関わる事項であるため，みだりにこれを公表されないことにつき法的保護に値する利益を有するものの，当該著作物はアメリカ合衆国の沖縄統治の実態を明らかにすることを目的としたものであり，当該前科に関わる事件それ自体の歴史的意義が高いことから，このような著作物の公表による損害の賠償を命ずることは，著作者の表現の自由を不当に制限するものといわざるを得ず，当該慰謝料請求を認めることはできない。

オ：行政機関が住基ネットにより住民の本人確認情報を管理，利用等する行為については，本人が欲しない他者には当該情報をみだりに開示されたくないと考えることは自然なことであり，そのことへの期待は保護されるべきであるから当該情報は秘匿性の高い情報といえるものの，当該利用等は法令等の根拠に基づき住民サービスの向上および行政事務の効率化という正当な目的の範囲内で行われているものであるため，個人に関する情報をみだりに第三者に開示または公表されない自由を侵害するものではない。

1 イ　　　**2** オ　　　　**3** イ，オ

4 ウ，エ　　**5** ア，イ，オ

実戦問題 **2** の **解説**

No.4 の解説 プライバシーの権利

→問題はP.51 **正答3**

ア✕ 最後の「犯人の身近にいた第三者がなんらの承諾をしないまま当該第三者が写真に撮影された場合には，違法となる」とする部分のみ誤り。警察官が犯罪捜査の必要上写真を撮影する際に，その対象の中に犯人のみならず第三者である個人の容ぼう等が含まれても，これが許容される場合がありうるとするのが判例である（京都府学連事件，最大判昭44・12・24）。そのほかは正しい。

イ◯ 妥当である（前科照会事件，最判昭56・4・14）。

ウ◯ 妥当である（江沢民早大講演会訴訟，最判平15・9・12）。

エ✕ 何人も前科にかかわる事実をみだりに公表されないことにつき法的保護に値する利益を有するが，これはその公表が公的機関によるものであっても，私人によるものであっても変わるものではなく，**前科にかかわる事実を公表されない法的利益**がその公表が許されるべき場合に優越するときには，その公表によって被った精神的苦痛の賠償を求めることができるとするのが判例である（ノンフィクション「逆転」事件，最判平6・2・8）。

オ◯ 妥当である（「石に泳ぐ魚」事件，最判平14・9・24）。

以上から，妥当なものはイ，ウ，オであり，**3**が正答となる。

No.5 の解説 プライバシーの権利

→問題はP.52 **正答5**

ア✕ **何人もその承諾なしにみだりにその容ぼう・姿態を撮影されない自由を有する。**
後半は正しいが，前半が誤り。憲法13条は，個人の私生活上の自由が，警察権等の国家権力の行使に対しても保護されるべきことを規定しているものということができ，個人の私生活上の自由の一つとして，何人も，その承諾なしに，みだりにその**容ぼう・姿態を撮影されない自由**を有するとする（最大判昭44・12・24）。

イ◯ **前科等はみだりに公開されない。**
前科および犯罪経歴のある者も，これをみだりに公開されないという法律上の保護に値する利益を有する（最判昭56・4・14）。

ウ✕ **速度違反車両の自動撮影は憲法13条に違反しない。**
速度違反車両の自動撮影を行う自動速度監視装置による運転者の容ぼうの写真撮影は，現に犯罪が行われている場合になされ，犯罪の性質，態様からいって緊急に証拠保全をする必要性があり，その方法も一般的に許容される限度を超えない相当のものであるから，憲法13条に違反せず，また，写真撮影の際，運転者の近くにいるため除外できない状況にある同乗者の容ぼうを撮影することになっても，憲法13条に違反しないとする（最判昭61・2・14）。

エ✕ **プライバシーに係る情報は法的保護の対象になる。**
大学が講演会の主催者として学生から参加者を募る際に収集した参加申込者

の学籍番号，氏名，住所および電話番号に係る情報は，参加申込者の**プライバシーに係る情報**として法的保護の対象となるというべきであり，係る情報を参加申込者に無断で警察に開示した行為は，大学が開示についてあらかじめ参加申込者の承諾を求めることが困難であった特別の事情がうかがわれないという事実関係の下では，参加申込者のプライバシーを侵害するものとして不法行為を構成するとする（最判平15・9・12）。

オ◯ **住基ネットによる本人確認情報の管理・利用等は許される。**
　住民基本台帳ネットワークシステムにより住民の**本人確認情報**を管理・利用等する行為は，憲法13条の自由を侵害しない（最判平20・3・6）。

　以上から，妥当なものは**イ**と**オ**であり，**5**が正答となる。

No.6 の解説 **憲法13条の判例** →問題はP.53 **正答2**

ア✕ **本件の個人情報は，プライバシーに係る情報として法的保護の対象となる。**
　後半が誤り。判例は，本件のような個人情報についても，本人が，自己が欲しない他者にはみだりにこれを開示されたくないと考えることが自然なことであり，そのことへの期待は保護されるべきものであるから，当該個人情報は，**プライバシー**に係る情報として法的保護の対象となるとする（最判平15・9・12）。

イ✕ **本件記事の掲載行為により不法行為が成立するか否かは個別具体的に判断。**
　判例は，本件記事の掲載行為は，被上告人の名誉を毀損し，**プライバシー**を侵害する内容を含むが，それにより不法行為が成立するか否かは，被上告人の年齢や社会的地位，当該犯罪行為の内容，これが公表されることによって被上告人のプライバシーに属する情報が伝達される範囲と被上告人が被る具体的被害の程度，本件記事の目的や意義，公表時の社会的状況，本件記事において当該情報を公表する必要性など，被侵害利益ごとに違法性阻却事由の有無等を審理し，個別具体的に判断すべきであるとする（最判平15・3・14）。

ウ◯ **患者には当該手術を受けるか否かについて意思決定をする権利がある。**
　エホバの証人輸血拒否事件の判例である（最判平12・2・29）。

エ✕ **人格権に基づいて、空港の使用差止めを請求することはできない。**
　判例は，民事上の請求として一定の時間帯につき航空機の離着陸のためにする空港の供用の差止めを求める訴えは不適法であるとする（最大判昭56・12・16）。

　以上から，妥当なものは**ウ**のみであり，**2**が正答となる。

ア✕　児童買春は削除できるケースに当たらない。

判例は，検索結果としてのＵＲＬの提供は，検索事業者による表現行為の側面を持つとし，検索結果という表現行為による利益に比べ，逮捕歴などの**プライバシー**に関する事実を公表されない個人の利益が明らかに上回る場合には削除が認められるとした。そのうえで，児童買春は罰則で禁止され，社会的に強い非難の対象であり，公共の利害に関する事実であるとして，削除できるケースに当たらないとしている（最決平29・1・31）。

イ◯　承諾なしに，みだりにその容ぼう・姿態を撮影されない自由を有する。

判例は，個人の私生活上の自由の１つとして，何人も，その承諾なしに，みだりにその容ぼう・姿態を撮影されない自由を有するものというべきである。これを**肖像権**と称するかどうかは別として，少なくとも，警察官が，正当な理由もないのに，個人の容ぼう等を撮影することは，憲法13条の趣旨に反し，許されない。しかしながら，個人の有するこの自由も，国家権力の行使から無制限に保護されるわけでなく，公共の福祉のため必要のある場合には相当の制限を受ける。その許容される限度について考察すると，次のような場合には，撮影される本人の同意がなく，また裁判官の令状がなくても，警察官による個人の容ぼう等の撮影が許容される。すなわち，現に犯罪が行なわれもしくは行なわれたのち間がないと認められる場合であって，しかも証拠保全の必要性および緊急性があり，かつその撮影が一般的に許容される限度をこえない相当な方法をもって行なわれるときであるとする（最大判昭44・12・24）。

ウ✕　表現行為に対する事前差止めは原則として許されない。

判例は，出版物の頒布等の事前差止めは，事前抑制に該当するものであって，その対象が公務員または公職選挙の候補者に対する評価，批判等の表現行為に関するものである場合には，当該表現行為に対する**事前差止めは，原則として許されない**。ただ，そのような場合においても，その表現内容が真実でなく，またはそれが専ら公益を図る目的のものでないことが明白であって，かつ，被害者が重大にして著しく回復困難な損害を被る虞があるときは，当該表現行為はその価値が被害者の名誉に劣後することが明らかであるうえ，有効適切な救済方法としての差止めの必要性も肯定されるから，かかる実体的要件を具備するときに限って，**例外的に事前差止めが許される**としている（最大判昭61・6・11）。本記述のような比較衡量論は採用しておらず誤り。

エ✕　前科等を公表されない法的利益が優越する場合には慰謝料請求ができる。

判例は，**前科等**にかかわる事実については，これを公表されない利益が法的保護に値する場合があると同時に，その公表が許されるべき場合もあるのであって，ある者の前科等にかかわる事実を実名を使用して著作物で公表した

ことが不法行為を構成するか否かは，その者のその後の生活状況のみならず，事件それ自体の歴史的又は社会的な意義，その当事者の重要性，その者の社会的活動およびその影響力について，その著作物の目的，性格等に照らした実名使用の意義および必要性をも併せて判断すべきもので，その結果，前科等にかかわる事実を公表されない法的利益が優越するとされる場合には，その公表によって被った精神的苦痛の賠償を求めることができるとしている（最判平6・2・8）。

オ ✕ 住基ネットで管理利用される本人確認情報は秘匿性の高い情報ではない。
判例は，住基ネットによって管理，利用等される本人確認情報は個人の内面に関わるような秘匿性の高い情報ではないとしている（最判平20・3・6）。
以上から，妥当なものはイのみであり，**1**が正答となる。

法の下の平等

必修問題

憲法14条に関するア〜エの記述のうち，判例に照らし，妥当なもののみを
すべて挙げているのはどれか。　【国家総合職・令和3年度】

ア：尊属に対する尊重報恩が社会生活上の基本的道義であることは言うま
　　でもないが，尊属がただ尊属なるがゆえに特別の保護を受けるべきで
　　あるなどの理由によって**尊属殺人に関する特別の規定**を設けること
　　は，一種の身分制道徳の見地に立つものというべきであり，個人の尊
　　厳と人格価値の平等を基本的な立脚点とする民主主義の理念と抵触す
　　るものであることから，普通殺人と区別して尊属殺人に関する規定を
　　設け，尊属殺人なるがゆえに差別的取扱いを認めること自体が憲法14
　　条1項に違反する。

イ：地方公務員災害補償法の遺族補償年金につき，死亡した職員の妻につ
　　いては，当該妻が一定の年齢に達していることは受給の要件とされて
　　いないにもかかわらず，死亡した職員の夫については，当該職員の死
　　亡の当時，当該夫が一定の年齢に達していることを受給の要件として
　　いる同法の規定は，一般的な家庭モデルが専業主婦世帯であった立法
　　当時には一定の合理性を有していたといえるものの，女性の社会進出
　　が進み，共働き世帯が一般的な家庭モデルとなっている今日において
　　は，配偶者の性別において受給権の有無を分けるような取扱いはもは
　　や立法目的との間に合理的関連性を有しておらず，憲法14条1項に違
　　反する。

ウ：租税法の定立については，国家財政，社会経済，国民所得，国民生活
　　等の実態についての正確な資料を基礎とする立法府の政策的，技術的
　　な判断に委ねるほかはなく，裁判所は，基本的にはその裁量的判断を
　　尊重せざるをえないものというべきであるから，租税法の分野におけ
　　る所得の性質の違い等を理由とする取扱いの区別は，その立法目的が
　　正当なものであり，かつ，当該立法において具体的に採用された区別
　　の態様が当該目的との関連で著しく不合理であることが明らかでない
　　限り，その合理性を否定することができず，憲法14条1項に違反する
　　ものということはできない。

エ：外国で出生して日本国籍との重国籍となるべき子に関して，出生後一
　　定の期間内に日本国籍を留保する旨の届出をしないと，その出生時に
　　遡って日本国籍を失うと定める国籍法12条の規定は，その生活基盤が
　　永続的に外国に置かれるなど実体を伴わない日本国籍の発生をできる

頻出度	国家総合職 ★★★	地上特別区 ★★
A	国家一般職 ★★	市役所Ｃ ★
	国税専門官 ★★	
	地上全国型 ★★	

4 法の下の平等

第1章 人権総論

限り防止するとともに，内国秩序等の観点からの弊害が指摘されている重国籍の発生をできる限り回避することを目的としており，当該目的は合理的な根拠を有するが，日本で出生して日本国籍との重国籍となるべき子との間に区別を設けていることは，当該立法目的との関連において不合理なものであり，<u>憲法14条１項に違反する</u>。

1 イ

2 ウ

3 ア，ウ

4 ア，エ

5 イ，エ

難易度 ＊＊＊

必修問題の解説

憲法14条１項の法の下の平等では，尊属殺重罰規定事件，サラリーマン税金訴訟などの重要判例を理解しておくことが不可欠である。

ア ✕ **尊属殺人に差別的取扱いを認めること自体は14条１項に違反しない。**
判例は，尊属に対する尊重報恩は，社会生活上の基本的道義というべく，このような自然的情愛ないし普遍的倫理の維持は，刑法上の保護に値するものといわなければならない。自己または配偶者の直系尊属を殺害するがごとき行為はかかる結合の破壊であって，それ自体人倫の大本に反し，かかる行為をあえてした者の背倫理性は特に重い非難に値するということができる。このような点を考えれば，尊属の殺害は通常の殺人に比して一般に高度の社会的道義的非難を受けて然るべきであるとして，このことをその処罰に反映させても，あながち不合理であるとはいえない。そこで，被害者が尊属であることを犯情の一つとして具体的事件の量刑上重視することは許されるものであるのみならず，さらに進んでこのことを類型化し，法律上，刑の加重要件とする規定を設けても，かかる差別的取扱いをもってただちに**合理的な根拠**を欠くものと断ずることはできず，したがって，憲法14条１項に違反するということもできないとする（最大判昭48・４・４）。

イ ✕ **地方公務員災害補償法の本件規定は14条１項に違反しない。**
判例は，地方公務員災害補償法の定める遺族補償年金制度は，憲法25条の趣旨を実現するために設けられた社会保障の性格を有する制度というべきところ，その受給の要件を定める地方公務員災害補償法の規定は，妻以外の遺族について一定の年齢に達していることを受給の要件としているが，男女間に

おける生産年齢人口に占める労働力人口の割合の違い，平均的な賃金額の格差および一般的な雇用形態の違い等からうかがえる妻の置かれている社会的状況に鑑み，妻について一定の年齢に達していることを受給の要件としないことは，上告人に対する不支給処分が行われた当時においても**合理的な理由**を欠くものということはできない。したがって，地方公務員災害補償法の規定のうち，死亡した職員の夫について，当該職員の死亡の当時一定の年齢に達していることを受給の要件としている部分が憲法14条1項に違反するということはできないとする（最判平29・3・21）。

ウ○ 租税法における所得の性質の違いを理由とする取扱いの区別は合憲である。
必要経費の控除について事業所得者と給与所得者との間に設けた区別が，憲法14条1項に違反しないとするサラリーマン税金訴訟の判例である（最大判昭60・3・27）。

エ× 重国籍の子のうち，国外出生者と日本出生者の間に設けられた区別は合憲。
判例は，国籍法12条が，立法目的に基づき，国外で出生して日本国籍との重国籍となるべき子に関して，日本で出生して日本国籍との重国籍となるべき子との間に区別を設けていることについて，次のように判示する。生来的な国籍の取得の有無は子の法的地位の安定の観点からできる限り子の出生時に確定的に決定されることが望ましいところ，出生の届出をすべき父母等による国籍留保の意思表示をもって当該子に係るわが国との密接な結び付きの徴表とみることができる上，その意思表示は原則として子の出生の日から3か月の期間内に出生の届出とともにするものとされるなど，父母等によるその意思表示の方法や期間にも配慮がされていることに加え，期間内にその意思表示がされなかった場合でも，同法において，日本に住所があれば20歳に達するまで法務大臣に対する届出により日本国籍を取得することができるものとされていることをも併せて考慮すれば，区別の具体的内容は，立法目的との関連において不合理なものとはいえず，立法府の合理的な裁量判断の範囲を超えるものということはできない。したがって，国籍法12条における本件区別は，**合理的理由**のない差別には当たらないというべきである。以上によれば，国籍法12条は，憲法14条1項に違反するものではないとする（最判平27・3・10）。

以上から，妥当なものは**ウ**のみであり，**2**が正答となる。

正答 **2**

FOCUS

法の下の平等では，条文解釈上の論点における通説からの出題が2割，具体的事件における判例からの出題が8割程度である。まず，立法者拘束説などの通説の理解が不可欠。その後，さらに尊属殺重罰規定事件，議員定数不均衡事件などの重要判例を理解していこう。

重要ポイント **1** 法の下の平等の意味

（1）「法の下」の意味

　法を適用する行政権・司法権が国民を差別してはならないという，**法適用の平等**（立法者非拘束）のみを意味するのではなく，法そのものの内容も平等原則に従って定立されるという，**法内容の平等（立法者拘束）**をも意味する。法内容が不平等ならば，それを平等に適用しても無意味だからである。

（2）「平等」の意味

　絶対的・機械的平等ではなく，各人の事実的差異を前提として，同一の条件の下では均等に取り扱うという，**相対的平等**を意味する。人間には性別，年齢などの事実的差異があるからである。したがって，恣意的な差別は許されないが，**合理的な区別は許される**。たとえば，労働条件について女性を優遇すること（産前産後の休暇など），年少者に限り特定の法律を適用すること（未成年者の飲酒禁止など）は，合憲である。

（3）「合理的区別」の判断基準

　しかし，実際に何が合理的な区別で，逆に何が不合理な差別であるかを区別・判断することは容易ではなく難しい。そこで，合理的区別として許される場合か否かの判断基準が，さらに問題となる。この点，具体的には，**①立法目的**と**②（立法目的の）達成手段**という，２段階によって審査判断すべきとされている。つまり，まず①が正当か不当かを審査し，次に②が正当か不当かを審査することになる。

判断基準

①立法目的は正当か？

| 正当 | 不当 ——→ 不合理：違憲 |

↓

②達成手段は正当か？

| 正当 | 不当 ——→ 不合理：違憲＊ |

↓

| 合理的：合憲 |

＊①が正当でも②が不当なら，不合理な差別であり違憲となることに注意

重要ポイント **2** 14条1項後段列挙の意味

　14条1項後段は「人種，信条，性別，社会的身分又は門地」により，政治的，経済的，または社会的関係において差別されない，と規定している。信条とは，宗教上の信仰にとどまらず，広く思想上・政治上の主義，信念なども含む。社会的身分とは，人が社会において一時的ではなく継続的に占める地位。門地は家柄の意味。そして，後段列挙は，差別してはならない事項の限定列挙ではなく，**例示的な列挙**である。差別が禁止される事項を書き尽くすことはできないからである。したがって，これらの列挙に該当しない場合でも，不合理な差別は禁止される。

重要ポイント 3 　尊属殺重罰規定事件

　刑法200条は,「自己又は配偶者の直系尊属を殺したる者は死刑又は無期懲役に処す」として,普通殺人に比べて尊属殺人に重罰を科していた（なお,刑法200条は,平成7年に削除された）。

判例 尊属殺重罰規定事件（最大判昭48・4・4）

> 　刑法200条の立法目的は,尊属を卑属が殺害することを厳重に処罰し,これを禁圧しようとするにある。尊属に対する尊重報恩は,社会生活上の基本的道義というべく,刑法上の保護に値する。そこで,被害者が尊属であることを類型化し,法律上,刑の加重要件とする規定を設けても,かかる差別的取扱いを直ちに合理的な根拠を欠くものと断ずることはできない。
> 　しかし,刑法200条は,尊属殺人の法定刑を死刑または無期懲役刑のみに限っている点において,その立法目的達成のための必要な限度をはるかに超え,普通殺人に関する刑法199条の法定刑に比し著しく不合理な差別的取扱いをするものと認められ,憲法14条に違反して無効である。

　判例は,立法目的自体は合憲であるが,刑の加重の程度が極端であって,立法目的達成手段が不合理であることを理由に違憲としたものである。立法目的自体を違憲とはしていない点に特に注意が必要である。

重要ポイント 4 　衆議院議員定数不均衡事件

　昭和47年の衆議院議員選挙において,各選挙区の議員定数の配分に人口数との比率で不均衡があり,選挙人の投票価値に不平等が存在することの違憲性が問われた。当時は,一票の格差が最大約5対1に及んでおり,最高裁は違憲判決を下した。なお,近時の新判例については選挙権の**テーマ11**を参照。

判例 衆議院議員定数不均衡事件（最大判昭51・4・14）

> 　法の下の平等は,選挙権に関して国民はすべて政治的価値において平等であるべきとする徹底した平等化を志向するものであり,選挙権の内容,すなわち各選挙人の投票の価値の平等も14条1項の要求するところである。
> 　選挙当時において,一票の格差は約5対1の割合に達していたが,これだけで直ちに定数配分規定を違憲とすべきではなく,人口の変動の状態をも考慮して合理的期間内における是正が憲法上要求されていると考えられるのにそれが行われない場合に初めて違憲となる。本件規定は選挙当時,憲法の選挙権の平等の要求に違反し違憲と断ぜられるべきものであった。この規定は,不平等を招来している部分のみでなく,全体として違憲の瑕疵を帯びる。
> 　選挙の効力については,これを無効と判断した場合に生ずる不都合な状態を回避すべく,行訴法31条の事情判決の法理に従い,選挙は憲法に違反する定数配分に基づいて行われた点について違法である旨を判示するにとどめ,選挙自体はこれを無効としない。

重要ポイント 5 　国籍確認請求事件

国籍法における婚姻要件を違憲とした近時の判決である。

判例　国籍確認請求事件（最大判平20・6・4）

> 国籍法3条1項が，日本国民である父と日本国民でない母との間に出生した後に父から認知された子につき，父母の婚姻により嫡出子たる身分を取得した場合に限り日本国籍の取得を認めていることにより国籍の取得に関する区別を生じさせていることは，遅くとも平成17年当時において，憲法14条1項に違反する。

重要ポイント 6 　非嫡出子相続分違憲事件

判例は，従来の合憲の判断を変更して，嫡出でない子の法定相続分を嫡出子の2分の1と定める民法900条4号ただし書の規定を違憲とした。

判例　非嫡出子相続分違憲事件（最大決平25・9・4）

> 父母が婚姻関係になかったという，子にとっては自ら選択ないし修正する余地のない事柄を理由としてその子に不利益を及ぼすことは許されず，子を個人として尊重し，その権利を保障すべきであるという考えが確立されてきているものということができ，遅くとも本件の相続が開始した平成13年7月当時においては，立法府の裁量権を考慮しても，嫡出子と嫡出でない子の法定相続分を区別する合理的な根拠は失われていたというべきである。
> したがって，民法900条4号ただし書は，遅くとも平成13年7月当時において，憲法14条1項に違反していた。

重要ポイント 7 　夫婦同姓事件

憲法14条に関連して，判例は，民法750条の夫婦同姓の規定については合憲とした。

判例　夫婦同姓事件（最大決令3・6・23）

> 民法750条の規定が憲法24条に違反するものでないことは，当裁判所の判例であり（平成27年大法廷判決），上記規定を受けて夫婦が称する氏を婚姻届の必要的記載事項と定めた戸籍法74条1号の規定もまた憲法24条に違反するものでない。平成27年大法廷判決以降にみられる女性の有業率の上昇，管理職に占める女性の割合の増加その他の社会の変化や，選択的夫婦別氏制の導入に賛成する者の割合の増加その他の国民の意識の変化といった諸事情等を踏まえても，平成27年大法廷判決の判断を変更すべきものとは認められない。

***
No.1 日本国憲法に規定する法の下の平等に関する記述として，最高裁判所の判例に照らして，妥当なのはどれか。　　　　　【地方上級（特別区）・平成30年度】

1　旧所得税法が必要経費の控除について事業所得者等と給与所得者との間に設けた区別は，所得の性質の違い等を理由としており，その立法目的は正当なものであるが，当該立法において採用された給与所得に係る必要経費につき実額控除を排し，代わりに概算控除の制度を設けた区別の態様は著しく不合理であることが明らかなため，憲法に違反して無効であるとした。

2　尊属の殺害は，通常の殺人に比して一般に高度の社会的道義的非難を受けて然るべきであるため，法律上，刑の加重要件とする規定を設けることは，ただちに合理的な根拠を欠くものとすることはできないが，尊属殺の法定刑について死刑または無期懲役刑のみに限っている点は，その立法目的達成のため必要な限度を遥かに超え，普通殺に関する法定刑に比し著しく不合理な差別的取扱いをするものと認められ，憲法に違反して無効であるとした。

3　法律婚という制度自体はわが国に定着しているとしても，父母が婚姻関係になかったという，子にとっては自ら選択ないし修正する余地のない事柄を理由としてその子に不利益を及ぼすことは許されないが，嫡出子と嫡出でない子の法定相続分を区別することは，立法府の裁量権を考慮すれば，相続が開始した平成13年7月当時において，憲法に違反しないとした。

4　憲法が各地方公共団体の条例制定権を認める以上，地域によって差別を生ずることは当然に予期され，憲法自ら容認するところであると解すべきであるが，その結果生じた各条例相互間の差異が合理的なものと是認せられて始めて合憲と判断すべきであり，売春取締に関する法制は，法律によって全国一律に統一的に規律しなければ，憲法に違反して無効であるとした。

5　選挙人の投票価値の不平等が，国会において通常考慮しうる諸般の要素をしんしゃくしてもなお，一般的に合理性を有するものとはとうてい考えられない程度に達しているときは，国会の合理的裁量の限界を超えているものと推定されるが，最大較差1対4.99にも達した衆議院議員選挙当時の衆議院議員定数配分規定は，憲法上要求される合理的期間内における是正がされなかったとはいえず，憲法に違反しないとした。

No.2 法の下の平等に関するア～オの記述のうち，判例に照らし，妥当なもののみをすべて挙げているのはどれか。　【国家専門職・平成25年度】

ア：在留外国人を対象とする指紋押なつ制度は，戸籍制度のない外国人の人物特定を目的として制定されたものであるが，他の手段で代替することが可能であり，その内容・方法にかかわらず，日本人と異なる取扱いをすることにつき合理性が認め難いため，憲法14条1項に違反する。

イ：尊属殺重罰規定は，尊属を卑属またはその配偶者が殺害することを一般に高度の社会的道義的非難に値するものとし，かかる所為を通常の殺人の場合より厳重に処罰し，もって特に強くこれを禁圧しようとするものであるが，かかる立法目的は，一種の身分制道徳の見地に立脚するものであって，個人の尊厳と人格価値の平等を基本理念とする憲法に違反する。

ウ：租税法の分野における所得の性質の違い等を理由とする取扱いの区別は，その立法目的が正当であり，かつ，当該立法において具体的に採用された区別の態様がその目的との関連で著しく不合理であることが明らかでない限り，その合理性を否定することができず，これを憲法14条1項に違反するものということはできない。

エ：憲法が各地方公共団体の条例制定権を認める以上，地域によって差別が生じることは当然予期されることであるから，かかる差別は憲法自らが容認するところであると解すべきであって，地方公共団体が売春の取締りについて各別に条例を制定する結果，その取扱いに差別が生じることがあっても，地域差を理由に憲法に違反するということはできない。

オ：障害福祉年金と児童扶養手当の併給禁止規定（当時）によって，障害福祉年金受給者とそうでない者との間に生じる児童扶養手当受給における差別の合理性の判断については，併給禁止は生存権の重大な制限をもたらすものであるため，立法目的自体の合理性および立法目的とその手段との実質的関連性を厳格に検討して判断すべきである。

1 ア，エ

2 ア，オ

3 イ，ウ

4 ウ，エ

5 エ，オ

❖ **No.3** **法の下の平等に関するア～エの記述のうち，妥当なもののみをすべて挙げているのはどれか。**

【国家一般職・令和4年度】

ア：憲法14条1項は，すべて国民は，法の下に平等であって，人種，信条，性別，社会的身分または門地により，政治的，経済的または社会的関係において，差別されない旨規定しているが，同項後段に列挙された事項は例示的なものであるとするのが判例である。また，同項後段にいう「信条」とは，宗教上の信仰にとどまらず，広く思想上や政治上の主義を含むと一般に解されている。

イ：租税法の分野における所得の性質の違い等を理由とする取扱いの区別は，その立法目的が正当なものであり，かつ，当該立法において具体的に採用された区別の態様が当該目的との関連で著しく不合理であることが明らかでない限り，憲法14条1項に違反するものではないが，給与所得の金額の計算につき必要経費の実額控除を認めない所得税法の規定（当時）は，事業所得者等に比べて給与所得者に著しく不公平な税負担を課すものであり，その区別の態様が著しく不合理であるから，同項に違反するとするのが判例である。

ウ：憲法14条の規定はもっぱら国または公共団体と個人との関係を規律するものであり，私人相互の関係を直接規律することを予定するものではなく，私人間の関係においては，各人の有する自由と平等の権利が対立する場合の調整は，原則として私的自治に委ねられるのであって，企業者が特定の思想，信条を有する者をそのことを理由に雇入れを拒んでも，それを当然に違法とすることはできないとするのが判例である。

エ：参議院議員の選挙において，公職選挙法上，都道府県を単位として各選挙区の議員定数が配分されているために，人口変動の結果，選挙区間における投票価値の不均衡が生じていることについて，国会が具体的な選挙制度の仕組みを決定するに当たり，都道府県の意義や実体等を要素として踏まえた選挙制度を構築することは，国会の合理的な裁量を超えるものであり，同法の参議院（選挙区選出）議員の議員定数配分規定は憲法14条1項に違反するとするのが判例である。

1 ア，イ
2 ア，ウ
3 イ，ウ
4 イ，エ
5 ウ，エ

実戦問題❶の解説

No.1 の解説　法の下の平等の最高裁判例

→問題はP.66　**正答2**

1 ✕ 旧所得税法の事業所得者と給与所得者との区別は合憲である。

前半は正しいが，後半が誤り。判例は，旧所得税法が給与所得に係る必要経費につき実額控除を排し，代わりに概算控除の制度を設けた目的は，給与所得者と事業所得者等との租税負担の均衡に配意しつつ，弊害を防止することにあることが明らかであるところ，その目的は正当性を有するものというべきである。給与所得者において自ら負担する必要経費の額が一般に旧所得税法所定の給与所得控除の額を明らかに上回るものと認めることは困難であって，給与所得控除の額は給与所得に係る必要経費の額との対比において相当性を欠くことが明らかであるということはできない。旧所得税法が必要経費の控除について事業所得者等と給与所得者との間に設けた区別は，合理的なものであり，憲法14条1項の規定に違反するものではないとした（最大判昭60・3・27）。

2 ◎ 尊属殺の法定刑を死刑・無期懲役刑に限る点が違憲である。

判例は，尊属の殺害は通常の殺人に比して一般に高度の社会的道義的非難を受けて然るべきであるとして，法律上，刑の加重要件とする規定を設けても，かかる差別的取扱いをもってただちに合理的な根拠を欠くものと断ずることはできず，憲法14条1項に違反するということもできない。しかし，尊属殺の法定刑を死刑または無期懲役刑のみに限っている点において，その立法目的達成のため必要な限度を遥かに超え，普通殺に関する法定刑に比し著しく**不合理な差別的取扱い**をするものと認められ，憲法14条1項に違反して無効であるとした（最大判昭48・4・4）。

3 ✕ 嫡出子と嫡出でない子の法定相続分を区別することは違憲である。

前半は正しいが，後半が誤り。判例は，法律婚という制度自体はわが国に定着しているとしても，子にとっては自ら選択ないし修正する余地のない事柄を理由としてその子に不利益を及ぼすことは許されず，遅くとも相続が開始した平成13年7月当時においては，立法府の裁量権を考慮しても，嫡出子と嫡出でない子の法定相続分を区別する**合理的な根拠**は失われていたというべきである。したがって，本件規定は，遅くとも平成13年7月当時において，憲法14条1項に違反していたとした（最大決平25・9・4）。

4 ✕ 売春の取締について，条例により地域差があっても合憲である。

前半は正しいが，後半が誤り。判例は，憲法が各地方公共団体の条例制定権を認める以上，地域によって差別を生ずることは当然に予期されることであるから，かかる差別は憲法自ら容認するところであると解すべきである。それ故，地方公共団体が売春の取締について各別に条例を制定する結果，その取扱に差別を生ずることがあっても，地域差の故をもって違憲ということはできないとした（最大判昭33・10・15）。

5 ✕ 較差約5倍の衆議院議員定数配分規定は，合理的期間経過によって違憲。

前半は正しいが，後半が誤り。判例は，本件規定は，憲法の要求するところに合致しない状態になっていたにもかかわらず，憲法上要求される**合理的期間内**における是正がされなかったものと認めざるをえない。それゆえ，本件議員定数配分規定は，本件選挙当時，憲法の**選挙権の平等の要求**に違反し，違憲であったとした（最大判昭51・4・14）。

No.2 の解説　法の下の平等の判例
→問題はP.67　**正答4**

ア×　指紋押なつ制度は合憲である。

在留外国人を対象とする**指紋押なつ制度**は，戸籍制度のない外国人の人物特定につき最も確実な制度として制定されたもので，その立法目的には十分な合理性があり，かつ必要性も肯定でき，制度内容は，押なつ義務が3年に一度で，押なつ対象指紋も一指のみであり，その強制も罰則による間接強制にとどまるものであり，方法としても，一般的に許容される限度を超えない相当なものであったと認められ，戸籍制度のない外国人は，日本人とは社会的事実関係上の差異があり，その取扱いの差異には合理的根拠があるので，憲法14条に違反するものでないことは明らかであるとする（最判平7・12・15）。

イ×　尊属殺重罰規定の立法目的自体は違憲ではない。

刑法200条の**尊属殺重罰規定**の立法目的は，尊属を卑属またはその配偶者が殺害することを一般に高度の社会的道義的非難に値するものとし，かかる所為を通常の殺人の場合より厳重に処罰し，もって特に強くこれを禁圧しようとすることにあると解されるが，尊属に対する尊重報恩は，社会生活上の基本的道義というべく，このような自然的情愛ないし普遍的倫理の維持は，刑法上の保護に値するものであり，尊属の殺害は通常の殺人に比して一般に高度の社会的道義的非難を受けて然るべきであるとして，このことをその処罰に反映させても，あながち不合理ではなく，被害者が尊属であることを犯情の一つとして具体的事件の量刑上重視することは許されるものであるのみならず，さらに進んでこのことを類型化し，法律上，刑の加重要件とする規定を設けても，かかる差別的扱いをもってただちに合理的な根拠を欠くものと断ずることはできないため，憲法14条1項に違反するということもできないとする（最大判昭48・4・4）。判例の判示のうち，この合憲とする部分までが，特に注意が必要な内容である。

ウ○　所得の性質の違い等を理由とする取扱いの区別は合憲である。

所得の性質の違いによる区別は憲法14条1項に違反しない（最大判昭60・3・27）。

エ○　条例による売春の取締りの差別は合憲である。

条例による売春取締りの差別は憲法に違反しない（最大判昭33・10・15）。

オ×　併給禁止は厳格に検討して判断されない。

憲法25条の規定にいう「健康で文化的な最低限度の生活」なるものは，きわめて抽象的・相対的な概念であって，その具体的内容は，その時々における文化の発達の程度，経済的・社会的条件，一般的な国民生活の状況等との相関関係において判断決定されるべきものであるとともに，当該規定を現実の立法として具体化するに当たっては，国の財政事情を無視することができない。また，多方面にわたる複雑多様な高度の専門技術的考察と，それに基づいた政策的判断を必要とするものであるから，当該規定の趣旨にこたえて具体的にどのような立法措置を講ずるかの選択決定は，立法府の広い裁量にゆだねられており，それが著しく合理性を欠き明らかに**裁量の逸脱・濫用**と見ざるをえないような場合を除き，裁判所が審査判断するのに適しない事柄であるとする（最大判昭57・7・7）。したがって，厳格に検討して判断すべきとはしていない。

以上から，妥当なものは**ウ**と**エ**であり，**4**が正答となる。

No.3 の解説　法の下の平等　　　→問題はP.68　**正答2**

ア〇 **14条1項後段事由は例示列挙で「信条」に思想上・政治上の主義を含む。**
14条1項後段の列挙事項は**例示的な列挙**である（最大判昭39・5・27）。また，「信条」には，広く思想上・政治上の主義を含むと解されている。

イ✕ **必要経費の控除について事業所得者と給与所得者の間に設けた区別は合憲。**
給与所得者の職務上必要な諸設備，備品等に係る経費は使用者が負担するのが通例であり，また，職務に関し必要な旅行や通勤の費用に充てるための金銭給付，職務の性質上欠くことのできない現物給付などがおおむね非課税所得として扱われていることを考慮すれば，給与所得者において自ら負担する必要経費の額が一般に旧所得税法所定の給与所得控除の額を明らかに上回るものと認めることは困難であって，給与所得控除の額は給与所得に係る必要経費の額との対比において相当性を欠くことが明らかであるということはできない。旧所得税法が必要経費の控除について事業所得者等と給与所得者との間に設けた区別は，合理的なものであり，憲法14条1項の規定に違反するものではないとするのが判例である（最大判昭60・3・27）。

ウ〇 **憲法14条の規定は，私人相互の関係を直接規律しない。**
憲法14条の規定が私人相互の関係を直接規律しないとする**間接適用説**を採用した三菱樹脂事件の判例である（最大判昭48・12・12）。

エ✕ **参議院議員の議員定数配分は，憲法14条1項に違反しない。**
本件選挙当時，平成30年改正後の本件定数配分規定の下での選挙区間における**投票価値の不均衡**は，違憲の問題が生ずる程度の著しい不平等状態にあったものとはいえず，本件定数配分規定が憲法に違反するに至っていたということはできないとするのが判例である（最大判令2・11・18）。

以上から，妥当なものは**ア**と**ウ**であり，**2**が正答となる。

　法の下の平等に関するア～エの記述のうち，妥当なもののみをすべて挙げているのはどれか。ただし，以下に示す法令は，その事件当時のものである。

【国家総合職・平成24年度】

ア：衆議院小選挙区選出議員の選挙についてのいわゆる1人別枠方式を含む区割基準を定める衆議院議員選挙区画定審議会設置法および同基準に従って選挙区割りを定める公職選挙法の規定の合憲性に関し，最高裁判所は，平成21年8月施行の衆議院議員総選挙時（注）において，いわゆる1人別枠方式に係る基準は，憲法の投票価値の平等の要求に反する状態に至っており，また，憲法上要求される合理的期間内の是正が行われなかったものと評価せざるを得ず，同基準に従って改定された選挙区割規定は，憲法14条1項に違反するものであったが，選挙の効力については，いわゆる事情判決の制度の基礎に存するものと解すべき一般的な法の基本原則に従い，無効としない旨判示した。

イ：日本国民と外国人との間の公務就任に係る区別の合憲性について，最高裁判所は，国民主権の原理に基づき，国および普通地方公共団体による統治の在り方については日本国の統治者としての国民が最終的な責任を負うべきものであることに照らし，地方公務員のうち，住民の権利義務を直接形成し，その範囲を確定するなどの公権力の行使に当たる行為を行い，もしくは普通地方公共団体の重要な施策に関する決定を行い，またはこれらに参画することを職務とするもの（以下「公権力行使等地方公務員」という）については，原則として日本の国籍を有する者が就任することが想定されているとみるべきであり，普通地方公共団体が，公権力行使等地方公務員の職とこれに昇任するのに必要な職務経験を積むために経るべき職とを包含する一体的な管理職の任用制度を構築したうえで，日本国民である職員に限って管理職に昇任することができることとする措置をとることは，合理的な理由に基づく区別であって，憲法14条1項に違反するものではない旨判示した。

ウ：いわゆる尊属殺加罰規定及び尊属傷害致死加罰規定の合憲性について，最高裁判所は，尊属に対する尊重報恩は，社会生活上の基本的道義であって，このような普遍的倫理の維持は，刑法上の保護に値するから，尊属に対する殺害及び傷害致死を通常の殺人および傷害致死よりも重く処罰する規定を設けたとしても，直ちに合理的根拠を欠くものと断ずることはできないが，これらに対する刑罰加重の程度は極端であり，その立法目的達成のため必要な限度をはるかに超え，尊属殺加罰規定及び尊属傷害致死加罰規定は，それぞれ普通殺人罪及び普通傷害致死罪の法定刑に比し著しく不合理な差別的取り扱いをするものであり，いずれも憲法14条1項に違反して無効である旨判示し

た。

エ：法律上の婚姻関係にない日本国民である父と日本国民でない母との間に出生し，出生後に父から認知された子に関し，国籍法上，父母の婚姻により嫡出子たる身分を取得した（準正のあった）者に限り届出による日本国籍の取得を認めることによって，認知されたにとどまる子と準正のあった子との間に日本国籍の取得に関する区別を生じさせることについて，最高裁判所は，国家の構成員としての資格である国籍の得喪に関する要件をどのように定めるかは，立法府の高度な政治的判断に基づく広範な裁量判断に属する事項であり，憲法14条1項に違反するものとはいえない旨判示した。

1 ア　　　**2** イ　　　　　**3** ア，ウ

4 イ，エ　**5** ア，イ，ウ

（注）この時の小選挙区選挙における選挙区間の選挙人数の最大較差は1対2.304であった。

（参考）衆議院議員選挙区画定審議会設置法
（改定案の作成の基準）
第3条　前条の規定による改定案の作成は，各選挙区の人口の均衡を図り，各選挙区の人口（官報で公示された最近の国勢調査又はこれに準ずる全国的な人口調査の結果による人口をいう。以下同じ。）のうち，その最も多いものを最も少ないもので除して得た数が二以上とならないようにすることを基本とし，行政区画，地勢，交通等の事情を総合的に考慮して合理的に行わなければならない。
2　前項の改定案の作成に当たっては，各都道府県の区域内の衆議院小選挙区選出議員の選挙区の数は，一に，公職選挙法（昭和25年法律第100号）第4条第1項に規定する衆議院小選挙区選出議員の定数に相当する数から都道府県の数を控除した数を人口に比例して各都道府県に配当した数を加えた数とする。

No.5 法の下の平等に関するア～エの記述のうち，妥当なもののみをすべて挙げているのはどれか。　【国家総合職・平成21年度】

ア：憲法14条が保障する法の下の平等は，合理的な区別までを否定するものではないが，区別が合理的か否かの判断基準については，学説上は，著しく不合理であることが明白でない限り違憲と判断しない「合理性の基準」，立法目的の重要性を厳格に解釈し，その手段が立法目的と実質的関連性を有するか否かを厳格に判断する「厳格な合理性の基準」，立法目的が必要不可欠で，その手段がやむにやまれぬものであるかを判断する「厳格な審査の基準」などが示されている。一方，判例においては，これらの基準を明確に区別しているわけではないが，憲法14条は立法者をも拘束するとの立場（立法者拘束説）から「厳格な審査の基準」を採用していると一般に解されている。

イ：いわゆる尊属殺重罰規定が法の下の平等の原則に反するかの問題に関し，最

高裁判所は，当該規定の立法目的について，直ちに合理的な根拠を欠くものと断ずることはできないとしつつも，刑の加重の程度が極端であって，その立法目的達成のため必要な限度をはるかに超えており，憲法14条1項に違反して無効であると判じた。しかしながら，尊属傷害致死加罰規定の合憲性については，法定刑が立法目的達成のため必要な限度を逸脱しているとは考えられないとして合憲との判断を示した。

ウ：非嫡出子の法定相続分を嫡出子の相続分の2分の1とする民法900条4号ただし書の規定の合憲性が争われた裁判において，最高裁判所は，現行民法が法律婚主義を採用している以上，法律婚の尊重と非嫡出子の保護の調整を図った当該規定の立法理由には合理的な根拠があることを認めたうえで，出生についてなんの責任も負わない非嫡出子をそのことを理由に法律上差別することには問題があると指摘しつつも，当該規定自体は遺言による相続分の指定等がない場合などにおいて補充的に機能する規定であることに鑑み，合理的理由のない差別とはいえないとして，合憲との判断を示した。

エ：衆議院議員選挙における議員定数不均衡の合憲性について，最高裁判所は，人口数と定数との比率の平等を最も重要かつ基本的な基準だとしつつも，投票価値の平等は，原則として，国会が正当に考慮することのできる他の政策的目的ないしは理由との関連において調和的に実現されるべきものとして，議員定数配分について国会の裁量権を認めたが，投票価値の不平等が，国会において通常考慮しうる諸般の要素をしんしゃくしてもなお一般的に合理性を有するものとは到底考えられない程度に特段の理由なくして達しているときで，憲法上要求される合理的期間内に是正が行われないときには，そのような議員定数配分規定は違憲となるとの基準を示している。

1 ア，イ，ウ

2 ア，ウ

3 イ，ウ

4 イ，エ

5 エ

***
No.6 法の下の平等に関するア〜オの記述のうち，妥当なもののみをすべて挙げているのはどれか。 【国家専門職・令和4年度】

ア：会社の就業規則中，女子の定年年齢を男子より低く定めた部分は，もっぱら女子であることのみを理由として差別したことに帰着するものであり，性別のみによる不合理な差別を定めたものとして，憲法14条1項の規定に違反し無効であるとするのが判例である。

イ：憲法14条1項にいう法の下の平等とは，各人の性別，能力，年齢，財産など
の種々の事実的・実質的差異を前提として，法の与える特権の面でも法の課
する義務の面でも，同一の事情と条件の下では均等に取り扱うことを意味す
ると一般に解されている。

ウ：国籍法の規定が，日本国民である父と日本国民でない母との間に出生した後
に父から認知された子について，父母の婚姻により嫡出子たる身分を取得し
た場合に限り届出による日本国籍の取得を認めていることによって，認知さ
れたにとどまる子と父母の婚姻により嫡出子たる身分を取得した子との間に
日本国籍の取得に関する区別を生じさせていることは，当該区別を生じさせ
た立法目的自体に合理的な根拠が認められず，憲法14条1項に違反するとす
るのが判例である。

エ：社会保障給付の全般的公平を図るため公的年金相互間における併給調整を行
うかどうかは，立法府の裁量の範囲に属する事柄であるものの，併給調整条
項の適用により障害福祉年金（当時）受給者とそうでない者との間に児童扶
養手当の受給に関して差別が生じることは，立法府の広範な裁量を考慮して
も，合理的理由のない不当なものであり，憲法14条1項に違反するとするの
が判例である。

オ：嫡出でない子の相続分を嫡出子の相続分の2分の1とする民法の規定が遅く
とも平成13年7月当時において憲法14条1項に違反していたとする最高裁判
所の判断は，その当時から同判断時までの間に開始された他の相続につき，
当該民法の規定を前提としてされた遺産の分割の審判その他の裁判，遺産の
分割の協議その他の合意等により確定的なものとなった法律関係に影響を及
ぼすものではないとするのが判例である。

1　ア，ウ

2　ア，エ

3　イ，ウ

4　イ，オ

5　エ，オ

No.7 憲法14条に関する教授の質問に対して，学生A～Eのうち，妥当な発言
をした学生のみをすべて挙げているのはどれか。　【国家一般職・平成28年度】

教　授：今日は，法の下の平等を定めた憲法14条の文言の解釈について学習しま
しょう。同条1項は「すべて国民は，法の下に平等であつて，人種，信
条，性別，社会的身分又は門地により，政治的，経済的又は社会的関係
において，差別されない」と規定していますが，同項にいう「法の下に

平等」とはどのような意味ですか。

学生Ａ：同項にいう「法の下に平等」とは，法を執行し適用する行政権・司法権が国民を差別してはならないという法適用の平等のみを意味するのではなく，法そのものの内容も平等の原則に従って定立されるべきという法内容の平等をも意味すると解されています。

学生Ｂ：また，同項にいう「法の下に平等」とは，各人の性別，能力，年齢など種々の事実的・実質的差異を前提として，法の与える特権の面でも法の課する義務の面でも，同一の事情と条件の下では均等に取り扱うことを意味すると解されています。したがって，恣意的な差別は許されませんが，法上取扱いに差異が設けられる事項と事実的・実質的差異との関係が社会通念から見て合理的である限り，その取扱上の違いは平等原則違反とはなりません。

教　授：では，同項にいう「信条」とはどのような意味ですか。

学生Ｃ：同項にいう「信条」が宗教上の信仰を意味することは明らかですが，それにとどまらず，広く思想上・政治上の主義，信念を含むかについては，ここにいう信条とは，根本的なものの考え方を意味し，単なる政治的意見や政党的所属関係を含まないとして，これを否定する見解が一般的です。

教　授：同項にいう「社会的身分」の意味についてはどうですか。

学生Ｄ：社会的身分の意味については，見解が分かれており，「出生によって決定され，自己の意思で変えられない社会的な地位」であるとする説や，「広く社会においてある程度継続的に占めている地位」であるとする説などがありますが，同項後段に列挙された事項を限定的なものと解する立場からは，後者の意味と解するのが整合的です。

教　授：同項後段に列挙された事項を，限定的なものと解するか，例示的なものと解するかについて，判例の見解はどうなっていますか。

学生Ｅ：判例は，同項後段に列挙された事項は例示的なものであるとし，法の下の平等の要請は，事柄の性質に即応した合理的な根拠に基づくものでない限り，差別的な取扱いをすることを禁止する趣旨と解すべき，としています。

1　A，B，D

2　A，B，E

3　C，D，E

4　A，B，D，E

5　B，C，D，E

実戦問題❷の解説

No.4 の解説　法の下の平等
→問題はP.72 **正答 2**

ア ✕ **選挙区割りは合理的期間が経過しなければ違憲とならない。**

いわゆる一人別枠方式に係る部分は，憲法の投票価値の平等の要求に反する状態に至っており，同基準に従った選挙区割りも，憲法の投票価値の平等の要求に反する状態に至っていたが，いずれも憲法上要求される**合理的期間内**における是正がされなかったとはいえず，上記各規定が憲法14条 1 項等に違反するものということはできない（最大判平23・ 3 ・23）。

イ ◯ **公権力行使等地方公務員には日本国民が就任する。**

日本国民である職員に限って管理職に昇任できることは，憲法14条 1 項に違反しない（最大判平17・ 1 ・26）。

ウ ✕ **尊属傷害致死加罰規定は憲法14条に違反しない。**

いわゆる**尊属殺加罰規定**の違憲性については正しい（最大判昭48・ 4 ・ 4 ）。しかし，**尊属傷害致死加罰規定**の違憲性については誤り。尊属に対する尊重報恩は，社会生活上の基本的道義であって，このような普遍的倫理の維持は，刑法上の保護に値するから，尊属に対する傷害致死を通常の傷害致死よりも重く処罰する規定を設けたとしても，かかる差別的取扱いをもって直ちに合理的根拠を欠くものと断ずることはできず，尊属傷害致死の法定刑は，その立法目的達成のため必要な限度を逸脱しているとは考えられないから，尊属傷害致死に関する刑法205条 2 項の定める法定刑は，合理的根拠に基づく差別の扱いの域を出ないものであって，憲法14条 1 項に違反するものとはいえないとした（最判昭49・ 9 ・26）。尊属殺加罰規定違憲との結論の違いに，特に注意が必要である。

エ ✕ **準正による日本国籍取得の区別は違憲である。**

国籍法 3 条 1 項が，日本国民である父と国民でない母との間に出生した後に父から認知された子について，父母の婚姻により嫡出子たる身分を取得した（準正のあった）場合に限り届出による日本国籍の取得を認めていることによって，認知されたにとどまる子と準正のあった子との間に日本国籍の取得に関する区別を生じさせていることは，憲法14条 1 項に違反しているとする（最大判平20・ 6 ・ 4 ）。

以上から，妥当なものは**イ**のみであり，**2** が正答となる。

ア× 判例は合理性の基準を採る。

合理的区別に該当するか否かの判断基準について，本記述のように学説上は
さまざまな審査基準が示されている。しかし，判例は，多くの事件において
「厳格な合理性の基準」ではなく，緩やかな基準である「合理性の基準」を
採用していると一般に解されている（最大判昭57・7・7，最大判昭60・3・
27など）。

イ○ 尊属殺重罰規定は違憲，尊属傷害致死加罰規定は合憲。

合憲と違憲の異なる判断を示した，前半の**尊属殺重罰規定事件**における違憲
判決と，後半の**尊属傷害致死加罰規定事件**における合憲判決である（最大判
昭48・4・4，最判昭49・9・26）。

ウ× 非嫡出子の法定相続分を嫡出子の2分の1とする規定は違憲。

判例は，昭和22年の民法改正時から現在に至るまでの間の社会の動向，わが
国における家族形態の多様化やこれに伴う国民の意識の変化，諸外国の立法
のすう勢およびわが国が批准した条約の内容とこれに基づき設置された委員
会からの指摘，嫡出子と嫡出でない子の区別に関わる法制等の変化，さらに
はこれまでの当審判例における度重なる問題の指摘等を総合的に考察すれ
ば，家族という共同体の中における個人の尊重がより明確に認識されてきた
ことは明らかであるといえる。そして，法律婚という制度自体はわが国に定
着しているとしても，上記のような認識の変化に伴い，上記制度の下で父母
が婚姻関係になかったという，子にとっては自ら選択ないし修正する余地の
ない事柄を理由としてその子に不利益を及ぼすことは許されず，子を個人と
して尊重し，その権利を保障すべきであるという考えが確立されてきている
ものということができる。以上を総合すれば，遅くとも本件の相続が開始し
た平成13年7月当時においては，立法府の裁量権を考慮しても，嫡出子と嫡
出でない子の法定相続分を区別する合理的な根拠は失われていたというべき
である。したがって，本件規定は，遅くとも平成13年7月当時において，憲
法14条1項に違反していたものというべきであるとする（最大決平25・9・
4）。

エ○ 合理的期間内に是正が行われないときは違憲。

合理的期間論を採用した**衆議院議員定数不均衡事件**の違憲判決である（最大
判昭51・4・14）。

以上から，妥当なものはイとエであり，**4**が正答となる。

No.6 の解説 法の下の平等　　　　　　　　　　→問題はP.74　**正答4**

ア× **判例は，直接，憲法14条1項に違反するとはしていない。**
就業規則中の女子の定年年齢を男子より低く定めた部分は，もっぱら女子で
あることのみを理由として差別したことに帰着するものであり，性別のみに
よる不合理な差別を定めたものとして，「民法90条」の規定により無効であ
ると解するのが相当である（憲法14条1項，民法1条の2参照）とするのが
判例である（最判昭56・3・24）。

イ○ **憲法14条1項の法の下の平等は，事実的・実質的な平等を意味する。**
憲法14条1項の法の下の平等は，種々の事実的・実質的差異を前提に，同一
の事情と条件の下では均等に取り扱うことを意味すると解されている。

ウ× **判例は，立法目的自体には合理的な根拠が認められるとする。**
違憲とする結論は正しいが，判例は，「本件区別について，これを生じさせ
た立法目的自体には合理的な根拠は認められる」とするので，理由付けが誤
り。ただし，判例は，立法目的との間における合理的関連性は，わが国の内
外における社会的環境の変化等によって失われており，今日において，国籍
法3条1項の規定は，日本国籍の取得につき合理性を欠いた過剰な要件を課
するものとなっているというべきである。しかも，本件区別については，日
本国民である父から出生後に認知されたにとどまる非嫡出子に対して，日本
国籍の取得において著しく不利益な差別的取扱いを生じさせているといわざ
るを得ず，国籍取得の要件を定めるに当たって立法府に与えられた裁量権を
考慮しても，この結果について，上記の立法目的との間において合理的関連
性があるものということはもはやできない。そうすると，本件区別は，遅く
とも上告人らが法務大臣あてに国籍取得届を提出した当時には，立法府に与
えられた裁量権を考慮してもなおその**立法目的との間において合理的関連性
を欠く**ものとなっていたと解される。したがって，上記時点において，本件
区別は合理的な理由のない差別となっていたといわざるをえず，国籍法3条
1項の規定が本件区別を生じさせていることは，憲法14条1項に違反するも
のであったというべきであるとする（最大判平20・6・4）。

エ× **本件差別は，合理的理由のない不当なものではなく合憲。**
本件併給調整条項の適用により，障害福祉年金を受けることができる地位に
ある者とそのような地位にない者との間に児童扶養手当の受給に関して差別
を生ずることになるとしても，身体障害者，母子に対する諸施策および生活
保護制度の存在などに照らして総合的に判断すると，当該差別が何ら**合理的
理由**のない不当なものであるとはいえないとするのが判例である（最大判昭
57・7・7）。

オ○ **本件の違憲判断は，他の法律関係に影響を及ぼさない。**
違憲判例の，違憲とした判断した後に続く部分である。判例は，他の相続に
つき，当該民法の規定を前提としてされた遺産の分割の審判その他により確

定的なものとなった法律関係に影響を及ぼすものではないとする（最大決平25・9・4）。

以上から，妥当なものはイとオであり，**4**が正答となる。

No.7 の解説 憲法14条の質問・発言問題 →問題はP.75 **正答2**

A○ 「法の下に」平等とは，法適用の平等のみでなく，**法内容の平等**をも意味するとするのが通説である。

B○ 法の下に「平等」とは，恣意的な差別は許されないが，**合理的な区別は許される**とするのが通説である。

C× 「信条」とは，宗教上の信仰のみならず，広く思想上・政治上の主義，信念を含むとして，政治的意見や政党的所属関係も含むとするのが通説である。

D× 同項後段を限定列挙と解する立場からは，逆に，社会的身分の意味を厳格に解する前者の方が整合的である。これに対して，例示列挙と解する立場からは，社会的身分の意味を**緩やかに解する**後者の方が整合的である（通説）。

社会的身分	後段列挙事項
広く社会においてある程度継続的に占めている地位	例示列挙

E○ 同項後段に列挙された事項は**例示的**なものであるとするのが判例である（最大判昭39・5・27）。

以上から，妥当な発言をした学生はA，B，Eであり，**2**が正答となる。

第2章

精神的自由

試 験 別 出 題 傾 向 と 対 策

	試 験 名	国家総合職					国家一般職					国家専門職				
頻出度	年 度	21〜23	24〜26	27〜29	30〜2	3〜5	21〜23	24〜26	27〜29	30〜2	3〜5	21〜23	24〜26	27〜29	30〜2	3〜5
	テーマ　　　出題数	2	3	3	4	2	2	3	2	2	5	0	3	3	3	1
A	5 思想・良心の自由		1					1		1	1		1		1	
A	6 信教の自由	1	1	1	2	1	1		1		1		1	1	1	
A	7 表現の自由	1	1	2	2	1	1	2	1	1	3		1	2	1	1

　精神的自由の出題は上記の表の3テーマが大部分を占める。特に，表現の自由は，出題頻度№1のテーマである。そのほかでは，学問の自由，集会・結社の自由などが数問出題された程度である。また，「思想・良心の自由と表現の自由」，「表現の自由と集会・結社の自由」というような混合問題もわずかだが出題されている。

●国家総合職
　出題形式は，判例・通説の見解を問う組合せ型がほとんどである。内容的にも，報道の自由や取材の自由に関する博多駅事件，泉佐野市民会館事件，サンケイ新聞事件などの判例および通説に沿った問題となっている。他の試験に比べ判例の引用が長いことから，問題文が長いのが国家総合職の特徴である。また，他の試験ではほとんど問われない表現の自由の制限に対する違憲審査基準（「明確性の原則」など）まで出題されるのも国家総合職にふさわしいレベルである。判例・学説ともに深い理解が求められているといえよう。

●国家一般職
　出題形式は，判例・通説の見解を問う組合せ型と単純正誤型の問題である。内容的にも，比較衡量論など判例・通説に沿った問題となっており，信教の自由では津地鎮祭事件，表現の自由では博多駅事件・税関検査事件などが出題されている。重要な判例は，判旨だけでなく，事件の概要を含めた全体像を把握しておく必要がある。

●国家専門職
　出題形式は，判例・通説の見解を問う組合せ型と単純正誤型の問題である。内

地方上級 (全国型)					地方上級 (特別区)					市役所 (C日程)					
21 - 23	24 - 26	27 - 29	30 - 2	3 - 5	21 - 23	24 - 26	27 - 29	30 - 2	3 - 5	21 - 23	24 - 26	27 - 29	30 - 2	3 - 4	
2	1	3	1	2	2	2	2	2	0	2	1	3	1	1	
	1	1			1			1				2			テーマ 5
1			1		1	1				1					テーマ 6
1		2	1	1	1	1	1	1		1	1	1	1	1	テーマ 7

容面では,「目的効果基準」など,判例・通説に沿った重要な知識が問われることが多い。

● 地方上級

出題形式は,検閲の定義などに関する判例・通説の見解を素直に問う単純正誤型がほとんどである。21条に関する問題として,集会・結社の自由との混合問題も出題されているが,表現の自由を中心に学習すべきであろう。

● 特別区

出題形式は,判例の見解を素直に問う単純正誤型である。出題内容は,信教の自由(政教分離の原則)と表現の自由の判例が中心となっている。検閲に関する北方ジャーナル事件など,重要な判例が繰り返して出題されている。

● 市役所

出題内容は,他の試験と同様に,表現の自由に関する最高裁判例の出題が多いのが特徴である。

思想・良心の自由

必修問題

　思想及び良心の自由に関する次の記述のうち，妥当なのはどれか。ただし，争いのあるものは判例の見解による。　　【国家一般職・令和元年度】

1　国家権力が，個人がいかなる思想を抱いているかについて<u>強制的に調査</u>することは，当該調査の結果に基づき，個人に不利益を課すことがなければ，思想及び良心の自由を侵害するものではない。

2　企業が，自己の営業のために労働者を雇用するに当たり，<u>特定の思想，信条を有する者の雇入れを拒むことは許されない</u>から，労働者の採否決定に当たり，その者から在学中における団体加入や学生運動参加の有無について申告を求めることは，公序良俗に反し，許されない。

3　市立小学校の校長が，音楽専科の教諭に対し，入学式における国歌斉唱の際に<u>「君が代」のピアノ伴奏を行うよう命じた職務命令</u>は，そのピアノ伴奏行為は当該教諭が特定の思想を有するということを外部に表明する行為と評価されることから，当該教諭がこれを明確に拒否している場合には，当然に思想及び良心の自由を侵害するものであり，<u>憲法19条に違反する</u>。

4　特定の学生運動の団体の集会に参加した事実が記載された調査書を，公立中学校が高等学校に入学者選抜の資料として提供することは，当該調査書の記載内容によって受験者本人の思想や信条を知ることができ，当該受験者の思想，信条自体を資料として提供したと解されることから，<u>憲法19条に違反する</u>。

5　他者の名誉を毀損した者に対して，**謝罪広告**を新聞紙に掲載すべきことを裁判所が命じることは，その広告の内容が単に事態の真相を告白し陳謝の意を表明するにとどまる程度のものであれば，その者の良心の自由を侵害するものではないから，<u>憲法19条に違反しない</u>。

難易度　＊

必修問題の解説

　憲法19条は，「思想及び良心の自由は，これを侵してはならない」と定めている。思想・良心の自由では，謝罪広告事件などの重要判例を押さえておくことが必要である。

頻出度
A
国家総合職 ★
国家一般職 ★★
国税専門官 ★★
地上全国型 ★★
地上特別区 ★★
市役所C ★★

5 思想・良心の自由

1× 国家権力が個人の思想を強制的に調査するのは違憲。

国家権力が，個人がいかなる思想を抱いているかについて強制的に調査することは，当該調査の結果に基づき，個人に不利益を課すことがなくても，思想及び良心の自由を侵害する。

2× 企業が特定の思想，信条を有する者の雇入れを拒むことは許される。

判例は，企業が，自己の営業のために労働者を雇用するに当たり，特定の思想，信条を有する者の雇入れを拒むことは許されるから，労働者の採否決定に当たり，その者から在学中における団体加入や学生運動参加の有無について申告を求めることは，公序良俗に反しないので，許されるとする（最大判昭48・12・12）。

3× 「君が代」のピアノ伴奏を命じる職務命令は合憲。

判例は，市立小学校の校長が，音楽専科の教諭に対し，入学式における国歌斉唱の際に「君が代」のピアノ伴奏を行うよう命じた職務命令は，そのピアノ伴奏行為は当該教諭が特定の思想を有することを強制したり禁止したりするものではなく，その目的および内容において不合理とはいえないから，当該教諭の思想及び良心の自由を侵害するものとして，憲法19条に違反するとはいえないとする（最判平19・2・27）。

4× 学生運動団体の集会に参加した事実が記載された調査書の提供は合憲。

判例は，特定の学生運動の団体の集会に参加した事実が記載された調査書を，公立中学校が高等学校に入学者選抜の資料として提供することは，当該調査書の記載内容によって受験者本人の思想や信条そのものを了知させるものではなく，当該受験者の思想，信条自体を資料として提供したものではないから，憲法19条に違反しないとする（最判昭63・7・15）。

5◎ 単に事態の真相を告白し陳謝の意の表明にとどまる程度の謝罪広告は合憲。

判例は，単に事態の真相を告白し陳謝の意を表明するにとどまる程度の**謝罪広告**を新聞紙に掲載すべきことを命ずる原判決は，倫理的な意思，良心の自由を侵害することを要求するものではないとした（最大判昭31・7・4）。

正答 **5**

第2章
精神的自由

FOCUS

思想・良心の自由は，表現の自由などの他の自由権と比べると出題頻度はあまり高くない。しかし，出題される事項が，思想・良心の自由の保障の意味，謝罪広告を命じる判決を合憲とした昭和31年判決などに限られているので，確実に得点できるようにしておきたい。

重要ポイント 1 **思想・良心の自由の保障の意味**

「思想」と「良心」のそれぞれの意味については，特に両者を区別する必要はなく，一体的なものとするのが通説である。

「侵してはならない」とは，思想・良心が内心，つまり心の中にとどまる限りは**絶対的に保障**されることをいう。たとえば，平和主義を否定するような思想でも，内心で考えているだけであるならば，問題とされないのである。

また，思想・良心について国家権力から露顕を強制されないという**沈黙の自由**も保障される。したがって，信じている宗教があるか，それは何かを調べるために，国が国民に記名式のアンケート調査を実施するようなことは許されないのである。

思想と良心の意味	保障の意味
区別せず，一体的に理解	絶対的保障，沈黙の自由も保障

重要ポイント 2 **思想・良心の自由に関する判例**

選挙に際して，他の候補者の名誉を毀損した候補者が，裁判所から謝罪広告を命じる判決を受けたことを，思想・良心の自由の保障に反するとして争った事件で，判例は，次のように合憲と判示している。

判例 謝罪広告強制事件（最大判昭31・7・4）

> 単に事態の真相を告白し陳謝の意を表明するにとどまる程度の謝罪広告を新聞紙に掲載すべきことを命ずる判決は，倫理的意思，良心の自由を侵害することを要求するものではない。

最高裁判所の裁判官の国民審査（79条2項以下）について，判例は，次のように判示している。

判例 国民審査事件（最判昭38・9・5）

> 最高裁判所裁判官の国民審査は，積極的に罷免を可とする者が多いかどうかを投票によって定める制度であるから，積極的に罷免を可とする意思を有しない者の投票は，罷免を可とするものでないとの効果を発生せしめても，なんらその者の意思に反する効果を発生せしめるものではなく，思想良心の自由を制限するものではない。

政治献金のために税理士会が行った会員への特別会費の徴収決議について，判例は，次のように判示している。

判例 南九州税理士会事件（最判平8・3・19）

> 税理士会が政党等の政治資金規正法上の政治団体に対して金員の寄付をするかどうかは，選挙における投票の自由と表裏をなすものとして，会員各人が市民としての個人的な政治的思想，見解，判断等に基づいて自主的に決定すべき事柄であるから，これを多数決原理によって団体の意思として決定し，会員にその協力を義務づけることはできない。

重要ポイント 3 私人間効力

(1) 人権と社会的権力

　元来，権利・自由を保障する憲法の人権規定は，国・公共団体などの公権力との関係で，私人である国民の人権を保障するものであると考えられてきた。しかし，資本主義の発達などに伴い19世紀末から，社会の中に企業，私立大学などの強い力を持った私的団体が生まれ，これによって従業員，学生などの人権が侵害されるという事態が生じてしまった。そこで，このような社会的経済的強者である**社会的権力**による人権侵害から，弱者側の人権を保障する必要があるのではないかという問題が提起されたのである。

(2) 直接適用説と間接適用説

　少数説は，人権規定が私人間にも直接効力を有するという直接適用説をとるが，判例・通説は，私法の一般条項（公序良俗に反する法律行為を無効とする民法90条等）に，憲法の趣旨を取り込んで解釈・適用することによって，間接的に私人間の行為を規律する，すなわち，人権規定は私人間に間接的に効力を有する，**間接適用**されるという間接適用説をとっている。

(3) 三菱樹脂事件

　三菱樹脂株式会社に採用された者が，大学在学中の学生運動歴について，入社試験の際に虚偽の申告をしたという理由で，試用期間終了時に本採用を拒否された事件。判例は次のように判示した。

判例 三菱樹脂事件（最大判昭48・12・12）

> 憲法19条，14条は，もっぱら国または公共団体と個人との関係を規律するものであり，私人相互の関係を直接規律することを予定するものではない。私人間の基本的自由や平等の侵害の態様，程度が社会的に許容しうる限度を超えるときは，場合によっては，民法90条等の適切な運用によって，適切な調整を図る方途も存する。
> 企業は雇用の自由を有するから，企業者が特定の思想，信条を有する者をそのゆえをもって雇い入れることを拒んでも当然に違法ではない。

　このように判例は，直接適用説を否定して間接適用説の立場に立っている。そして本件事件の具体的な解決としては，企業の有する雇用の自由から，雇い入れの拒否を違法ではないとした。

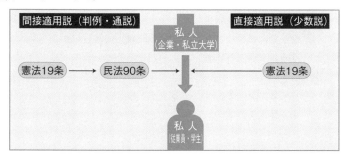

No.1 憲法18条および19条に関するア～オの記述のうち，判例に照らし，妥当なもののみをすべて挙げているのはどれか。　【国家一般職・令和４年度】

ア：裁判員としての職務に従事しまたは裁判員候補者として裁判所に出頭することは，それが司法権の行使に対する国民の参加という点で参政権と同様の権限を国民に付与するものであることや，裁判員法等が裁判員の辞退に関し柔軟な制度を設け，加えて，旅費や日当等の支給により負担を軽減するための経済的措置が講じられていること等を考慮すれば，憲法18条後段が禁ずる「苦役」に当たらない。

イ：強制加入団体である税理士会が政党など政治資金規正法上の政治団体に金員を寄付することは，それが税理士に係る法令の制定改廃に関する政治的要求を実現するためのものである限り，税理士法で定められた税理士会の目的の範囲内の行為であって，当該政治団体に金員の寄付をするために会員から特別会費を徴収する旨の税理士会の総会決議は，会員の思想，信条の自由を侵害するものではなく，有効である。

ウ：強制加入団体である司法書士会が震災により被災した他県の司法書士会に復興支援のための拠出金を寄付することは，たとえそれが倫理的，人道的見地から実施されるものであっても，司法書士法で定められた司法書士会の目的の範囲外の行為であって，被災した他県の司法書士会に拠出金を寄付するために特別に負担金を徴収する旨の司法書士会の総会決議は，会員の思想，信条の自由を侵害するものであり，無効である。

エ：公立中学校の校長が，その作成する調査書に生徒の外部団体の集会への参加やビラ配布などの活動を記載し，当該調査書を入学者選抜の資料として高等学校に提出したことは，当該調査書の記載の内容から生徒の思想，信条を知ることができ，生徒の思想，信条自体を入学者選抜の資料に供したものと解されることから，憲法19条に違反する。

オ：市立小学校の校長が音楽専科の教諭に対して入学式の国歌斉唱の際に「君が代」のピアノ伴奏を行うことを命じた職務命令は，直ちに当該教諭の歴史観ないし世界観それ自体を否定するものではなく，当該教諭に対し特定の思想を持つことを強制したり禁止したりするものでもなく，また，当該職務命令は，小学校教育の目標などを定めた関係諸規定の趣旨にかなうものであるなど，その目的および内容において不合理であるということはできず，憲法19条に違反しない。

1　ア，イ　　　**2**　ア，オ　　　**3**　イ，ウ

4　ウ，エ　　　**5**　エ，オ

No.2 日本国憲法における思想・良心の自由に関する次の記述のうち，判例に照らし，妥当なものはどれか。　　　　　　　【地方上級（全国型）・平成28年度】

1　企業が，従業員に対して所属政党についての調査を行い，その報告書の提出を求めても，その態様によっては許される場合がある。

2　謝罪広告命令は，その内容いかんにかかわらず，良心の自由を侵害せず，許される。

3　公立中学校の教師が，高校入学者選抜のための生徒の内申書に「全共闘を名乗っている」等の記載をすることは，その生徒の思想等を了知しうるものではあるが，許される。

4　税理士会に係る法令の制定改廃に関する要求を実現するために，税理士会が政党など政治資金規制法上の政治団体に対して金員の寄付をすることは目的の範囲内であるが，その金員を特別会費として強制的に徴収することはできないため，当該決議は無効である。

5　卒業式において教師に君が代の起立斉唱を求める行為は，教師の思想・良心の自由に対する直接的・間接的な制約となることはない。

❖ No.3 日本国憲法に規定する思想及び良心の自由に関する記述として，判例，通説に照らして，妥当なのはどれか。　　　　　　【地方上級（特別区）・令和元年度】

1　思想及び良心の自由は，絶対的に保障されるものではなく，憲法そのものを否認したり，憲法の根本理念である民主主義を否定するような思想については，それが内心にとどまる場合であっても，制約することが許される。

2　思想及び良心の自由には，国家権力が人の内心の思想を強制的に告白させ，またはなんらかの手段によってそれを推知することまでは禁止されておらず，内心における思想の告白を強制されないという意味での沈黙の自由は含まれない。

3　最高裁判所の判例では，労働委員会が使用者に対し，使用者が労働組合とその組合員に対して不当労働行為を行ったことについて深く陳謝するとともに，今後このような行為を繰り返さないことを約する旨の文言を掲示するよう命じたポストノーティス命令は，使用者に対し陳謝の意思表明を強制するものではなく，憲法に違反するものとはいえないとした。

4　最高裁判所の判例では，税理士法で強制加入の法人としている税理士会が，政党など政治資金規正法上の政治団体に金員の寄付をすることは，税理士に係る法令の制定改廃に関する政治的要求を実現するためのものであれば，税理士会の目的の範囲内の行為であり，当該寄付をするために会員から特別会費を徴収する旨の決議は有効であるとした。

5　最高裁判所の判例では，公立学校の校長が教諭に対し卒業式における国歌斉唱

の際に国旗に向かって起立し、国歌を斉唱することを命じた職務命令は、特定の思想を持つことを強制するものではなく、当該教諭の思想及び良心を直ちに制約するものとは認められないが、当該教諭の思想及び良心についての間接的な制約となる面があることが認められるため、憲法に違反するとした。

***
No.4 思想及び良心の自由に関するア～エの記述のうち、判例に照らし、妥当なもののみをすべて挙げているのはどれか。　【国家総合職・平成24年度】

ア：憲法19条にいう「良心の自由」とは、単に事物に関する是非弁別の内心的自由のみならず、かかる是非弁別の判断に関する事項を外部に表現する自由やそのような事項を表現しない自由をも包含するため、裁判所が、名誉毀損の加害者に対し、事態の真相を告白するにとどまらず、陳謝の意を表明する内容の謝罪広告を新聞紙に掲載することを命ずることは、同条に違反する。

イ：憲法19条の規定は、国または公共団体の統治行動に対して個人の基本的な自由を保障する目的に出たもので、もっぱら国または公共団体と個人との関係を規律するものであり、私人相互の関係を直接規律することを予定するものではない。

ウ：不当労働行為に対する救済命令として、労働委員会が使用者たる社団に対し、単に社団の行為が労働委員会によって不当労働行為と認定された旨を周知する文言を公示することのみならず、「深く反省するとともに今後、再びかかる行為を繰り返さないことを誓約します。」との文言をも公示することを命ずることは、たとえそれが同種行為を繰り返さない旨の約束文言を強調する意味を有するにすぎないものであっても、陳謝、反省等の倫理的な意思表明を強制するものであり、憲法19条に違反する。

エ：労働者を雇い入れようとする企業が、その採否決定に当たり、労働者の思想、信条を調査し、そのためその者からこれに関連する事項についての申告を求めることは、社会的・経済的に強大な力を持つ企業の労働者に対する優越的地位に鑑みると、労働者の思想、信条の自由に対して影響を与える可能性は少なからずあり、憲法19条に違反する。

1 イ
2 エ
3 ア、ウ
4 ア、エ
5 イ、ウ

実戦問題の解説

No.1 の解説　憲法18条と19条の判例

→問題はP.88　**正答2**

ア◯ **裁判員制度は憲法18条の苦役に当たらない。**

　裁判員としての職務に従事しまたは裁判員候補者として裁判所に出頭することは，憲法18条後段が禁ずる「苦役」に当たらない（最大判平23・11・16）。

イ✕ **税理士会による政党等への寄付は，税理士会の目的の範囲外の行為である。**

　強制加入団体である**税理士会**が政党など政治資金規正法上の**政治団体に金員を寄付**することは，それが税理士に係る法令の制定改廃に関する政治的要求を実現するためのものであっても，税理士法で定められた税理士会の目的の範囲外の行為であって，当該政治団体に金員の寄付をするために会員から特別会費を徴収する旨の税理士会の総会決議は，無効である（最判平8・3・19）。

ウ✕ **震災による復興支援の拠出金の寄付は，司法書士会の目的の範囲内の行為。**

　強制加入団体である**司法書士会**が震災により被災した他県の司法書士会に**復興支援のための拠出金を寄付**することは，司法書士法で定められた司法書士会の目的の範囲内の行為であって，被災した他県の司法書士会に拠出金を寄付するために特別に負担金を徴収する旨の司法書士会の総会決議は，会員の思想，信条の自由を侵害するものではなく，有効である（最判平14・4・25）。

エ✕ **校長による調査書への本件記載は憲法19条に違反しない。**

　公立中学校の校長が，その作成する調査書に生徒の外部団体の集会への参加やビラ配布などの活動を記載し，当該調査書を入学者選抜の資料として高等学校に提出したことは，当該調査書の記載の内容から生徒の思想，信条そのものを了知させるものではなく，生徒の思想，信条自体を入学者選抜の資料に供したものとは解されないから，憲法19条に違反しない（最判昭63・7・15）。

オ◯ **「君が代」のピアノ伴奏の職務命令は憲法19条に違反しない。**

　「君が代」のピアノ伴奏を行うことを命じた職務命令は，その目的および内容において不合理であるということはできず，憲法19条に違反しない（最判平19・2・27）。

　以上から，妥当なものは**ア**と**オ**であり，**2**が正答となる。

No.2 の解説　思想・良心の自由の判例

→問題はP.89　**正答1**

1◎ **企業による従業員の所属政党の調査などが許される場合もある。**

　判例は，企業が従業員Aに対して所属政党について調査を行い，その報告書の提出を求めることも，その必要性，合理性を肯認することができないわけではなく，質問の態様は，返答を強要するものではなかったというのであるから，本件質問は，社会的に許容しうる限界を超えて従業員Aの精神的自由

を侵害した違法行為であるとはいえないとする（最判昭63・2・5）。

2 ✕ 謝罪広告命令も内容によっては違憲となりうる。

判例は，「単に事態の真相を告白し陳謝の意を表明するに止まる程度の**謝罪広告**」を新聞紙に掲載すべきことを命ずる判決は，倫理的な意思，良心の自由を侵害することを要求しないとする（最大判昭31・7・4）。すなわち，内容いかんにかかわらず，良心の自由を侵害せず，許されるとはしていないので誤り。

3 ✕ 内申書の記載は生徒の思想等を了知しうるものではない。

判例は，内申書に本件のような記載をすることは，その生徒の思想信条を了知しうるものではないし，またそれを評価の対象としたものとはみられないとする（最判昭63・7・15）。

4 ✕ 税理士会による政党に対する金員の寄付は目的の範囲外である。

判例は，税理士会が政党など規正法上の政治団体に金員の寄付をすることは，たとえ税理士に係る法令の制定改廃に関する政治的要求を実現するためのものであっても，法で定められた「税理士会の目的の範囲外」の行為であり，寄付をするために会員から特別会費を徴収する旨の決議は無効であるとする（最判平8・3・19）。したがって，金員の寄付が税理士会の目的の範囲内としている点が誤り。

5 ✕ 君が代起立斉唱を求めるのは思想・良心の自由に対する間接的な制約。

判例は，教師に君が代の起立斉唱を求める行為は，教師の思想・良心の自由に対する間接的な制約となる面はあるとする（最判平23・5・30）。

No.3 の解説 思想および良心の自由の判例・通説　　→問題はP.89　**正答3**

1 ✕ 思想・良心の自由は絶対的に保障される。

思想及び良心の自由（19条）は，**絶対的に保障**されるものであり，憲法そのものを否認したり，憲法の根本理念である民主主義を否定するような思想であっても，それが内心にとどまる場合であれば，制約することは許されない。

2 ✕ 思想・良心の自由には沈黙の自由が含まれる。

思想及び良心の自由は，国家権力が人の内心の思想を強制的に告白させ，または何らかの手段によってそれを推知することまで禁止しており，内心における思想の告白を強制されないという意味での**沈黙の自由**が含まれる。

3 ◎ ポストノーティス命令は合憲。

最高裁判所の判例では，この**ポストノーティス命令**を，憲法19条に違反しないとした（最判平2・3・6）。

4 ✕ 税理士会が政治団体に金員の寄付をすることは税理士会の目的の範囲外。

最高裁判所の判例では，税理士会が政党など政治資金規正法上の**政治団体に金員の寄付**をすることは，たとい税理士に係る法令の制定改廃に関する政治

的要求を実現するためのものであっても，法で定められた税理士会の目的の範囲外の行為であり，当該寄付をするために会員から特別会費を徴収する旨の決議は無効であるとした（最判平8・3・19）。

5 × **国旗に向かっての起立と国歌の斉唱を命じる職務命令は合憲。**

違憲とする結論部分が誤り。最高裁判所の判例では，当該教諭の思想及び良心についての間接的な制約となる面はあるものの，その目的および内容ならびに制限を介して生ずる制約の態様等を総合的に較量すれば，制約を許容し得る程度の必要性および合理性が認められ，憲法19条に違反しないとした（最判平23・5・30）。

No.4 の解説 **思想および良心の自由の判例** →問題はP.90 **正答1**

ア × **謝罪広告を命じる判決は合憲である。**

新聞紙に**謝罪広告**を掲載することを命ずる判決は，その広告の内容が単に事態の真相を告白し陳謝の意を表明する程度のものであれば，憲法19条に違反しないとする（最大判昭31・7・4）。

イ ○ **19条は私人間に直接適用されない。**

判例は，**間接適用説**を採用している（最大判昭48・12・12）。

ウ × **労働委員会のポストノーティス命令は合憲である。**

労働委員会によるポストノーティス命令，すなわち，不当労働行為の事実を認めるとともに，今後そうした行為を行わない旨を述べた文書を事業所内等に掲示させる命令は，同種行為を繰り返さない旨の約束文言を強調する趣旨に出たものというべきであり，使用者に対し陳謝の意思表明を強制するものではなく，憲法19条に違反するものとはいえないとする（最判平3・2・22）。

エ × **思想・信条に関連する事項の申告を求めても違法ではない。**

企業者が雇用の自由を有し，思想，信条を理由として雇い入れを拒んでもこれを違法とすることができない以上，企業者が，労働者の採否決定に当たり，労働者の思想，信条を調査し，そのためその者からこれに関連する事項についての申告を求めることも，法律上禁止された違法行為とすべき理由はないとする（最大判昭48・12・12）。

以上から，妥当なものはイのみであり，**1**が正答となる。

必修問題

信教の自由に関する次の記述のうち，判例に照らし，妥当なのはどれか。

【国家総合職・令和4年度】

1 憲法は，20条1項後段，同条3項および89条において，いわゆる政教分離原則に基づく諸規定（以下「政教分離規定」という）を設けているところ，一般に，政教分離原則とは，国家（地方公共団体を含む。以下同じ。）の非宗教性ないし宗教的中立性を意味するものとされているが，国家と宗教との関わり合いには種々の形態があり，およそ国家が宗教との一切の関係を持つことが許されないというものではなく，政教分離規定は，その関わり合いがわが国の社会的，文化的諸条件に照らし，信教の自由の保障の確保という制度の根本目的との関係で相当とされる限度を超えると認められる場合に，これを許さないとするものである。

2 信仰上の真摯な理由から剣道実技に参加することができない学生が，自らの自由意思により，必修である体育科目の種目として剣道の授業を採用している市立高等専門学校を選択したことを踏まえると，当該学校において，当該学生に対し，剣道実技の代替措置として，たとえば，他の体育実技の履修，レポートの提出等を求めたうえで，その成果に応じた評価をすることは，たとえ当該代替措置が他の学生に不平等感を抱かせないようなものであったとしても，特定の宗教を援助等する効果を有するものであると考えられることから，憲法20条3項に違反する。

3 憲法89条にいう宗教上の組織又は団体とは，宗教となんらかの関わり合いのある行為を行っている組織ないし団体を意味するものであり，忠魂碑を維持管理する戦没者遺族会は，戦没者遺族の相互扶助等を主たる目的として設立され活動している団体ではあるが，神式または仏式による慰霊祭の挙行等の宗教的色彩を帯びた行事を実施しており，当該忠魂碑についても宗教的な感情の対象となることは否定できないことから，当該遺族会は，同条にいう宗教上の組織または団体に該当する。

4 憲法89条が禁止している公金の支出に関し，県が靖国神社の例大祭に際して玉串料を県の公金から支出し奉納したことは，当該支出の対象である靖国神社が同条にいう宗教上の組織または団体に当たることが明らかであることから，当該奉納の目的が宗教的意義を有するか，当該奉納を一般人がどのように評価するか等について考慮するまでもなく，また，当該奉納によってもたらされる県と靖国神社との関わり合いがわが国の社会的，文

頻出度 **A**
国家総合職 ★★★　地上特別区 ★★
国家一般職 ★★　市 役 所 C ★
国税専門官 ★★
地上全国型 ★★

6 信教の自由

第2章 精神的自由

化的諸条件に照らし相当とされる限度を超えるものかどうかにかかわらず，同条の禁止する公金の支出に当たり，違法というべきである。

5 市が，国公有地上にある宗教的施設としての性格を有する施設について，その敷地の使用料の免除をする場合において，当該免除が政教分離規定に違反するか否かを判断するに当たっては，当該施設の性格，当該免除に伴う当該国公有地の無償提供の態様，これらに対する一般人の評価等の事情を考慮し，社会通念に照らして総合的に判断すべきであるが，その判断に当たっては，あくまで当該施設等の現状のみを考慮すべきであり，当該免除をすることとした経緯については，考慮すべきではない。

難易度　＊＊＊

必修問題の 解説

　信教の自由では，政教分離の原則に関する出題が中心である。判例の相対分離説などのポイントが重要である。

1◎ 国と宗教との関わり合いが相当とされる限度を超える場合は許されない。
　　国と宗教との関わり合いに関して判例が採用する**相対分離説**である（最大判平22・1・20）。

2× 本件代替措置を採ることは20条3項に違反しない。
　　信仰上の真摯な理由から剣道実技に参加することができない学生に対し，代替措置として，たとえば，他の体育実技の履修，レポートの提出等を求めたうえで，その成果に応じた評価をすることが，その**目的**において宗教的意義を有し，特定の宗教を援助，助長，促進する効果を有するものということはできず，他の宗教者または無宗教者に圧迫，干渉を加える**効果**があるともいえない。およそ代替措置を採ることが，その方法，態様のいかんを問わず，憲法20条3項に違反するということはできないとする（最判平8・3・8）。

3× 戦没者遺族会は89条の宗教上の組織または団体に該当しない。
　　憲法89条にいう宗教上の組織または団体とは，特定の宗教の信仰，礼拝または普及等の宗教的活動を行うことを本来の目的とする組織ないし団体を意味するものであり，忠魂碑を維持管理する戦没者遺族会は，同条にいう宗教上の組織または団体に該当しないとする（最判平5・2・16，同11・10・21）。

4× 玉串料奉納は，目的が宗教的意義を持ち，効果が宗教に対する援助等になる。
　　県が本件玉串料等を靖国神社又は護国神社に奉納したことは，その目的が宗教的意義を持つことを免れず，その**効果**が特定の宗教に対する援助，助長，促進になると認めるべきであり，これによってもたらされる県と靖国神社等

との関わり合いがわが国の社会的・文化的諸条件に照らし相当とされる限度を超えるものであって，憲法20条3項の禁止する宗教的活動に当たると解する。また，靖国神社および護国神社は憲法89条にいう宗教上の組織または団体に当たることが明らかであるところ，本件玉串料等を靖国神社又は護国神社に前記のとおり奉納したことによってもたらされる県と靖国神社等とのかかわり合いがわが国の社会的・文化的諸条件に照らし相当とされる限度を超えるものと解されるとする（最大判平9・4・2）。

5 ✕ **本件免除をすることとした経緯についても考慮すべきである。**

市が，国公有地上にある宗教的施設としての性格を有する施設について，その敷地の使用料の免除をする場合において，当該免除が政教分離規定に違反するか否かを判断するに当たっては，当該施設の性格，当該免除に伴う当該国公有地の無償提供の態様，これらに対する一般人の評価等の事情を考慮し，社会通念に照らして総合的に判断すべきであるが，その判断に当たっては，当該施設等の現状のみを考慮すべきではなく，当該免除をすることとした経緯についても考慮すべきとする（最大判令3・2・24）。

正答 **1**

FOCUS

現在でも，リーディングケースである津地鎮祭事件の判例が問われている。法的性格が制度的保障であること，国と宗教の分離の程度は相対分離で足りること，宗教的活動の意味は目的効果基準で判断することを理解しよう。

重要ポイント **1** 信教の自由

信教の自由の内容は，①**信仰の自由**，②**宗教的行為の自由**，③**宗教的結社の自由**の３つである。①は，宗教を信仰し，または信仰しないこと（無宗教）の自由であり，個人の内心の自由であるから，絶対に保障される。②は，宗教上の祝典，儀式，行事などを行ったり，これに参加する自由である。20条２項は，特に参加することを強制されない自由を規定している。③は，宗教団体を結成する自由などである。宗教的行為・結社の自由に対する制約として次の判例がある。

判例 加持祈祷（きとう）事件 （最大判昭38・5・15）

> 精神障害者の平癒を祈願するため宗教行為として線香護摩による加持祈祷を行い，そのためにその者を死に至らしめた祈祷師の行為などは，信教の自由の保障の限界を逸脱する。

判例 オウム真理教解散命令事件 （最決平8・1・30）

> 宗教上の行為の自由は，もとより最大限に尊重すべきものではあるが，絶対無制限のものではなく，本件解散命令は，憲法20条に違背するものではないというべきである。

重要ポイント **2** 政教分離の原則

国から特権を受ける宗教を禁止し，国家の宗教的中立性を要求する原則である。憲法は，20条１項後段で「いかなる宗教団体も，国から特権を受け，又は政治上の権力を行使してはならない」，20条３項で「国及びその機関は，宗教教育その他いかなる宗教的活動もしてはならない」と定めている。この政教分離を財政面から裏づけているのが，89条前段である。

（1）津地鎮祭事件

津市が神式の地鎮祭を挙行し，それに公金を支出したことが憲法20条，89条に反するか否かが争われた事件。地鎮祭は政教分離原則に反しないと判示した。

判例 津地鎮祭事件 （最大判昭52・7・13）

> 政教分離規定はいわゆる制度的保障の規定であって，間接的に信教の自由の保障を確保しようとするものである。20条３項にいう「宗教的活動」とは，およそ国およびその機関の活動で宗教とのかかわり合いを持つすべての行為をさすものではなく，そのかかわり合いが相当とされる限度を超えるものに限られるというべきであって，当該行為の目的が宗教的意義を持ち，その効果が宗教に対する援助，助長，促進または圧迫，干渉等になるような行為をいう。本件起工式は宗教とかかわり合いを持つものであることを否定しえないが，その目的は世俗的なもので，その効果は神道を援助，助長，促進したり，他の宗教に圧迫，干渉を加えるものではないから，20条３項により禁止される宗教的活動には当たらない。

判例のポイントは，次の3点である。

政教分離規定の性格	制度的保障	政教分離という制度を保障することによって，間接的に信教の自由を確保する。
国と宗教の分離の程度	相対分離	相当とされる限度を超えない国と宗教のかかわり合いは許される。
宗教的活動の判断	目的効果基準	当該行為の目的と効果の2点から，禁止される宗教的活動か否かを判断する。

(2) その他の重要判例

愛媛県知事の靖国神社，県護国神社に対する玉串料の支出が争われた事件では，画期的な違憲判決が下された。

判例 愛媛玉串料事件 （最大判平9・4・2）

県が玉串料を靖国神社に奉納したことは，その目的が宗教的意義を持つことを免れず，その効果が特定の宗教に対する援助，助長，促進になると認めるべきであり，これによってもたらされる県と靖国神社とのかかわり合いがわが国の社会的・文化的諸条件に照らし相当とされる限度を超えるものであって，20条3項の禁止する宗教的活動に当たる。

北海道砂川市が，町内会に対して，市有地を無償で神社施設の敷地としての利用に供している行為が争われた事件でも，違憲判決が下された。ただし，この判例は，**目的効果基準を用いていない**ことに注意が必要である。宗教的施設の性格，土地が無償で当該施設の敷地としての用に供されるに至った経緯，無償提供の態様，これらに対する一般人の評価等，諸般の事情を考慮し，社会通念に照らして総合的に判断して，地方公共団体と宗教団体のかかわり合いを違憲とした。

判例 砂川政教分離訴訟 （最大判平22・1・20）

本件利用提供行為は，市と本件神社ないし神道とのかかわり合いが，我が国の社会的，文化的諸条件に照らし，信教の自由の保障の確保という制度の根本目的との関係で相当とされる限度を超えるものとして，憲法89条の禁止する公の財産の利用提供に当たり，ひいては憲法20条1項後段の禁止する宗教団体に対する特権の付与にも該当する。

那覇市が，孔子廟の土地使用料年600万円弱を全額免除した行為が争われた事件でも，砂川政教分離訴訟と同様の違憲判決が下された。

判例 那覇孔子廟事件 （最大判令3・2・24）

本件免除は，一般人の目から見て，市が特定の宗教に対して特別の便益を提供し，これを援助していると評価されてもやむを得ないものといえる。これらの事情を考慮し，社会通念に照らして総合的に判断すると，本件免除は，市と宗教との関わり合いが，わが国の社会的，文化的諸条件に照らし，信教の自由の保障の確保という制度の根本目的との関係で相当とされる限度を超えるものとして，憲法20条3項の禁止する宗教的活動に該当する。

実戦問題 **1** 基本レベル

***
No.1 信教の自由に関する次の記述のうち，妥当なのはどれか。

【国家専門職・平成24年度】

1 県が神社の挙行する重要な宗教上の祭祀に際して玉串料等を奉納したとしても，当該奉納行為は起工式と同じく慣習化した社会的儀礼にすぎないものになっているから，県と神社とのかかわり合いは，わが国の社会的・文化的諸条件に照らし相当とされる限度を超えるものではないとするのが判例である。

2 宗教上の行為の自由は，内心における信仰の自由と異なり，公共の安全，公の秩序，公衆の健康もしくは道徳または他の者の基本的な権利および自由を保護するために必要な制約に服すると解されている。

3 政教分離原則とは，国家と宗教との完全な分離，すなわち，国家と宗教とはそれぞれ独立して相互に結びつくべきではなく，国家は宗教の介入を受けず，また宗教に介入すべきでないという国家の非宗教性を意味するものであるとするのが判例である。

4 町内会に対し無償で神社施設の敷地としての利用に供してきた市有地につき，市有地が神社の敷地となっているという市と特定の宗教とのかかわり合いを是正解消しようとするときは，当該神社施設を撤去すべきであって，市が当該市有地を当該町内会に譲与することは，市と神社とのかかわり合いを是正解消する手段としておよそ相当性を欠き，憲法20条3項および89条に違反するとするのが判例である。

5 信教の自由の保障は，何人も自己の信仰と相容れない信仰を持つ者の信仰に基づく行為に対して，それが自己の信教の自由を妨害するものでない限り寛容であるべきことを要請しているが，他方，いわゆる宗教的人格権である静謐な宗教的環境の下で信仰生活を送るべき利益も法的利益として認められるとするのが判例である。

**
No.2 日本国憲法に規定する信教の自由または政教分離の原則に関する記述として，最高裁判所の判例に照らして，妥当なのはどれか。

【地方上級（特別区）・平成24年度】

1 法令に違反して著しく公共の福祉を害すると明らかに認められる行為をした宗教法人について，宗教法人法の規定に基づいて行われた解散命令は，信者の宗教上の行為の継続に支障を生じさせ，実質的に信者の信教の自由を侵害することとなるので，憲法に違反する。

2 憲法は，内心における信仰の自由のみならず外部的な宗教的行為についてもその自由を絶対的に保障しており，宗教行為としての加持祈禱が，他人の生命，身体等に危害を及ぼす違法な有形力の行使に当たり，その者を死に致したとして

も，信教の自由の保障の限界を逸脱したものとまではいえない。

3　信教の自由には，静謐な宗教的環境の下で信仰生活を送るべき法的利益の保障が含まれるので，殉職自衛隊員を，その妻の意思に反して県護国神社に合祀（ごうし）申請した行為は，当該妻の，近親者の追慕，慰霊に関して心の静謐を保持する法的利益を侵害する。

4　県が，神社の挙行した例大祭等に際し，玉串料，献灯料または供物料をそれぞれ県の公金から支出して神社へ奉納したことは，玉串料等の奉納が慣習化した社会的儀礼にすぎないものであり，一般人に対して県が特定の宗教団体を特別に支援している印象を与えるものではなく，また，特定の宗教への関心を呼び起こすものとはいえないので，憲法の禁止する宗教的活動には当たらない。

5　市が，戦没者遺族会所有の忠魂碑を公費で公有地に移設，再建し，その敷地を同会に無償貸与した行為は，忠魂碑と特定の宗教とのかかわりは希薄であり，同会は宗教的活動を本来の目的とする団体ではなく，市の目的は移設後の敷地を学校用地として利用することを主眼とするものであるから，特定の宗教を援助，助長，促進するとは認められず，憲法の禁止する宗教的活動に当たらない。

No.3 ****** **信教の自由および政教分離原則に関する次の記述のうち，判例に照らし，妥当なものはどれか。**　【地方上級（全国型）・平成22年度】

1　宗教法人に関する法的規制が，信者の宗教上の行為を法的に制約する効果を伴わないとしても，これになんらかの支障を生じさせることがあるとするならば，憲法の保障する精神的自由の一つとしての信教の自由の重要性に思いを致し，憲法がそのような規制を許容するものであるかどうかを慎重に吟味しなければならない。

2　公立学校において，信仰する宗教の教義に基づいて必修科目である剣道実技の履修を拒否する生徒に対し，他の体育実技の履修，レポート提出等の代替措置を課したうえで，その成果に応じた評価を行い単位の認定をすることは，特定の宗教を援助，助長，促進する効果を有するものであり，憲法20条3項に違反する。

3　静謐（せいひつ）な宗教的環境の下で信仰生活を送るという宗教上の人格権は法的利益として認められるため，妻が拒否したにもかかわらず，殉職した自衛官の夫を県護国神社に合祀することは，妻の信教の自由を侵害するものであり，許されない。

4　県知事が，神社が挙行する例大祭に対し玉串料を県の公金から支出する行為に関し，神社の参拝の際に玉串料を奉納することは，一般人から見てそれが過大でない限りは社会的儀礼として受容されるものであり，特定の宗教に対する援助，助長，促進または他の宗教への圧迫，干渉にはならないから，憲法20条3項に違反しない。

5 憲法20条1項後段にいう「宗教団体」，憲法89条にいう「宗教上の組織若しくは団体」とは，宗教となんらかのかかわり合いのある行為を行っている組織または団体のすべてを意味し，特定の宗教の信仰，礼拝，普及等の宗教的活動を行うことを本来の目的としない組織または団体も含まれる。

No.4 信教の自由に関するア～エの記述のうち，妥当なもののみをすべて挙げているのはどれか。 【国家一般職・令和3年度】

ア：公立高等専門学校の校長が，信仰上の理由により必修科目の剣道実技の履修を拒否した学生に対し，原級留置処分または退学処分を行うか否かの判断は，校長の合理的な教育的裁量に委ねられるところ，剣道は宗教的でなく健全なスポーツとして一般国民の広い支持を受けており，履修を義務とした場合に受ける信教の自由の制約の程度は極めて低く，また，信教の自由を理由とする代替措置は政教分離原則と緊張関係にあることから，代替措置をとることなく原級留置処分および退学処分を行った校長の判断に裁量権の逸脱・濫用はないとするのが判例である。

イ：内心における信仰の自由とは，宗教を信仰しまたは信仰しないこと，信仰する宗教を選択しまたは変更することについて，個人が任意に決定する自由をいう。内心における信仰の自由の保障は絶対的なものであり，国が，信仰を有する者に対してその信仰の告白を強制したり，信仰を有しない者に対して信仰を強制したりすることは許されない。

ウ：市が町内会に対し市有地を無償で神社施設の敷地としての利用に供している行為が憲法89条の禁止する公の財産の利用提供に当たるかについては，当該行為の目的が宗教的意義を持ち，その効果が宗教に対する援助，助長，促進または圧迫，干渉等になるような行為といえるか否かを基準に判断すべきであり，当該行為は，通常必要とされる対価の支払をすることなく，その直接の効果として宗教団体である氏子集団が神社を利用した宗教活動を行うことを容易にしていることから，公の財産の利用提供に当たり，憲法89条に違反するとするのが判例である。

エ：信教の自由は，憲法13条に規定する生命，自由および幸福追求に対する国民の権利に含まれ，裁判上の救済を求めることができる法的利益を保障されたものとして私法上の人格権に属するから，配偶者の死に際して，他人の干渉を受けることのない静謐の中で宗教的行為をすることの利益は，宗教上の人格権の一内容として法的に保護されるとするのが判例である。

1 イ **2** ウ **3** エ
4 ア，ウ **5** イ，エ

信教の自由に関するア～オの記述のうち，判例に照らし，妥当なもののみをすべて挙げているのはどれか。　【国家専門職・平成28年度】

ア：裁判所による宗教法人に対する解散命令は，世俗的目的によるものではあるものの，当該宗教法人に属する信者の宗教上の行為を禁止したり，制限したりする効果を伴うものであるから，必要でやむをえない場合に限り許される。

イ：玉串料等を奉納することは，建築着工の際に行われる起工式の場合と同様に，時代の推移によってすでにその宗教的意義が希薄化し，一般人の意識において慣習化した社会的儀礼にすぎないものになっていると評価することができるため，県が靖国神社等に対して玉串料等を公金から支出したことは憲法20条3項に違反しない。

ウ：憲法20条3項にいう宗教的活動とは，国およびその機関の活動で宗教との関わり合いを持つすべての行為をさすものではなく，当該行為の目的が宗教的意義を持ち，その効果が宗教に対する援助，助長，促進または圧迫，干渉等になるような行為をいう。

エ：市立高等専門学校の校長が，信仰上の真摯な理由により剣道実技の履修を拒否した学生に対し，代替措置についてなんら検討することもなく，必修である体育科目の修得認定を受けられないことを理由として2年連続して原級留置処分をし，さらに，それを前提として退学処分をしたとしても，これらの処分は，校長の教育的裁量に委ねられるべきものであるため，社会通念上著しく妥当性を欠き，裁量権の範囲を超える違法なものであるということはできない。

オ：知事が大嘗祭に参列した行為は，大嘗祭が皇位継承の際に通常行われてきた皇室の伝統儀式であること，他の参列者とともに参列して拝礼したにとどまること，参列が公職にある者の社会的儀礼として天皇の即位に祝意を表する目的で行われたことなどの事情のもとにおいては，憲法20条3項に違反しない。

1　ア，イ
2　ウ，オ
3　エ，オ
4　ア，イ，ウ
5　イ，ウ，オ

No.6 日本国憲法に規定する信教の自由又は政教分離の原則に関する記述として，最高裁判所の判例に照らして，妥当なのはどれか。

【地方上級（特別区）・平成29年度】

1 信教の自由の保障は，何人も自己の信仰と相容れない信仰をもつ者の信仰に基づく行為に対して，それが自己の信教の自由を妨害するものでない限り寛容であることを要請しているが，静謐な宗教的環境の下で信仰生活を送るべき利益は法的利益として認められるため，殉職自衛隊員をその配偶者の意思に反して県護国神社に合祀申請した行為は，当該配偶者の法的利益を侵害するとした。

2 市が忠魂碑の存する公有地の代替地を買い受けて当該忠魂碑を移設，再建し，当該忠魂碑を維持管理する戦没者遺族会に対し当該代替地を無償貸与した行為は，当該忠魂碑が宗教的性格のものであり，当該戦没者遺族会が宗教的活動をすることを本来の目的とする団体であることから，特定の宗教を援助，助長，促進するものと認められるため，憲法の禁止する宗教的活動に当たるとした。

3 信仰上の理由による剣道実技の履修を拒否した学生に対し，正当な理由のない履修拒否と区別することなく，また，代替措置についてなんら検討することもなく，原級留置処分及び退学処分をした市立高等専門学校の校長の措置は，社会観念上著しく妥当を欠く処分をしたものと評するほかはなく，裁量権の範囲を超える違法なものといわざるをえないとした。

4 知事の大嘗祭への参列は，天皇の即位に伴う皇室の伝統儀式に際し，天皇に対する社会的儀礼を尽くすことを目的としているが，その効果は特定の宗教に対する援助，助長，促進になり，宗教とのかかわり合いの程度が，わが国の社会的，文化的諸条件に照らし，相当とされる限度を超えるものと認められるため，憲法上の政教分離原則に違反するとした。

5 市が連合町内会に対し，市有地を無償で神社施設の敷地として利用に供している行為は，当該神社施設の性格，無償提供の態様等，諸般の事情を考慮して総合的に判断すべきものであり，市と神社ないし神道とのかかわり合いが，わが国の社会的，文化的諸条件に照らし，相当とされる限度を超えるものではなく，憲法の禁止する宗教団体に対する特権の付与に該当しないとした。

No.7 信教の自由に関する次の記述のうち，判例に照らし，妥当なのはどれか。

【国家専門職・平成30年度】

1　大量殺人を目的とする行為を行った特定の宗教法人に対してされた宗教法人法に基づく解散命令について，当該解散命令の制度はもっぱら世俗的目的によるものとはいえないものの，解散命令によって当該団体やその信者らの宗教上の行為に支障が生じたとしても，それは解散命令に伴う間接的で事実上のものにすぎず，当該解散命令は憲法20条1項に違反しない。

2　市が忠魂碑の存する公有地の代替地を買い受けて当該忠魂碑の移設・再建をした行為は，当該忠魂碑が宗教的施設ではないことなどから，憲法20条3項の宗教的活動には当たらない。しかし，当該忠魂碑を維持管理する戦没者遺族会の下部組織である地区遺族会が当該忠魂碑前で神式または仏式で挙行した慰霊祭に市の教育長が参列した行為は，政教分離原則に違反する。

3　信教の自由の保障が，何人も自己の信仰と相容れない信仰を持つ者の信仰に基づく行為に対して，それが強制や不利益の付与を伴うことにより自己の信仰の自由を妨害するものでない限り寛容であることを要請していることは，死去した配偶者の追慕，慰霊等に関する場合においても同様であり，静謐な宗教的環境の下で信仰生活を送るべき利益なるものは，直ちに法的利益として認めることができない。

4　信仰上の真摯な理由に基づき必修科目の実技を拒否したために市立高等専門学校の学生が受けた原級留置処分および退学処分について，学生は，自らの意思により，必修である体育科目の種目として当該実技の授業を採用している学校を選択していることから，当該各処分による不利益を学生に与えることも当然に許容されるといわざるをえず，当該各処分は社会観念上著しく妥当を欠くものとはいえない。

5　県が特定の神社の挙行した例大祭に際して県の公金から支出して行った玉串料等の奉納は，社会的意味においては神社仏閣を訪れた際に賽銭を投ずることと同様のものであり，世俗的目的で行われた社会的儀礼にすぎないものであるが，一般人に対して特定宗教への関心を呼び起こす効果を及ぼすことは否定できず，憲法20条3項の宗教的活動に当たる。

実戦問題 **1** の 解説

No.1 の解説　信教の自由　　　　　　　　　　　→問題はP.99　**正答2**

1✗ **目的効果基準から，玉串料の奉納は違憲である。**

県が神社の挙行する重要な宗教上の祭祀に関して玉串料等を奉納したことは，その**目的**が宗教的意義を持つことを免れず，その**効果**が特定の宗教に関する援助，助長，促進になると認めるべきであり，これによってもたらされる県と神社とのかかわり合いがわが国の社会的・文化的諸条件に照らし相当とされる限度を超えるものであって，憲法20条3項の禁止する宗教的活動にあたるとする（最大判平9・4・2）。

2◎ **宗教的行為の自由は制約される。**

宗教上の行為の自由は，必要な制約に服する。

3✗ **国家と宗教の完全な分離は要求されない。**

政教分離原則は，国家が宗教的に中立であることを要求するものではあるが，国家が宗教とのかかわり合いを持つことをまったく許さないとするものではなく，宗教とのかかわり合いをもたらす行為の**目的**および**効果**に鑑み，そのかかわり合いが相当とされる限度を超えるものと認められる場合にこれを許さないとするものであるとする（最大判昭52・7・13）。

4✗ **市有地を町内会に譲与することは合憲である。**

市が町内会に対し無償で神社施設の敷地としての利用に供していた市有地を当該町内会に譲与することは，市と神社ないし神道との間に，わが国の社会的・文化的諸条件に照らし，信教の自由の保障の確保という制度の根本目的との関係で相当とされる限度を超えるかかわり合いをもたらすものということはできず，憲法20条3項，89条に違反しないとする（最大判平22・1・20）。判例が「違憲」としたのは，市が市有地を無償で神社施設の敷地に供していた行為であることに注意が必要。本肢は，その後の解消手段について，「合憲」とした判示部分である。

5✗ **静謐な宗教的環境下で信仰生活を送る利益は，法的利益ではない。**

前半は正しいが，後半が誤り。**宗教上の人格権**であるとされる静謐な宗教的環境の下で信仰生活を送るべき利益なるものは，これを直ちに法的利益として認めることができない性質のものであるとする（最大判昭63・6・1）。

No.2 の解説　信教の自由と政教分離原則　　　　　→問題はP.99　**正答5**

1✗ **宗教法人の本件解散命令は合憲。**

法令に違反して著しく公共の福祉を害すると明らかに認められる行為をした宗教法人について，宗教法人法の規定に基づいて行われた**解散命令**は，解散命令によって宗教団体やその信者らが行う宗教上の行為になんらかの支障を生じることが避けられないとしても，その支障は，解散命令に伴う間接的で事実上のものであるにとどまるので，憲法には違反しないとする（最決平

8・1・30）。

2 ✕ **本件加持祈祷は信教の自由を逸脱する。**

信教の自由の保障も絶対無制限のものではなく，宗教行為としての**加持祈祷**が，他人の生命，身体等に危害を及ぼす違法な有形力の行使に当たり，そのものを死に致したものである以上，それは信教の自由の保障の限界を逸脱したものというほかはないとする（最大判昭38・5・15）。

3 ✕ **静謐な宗教的環境の下で信仰生活を送るべき利益は法的利益ではない。**

静謐な宗教的環境の下で信仰生活を送るべき利益なるものは，これを直ちには法的利益として認めることのできない性質のものであるとし，殉職自衛隊員を，その妻の意思に反して県護国神社に**合祀申請**した行為は，当該妻の法的利益を侵害しないとする（最大判昭63・6・1）。

4 ✕ **玉串料の公金からの支出は違憲である。**

県が，神社の挙行した例大祭等に際し，**玉串料**，献灯料または供物料をそれぞれ県の公金から支出して神社に奉納したことは，その**目的**が宗教的意義を持つことを免れず，その**効果**が特定の宗教に対する援助，助長，促進になると求めるべきであり，これによってもたらされる県と特定の神社等とのかかわり合いがわが国の社会的・文化的諸条件に照らし相当とされる限度を超えるものであって，憲法20条3項の禁止する宗教的活動にあたるとする（最大判平9・4・2）。

5 ◎ **忠魂碑に関する本件行為は合憲。**

目的効果基準から，合憲である（最判平5・2・16）。

No.3 の解説　信教の自由と政教分離原則の判例 →問題はP.100 **正答 1**

1 ◎ **宗教法人の法的規制は慎重に吟味する。**

オウム真理教解散命令事件の判例である（最決平8・1・30）。

2 ✕ **本件代替措置は憲法20条3項に違反しない。**

判例は，公立学校において，信仰する宗教の教義に基づいて必修科目である剣道実技の履修を拒否する生徒に対し，他の体育実技の履修，レポート提出等の代替措置を課したうえで，その成果に応じた評価を行い単位の認定をすることは，特定の宗教を援助，助長，促進する**効果**を有するものではなく，憲法20条3項に違反しないとしている（最判平8・3・8）。

3 ✕ **静謐な宗教的環境の下で信仰生活を送るべき利益は法的利益ではない。**

判例は，何人も自己の信仰と相容れない信仰を持つ者の信仰に基づく行為に対して，それが強制や不利益を伴うことにより自己の信教の自由を妨害するものでない限り寛容であることを要請しているものというべきであり，静謐な宗教的環境の下で信仰生活を送るという宗教上の人格権は法的利益として認めることができない性質のものであるため，妻が拒否したにもかかわらず，殉職した自衛官の夫を県護国神社に合祀することは，妻の信仰になんら

干渉するものではなく，妻の信教の自由は侵害されていないとしている（最大判昭63・6・1）。

4 ✕ **玉串料の公金からの支出は違憲である。**

判例は，県知事が，神社が挙行する例大祭に対し玉串料を県の公金から支出する行為は，その**目的**が宗教的意義を持つことを免れず，その**効果**が特定の宗教に対する援助，助長，促進になると認めるべきであり，これによってもたらされる県と神社等とのかかわり合いがわが国の社会的・文化的諸条件に照らし相当とされる限度を超えるものであって，憲法20条3項の禁止する宗教的活動に当たるとしている（最大判平9・4・2）。

5 ✕ **宗教団体は宗教とかかわり合いのある団体のすべてを意味しない。**

判例は，憲法20条1項後段にいう「宗教団体」，同89条にいう「宗教上の組織若しくは団体」とは，宗教となんらかのかかわり合いのある行為を行っている組織ないし団体のすべてを意味するものではなく，特定の宗教の信仰，礼拝，普及等の宗教的活動を行うことを本来の目的とする組織または団体をさすものであるとしている（最判平5・2・16）。

No.4 の解説　信教の自由　　　　　　　　→問題はP.101　**正答1**

ア ✕ **本件各処分は，裁量権の範囲を超える違法なものである。**

判例は，信仰上の理由による剣道実技の履修拒否を，正当な理由のない履修拒否と区別することなく，代替措置が不可能というわけでもないのに，代替措置についてなんら検討することもなく，体育科目を不認定とした担当教員らの評価を受けて，原級留置処分をし，さらに不認定の主たる理由および全体成績について勘案することなく，2年続けて原級留置となったため退学処分をしたという措置は，考慮すべき事項を考慮しておらず，または考慮された事実に対する評価が明白に合理性を欠き，その結果，社会観念上著しく妥当を欠く処分をしたものと評するほかはなく，本件各処分は，**裁量権の範囲を超える違法**なものといわざるを得ないとする（最判平8・3・8）。

イ ○ **信仰の自由の保障は絶対的である。**

内心における信仰の自由の保障は**絶対的**なものである。

ウ ✕ **判例は，本件について目的効果基準で判断していない。**

違憲とする結論は正しいが，判例は，本件について，当該行為の目的が宗教的意義を持ち，その効果が宗教に対する援助，助長，促進または圧迫，干渉等になるような行為といえるか否かの基準である**目的効果基準では判断していない**ので誤り。判例は，社会通念に照らして総合的に判断すると，本件利用提供行為は，市と本件神社ないし神道とのかかわり合いが，わが国の社会的，文化的諸条件に照らし，信教の自由の保障の確保という制度の根本目的との関係で相当とされる限度を超えるものとして，憲法89条の禁止する公の財産の利用提供に当たり，ひいては憲法20条1項後段にて禁止する宗教団体

に対する特権の付与にも該当するとした（最大判平22・1・20）。

エ✕ 静謐な宗教的環境の下で信仰生活を送る利益は法的利益と認められない。

　　判例は，信教の自由の保障は，何人も自己の信仰と相容れない信仰を持つ者の信仰に基づく行為に対して，それが強制や不利益の付与を伴うことにより自己の信教の自由を妨害するものでない限り寛容であることを要請しているものというべきである。原審が宗教上の人格権であるとする**静謐な宗教的環境の下で信仰生活を送るべき利益**なるものは，これを直ちに法的利益として認めることができない性質のものであるとする（最大判昭63・6・1）。

　以上から，妥当なものは**イ**のみであり，**1**が正答となる。

No.5 の解説　信教の自由の判例　　　　　　　　　　　→問題はP.102　**正答2**

ア✕ 宗教法人の解散命令は信者の宗教上の行為を禁止はしない。

　　判例は，裁判所による宗教法人に対する解散命令は，世俗的目的によるものであって，当該宗教法人に属する信者の宗教上の行為に生ずる支障は間接的で事実上のものにとどまるので，本件解散命令は必要でやむをえない法的規制であるといえるとする（最決平8・1・30）。つまり，判例は，当該宗教法人に属する信者の宗教上の行為を禁止する効果を伴うものとはしていない。

イ✕ 玉串料等の奉納は違憲である。

　　玉串料等を奉納することは，時代の推移によってすでにその宗教的意義が希薄化し，一般人の意識において慣習化した社会的儀礼にすぎないものになっているとまでは到底いうことはできず，県が靖国神社等に対して玉串料等を公金から支出したことは憲法20条3項に違反する（最大判平9・4・2）。

ウ◯ 目的効果基準である。

　　目的効果基準を採用した津地鎮祭事件の判例である（最大判昭52・7・13）。

エ✕ 校長が代替措置をとらずに学生を退学処分としたことは違法である。

　　信仰上の理由による剣道実技の履修拒否を，正当な理由のない履修拒否と区別することなく，代替措置が不可能というわけでもないのに，代替措置についてなんら検討することもなく，体育科目を不認定とした担当教員らの評価を受けて，原級留置処分をし，さらに，2年続けて原級留置となったために退学処分にした学校長の措置は，考慮すべき事項を考慮しておらず，または考慮された事実に対する評価が明白に合理性を欠き，その結果，社会観念上著しく妥当を欠く処分をしたものと評するほかはなく，本件各処分は，裁量権の範囲を超える違法なものといわざるをえない（最判平8・3・8）。

オ◯ 知事の大嘗祭への参列は合憲である。

　　判例である（最判平14・7・11）。

　以上から，妥当なものは**ウ**と**オ**であり，**2**が正答となる。

No.6 の解説 　信教の自由または政教分離の原則　　　　→問題はP.103　**正答3**

1 ✕　静謐な宗教的環境の下で信仰生活を送るべき利益は法的利益ではない。

判例は，信教の自由の保障は，何人も自己の信仰と相容れない信仰を持つ者の信仰に基づく行為に対して，それが強制や不利益の付与を伴うことにより自己の信教の自由を妨害するものでない限り寛容であることを要請しているものというべきであるとして，原審が宗教上の人格権であるとする**静謐な宗教的環境の下で信仰生活を送るべき利益**なるものは，これを直ちに法的利益として認めることができない性質のものであるとする（最大判昭63・6・1）。

2 ✕　忠魂碑に関する本件行為は憲法の禁止する宗教的活動に当たらない。

判例は，旧忠魂碑は，地元の人々が郷土出身の戦没者の慰霊，顕彰のために設けたもので，元来，戦没者記念碑的な性格のものである。神道等の特定の宗教とのかかわりは，少なくとも戦後においては希薄であり，箕面市が旧忠魂碑ないし本件忠魂碑に関してした本件土地を代替地として買い受けた行為，旧忠魂碑を本件敷地上に移設，再建した行為，市遺族会に対し，本件忠魂碑の敷地として本件敷地を無償貸与した行為は，いずれも，その**目的**は，小学校の校舎の建替え等のためである。その**効果**も，特定の宗教を援助，助長，促進または他の宗教に圧迫，干渉を加えるものとは認められないとして，箕面市の各行為は，憲法20条3項により禁止される宗教的活動には当たらないとする（最判平5・2・16）。

3 ◯　本件退学処分は違法である。

神戸高専事件の判例である（最判平8・3・8）。

4 ✕　知事の大嘗祭への参列は政教分離原則に違反しない。

判例は，知事の大嘗祭への参列の**目的**は，天皇の即位に伴う皇室の伝統儀式に際し，日本国および日本国民統合の象徴である天皇に対する社会的儀礼を尽くすものであり，その**効果**も，特定の宗教に対する援助，助長，促進または圧迫，干渉等になるようなものではないと認められる。したがって，知事の大嘗祭への参列は，宗教とのかかわり合いの程度がわが国の社会的，文化的諸条件に照らし，信教の自由の保障の確保という制度の根本目的との関係で相当とされる限度を超えるものとは認められず，政教分離原則に違反しないとする（最判平14・7・11）。

5 ✕　市有地を無償で神社施設の敷地として利用に供する行為は違憲である。

判例は，本件利用提供行為は，市が，何らの対価を得ることなく本件各土地上に宗教的施設を設置させ，本件氏子集団においてこれを利用して宗教的活動を行うことを容易にさせているものといわざるをえず，一般人の目から見て，市が特定の宗教に対して特別の便益を提供し，これを援助していると評価されてもやむをえないものである。これら事実関係等によれば，本件利用提供行為は，もともとは小学校敷地の拡張に協力した用地提供者に報いるという世俗的，公共的な目的から始まったもので，本件神社を特別に保護，援

助するという目的によるものではなかったことが認められるものの，明らかな宗教的施設といわざるをえない本件神社物件の性格，これに対し長期間にわたり継続的に便益を提供し続けていることなどの本件利用提供行為の具体的態様等に鑑みると，本件において，当初の動機，目的は評価を左右するものではない。以上のような事情を考慮し，社会通念に照らして総合的に判断すると，本件利用提供行為は，市と本件神社ないし神道とのかかわり合いが，わが国の社会的，文化的諸条件に照らし，信教の自由の保障の確保という制度の根本目的との関係で**相当とされる限度を超える**ものとして，憲法89条の禁止する公の財産の利用提供に当たり，ひいては憲法20条１項後段の禁止する宗教団体に対する特権の付与にも該当するとする（最大判平22・1・20）。

No.7 の解説　信教の自由の判例　　　→問題はP.104　正答3

1 ✕　宗教法人の解散命令はもっぱら世俗的目的による。

前半が誤り。宗教法人の解散命令の制度は，もっぱら宗教法人の世俗的側面を対象とし，かつ，もっぱら**世俗的目的**によるものであって，宗教団体や信者の精神的・宗教的側面に容かいする意図によるものではなく，その制度の目的も合理的であるということができるとする（最決平8・1・30）。

2 ✕　慰霊祭に市教育長が参列した行為は政教分離原則に違反しない。

慰霊祭への教育長の参列は，地元において重要な公職にある者の社会的儀礼として，地区遺族会が主催する地元の戦没者の慰霊，追悼のための宗教的行事に際し，戦没者やその遺族に対して弔意，哀悼の意を表する目的で行われたものである。その**目的**は，戦没者遺族に対する社会的儀礼を尽くすという，もっぱら世俗的なものであり，その**効果**も，特定の宗教に対する援助，助長，促進又は圧迫，干渉等になるような行為とは認められない。したがって，憲法上の政教分離原則およびそれに基づく政教分離規定に違反するものではないとする（最判平5・2・16）。

3 ◎　静謐な宗教的環境の下で信仰生活を送るべき利益は，法的利益ではない。

信教の自由の保障は，何人も自己の信仰と相容れない信仰を持つ者の信仰に基づく行為に対して，それが強制や不利益の付与を伴うことにより自己の信教の自由を妨害するものでない限り寛容であることを要請しているものというべきである。原審が宗教上の人格権であるとする**静謐な宗教的環境の下で信仰生活を送るべき利益**なるものは，これを直ちに法的利益として認めることができない性質のものであるとした（最大判昭63・6・1）。

4 ✕　本件各処分は社会観念上著しく妥当を欠くものである。

信仰上の理由による剣道実技の履修拒否を，正当な理由のない履修拒否と区別することなく，代替措置が不可能というわけでもないのに，代替措置についてなんら検討することもなく，体育科目を不認定とした担当教員らの評価

110

を受けて，原級留置処分をし，さらに，不認定の主たる理由および全体成績について勘案することなく，2年続けて原級留置となったため進級等規程及び退学内規に従って学則にいう「学力劣等で成業の見込みがないと認められる者」に当たるとし，退学処分をしたという措置は，考慮すべき事項を考慮しておらず，または考慮された事実に対する評価が明白に合理性を欠き，その結果，社会観念上著しく妥当を欠く処分をしたものと評するほかはなく，本件各処分は，裁量権の範囲を超える違法なものといわざるをえないとする（最判平8・3・8）。

5 ✕ **玉串料の公金からの支出は違憲である。**

途中部分が誤り。本件玉串料等の奉納は，たとえそれが戦没者の慰霊およびその遺族の慰謝を直接の目的としてされたものであったとしても，世俗的目的で行われた社会的儀礼にすぎないものとして**憲法に違反しないということはできない**とする（最大判平9・4・2）。

信教の自由に関するア～オの記述のうち，判例に照らし，妥当なもののみをすべて挙げているのはどれか。　　　　　　　　【国家総合職・平成28年度】

ア：信教の自由の保障は，何人も自己の信仰と相容れない信仰を持つ者の信仰に基づく行為に対して，それが強制や不利益の付与を伴うことにより自己の信教の自由を妨害するものでない限り寛容であることを要請しているものというべきであり，死去した配偶者の追慕，慰霊等に関して私人がした宗教上の行為によって信仰生活の静謐が害されたとしても，それが信教の自由の侵害に当たり，その態様，程度が社会的に許容しうる限度を超える場合でない限り，法的利益が侵害されたとはいえない。

イ：憲法20条3項にいう「宗教的活動」とは，国およびその機関の活動で宗教とのかかわり合いを持つすべての行為を指すものではなく，当該行為の目的が宗教的意義を持ち，その効果が宗教に対する援助，助長，促進または圧迫，干渉等になるような行為をいい，ある行為が宗教的活動に該当するかどうかを検討するに当たっては，当該行為の主宰者が宗教家であるかどうか，その順序作法（式次第）が宗教の定める方式にのっとったものであるかどうかなど，当該行為の外形的側面のみを考慮すれば足りる。

ウ：市立高等専門学校の校長が，信仰上の真摯な理由により剣道実技の履修を拒否した学生に対し，必修である体育科目の修得認定を受けられないことを理由として2年連続して原級留置処分をし，さらに，それを前提として退学処分をしたとしても，剣道は，宗教的ではなく，健全なスポーツとして大多数の一般国民の広い支持をえており，これを義務とした場合に，兵役や苦役と比べて信教の自由に対する制約の程度は極めて低く，また，他の体育実技の履修，レポートの提出等を求めた上で，その成果に応じて評価するといった代替措置を当該学生に対し採ることは，憲法上の政教分離原則に違反するおそれがあることから，これらの処分が社会通念上著しく妥当性を欠き，裁量権の範囲を超える違法なものであるとはいえない。

エ：市の教育長が地元の戦没者遺族会が忠魂碑前で神式または仏式で挙行した各慰霊祭に参列した行為は，当該忠魂碑が，元来，戦没者記念碑的性格のものであること，当該戦没者遺族会が宗教的活動をすることを本来の目的とする団体ではないこと，当該参列の目的が戦没者遺族に対する社会的儀礼を尽くすというもっぱら世俗的なものであることなどの事情のもとにおいては，憲法上の政教分離原則およびそれに基づく政教分離規定に違反しない。

オ：憲法20条1項後段にいう「宗教団体」，憲法89条にいう「宗教上の組織若しくは団体」とは，宗教とはなんらかのかかわり合いのある行為を行っている組織ないし団体のすべてを意味するものではなく，国家が当該組織ないし団

体に対し特権を付与したり，また，当該組織ないし団体の使用，便益もしく
は維持のため，公金その他の公の財産を支出しまたはその利用に供したりす
ることが，特定の宗教に対する援助，助長，促進または圧迫，干渉等になり，憲法上の政教分離原則に反すると解されるものをいう。

1 ア，ウ **2** イ，オ **3** エ，オ
4 ア，エ，オ **5** イ，ウ，エ

（参考）日本国憲法

89条 公金その他の公の財産は，宗教上の組織若しくは団体の使用，便益若しくは
維持のため，又は公の支配に属しない慈善，教育若しくは博愛の事業に対し，こ
れを支出し，又はその利用に供してはならない。

***
No.9 信教の自由に関するア〜オの記述のうち，判例に照らし，妥当なものの
みをすべて挙げているのはどれか。 【国家総合職・平成30年度】

ア：宗教法人法に基づいて裁判所によってなされた宗教法人に対する解散命令
は，当該解散命令が信者の宗教上の行為を禁止または制限する法的効果を伴
わず，かつ，もっぱら世俗的目的によるものであり，宗教法人に帰属する財
産を用いて信者らが行っていた宗教上の行為を継続するのになんら支障を生
じさせうるものではないため，憲法20条1項に違反しない。

イ：社団法人隊友会の県支部連合会が県護国神社に対して殉職自衛隊員の合祀を
申請する過程において，自衛隊地方連絡部の職員が合祀実現により自衛隊の
社会的地位の向上と士気の高揚を図る意図や目的のもとに当該連合会に協力
して，他の地方連絡部に対し殉職自衛隊員の合祀状況等を照会するなどした
行為について，合祀申請は合祀の前提としての法的意味を有しており，職員
の当該行為は宗教との直接的なかかわり合いを有するものといえるが，当該
行為の意図・目的は宗教的意識が希薄であり，その態様も特定の宗教を援助
等する効果を有するものではないことから，当該行為は憲法20条3項に違反
しない。

ウ：市が主催し神式にのっとり挙行された市体育館の起工式について，建築主が
一般の慣習に従い起工式を行うのは，工事の円滑な進行をはかるため工事関
係者の要請に応じ建築着工に際しての慣習化した社会的儀礼を行うという極
めて世俗的な目的によるものであることなどからすると，当該起工式は，宗
教とのかかわり合いを持つものということはできず，憲法20条3項に違反し
ない。

エ：市立高等専門学校の校長が，信仰上の真摯な理由により剣道実技の履修を拒
否した学生に対し，必修である体育科目の修得認定を受けられないことを理

113

由として2年連続して行った原級留置処分及びこれを前提として行った退学
処分は，その内容それ自体において当該学生に信仰上の教義に反する行動を
命じるものにほかならず，当該各処分は信教の自由を制約するものとして憲
法20条1項に違反する。

オ：神社の鎮座2100年を記念する大祭に係る諸事業の奉賛を目的とする団体の発
会式に地元の市長が出席して祝辞を述べた行為は，地元にとって，当該神社
が重要な観光資源としての側面を有し，当該大祭が観光上重要な行事であっ
たこと，当該団体はこのような性質を有する行事としての大祭に係る諸事業
の奉賛を目的とするもので，その事業自体が観光振興的な意義を相応に有し
ていたこと，当該発会式は，市内の一般の施設で行われ，その式次第は一般
的な団体設立の式典等におけるものと変わらず，宗教的儀式を伴うものでは
なかったこと，当該市長は当該発会式に来賓として招かれて出席したもの
で，その祝辞の内容が一般の儀礼的な祝辞の範囲を超えて宗教的な意味合い
を有するものであったともうかがわれないことなどの事情のもとにおいて
は，憲法20条3項に違反しない。

1 イ

2 オ

3 ア，エ

4 イ，ウ

5 イ，オ

***
No.10　Xが入学したA市立工業高等専門学校（以下「A高専」という）では，体育が必修科目とされ，その年度からは実技種目として剣道が採用された。しかし，Xは，自らの信ずる宗教の，戦いを学んではならないとの教えに従い，剣道実技には参加できないとし，これに代わる措置を申し入れた。これに対し，A高専側は参加を説得するのみで，代替措置をとらなかった。このため，Xは剣道実技には参加せず，自主的に見学し，その結果，Xは体育の単位を認定されず，A高専校長Yによって第2学年への進級を認めない旨の原級留置処分を受けた。さらに，翌年度も同様の事情から再び同処分を受け，同時に2回連続の同処分を理由に退学処分を受けた。

以上の事例に関する次の記述のうち，判例に照らし，妥当なのはどれか。

【国家一般職・平成10年度】

1　Xが自由意思により必修である体育科目として剣道を採用している学校を選択した以上，Yが，Xの剣道実技の履修拒否に対し，原級留置および退学処分という不利益を与えることも許容されるものであり，本件処分は違法とはいえない。

2　正当な理由のない履修拒否と区別することなく，代替措置を検討することもなく行ったYの措置は，社会観念上著しく妥当を欠く処分をしたものと評するほかなく，本件処分は裁量権の範囲を超える違法なものといわざるをえない。

3　公立学校において，剣道実技の履修は必須のものとまではいえないが，それを履修させることは，Xに自己の信仰上の教義に反する行動をとらせることを強いるほどのものとは認められないから，本件処分は違法とはいえない。

4　信仰の自由は個人の内心における自由であって絶対に侵すことは許されず，その信仰上の理由による剣道実技の履修拒否も同様の保護を受けると解すべきであるから，本件処分は信仰の自由を侵すものであって違法なものといわざるをえない。

5　信仰上の理由による剣道実技の履修拒否に対し，代替措置をとることは，その目的において宗教的意義を有し，特定の宗教を優遇する効果を有すると認められるから，Yが代替措置をとりえない以上，本件処分は違法とはいえない。

実戦問題 2 の解説

ア○　**自衛官合祀拒否事件**の判例である（最判昭63・6・1）。

イ×　憲法20条3項にいう「宗教的活動」とは，国およびその機関の活動で宗教と
　　のかかわり合いを持つすべての行為をさすものでなく，当該行為の**目的**が宗
　　教的意義を持ち，その**効果**が宗教に対する援助，助長，促進または圧迫，干
　　渉等になるような行為をいうので（最大判昭52・7・13），前半は正しい。し
　　かし，後半が誤り。ある行為が宗教的活動に該当するかどうかを検討するに
　　当たっては，当該行為の主宰者が宗教家であるかどうか，その順序作法（式
　　次第）が宗教の定める方式にのっとったものであるかどうかなど，当該行為
　　の外形的側面のみにとらわれることなく，当該行為の行われる場所，当該行
　　為に対する一般人の宗教的評価，当該行為者が当該行為を行うについての意
　　図，目的および宗教的意識の有無，程度，当該行為の一般人に与える効果，
　　影響等，諸般の事情を考慮し，社会通念に従って，客観的に判断しなければ
　　ならないとする（同判例）。

ウ×　**信仰上の理由による剣道実技の履修拒否**を，正当な理由のない履修拒否と区
　　別することなく，代替措置が不可能というわけでもないのに，代替措置につ
　　いてなんら検討することもなく，体育科目を不認定とした担当教員らの評価
　　を受けて，原級留置処分をし，さらに，2年続けて原級留置となったために
　　退学処分にした学校長の措置は，考慮すべき事項を考慮しておらず，または
　　考慮された事実に対する評価が明白に合理性を欠き，その結果，社会観念上
　　著しく妥当を欠く処分をしたものと評するほかはなく，本件各処分は，裁量
　　権の範囲を超える違法なものといわざるをえないとする（最判平8・3・8）。

エ○　箕面市忠魂碑・慰霊祭訴訟の判例である（最判平5・2・16）。

オ○　箕面市遺族会補助金訴訟の判例である（最判平11・10・21）
　　以上から，妥当なものは**ア**，**エ**，**オ**であり，**4**が正答となる。

No.9 の解説　信教の自由の判例　　　　　→問題はP.113　**正答2**

ア✕　**解散命令により宗教上の行為になんらかの支障を生ずることは避けられない。**
判例は，解散命令によって宗教団体やその信者らが行う宗教上の行為になんらかの支障を生ずることが避けられないとしても，その支障は，解散命令に伴う間接的で事実上のものであるにとどまる。したがって，本件解散命令は，宗教団体やその信者らの精神的・宗教的側面に及ぼす影響を考慮しても，必要でやむをえない法的規制であるとしている（最決平8・1・30）。

イ✕　**合祀申請の過程における職員の行為は，宗教との関わり合いが間接的。**
判例は，本件合祀申請に至る過程において県隊友会に協力してした地連職員の具体的行為は，その宗教とのかかわり合いは間接的であり，その意図，**目的**も，合祀実現により自衛隊員の社会的地位の向上と士気の高揚をはかることにあったと推認されるから，どちらかといえばその宗教的意識も希薄であったといわなければならないのみならず，その行為の態様からして，国またはその機関として特定の宗教への関心を呼び起こし，あるいはこれを援助，助長，促進し，または他の宗教に圧迫，干渉を加えるような**効果**を持つものと一般人から評価される行為とは認め難い。したがって，地連職員の行為が宗教とかかわり合いをもつものであることは否定できないが，これをもって宗教的活動とまではいうことはできないとしている（最大判昭63・6・1）。

ウ✕　**神式の起工式は宗教とかかわり合いをもつ。**
判例は，政教分離原則は，国家が宗教的に中立であることを要求するものではあるが，国家が宗教とのかかわり合いをもつことをまったく許さないとするものではなく，宗教とのかかわり合いをもたらす行為の**目的および効果**に鑑み，そのかかわり合いが相当とされる限度を超えるものと認められる場合にこれを許さないとするものである。憲法20条3項にいう宗教的活動とは，およそ国およびその機関の活動で宗教とのかかわり合いをもつすべての行為をさすものではなく，そのかかわり合いが相当とされる限度を超えるものに限られるというべきであって，当該行為の**目的**が宗教的意義を持ち，その**効果**が宗教に対する援助，助長，促進または圧迫，干渉等になるような行為をいう。本件起工式は，宗教とかかわり合いを持つものであることを否定しえないが，その目的は建築着工に際し土地の平安堅固，工事の無事安全を願い，社会の一般的慣習に従った儀礼を行うというもっぱら世俗的なものと認められ，その効果は神道を援助，助長，促進または他の宗教に圧迫，干渉を加えるものとは認められないのであるから，同条項により禁止される宗教的活動にはあたらないとしている（最大判昭52・7・13）。

エ ✕ 代替措置をとることは憲法20条3項に違反しない。

　判例は，信仰上の真摯な理由から剣道実技に参加することができない学生に対し，代替措置として，たとえば，他の体育実技の履修，レポートの提出等を求めたうえで，その成果に応じた評価をすることが，その**目的**において宗教的意義を有し，特定の宗教を援助，助長，促進する**効果**を有するものということはできず，他の宗教者または無宗教者に圧迫，干渉を加える効果があるともいえないのであって，およそ代替措置を採ることが，その方法，態様のいかんを問わず，憲法20条3項に違反するということができない。信仰上の理由による剣道実技の履修拒否を，正当な理由のない履修拒否と区別することなく，代替措置が不可能というわけでもないのに，代替措置についてなんら検討することもなく，原級留置処分をし，2年続けて原級留置となったため退学処分をしたという措置は，考慮すべき事項を考慮しておらず，または考慮された事実に対する評価が明白に合理性を欠き，その結果，社会観念上著しく妥当を欠く処分をしたものと評するほかはなく，本件各処分は，裁量権の範囲を超える違法なものとしている（最判平8・3・8）。本記述のように，退学処分自体が憲法20条1項に違反するとはしていないので，誤り。

オ ◯ 本件市長の行為は合憲。

　判例は，本件行為は，その**目的および効果**を総合的に考慮すれば，宗教とのかかわり合いの程度が，わが国の社会的，文化的諸条件に照らし，信教の自由の保障の確保という制度の根本目的との関係で相当とされる限度を超えるものとは認められず，憲法20条3項などに違反しないとした（最判平22・7・22）。

以上から，妥当なものは**オ**のみであり，**2**が正答となる。

No.10 の解説　神戸高専事件

→問題はP.114　**正答2**

1 ✕ 判例は，「正当な理由のない履修拒否と区別することなく，代替措置が不可能というわけでもないのに，代替措置についてなんら検討することもなく，学生を退学処分にした学校長の措置は，社会通念上著しく妥当を欠くものと評価するほかはなく，裁量権の範囲を超える違法なものといわざるをえない」としている。したがって，Yが不利益を与えることは許されず，本件処分は違法である。

2 ◎ 正しい。

3 ✕ 判例は，本件学生に対する学校長の各処分は，学生の信教の自由を直接的に制約するものとはいえないが，処分という重大な不利益を避けるために自己の信仰上の教義に反する行動を余儀なくさせられるものであったことは明白であるとしている。よって，本件処分は違法である。

4 ✕ 判例は，本件各処分は，その内容それ自体において学生に信仰上の教義に反する行動を命じたものではなく，その意味では，学生の信教の自由を直接的に制約するものとはいえないとしている。したがって，「本件処分は信仰の自由を侵すものであって」という部分が誤り。

5 ✕ 判例は，信仰上の真摯な理由から剣道実技に参加することができない学生に対し，他の体育実技の履修，レポートの提出等の代替措置をとることが，**目的効果基準**に照らし憲法20条3項に違反するということはできないことは明らかであるとしている。したがって，Yは代替措置をとりうるので，本件処分は違法である。

表現の自由

必修問題

表現の自由に関する次の記述のうち，判例に照らし，妥当なのはどれか。

【国家一般職・令和3年度】

1 公立図書館の職員である公務員が，閲覧に供されている図書の廃棄について，著作者または著作物に対する独断的な評価や個人的な好みによって不公正な取扱いをすることは，当該図書の著作者が著作物によってその思想，意見等を公衆に伝達する利益を侵害するものであるが，当該利益は法的保護に値する<u>人格的利益とまではいえず</u>，国家賠償法上違法とはならない。

2 報道のための**取材の自由**は，憲法21条の精神に照らし，十分尊重に値するが，公正な裁判の実現のためにある程度の制約を受けることとなってもやむをえないものであり，その趣旨からすると，検察官または警察官による報道機関の取材ビデオテープの差押え・押収についても，公正な刑事裁判を実現するために不可欠である<u>適正迅速な捜査の遂行という要請がある</u>場合には認められる。

3 道路における集団行進等を規制する市の条例が定める「交通秩序を維持すること」という規定は，通常の判断能力を有する一般人の理解において，具体的場合に当該行為がその適用を受けるものかどうかの判断を可能ならしめる<u>基準が読み取れず</u>，抽象的で立法措置として著しく妥当を欠くものであるから，憲法31条に違反する。

4 **検閲**とは，<u>公権力が主体</u>となって，思想内容等の表現物を対象とし，その全部または一部の発表の禁止を目的として，対象とされる一定の表現物につき網羅的一般的に，発表前にその内容を審査したうえ，不適当と認めるものの発表を禁止することであるから，道知事選挙への立候補予定者を攻撃する目的の記事が掲載された雑誌の印刷，販売等の事前差止めを命じた**裁判所の仮処分**は，検閲に当たり，違憲である。

5 名誉毀損罪における公共の利害に関する場合の特例を定める刑法230条の2の規定は，人格権としての個人の名誉の保護と憲法が保障する正当な言論の保障との調和をはかるものであるが，行為者が摘示した事実につき真実であることの証明がなければ，行為者がその事実を真実であると誤信し，その誤信したことについて，<u>確実な資料，根拠に照らし相当の理由があるとしても，犯罪の故意が認められ</u>，同罪が成立する。

難易度 ＊＊

必修問題の解説

　憲法21条の表現の自由では，報道の自由など，重要判例が膨大な数に上る。各テーマに応じて，判例を正確に理解しておく必要がある。

1 ✕ 著作物により思想・意見等を公衆に伝達する利益は法的な人格的利益。

　　判例は，公立図書館の図書館職員である公務員が，図書の廃棄について，基本的な職務上の義務に反し，著作者または著作物に対する独断的な評価や個人的な好みによって不公正な取扱いをしたときは，当該図書の著作者の人格的利益を侵害するものとして国家賠償法上違法となるとする（最判平17・7・14）。

2 ◎ 取材の自由も適正迅速な捜査の遂行のために制約される。

　　報道機関の取材ビデオテープの差押え・押収も，適正迅速な捜査の遂行という要請がある場合には認められる（最判平元・1・30）。

3 ✕ 「交通秩序を維持すること」の規定も，基準を読みとることが可能である。

　　判例は，本条例の「交通秩序を維持すること」という規定は，確かにその文言が抽象的であるとのそしりを免れないとはいえ，集団行進等における道路交通の秩序遵守についての基準を読みとることが可能であり，犯罪構成要件の内容をなすものとして**明確性**を欠き憲法31条に違反するものとはいえないとする（最大判昭50・9・10）。

4 ✕ 検閲は行政権が主体であり，裁判所の仮処分は検閲に当たらない。

　　判例は，検閲とは，**行政権**が主体となって，思想内容等の表現物を対象とし，その全部または一部の**発表の禁止**を目的として，対象とされる一定の表現物につき網羅的一般的に，**発表前**にその内容を審査したうえ，不適当と認めるものの発表を禁止することである。一定の記事を掲載した雑誌その他の出版物の印刷，製本，販売，頒布等の仮処分による事前差止めは，裁判の形式によるとはいえ，口頭弁論ないし債務者の審尋を必要的とせず，立証についても疎明で足りるとされているなど簡略な手続によるものであり，また，いわゆる満足的仮処分として争いのある権利関係を暫定的に規律するものであって，非訟的な要素を有することを否定することはできないが，仮処分による事前差止めは，表現物の内容の網羅的一般的な審査に基づく事前規制が行政機関によりそれ自体を目的として行われる場合とは異なり，個別的な私人間の紛争について，司法裁判所により，当事者の申請に基づき差止請求権等の私法上の被保全権利の存否，保全の必要性の有無を審理判断して発せられるものであって，検閲には当たらないとする（最大判昭61・6・11）。

5 ✕ 確実な資料，根拠に照らし相当の理由があるときは，犯罪の故意はない。

　　判例は，刑法230条の2の規定は，人格権としての個人の名誉の保護と，憲法21条による正当な言論の保障との調和をはかったものというべきであり，これら両者間の調和と均衡を考慮するならば，たとえ刑法230条の2第1項

にいう事実が真実であることの証明がない場合でも，行為者がその事実を真実であると誤信し，その誤信したことについて，確実な資料，根拠に照らし相当の理由があるときは，犯罪の故意がなく，**名誉毀損**の罪は成立しないとする（最大判昭44・6・25）。

正答 **2**

FOCUS

表現の自由は，重要判例が数多く存在し，それゆえ本試験出題の宝庫である。試験対策として重要判例をしっかりと理解する必要があるが，効率的に押さえていくために，当該判例の出題レベルを把握しておくことが大切である。判例にも軽重があり，単に問題点と結論のみ覚えておけば足りるものもあれば，結論に至る理由，理論構成や細かい表現まで問われるものもある。

POINT

重要ポイント **1** 知る権利（アクセス権）

表現の自由は，情報を発表し伝達する自由であるが，現代社会では，その内容が「知る権利」という観点から再構成されている。知る権利と関連するものとして，マス・メディアに対するアクセス権が主張されるが，判例は，反論文掲載請求権を否定している。

判例 サンケイ新聞事件（最判昭 62・4・24）

> 私人間において，当事者の一方が情報の収集，管理につき強い影響力を持つ日刊新聞紙を発行，販売する者である場合でも，21条の規定から直接に反論文掲載請求権が他方の当事者に生ずるものではない。

重要ポイント **2** 報道の自由と取材の自由

報道の自由は，表現の自由の保障に含まれる。取材の自由については，争いがあるが，判例は次のように判示した。

判例 博多駅テレビフィルム提出命令事件（最大決昭44・11・26）

> 報道機関の報道は，民主主義社会において，国民が国政に関与するにつき，重要な判断の資料を提供し，国民の知る権利に奉仕するものである。したがって，事実の報道の自由は，表現の自由を規定した21条の保障の下にある。また，このような報道機関の報道が正しい内容を持つためには，報道のための取材の自由も，21条の精神に照らし，十分尊重に値する。
> しかし，取材の自由も，公正な裁判の実現というような憲法上の要請，すなわち報道機関の取材活動によって得られたものが，証拠として必要と認められるような場合には，ある程度の制約を被ることになってもやむをえない。

報道の自由	表現の自由の21条から保障される。
取材の自由	表現の自由の21条から尊重されるのみ（保障まではされないことに，特に注意）。

取材源の秘匿について，次の判例は，刑事訴訟手続において，新聞記者の証言拒絶権を否定した。

判例 石井記者事件（最大判昭 27・8・6）

> 取材源について，司法権の公正な発動につき必要欠くべからざる証言の義務をも犠牲にして，証言拒絶の権利までも保障したものとは到底解することができない。

取材の自由と国家秘密とのかかわりについて，正当な業務行為の限界を判示した。

第2章 精神的自由

た。

判例 外務省秘密漏洩事件（最決昭53・5・31）

> 報道機関が公務員に対し根気強く執拗に説得ないし要請を続けることは，それが真に報道の目的から出たものであり，その手段・方法が法秩序全体の精神に照らし相当なものとして社会観念上是認されるものである限りは，実質的に違法性を欠き正当な業務行為というべきである。

法廷での写真撮影の許可制について，合憲とした。

判例 北海タイムス事件（最大決昭33・2・17）

> 写真撮影の許可等を裁判所の裁量に委ね，その許可に従わない限り写真撮影をすることができないとした刑事訴訟規則は，憲法に違反するものではない。

重要ポイント3 表現活動

集団（デモ）行進の自由	憲法21条によって保障される。ただし，集団行進は行動を伴うものであるから，その制約が問題になる。許可制を定めた公安条例について，判例は合憲としている（最大判昭35・7・20）。
営利広告の自由	判例は，通説と異なり，表現の自由の問題として扱っていない。灸の適応症の広告の全面禁止を合憲とした判例がある（最大判昭36・2・15）。
性表現	性表現の制約については，刑法175条*がわいせつ物頒布罪を規定しているが，判例は一貫して合憲としている（最大判昭32・3・13）。
名誉毀損的表現	名誉毀損罪に関する刑法230条の2*の規定について，判例は，真実性の証明がない場合でも，罪が成立しないときもあるとし（最大判昭44・6・25），私生活上の行状でも，事実の公共性がありうることを認めた（最判昭56・4・16）。
裁判官の積極的な政治運動禁止	制約が合理的で必要やむをえない限度にとどまるものである限り，判例は合憲としている（最大決平10・12・1）。

＊刑法

・175条1項前段

　　わいせつな文書，図画，電磁的記録に係る記録媒体その他の物を頒布し，又は公然と陳列した者は，2年以下の懲役若しくは250万円以下の罰金若しくは科料に処し，又は懲役及び罰金を併科する。

・230条の2第1項

　　前条第1項（名誉毀損）の行為が公共の利害に関する事実に係り，かつ，その目的が専ら公益を図ることにあったと認める場合には，事実の真否を判断し，真実であることの証明があったときは，これを罰しない。

重要ポイント 4 検閲の禁止

　表現活動を事前に抑制することは許されない。「検閲は，これをしてはならない」（21条2項）という検閲の禁止は，特に**絶対的な禁止**を規定したものである。判例は，「検閲」を次のように定義している。

/判例＼ 税関検査事件（最大判昭59・12・12）

> 21条2項の検閲禁止規定は，公共の福祉を理由とする例外の許容を認めない検閲の絶対的禁止を宣言したものである。「検閲」とは，行政権が主体となって，思想内容等の表現物を対象とし，その全部または一部の発表の禁止を目的として，対象とされる一定の表現物につき網羅的一般的に，発表前にその内容を審査したうえ，不適当と認めるものの発表を禁止することをさす。

主体	行政権　（公権力ではない）
時期	発表前　（発表後ではない）
目的	発表の禁止
例外	なし＝絶対的禁止

　上記のように判示したうえで，この判例は，税関検査は表現物が国外で発表済みであることなどを理由に，検閲に当たらず，合憲とした。
　裁判所による出版物の頒布の事前差止めについて，判例は**事前抑制禁止の理論**を採用している。

/判例＼ 北方ジャーナル事件（最大判昭61・6・11）

> 仮処分による事前差止めは，検閲には当たらない。しかし，事前抑制に該当するので，原則として許されない。ただ，表現内容が真実でなく，またはもっぱら公益を図る目的でないことが明白であって，かつ，被害者が重大で著しく回復困難な損害を被るおそれがあるときは，例外的に許される。

　教科書検定について，判例は合憲としている。

/判例＼ 家永教科書事件（最判平5・3・16）

> 検定は，一般図書としての発行を何ら妨げるものではなく，発表禁止目的や発表前の審査などの特質がないから，検閲に当たらず，21条2項の規定に違反しない。

✦ **No.1** 日本国憲法に規定する表現の自由に関する記述として，最高裁判所の判例に照らして，妥当なのはどれか。　　　　【地方上級（特別区）・平成24年度】

1　税関において公安または風俗を害すべき書籍等を検査することは，関税徴収手続の一環として行われ，思想内容等を網羅的に審査し規制することを目的とするものではないが，国民が当該書籍等に接する前に規制がなされ，発表の自由と知る自由が著しく制限されることになるので検閲に当たり，違憲である。

2　取材の自由は，報道の自由の一環として憲法の精神に照らして十分尊重に値するものであり，裁判所による報道機関の取材フィルムに対する提出命令は，取材フィルムが刑事裁判の証拠のために使用される場合であっても，報道機関の将来における取材の自由が必ず妨げられることとなるので，違憲である。

3　人格権としての名誉権に基づく出版物の印刷，製本，販売，頒布等の事前差止めは，その出版物が公職選挙の候補者に対する評価，批判等に関するものである場合には，原則として許されず，その表現内容が真実でないかまたはもっぱら公益をはかる目的のものでないことが明白であって，かつ，被害者が重大にして著しく回復困難な損害を被るおそれがあるときに限り，例外的に許される。

4　報道機関が公務員に対し秘密を漏示するようそそのかした行為は，その手段・方法が，取材対象者の人格を蹂躙する等法秩序全体の精神に照らし相当なものとして社会観念上認することができない態様のものであっても，刑罰法令に触れない限り，実質的に違法性を欠き正当な業務行為である。

5　憲法は，表現の自由を保障するため，新聞記者に対し，その取材源に関する証言を拒絶しうる特別の権利を保障したものと解することができるので，新聞記者の証言が，公の福祉のため最も重大な司法権の公正な発動につき必要欠くべからざるものであっても，新聞記者は，取材源の秘匿を理由に，証言を拒絶できる。

No.2 表現の自由に関するア～オの記述のうち，妥当なもののみをすべて挙げているのはどれか。　　　　【国家専門職・令和4年度】

ア：憲法21条2項にいう「検閲」とは，行政権または司法権が主体となって，思想内容等の表現物を対象とし，その全部または一部の流通の禁止を目的として，対象とされる一定の表現物につき網羅的一般的に，流通前にその内容を審査した上，不適当と認めるものの流通を禁止することを，その特質として備えるものをさすとするのが判例である。

イ：表現の自由は，単に表現の送り手の自由だけでなく，表現の受け手の自由をも含むものであり，この表現の受け手の自由が知る権利としてとらえられている。知る権利は，国家に対して積極的に情報の公開を要求する請求権的性格を有しており，情報公開法（行政機関の保有する情報の公開に関する法

律）においても，知る権利として明文で規定されている。

ウ：公立図書館の職員である公務員が，閲覧に供されている図書の廃棄について，基本的な職務上の義務に反し，著作者または著作物に対する独断的な評価や個人的な好みによって不公正な取扱いをした場合，かかる取扱いは，当該著作者に認められた著作物によってその思想，意見等を公的な場で公衆に伝達する権利を不当に制限するものであり，憲法21条１項に違反するとするのが判例である。

エ：有害図書の自動販売機への収納の禁止は，青少年に対する関係において，憲法21条１項に違反しないことはもとより，成人に対する関係においても，有害図書の流通を幾分制約することにはなるものの，青少年の健全な育成を阻害する有害環境を浄化するための規制に伴う必要やむをえない制約であるから，憲法21条１項に違反するものではないとするのが判例である。

オ：人格権としての名誉権に基づく出版物の頒布等の事前差止めは，その対象が公務員または公職選挙の候補者に対する評価，批判等の表現行為に関するものである場合には原則として許されないが，その表現内容が真実でなく，またはそれがもっぱら公益をはかる目的のものでないことが明白であって，かつ，被害者が重大にして著しく回復困難な損害を被るおそれがあるときは，例外的に事前差止めが許されるとするのが判例である。

1 ア，ウ　**2** ア，エ　**3** イ，ウ　**4** イ，オ　**5** エ，オ

✧ No.3 ** 日本国憲法に規定する表現の自由に関する記述として，最高裁判所の判例に照らして，妥当なのはどれか。　【地方上級（特別区）・平成28年度】

1 報道関係者の取材源の秘密は，民事訴訟法に規定する職業の秘密に当たり，民事事件において証人となった報道関係者は，保護に値する秘密についてのみ取材源に係る証言拒絶が認められると解すべきであり，保護に値する秘密であるかどうかは，秘密の公表によって生ずる不利益と証言の拒絶によって犠牲になる真実発見および裁判の公正との比較衡量により決せられるべきであるとした。

2 夕刊和歌山時事に掲載された記事により名誉が毀損されたとする事件で，刑法は，公然と事実を摘示し，人の名誉を毀損した者を処罰対象とするが，事実の真否を判断し，事実であることの証明があったときは罰しないとするところ，被告人の摘示した事実につき真実である証明がない以上，真実であると誤信したことにつき相当の理由があったとしても名誉毀損の罪責を免れえないとした。

3 著名な小説家が執筆した小説によって，交友関係にあった女性がプライバシーを侵害されたとした事件で，当該小説において問題とされている表現内容は，公共の利害に関する事項であり，侵害行為の対象となった人物の社会的地位や侵害

行為の性質に留意することなく，侵害行為の差止めを肯認すべきであり，当該小説の出版等の差止め請求は肯認されるとした。

4　公立図書館の図書館職員が閲覧に供されている図書を著作者の思想や信条を理由とするなど不公正な取扱いによって廃棄することは，当該著作者が著作物によって，その思想，意見等を公衆に伝達する利益を損なうものであるが，当該利益は，当該図書館が住民の閲覧に供したことによって反射的に生じる事実上の利益にすぎず，法的保護に値する人格的利益であるとはいえないとした。

5　電柱などのビラ貼りを全面的に禁止する大阪市屋外広告物条例の合憲性が争われた事件で，当該条例は，都市の美観風致を維持するために必要な規制をしているものであるとしても，ビラの貼付がなんら営利と関係のない純粋な政治的意見を表示するものである場合，当該規制は公共の福祉のため，表現の自由に対し許された必要かつ合理的な制限であるとはいえないとした。

No.4 ** A県の条例では，知事は，図書の内容が，著しく性的感情を刺激し，または著しく残忍性を助長するため，青少年の健全な育成を阻害するおそれがあると認めるときは，当該図書を「有害図書」として指定し，この有害指定図書を青少年に販売したり自動販売機に収納したりすることを禁じ，それらの違反行為を処罰する旨が規定されている。この場合に関する次の記述のうち，判例に照らし，妥当なものはどれか。　【地方上級（全国型）・平成19年度】

1　本条例の「有害図書」の定義は，刑法上の「わいせつ」の概念と同様に，不明確であるということはできないから，これを青少年に販売した者や自動販売機に収納した者を処罰しても罪刑法定主義には違反しない。

2　本条例では，有害指定図書であっても成人に販売することは禁止されていないから，本条例は，未成年者の知る権利を侵害することはあっても，成人の知る権利は侵害されないので，成人との関係では表現の自由の侵害は問題とならない。

3　有害図書を規制する本条例は，A県とそのような条例を定めない他の都道府県との間で取扱いに差異が生じることになるため，法の下の平等に違反し違憲となる。

4　本条例における「有害図書」の定義が曖昧・不明確であるとの理由により憲法31条に違反するかどうかについては，未成年者の理解において，具体的場合に当該行為がその適用を受けるものかどうかの判断を可能ならしめるような基準が読み取れるかどうかによってこれを決定すべきである。

5　本条例は，問題となる図書を知事が事前に網羅的にチェックしたうえで「有害図書」に指定することを認めるものであるから，憲法21条2項の検閲に該当し違憲である。

No.5 精神的自由権に関するア～オの記述のうち，妥当なもののみをすべて挙げているのはどれか。　【国家専門職・令和元年度】

ア：通信の秘密は，公権力による通信内容の探索の可能性を断ち切るために保障されていることから，その保障は，通信の内容にのみ及び，通信の差出人や受取人の住所等の情報には及ばないと一般に解されている。

イ：税関検査により輸入を禁止される表現物は，国外においてすでに発表済みのものであるし，税関により没収，廃棄されるわけではないから，発表の機会が事前に全面的に奪われているわけではないこと，税関調査は，関税徴収手続に付随して行われるもので，思想内容等それ自体を網羅的に審査し規制することを目的とするものではないこと，税関長の通知がされたときは司法審査の機会が与えられているのであって，行政権の判断が最終的なものとされているわけではないことを踏まえると，税関検査は憲法が絶対的に禁止している検閲には当たらないとするのが判例である。

ウ：ある行為が，憲法により国およびその機関が行うことが禁止されている宗教的活動に該当するかどうかを検討するに当たっては，当該行為の主宰者が宗教家であるかどうか，その順序作法が宗教の定める方式に則ったものであるかどうかなど当該行為の外形的側面を考慮してはならず，当該行為が行われる場所の近辺に居住する者の当該行為に対する宗教的評価を中心として，当該行為者が当該行為を行うについての意図，目的および宗教的意識の有無，程度等，諸般の事情を考慮し，社会通念に従って，客観的に判断しなければならないとするのが判例である。

エ：報道機関の報道は，民主主義社会において，国民が国政に関与するにつき，重要な判断の資料を提供し，国民の「知る権利」に奉仕するものであるから，思想の表明と自由と並んで，事実の報道の自由は，表現の自由を規定した憲法21条の保障のもとにあることはいうまでもなく，また，このような報道機関の報道が正しい内容を持つためには，報道の自由とともに，報道のための取材の自由も，憲法第21条の精神に照らし，十分尊重に値するものといわなければならないとするのが判例である。

オ：政党間の批判・論評は，表現の自由において特に保障されるべき性質のものであることから，政党は，自己に対する批判的な記事が他の政党の意見広告として新聞に掲載されたという理由のみをもって，具体的な成文法がなくとも，その記事への反論文を掲載することを当該新聞を発行・販売する者に対して求める権利が憲法上認められるとするのが判例である。

1 ア，エ　**2** ア，オ　**3** イ，ウ　**4** イ，エ　**5** ウ，オ

＊＊ 表現の自由に関するア～オの記述のうち，判例に照らし，妥当なもののみをすべて挙げているのはどれか。 【国家一般職・令和元年度】

ア：著作者は，自らの著作物を公立図書館が購入することを法的に請求することができる地位にあるとは解されないし，その著作物が公立図書館に購入された場合でも，当該図書館に対し，これを閲覧に供する方法について，著作権または著作者人格権等の侵害を伴う場合は格別，それ以外には，法律上なんらかの具体的な請求ができる地位に立つものではない。

イ：民事訴訟法は，職業の秘密に関する事項について尋問を受ける場合には，証人は証言を拒むことができると規定しているところ，ここにいう「職業の秘密」とは，その事項が公開されると，当該職業に深刻な影響を与え，以後その遂行が困難になるものをいう。もっとも，ある秘密が，このような意味での職業の秘密に当たる場合においても，そのことから直ちに証言拒絶が認められるものではなく，そのうち保護に値する秘密についてのみ証言拒絶が認められる。

ウ：少年事件情報の中の加害少年本人を推知させる事項についての報道，すなわち少年法に違反する推知報道かどうかは，その記事等により，不特定多数の一般人がその者を当該事件の本人であると推知することができるかどうかを基準にして判断するのではなく，本人と面識があり，または本人の履歴情報を知る者が，その知識を手掛かりに当該記事等が本人に関するものであると推知することができるかどうかを基準に判断すべきである。

エ：インターネットの個人利用者による表現行為の場合においても，他の方法による表現行為の場合と同様に，行為者が摘示した事実を真実であると誤信したことについて，確実な資料，根拠に照らして相当の理由があると認められるときに限り，刑法に規定する名誉毀損罪は成立しないものと解するのが相当であって，より緩やかな要件で同罪の成立を否定すべきではない。

オ：表現の自由が自己実現および自己統治の価値に資する極めて重要な権利であることに鑑み，出版物の頒布等の事前差止めは，その対象である評価・批判等の表現行為が公務員または公職選挙の候補者に対するものであるか私人に対するものであるかにかかわらず，当該表現内容が真実でない場合またはもっぱら公益をはかる目的でないことが明白である場合を除き，許されない。

1 ア，エ **2** ア，オ **3** イ，ウ **4** イ，エ **5** ウ，オ

No.7 憲法21条2項の禁止する「検閲」の概念に関する次の記述のうち，判例に照らし，妥当なのはどれか。　【地方上級（全国型）・平成11年度】

A：検閲を行う主体は行政権でなければならず，公権力一般ではない。

B：発表後に表現物を審査し，不適当な表現内容であることを理由として刑罰の制裁を加えることもある。

C：思想内容等の表現物を対象とする審査であれば，網羅的一般的に審査するのではなくても，また，思想内容等の規制を目的とするものでなくても，検閲に該当する。

D：検閲に該当するか否かを検討し，該当しないとすれば，さらに事前抑制の原則的禁止に該当するか否かを検討する必要はない。

E：検閲の禁止は絶対的であって，公共の福祉の見地から例外的に許容される余地はまったくない。

1　A，C

2　A，E

3　B，D

4　B，E

5　C，D

実 戦 問 題 **1** の 解 説

1 ✕ **税関検査は検閲に当たらない。**

税関において公安または風俗を害すべき書籍等を検査することは，関税徴収手続の一環として行われ，思想内容等を網羅的に審査し規制することを目的とするものではなく，また，税関長の処分により輸入が禁止される表現物は，一般に，国外においてはすでに発表済みのものであって，その輸入を禁止したからといって，当該表現物につき事前に発表そのものを一切禁止するというものではないことを理由に，**税関検査は検閲に当たらず**，違憲ではないとする（最大判昭59・12・12）。

2 ✕ **取材フィルムの提出命令は違憲ではない。**

取材の自由も公正な裁判の実現という憲法上の要請があるときは，ある程度の制約を受けることもあり，このような公正な裁判の実現を保障するために，報道機関の取材活動によって得られたものが，証拠として必要と認められるような場合には，取材の自由がある程度の制約を被ることとなってもやむをえないところというべきであるから，裁判所による報道機関の**取材フィルムに対する提出命令**は，違憲ではないとする（最大決昭44・11・26）。

3 ◎ **事前差止めは原則として許されない。**

事前差止めは，例外的に許される（最大判昭61・6・11）。

4 ✕ **取材の手段・方法が不相当な場合には違法となる。**

報道機関が公務員に対し秘密を漏示するようそそのかした行為は，その手段・方法が，取材対象の人格を蹂躙する等法秩序全体の精神に照らし相当なものとして社会観念上是認することができない様態のものである場合には，正当な取材活動の範囲を逸脱し，違法性を帯びるとする（最決昭53・5・31）。

5 ✕ **新聞記者に証言拒絶権はない。**

憲法は，新聞記者に特種の保障を与えたものではなく，新聞記者に対し，その取材源について，公の福祉のため最も重要な司法権の公正な発動につき必要欠くべからざる証言の義務をも犠牲にして，**証言拒絶の権利**までも保障したものとは到底解することができないとする（最大判昭27・8・6）。

ア ✕ **「検閲」は，行政権が主体となって，表現物の発表の禁止を目的とする。**

憲法21条2項にいう「検閲」とは，**行政権**が主体となって，思想内容等の表現物を対象とし，その全部または一部の**発表の禁止**を目的として，対象とされる一定の表現物につき網羅的一般的に，発表前にその内容を審査したうえ，不適当と認めるものの発表を禁止することを，その特質として備えるものをさすとするのが判例である（最大判昭59・12・12）。

イ✕ **知る権利は，情報公開法に明文で規定されていない。**

前半は正しいが，後半が誤り。**知る権利**は，情報公開法（行政機関の保有する情報の公開に関する法律）に，明文で規定されていない（同法１条参照）。

ウ✕ **本件取扱いは違憲ではない。**

公立図書館の図書館職員である公務員が，図書の廃棄について，基本的な職務上の義務に反し，著作者または著作物に対する独断的な評価や個人的な好みによって不公正な取扱いをしたときは，当該図書の著作者の人格的利益を侵害するものとして国家賠償法上違法となるとするのが判例である（最判平17・7・14）。違憲とはしておらず，誤り。

エ◯ **有害図書の自動販売機への収納の禁止は21条１項に違反しない。**

有害図書の自動販売機への収納の禁止は憲法21条１項に違反しないとする，岐阜県青少年保護育成条例事件の判例である（最判平元・9・19）。

オ◯ **出版物の頒布等の事前差止めも，例外的に許される。**

名誉権に基づく**出版物の頒布等の事前差止め**が，例外的に許されるとする，北方ジャーナル事件の判例である（最大判昭61・6・11）。

以上から，妥当なものは**エ**と**オ**であり，**5**が正答となる。

No.3 の解説 **憲法の表現の自由の最高裁判例** →問題はP.127 **正答1**

1◎ **民事事件における報道関係者には取材源に係る証言拒絶が認められる。**

判例である（最決平18・10・3）。石井記者事件との結論の違いに注意が必要である。

刑事事件：石井記者事件	報道関係者に証言拒絶権なし
民事事件	報道関係者に証言拒絶権（原則）あり

2✕ **真実性の証明がない場合でも名誉棄損罪が成立しないこともある。**

判例は，**事実が真実であることの証明**がない場合でも，行為者がその事実を真実であると誤信し，その誤信したことについて，確実な資料，根拠に照らして相当の理由があるときは，故意がなく，名誉棄損罪は成立しないとする（最大判昭44・6・25）。

3✕ **侵害行為の対象となった人物の社会的地位や侵害行為の性質に留意。**

判例は，小説のモデルとなった女性は大学院生にすぎず公的立場にある者ではなく，また，小説において問題とされている表現内容は，公共の利害に関する事項でもないとして，侵害行為の対象となった人物の社会的地位や侵害行為の性質に留意しつつ検討した。そのうえで，差止め請求は肯認されるとする（最判平14・9・24）。

4✕ **著作者が有する利益は，法的保護に値する人格的利益である。**

判例は，公立図書館の図書館職員が閲覧に供されている図書を著作権者の思想や信条を理由とするなど不公正な取扱いによって廃棄することは，当該著

作者が著作物によって，その思想，意見等を公衆に伝達する利益を不当に損なうものといわなければならない。著作者の思想の自由，表現の自由が憲法により保障された基本的人権であることに鑑みると，公立図書館において，その著作物が閲覧に供されている著作者が有する利益は，法的保護に値する**人格的利益**であるとする（最判平17・7・14）。

5 ✕ ビラ貼りを全面的に禁止する条例も合憲である。

判例は，**ビラの貼付**が営利と関係のないものであるとしても，都市の美観風致を維持することは，公共の福祉を保持するゆえんであるから，この程度の規制は，公共の福祉のため，表現の自由に対し許された必要かつ合理的な制限であるとする（最大判昭43・12・18）。

No.4 の解説 青少年保護育成条例の憲法上の論点 →問題はP.128 **正答 1**

1 ◎ 正しい（最判平元・9・19）。

2 ✕ 判例は，本件のような条例は，成人に対する関係においても，有害図書の流通をいくぶん制約することにはなるものの，青少年の健全な育成を阻害する有害環境を浄化するための規制に伴う必要やむをえない制約であるから，憲法21条1項に違反するものではないとしており（最判平元・9・19），成人との関係においても表現の自由の侵害の可能性は認めている。

3 ✕ 判例は，他の都道府県との間での取扱いの差異について，憲法が各地方公共団体に条例制定権を認める以上，地域によって差別が生じることは当然に予期されることであるから，法の下の平等に違反せず，違憲とはならないとする（最大判昭33・10・15）。

4 ✕ 判例は，刑罰法規の**明確性**の基準については，通常の判断能力を有する一般人の理解において，具体的場合に当該行為がその適用を受けるものかどうかの判断を可能ならしめるような基準が読み取れるかどうかによってこれを決定すべきであるとする（最大判昭50・9・10）。したがって，「未成年者」の理解において，とする点が誤り。

5 ✕ 判例は，憲法21条2項の「**検閲**」とは，行政権が主体となって，思想内容等の表現物を対象とし，その全部または一部の発表の禁止を目的として，対象とされる一定の表現物につき網羅的一般的に，発表前にその内容を審査したうえ，不適当と認めるものの発表を禁止することとする（最大判昭59・12・12）。本条例は，出版済みの図書について，有害図書として指定された後も，成人に対する販売は許されるのであるから，検閲には当たらない。

No.5 の解説 精神的自由権 →問題はP.129 **正答4**

ア× 通信の秘密の保障は，通信の差出人や受取人の住所等の情報にも及ぶ。
通信の秘密の保障（21条2項後段）は，通信の内容のみでなく，通信の差出人や受取人の住所等の情報にも及ぶと一般に解されている。

イ○ 税関検査は憲法が禁止する「検閲」には当たらない。
税関検査により輸入が禁止される表現物は，国外においてはすでに発表済みのものであって，その輸入を禁止したからといって，それは，当該表現物につき，事前に発表そのものを一切禁止するというものではない。税関検査は，憲法21条2項にいう「検閲」に当たらないものとするのが判例である（最大判昭59・12・12）。

ウ× 宗教的活動とは，目的が宗教的意義を持ち効果が宗教への援助等になる行為。
憲法20条3項は，「国及びその機関は，宗教教育その他いかなる宗教的活動もしてはならない。」と規定するが，ここにいう宗教的活動とは，およそ国およびその機関の活動で宗教とのかかわり合いをもつすべての行為をさすものではなく，そのかかわり合いが相当とされる限度を超えるものに限られるというべきであって，当該行為の**目的**が宗教的意義を持ち，その**効果**が宗教に対する援助，助長，促進または圧迫，干渉等になるような行為をいうとするのが判例である（最大判昭52・7・13）。

エ○ 報道の自由は21条で保障され，取材の自由も同条から尊重に値する。
報道機関の報道は，民主主義社会において，国民が国政に関与するにつき，重要な判断の資料を提供し，国民の「知る権利」に奉仕するものである。したがって，思想の表明の自由とならんで，事実の**報道の自由**は，表現の自由を規定した憲法21条の保障のもとにあることはいうまでもない。また，このような報道機関の報道が正しい内容を持つためには，報道の自由とともに，報道のための**取材の自由**も，憲法21条の精神に照らし，十分尊重に値するものといわなければならないとするのが判例である（最大決昭44・11・26）。

オ× 憲法21条の規定から直接に反論文掲載請求権が生ずるものではない。
私人間において，当事者の一方が情報の収集，管理，処理につき強い影響力を持つ日刊新聞紙を全国的に発行・発売する者である場合でも，憲法21条の規定から直接に，**反論文掲載の請求権**が他方の当事者に生ずるものでないとするのが判例である（最判昭62・4・24）。

以上から，妥当なものは**イ**と**エ**であり，**4**が正答となる。

ア× 著作者は公立図書館に対し法律上具体的な請求ができる地位に立つ。

判例は，公立図書館の職員が閲覧に供されている図書を著作者の思想や信条を理由とするなど不公正な取扱いによって廃棄することは，当該著作者が著作物によってその思想，意見等を公衆に伝達する利益を不当に損なうものであり，著作者が有するこの利益は，**法的保護に値する人格的利益**であるとする（最判平17・7・14）。したがって，著作者は，当該図書館に対し，法律上具体的な請求ができる地位に立つものである。

イ○ 民事訴訟では，保護に値する秘密についてのみ証言拒絶が認められる。

判例は，当該報道が公共の利益に関するものであって，その取材の手段，方法が一般の刑罰法令に触れるとか，取材源となった者が取材源の秘密の開示を承諾しているなどの事情がなく，しかも，当該民事事件が社会的意義や影響のある重大な民事事件であるため，当該取材源の秘密の社会的価値を考慮してもなお公正な裁判を実現すべき必要性が高く，そのために当該証言を得ることが必要不可欠であるといった事情が認められない場合には，当該取材源の秘密は保護に値すると解すべきであり，証人は，原則として，当該取材源に係る**証言の拒絶**ができるとする（最決平18・10・3）。

ウ× 推知報道は，不特定多数の一般人が当該事件の本人と推知できるかどうか。

判例は，少年法61条に違反する推知報道かどうかは，その記事等により，不特定多数の一般人がその者を当該事件の本人であると推知することができるかどうかを基準にして判断すべきであるとする（最判平15・3・14）。

エ○ ネット利用者による表現行為の場合に名誉毀損罪が成立しない場合もある。

判例は，インターネットの個人利用者による表現行為の場合も，**名誉毀損罪**が成立しないのは，行為者が摘示した事実を真実であると誤信したことについて，確実な資料，根拠に照らして相当の理由があるときに限られ，より緩やかな要件で同罪の成立を否定すべきではないとする（最決平22・3・15）。

オ× 事前差止めは，公務員・公職選挙候補者に関する場合には原則許されない。

判例は，出版物の頒布等の事前差止めは，とりわけ，その対象が公務員または公職選挙の候補者に対する評価，批判等の表現行為に関するものである場合には，当該表現行為に対する**事前差止めは原則として許されない**ものといわなければならない。ただ，このような場合でも，その表現内容が真実でなく，またはそれがもっぱら公益をはかる目的のものでないことが明白であって，かつ，被害者が重大にして著しく回復困難な損害を被るおそれがあるときは，かかる実体的要件を具備するときに限って，**例外的に事前差止めが許される**ものとする（最大判昭61・6・11）。

以上から，妥当なものはイとエであり，**4**が正答となる。

No.7 の解説 「検閲」の概念 →問題はP.131 **正答2**

A○ 検閲の主体は行政権である。
判例は，「**行政権**が主体となって」としている。

B× 発表後の刑罰は検閲ではない。
判例は，「**発表前**にその内容を審査したうえ，不適当と認めるものの発表を禁止する」としている。発表後に審査し，刑罰を加えるものではない。

C× 検閲は網羅的一般的に審査する。
判例は，「網羅的一般的に発表前にその内容を審査し」としている。

D× 検閲に該当しないときは，さらに事前制の原則的禁止を検討する。
判例は，検閲に該当しない場合でも，さらに**事前抑制の原則的禁止**に該当するか否かを検討している。

E○ 検閲の禁止は絶対的である。
判例は，検閲の禁止を，公共の福祉を理由とする例外の許容を認めない**絶対的禁止**としている。

以上から，妥当なものはAとEであり，**2**が正答となる。

第2章 精神的自由

No.8 憲法21条に関するア〜オの記述のうち，判例に照らし，妥当なもののみをすべて挙げているのはどれか。　【国家総合職・平成27年度】

ア：報道の自由は，憲法21条の保障のもとにあり，また，報道のための取材の自由も，憲法21条の精神に照らし，十分尊重に値するものであるところ，裁判所による報道機関の取材フィルムに対する提出命令が許容されるか否かは，審判の対象とされている犯罪の性質，態様，軽重および取材したものの証拠としての価値，ひいては，公正な刑事裁判を実現するに当たっての必要性の有無を考慮するとともに，取材したものを証拠として提出させられることによって報道機関の取材の自由が妨げられる程度およびこれが報道の自由に及ぼす影響の度合いその他諸般の事情を比較衡量して決せられるべきである。

イ：憲法21条2項にいう「検閲」とは，行政権が主体となって，思想内容等の表現物を対象とし，その全部または一部の発表の禁止を目的として，対象とされる一定の表現物について網羅的一般的に，発表前にその内容を審査したうえ，不適当と認めるものの発表を禁止することをその特質として備えるものをさし，裁判所による雑誌その他の出版物の印刷，製本，販売，頒布等の仮処分による事前差止めは，「検閲」には当たらない。

ウ：美観風致を維持し，公衆に対する危害を防止するために，条例で橋柱，電柱，電信柱等に広告物を表示することなどを禁ずることは，規制目的を達成するためのより制限的でない他の選びうる手段が存在することから，表現の自由に対し許された必要かつ合理的な制限と解することはできず，違憲である。

エ：集会は，国民が様々な意見や情報等に接することにより自己の思想や人格を形成，発展させ，また相互に意見や情報等を伝達，交流する場として必要であり，さらに，対外的に意見を表明するための有効な手段であるから，集会の自由は，民主主義社会における重要な基本的人権の一つとして，特に尊重されなければならない。

オ：「公の秩序をみだすおそれがある場合」に市民会館の使用を許可してはならないとする市条例の規定の合憲性に関し，公共施設の管理者が利用を不相当とする事由が認められないにもかかわらずその施設の利用を拒否しうるのは，利用の希望が競合する場合のほかは，施設をその集会のために利用させることによって，他の基本的人権が侵害され，公共の福祉が損なわれる危険がある場合に限られるものというべきところ，市条例の当該規定は，集会の自由を保障することの重要性よりも，集会が開かれることによって，人の生命，身体または財産が侵害され，公共の安全が損なわれる危険を回避し，防止することの必要性が優越する場合をいうものと限定して解すべきである

が，その危険性の程度としては，危険な事態を生ずる相当の蓋然性があることで足りると解される。

1 ア，イ
2 エ，オ
3 ア，イ，エ
4 ア，エ，オ
5 イ，ウ，オ

No.9 憲法21条に関するア～エの記述のうち，判例に照らし，妥当なもののみをすべて挙げているのはどれか。　【国家総合職・令和2年度】

ア：報道機関の取材フィルムに対する提出命令が許容されるか否かは，審判の対象とされている犯罪の性質，態様，軽重および取材したものの証拠としての価値，公正な刑事裁判を実現するに当たっての必要性の有無を考慮するとともに，これによって報道機関の取材の自由が妨げられる程度，これが報道の自由に及ぼす影響の度合いその他諸般の事情を比較衡量して決せられるべきである。

イ：公の施設である市民会館の使用を許可してはならない事由として市条例の定める「公の秩序をみだすおそれがある場合」とは，市民会館における集会の自由を保障することの重要性よりも，市民会館で集会が開かれることによって，人の生命，身体または財産が侵害され，公共の安全が損なわれる危険を回避し，防止することの必要性が優越する場合をいうものと限定して解すべきであり，その危険性の程度としては，単に危険な事態が生ずる蓋然性があるだけでは足りず，明らかに差し迫った危険の発生が具体的に予見されることが必要であると解するのが相当である。

ウ：公共の利害に関する事項についての表現行為は，憲法21条1項の趣旨に照らし，憲法上特に保護されるべきである。したがって，公共の利害に関する事項についての表現行為の事前差止めを仮処分によって命ずる場合には，債権者の提出した資料によって，表現内容が真実でないかまたはもっぱら公益をはかる目的のものでないことが明白であり，かつ，債権者が重大にして著しく回復困難な損害を被るおそれがあると認められるときであっても，必ず口頭弁論または債務者の審尋を経なければならない。

エ：検索事業者による検索結果の提供行為は，検索事業者自身による表現行為という側面を有し，また，現代社会においてインターネット上の情報流通の基盤として大きな役割を果たしていること等を踏まえると，検索事業者が，ある者に関する条件による検索の求めに応じ，その者のプライバシーに属する

事実を含む記事等が掲載されたウェブサイトのURL等情報を検索結果の一部として提供する行為が違法となるか否かは，当該事実を公表されない法的利益と当該URL等情報を検索結果として提供する理由に関する諸事情を比較衡量して判断すべきである。

1 ア，イ

2 ア，ウ

3 ウ，エ

4 ア，イ，エ

5 イ，ウ，エ

***
No.10 憲法21条に関するア〜オの記述のうち，判例に照らし，妥当なもののみをすべて挙げているのはどれか。　　　　　　　　　【国家総合職・令和3年度】

ア：国民の文化的生活の向上を目途とする憲法の下においては，都市の美観風致を維持することは，公共の福祉を保持するゆえんであるから，市の条例で，都市の美観風致を維持し，公衆に対する危害を防止するために，橋りょう，電柱へのはり紙の表示を禁止するなど，屋外広告物の表示の場所および方法ならびに屋外広告物を掲出する物件の設置および維持について必要な規制をすることは，公共の福祉のため，表現の自由に対し許された必要かつ合理的な制限と解することができ，憲法21条に違反するものではない。

イ：公共用財産である皇居外苑の利用の許否は，その利用が公共用財産の公共の用に供せられる目的に沿うものであったとしても，皇居外苑の管理権者である厚生大臣（当時）の自由裁量に委ねられており，皇居外苑をメーデーの集会に使用するための許可申請に対し，厚生大臣が行った不許可処分は，他の利用者による皇居外苑の公園としての利用が一部阻害される可能性があったことに鑑みると，裁量権の濫用があったとはいえず，集会等の自由を保障した憲法21条に違反するものではない。

ウ：防衛庁（当時）の職員等が居住する国の設置した宿舎に立ち入り，政治的意見を記載したビラを投函する行為が行われたことを受け，当該宿舎の管理業務に携わる者が，警察に住居侵入の被害届を提出し，当該宿舎内における関係者以外の立入りやビラ配り等の禁止を明示する表示板を設置したにもかかわらず，引き続き，管理権者の承諾なく，当該宿舎に立ち入り，各室玄関ドアの新聞受け等に当該ビラを投函した者を，住居侵入の罪に問うことは，当該ビラの記載内容が政治的意見であり，その配布は表現の自由の行使ということができる一方，その行為は，ビラの投函にとどまり，当該宿舎の居住者の私生活の平穏を侵害しているとまではいえず，刑事罰に値する程度の違法

性はなかったと解されるから，憲法21条に違反する。

エ：憲法21条等のいわゆる自由権的基本権の保障規定は，一義的には，国または地方公共団体の統治行動に対して基本的な個人の自由と平等を保障することを目的としたものであるが，相互の力関係の相違から当事者の一方が他方に相当程度優越する場合，たとえば，表現の自由の保障規定について，当事者の一方が情報の収集，管理，処理，提供につき強い影響力を持つ日刊新聞紙を全国的に発行，発売する者である場合には，私人相互の関係についても類推適用される余地があり，憲法21条の規定から直接に新聞紙上への反論文掲載の請求権が認められる。

オ：公職選挙法の戸別訪問禁止規定は，意見表明そのものの制約を目的とするものではなく，意見表明の手段方法である戸別訪問がもたらす，買収等の温床になりやすいなどの弊害を防止し，もって選挙の自由と公正を確保することを目的としており，戸別訪問の禁止によって失われる利益は，意見表明の手段方法の禁止に伴う限度での間接的，付随的な制約にすぎない反面，禁止により得られる利益は，戸別訪問という手段方法のもたらす弊害を防止することによる選挙の自由と公正の確保であるから，失われる利益に比してはるかに大きいということができ，憲法21条に違反するものではない。

1 ア，イ

2 ア，オ

3 ウ，エ

4 ア，イ，オ

5 ウ，エ，オ

No.11 表現行為に対する事前抑制と検閲に関するア～オの記述のうち，判例に照らし，妥当なもののみをすべて挙げているのはどれか。

【国家一般職・平成24年度】

ア：憲法21条2項前段は，「検閲は，これをしてはならない。」と規定する。憲法が，表現の自由につき，広くこれを保障する旨の一般的規定を同条第1項に置きながら，別に検閲の禁止についてこのような特別の規定を設けたのは，検閲がその性質上表現の自由に対する最も厳しい制約となるものであることに鑑み，これについては，公共の福祉を理由とする例外の許容をも認めない趣旨を明らかにしたものと解すべきである。

イ：わが国内において処罰の対象となるわいせつ文書等に関する行為は，その頒布，販売および販売の目的を持ってする所持等であって，単なる所持自体は処罰の対象とされていないから，単なる所持を目的とする輸入は，これを規

制の対象から除外すべきである。そのため，単なる所持の目的かどうかを区別して，わいせつ文書等の流入を阻止している限りにおいて，税関検査によるわいせつ表現物の輸入規制は，憲法21条１項の規定に反するものではないということができる。

ウ：出版物の頒布等の事前差止めは，表現行為に対する事前抑制に該当するが，その対象が公務員または公職選挙の候補者に対する評価，批判等の表現行為に関するものである場合であっても，その表現内容が私人の名誉権を侵害するおそれがあるときは，原則として許される。

エ：条例により，著しく性的感情を刺激しまたは著しく残忍性を助長するため青少年の健全な育成を阻害するおそれがある図書を有害図書として指定し，自動販売機への収納を禁止することは，青少年に対する関係において，憲法21条１項に違反しないことはもとより，成人に対する関係においても，有害図書の流通を幾分制約することにはなるものの，青少年の健全な育成を阻害する有害環境を浄化するための規制に伴う必要やむを得ない制約であり，同項に違反しない。

オ：教科書検定は，教育の中立・公正，一定水準の確保等の要請に照らして，不適切と認められる図書の教科書としての発行，使用等を禁止するものであり，同検定による表現の自由の制限は，思想の自由市場への登場を禁止する事前抑制そのものに当たるものというべきであって，厳格かつ明確な要件のもとにおいてのみ許容され得る。

1 ア，イ

2 ア，エ

3 イ，オ

4 ウ，エ

5 ウ，オ

***
No.12 報道機関Ａは，県知事選挙の立候補者であるＢの人格と私生活に触れ，Ｂが知事候補者として不適格である旨の記事を執筆し，雑誌に掲載するため印刷の準備をしていた。

これに対し，当該記事の内容を知ったＢは，自己の名誉の侵害を予防するため，当該雑誌の販売または頒布の禁止を命ずる仮処分を裁判所に申請した。

以上の事例に関する次の記述のうち，判例に照らし，妥当なのはどれか。

【国家専門職・平成14年度】

1 一般に，仮処分命令手続きは迅速な処理を必要とし，表現行為に対するものであっても例外ではないから，Ａが執筆した記事が公共の利害に関するものである

と認められる場合であっても，Bが，その手続きにおいて自己の被るおそれのある損害について疎明したときは，原則として口頭弁論またはAの審尋を必要としない。

2　表現行為によりいかなる損害が生じるかは，表現者の主観的な意図とは無関係であるから，Bの申請に基づいて裁判所が行う仮処分命令手続きにおいては，Aが記事の執筆に当たってどのような意図を有していたかを考慮する必要はない。

3　表現物について裁判所がその販売または頒布の禁止を命ずる仮処分を行うことは，表現物の発表前にその内容を審査し，発表そのものを禁止する性質を有するものであるから，憲法21条2項にいう検閲に該当するものとしておよそ許されず，Bが行った仮処分の申請が認められることはない。

4　Aが執筆した記事が公共の利害に関する事項であるときは，Bの名誉権に優先する社会的価値を含み憲法上特に保護されるべきであるが，その内容が真実でなく，またはそれがもっぱら公益を図る目的のものでないことが明白であって，かつ，Bが重大にして著しく回復困難な損害を被るおそれがあるときは，Bが行った仮処分の申請は認められる。

5　本来，名誉毀損的な表現は，刑法上も犯罪とされるものであって，もともと憲法の保障する表現の自由の範囲内に属するものと認めることはできないから，Bの申請に基づく仮処分命令手続きにおいては，Bの名誉権の侵害の危険性が現実に存するか否かのみを考慮すればよく，Aに保障される表現の自由によってBの名誉権が制約を受けることはない。

＊＊＊
No.13　**いわゆる知る権利について述べた次の文章中の空欄A，B，Cに該当する言葉に関する1～5の記述のうち，妥当なのはどれか。**

【国家総合職・平成15年度】

　表現の自由とは，人の内心における精神作用を外部に公表する精神活動の自由をいうと一般に解されており，伝統的には，思想・意見を表明する自由が保障されていれば，表現の自由が確保されると考えられてきた。しかしながら，情報化の進展した今日，国民にとって必要な情報は国家やマス・メディアに集中する傾向が顕著となり，個人が自己の思想・意見を形成する上で不可欠な情報を自由に得ることが困難となっている。そこで，情報を保持する主体に対して情報の開示を求める権利を認めることが，表現の自由の保障に欠かせなくなってきた。

　伝統的な表現の送り手の自由に対し，新しく登場してきた表現の受け手の自由は知る権利と呼ばれ，社会における情報の偏在が顕著になるにつれ，その重要性は高まりつつある。知る権利は，単に情報収集を国家によって妨げられないとい

う　A　としての性格を有するのみならず，国家に対して積極的に情報公開を要求するという　B　的な性格を併せ持っている。加えて，個人は多様な事実や意見を知ることによって初めて政治に有効に参加できるという意味において，知る権利は　C　としての性格をも有すると考えられている。

1　報道のための取材の自由は，知る権利の　A　的な性格に由来するものであるから，その制約はいかなる場合も許されないとするのが判例の立場である。

2　裁判の傍聴人のメモ制限と情報収集の自由が問われた事件において，各人が自由にさまざまな意見，知識，情報に接し，これを摂取する自由は，憲法21条1項の規定の趣旨から，その派生原理として当然に導かれるとはいえないが，十分尊重に値すると判例が述べている点は，知る権利の　A　的な性格ではなく　C　的な性格を述べたものということができる。

3　B　としての知る権利は，政府に対する請求権のみならず，マス・メディアに対する請求権をも包含するものであり，判例は，情報の送り手であるマス・メディアに対し，憲法21条の規定から直接国民に反論文掲載の請求権が生じるとしている。

4　行政機関の保有する情報の公開に関する法律は，憲法から直接導かれる　B　としての知る権利を具体的権利として認め，同法の目的規定の中に明文化している。

5　知る権利の　C　的な法的性格について，判例は，「報道機関の報道は，民主主義社会において，国民が国政に関与するにつき，重要な判断の資料を提供し，国民の「知る権利」に奉仕するものである」と述べている。

実 戦 問 題 **2** の 解 説

No.8 の解説 憲法21条に関する判例　　　　→問題はP.138　**正答3**

ア○ 裁判所の報道機関の取材フィルムに対する提出命令は比較衡量による。
比較衡量論を採用した博多駅テレビフィルム提出命令事件の判例である（最大決昭44・11・26）。

イ○ 裁判所による事前差止めは「検閲」には当たらない。
北方ジャーナル事件の判例である（最大判昭61・6・11）。

ウ× 条例で広告物の表示を禁止することは合憲である。
判例は，美観風致を維持し，公衆に対する危害を防止するために，条例で橋柱，電柱，電信柱等に**広告物**を表示することなどを禁ずることは，公共の福祉のため，必要かつ合理的な制限と解することができ，合憲であるとする（屋外広告物条例違反事件：最大判昭43・12・18）。

エ○ 集会の自由は特に尊重されなければならない。
判例である（最判平7・3・7など）。

オ× 明らかな差し迫った危険の発生が具体的に予見されることが必要。
最後の危険性の程度に関する部分が誤り。判例は，危険性の程度としては，単に危険な事態を生ずる蓋然性があるというだけでは足りず，**明らかな差し迫った危険の発生が具体的に予見**されることが必要であると解するのが相当であるとする（泉佐野市民会館事件：最判平7・3・7）。

以上から，妥当なものはア，イ，エであり，**3**が正答となる。

ア○ **取材フィルムに対する提出命令が許容されるか否かは比較衡量で決める。**
報道機関の取材フィルムに対する提出命令について，**比較衡量論**を採用した，博多駅テレビフィルム提出命令事件の判例である（最大決昭44・11・26）。

イ○ **危険性の程度は明らかな差し迫った危険の発生が具体的に予見されること。**
市民会館の使用の不許可について，**明白かつ現在の危険の基準**を採用した，泉佐野市民会館事件の判例である（最判平7・3・7）。

ウ× **仮処分を命ずる場合には，口頭弁論または債務者の審尋を行うのが原則。**
公共の利害に関する事項についての表現行為の事前差止めを仮処分によって命ずる場合には，債権者の提出した資料によって，表現内容が真実でないかまたはもっぱら公益をはかる目的のものでないことが明白であり，かつ，債権者が重大にして著しく回復困難な損害を被るおそれがあると認められるときには，口頭弁論または債務者の審尋を行い，表現内容の真実性等の主張立証の機会を与えることを原則とすべきであるとする，北方ジャーナル事件の判例である（最大判昭61・6・11）。必ず口頭弁論または債務者の審尋を経なければならないとはしておらず，誤り。

エ○ **事実を公表されない法的利益と検索結果として提供する理由を比較衡量。**
判例は，検索事業者が，ある者に関する条件による検索の求めに応じ，その者のプライバシーに属する事実を含む記事等が掲載されたウェブサイトのURL等情報を検索結果の一部として提供する行為が違法となるか否かは，当該事実を公表されない法的利益と当該URL等情報を検索結果として提供する理由に関する諸事情を**比較衡量**して判断すべきで，当該事実を公表されない法的利益が優越することが明らかな場合には，検索事業者に対して当該URL等情報の削除を求めることができるとする（最大平29・1・31）。

　以上から，妥当なものはア，イ，エであり，**4**が正答となる。

No.10 の解説 憲法21条に関する判例　　　　　　→問題はP.140　**正答2**

ア◯ 屋外広告物条例は21条に違反しない。

屋外広告物条例が憲法21条に違反しないとする，大阪市屋外広告物条例違反事件の判例である（最大判昭43・12・18）。

イ✕ 管理権者の単なる自由裁量に属するものではない。

判例は，公共福祉用財産をいかなる態様および程度において国民に利用せしめるかは管理権の内容であるが，もちろんその利用の許否は，「その利用が公共福祉用財産の，公共の用に供せられる目的に沿うものである限り，管理権者の単なる**自由裁量**に属するものではなく」，管理権者は，当該公共福祉用財産の種類に応じ，また，その規模，施設を勘案し，その公共福祉用財産としての使命を十分達成せしめるよう適正にその管理権を行使すべきであり，もしその行使を誤り，国民の利用を妨げるにおいては，違法たるを免れないとする（最大判昭28・12・23）。

ウ✕ 本件の立ち入りは住居侵入罪となる。

判例は，本件では，表現そのものを処罰することの憲法適合性が問われているのではなく，表現の手段すなわちビラの配布のために「人の看守する邸宅」に管理権者の承諾なく立ち入ったことを処罰することの憲法適合性が問われているところ，本件で被告人らが立ち入った場所は，防衛庁の職員およびその家族が私的生活を営む場所である集合住宅の共用部分およびその敷地であり，自衛隊・防衛庁当局がそのような場所として管理していたもので，一般に人が自由に出入りすることのできる場所ではない。たとえ表現の自由の行使のためとはいっても，このような場所に管理権者の意思に反して立ち入ることは，管理権者の管理権を侵害するのみならず，そこで私的生活を営む者の私生活の平穏を侵害するものといわざるをえない。したがって，本件被告人らの行為をもって刑法130条前段の罪に問うことは，憲法21条1項に違反するものではないとする（最判平20・4・11）。

エ✕ 憲法21条から直接に新聞紙上への反論文掲載の請求権は認められない。

判例は，憲法21条等のいわゆる自由権的基本権の保障規定は，国または地方公共団体の統治行動に対して基本的な個人の自由と平等を保障することを目的としたものであって，私人相互の関係については，たとえ相互の力関係の相違から一方が他方に優越し事実上後者が前者の意思に服従せざるをえないようなときであっても，適用ないし類推適用されるものでなく，私人間において，当事者の一方が情報の収集，管理，処理につき強い影響力をもつ日刊新聞紙を全国的に発行・発売する者である場合でも，憲法21条の規定から直接に，**反論文掲載の請求権**が他方の当事者に生ずるものでないとする（最判昭62・4・24）。

オ〇 戸別訪問禁止規定は21条に違反しない。

公職選挙法の**戸別訪問禁止**規定が憲法21条に違反しないとする，戸別訪問禁止事件の判例である（最判昭56・6・15）。

以上から，妥当なものは**ア**と**オ**であり，**2**が正答となる。

No.11 の解説 表現行為に対する事前抑制と検閲　　　→問題はP.141　**正答2**

ア〇 検閲は絶対的に禁止される。

諸外国においても，表現を事前に抑制する検閲の制度により思想表現の自由が著しく制限されたという歴史的経験があり，また，わが国においても，思想の自由な発表，交流が妨げられるに至った経験を有するのであって，憲法21条2項前段の規定は，これらの経験に基づいて，検閲の**絶対的禁止**を宣言した趣旨だとする（最大判昭59・12・12）。

イ✕ 単なる所持を目的とするわいせつ文書の輸入も規制できる。

単なる所持を目的とする輸入は，これを規制の対象から除外すべき筋合いであるけれども，いかなる目的で輸入されるかはたやすく識別され難いばかりでなく，流入したわいせつ表現物を頒布，販売の過程におくことが容易であることは見やすい道理であるから，わいせつ表現物の流入，伝播によりわが国内における健全な性的風俗が害されることを実効的に防止するには，単なる所持目的かどうかを区別することなく，その流入を一般的に，いわば水際で阻止することもやむをえないから，**税関検査**によるわいせつ表現物の輸入規制は，憲法21条1項に違反しないとする（最大判昭59・12・12）。

ウ✕ 事前差止めは原則として許されない。

出版物の**事前差止め**は，その出版物が公務員または公職選挙の候補者に対する評価，批判等に関するものである場合には原則として許されないとしつつ，その表現内容が真実でないか，またはもっぱら公益をはかる目的のものでないことが明白であって，かつ，被害者が重大にして著しく回復困難な損害を被るおそれがあるときに限り例外的に許されるとする（最判昭61・6・11）。

エ〇 自動販売機への収納禁止は合憲。

条例による有害図書の自動販売機への収納の禁止は，憲法21条1項に違反しない（最判平元・9・19）。

オ✕ 教科書検定は許容される。

教科書検定は，教育の中立・公正，一定水準の確保等の要請があり，これを実現するためには，これらの観点に照らして不適切と認められる図書の教科書としての発行，使用等を禁止する必要があること，その制限も，このような観点から不適切と認められる内容を含む図書のみを，教科書という特殊な形態において発行を禁ずるものにすぎないことから，制限は合理的でやむをえない限度のもので，憲法21条1項に違反しないとする（最判平5・3・16）。

厳格かつ明確な要件の下においてのみ許容されうるとはしていない。

以上から，妥当なものは**ア**と**エ**であり，**2**が正答となる。

No.12 の解説 北方ジャーナル事件　　　　　→問題はP.142　**正答4**

　本問は，北方ジャーナル事件の判例を素材とした問題である（最大判昭61・6・11）。

1✕ 判例によれば，原則として口頭弁論またはAの審尋を必要とする。

2✕ 判例は，Aが記事の執筆に当たってどのような意図を有していたかを考慮している。

3✕ 判例によれば，表現物について裁判所がその販売または頒布の禁止を命ずる仮処分を行うことは，表現物の内容の網羅的一般的な審査に基づく事前規制が行政機関によりそれ自体を目的として行われる場合と異なり，個別的な私人間の紛争について，司法裁判所により，当事者の申請に基づき差止請求権等の私法上の被保全権利の存否，保全の必要性の有無を審理判断して発せられるものであって，21条2項の「**検閲**」には当たらないとする。

4◎ 正しい。

5✕ 判例によれば，Aに保障される表現の自由によってBの名誉権が制約を受けることはありうる。

　　空欄Aには，情報収集を国家によって妨げられないという「自由権」が入る。Bには，国家に対して積極的に情報公開を要求するという「社会権」が入る。Cには，個人は多様な事実や意見を知ることによって初めて政治に有効に参加できるという意味で「参政権」が入る。

　　以上を前提に各肢を検討していく。

1✕　報道のための取材の自由が，知る権利の自由権的な性格に由来するものであっても，その制約は許されるとするのが判例の立場である（最大決昭44・11・26）。

2✕　判例引用の前半部分が誤りである。各人が自由にさまざまな意見，知識，情報に接し，これを摂取する自由は，憲法21条1項の規定の趣旨から，その派生原理として当然に導かれるとするのが判例である（最大判平元・3・8）。

3✕　社会権としての知る権利は，マス・メディアに対する請求権を包含するものではなく，判例は，情報の送り手であるマス・メディアに対し，憲法21条の規定から直接国民に反論文掲載の請求権が生じるものではないとしている（最判昭62・4・24）。

4✕　行政機関の保有する情報の公開に関する法律（**情報公開法**）の目的規定中に知る権利を明記するかについては，立法過程において議論がなされたが，結局明文化は見送られた（同法1条参照）。

5◎　知る権利の参政権的な法的性格に関する，博多駅テレビフィルム提出命令事件の判例である（最大決昭44・11・26）。

実戦問題 **3**　難問レベル

***

No.14 基本的人権を制限する立法の違憲審査基準に関する次の記述のうち，最も妥当なのはどれか。　　　　　　　　　　　　　　　【国家総合職・平成14年度】

1　比較衡量論（利益衡量論）とは，人権の制限によって得られる利益と人権の制限によって失われる利益とを比較衡量し，前者が大きい場合には人権の制限を合憲とし，後者が大きい場合には人権の制限を違憲とする判断方法をいうが，この手法は，一般に必ずしも比較の基準が明確でないなどの問題があることから，最高裁判所は，表現の自由を始めとする精神的自由権を制限する法律の違憲審査基準としては用いることができないとしている。

2　二重の基準論とは，基本的人権のうち精神的自由と経済的自由とを区分し，精神的自由は経済的自由より優越的地位を占めることから，人権を制限する法律の違憲審査に当たっては，経済的自由の制限が立法府の裁量を尊重して緩やかな基準で審査されるのに対して，精神的自由の制限はより厳密な基準によって審査されなければならないという考え方をいうが，その唯一の根拠は，精神的自由が不当に制約されると民主制の過程そのものが傷つけられるから裁判所が積極的に介入して民主制の過程を元どおりに回復させる必要があるとするものである。

3　表現の自由の優越的地位に照らせば，この領域では通常の合憲性の推定原則が排除され，違憲性の推定原則が妥当するとも主張されているが，ここにいう合憲性の推定原則の排除または違憲性の推定原則については，表現の自由の制限は例外的に認められるものであることから，表現の自由を制限する法令の合憲性に関しては国が裁判所を説得するに足りる議論を積極的に展開しなければならないのはもちろん，訴訟手続上の挙証責任も国に転換されると解するのが通説である。

4　表現の自由を制限する立法の違憲審査基準としては，表現に対する公権力による事前の規制を排除するという事前抑制禁止の理論，あいまい不明確な法律によって表現の自由に対し制限を加えると萎縮的効果が生ずるから当該法律は原則として無効となるとする明確性の理論，明白かつ現在の危険の基準，より制限的でない他の選びうる手段（LRA）の基準等が挙げられ，最高裁判所は，表現の自由を制限する立法の違憲審査基準として，事前抑制禁止の理論と明確性の理論を明示的に採用している。

5　事前抑制禁止の理論と検閲の禁止（憲法21条2項）との関係については，憲法21条には事前抑制禁止の法理が当然含まれており，事前規制のうち，特に検閲については，同条2項によって絶対的に禁止されると解する見解と，同項の検閲の禁止の原則が事前抑制の禁止の法理を定めたものであると解する見解とに分かれているが，最高裁判所は後者の見解を採用している。

実戦問題 ❸ の 解説

1 ✕ 前半の**比較衡量論**の説明は正しいが，後半が誤り。最高裁判所は，比較衡量論を採用している（最大決昭44・11・26など）。

2 ✕ 前半の**二重の基準論**の説明は正しいが，後半が誤り。二重の基準論の根拠には，ほかに裁判所の審査能力の問題がある。経済的自由の規制については，社会経済政策の問題が関係することが多く，政策の当否について審査する能力に乏しい裁判所としては，特に明白に違憲と認められない限り，立法府の判断を尊重することが望まれる。これに対して，精神的自由の規制については，裁判所の審査能力の問題は大きくはないからである。

3 ✕ 最後の訴訟手続上の挙証責任も国に転換されるという部分が誤り。ここでいう合憲性の推定原則の排除または違憲性の推定原則は，訴訟手続上の挙証責任の転換というような厳密な意味ではない。なお，その他は正しい。

4 ◎ 正しい。事前抑制禁止の理論について，北方ジャーナル事件（最大判昭61・6・11）。明確性の理論について，徳島市公安条例事件（最大判昭50・9・10）。

5 ✕ 最高裁判所は「前者」の見解を採用している（最大判昭61・6・11）。

二重の基準論：人権のカタログの中で，表現の自由を中心とする精神的自由は立憲民主政の政治過程にとって不可欠の権利であるから，経済的自由に比べて優越的地位を占めるとし，人権を規制する立法の違憲審査に当たって，精神的自由を規制する立法の合憲性は，経済的自由を規制する立法よりも，より厳格な基準によって審査されなければならないとする理論。

精神的自由規制立法	厳格な基準 (明白かつ現在の危険の原則，LRAの基準，明確性の理論，過度の広汎性の理論など)
経済的自由規制立法	緩やかな基準

第3章

経済的自由・
人身の自由

試験別出題傾向と対策

試験名 頻出度　年度 テーマ　出題数	国家総合職					国家一般職					国家専門職				
	21〜23	24〜26	27〜29	30〜2	3〜5	21〜23	24〜26	27〜29	30〜2	3〜5	21〜23	24〜26	27〜29	30〜2	3〜5
出題数	1	2	2	3	2	3	2	2	1	2	1	2	1	1	1
A ⑧職業選択の自由		1	1	1	1	1	1					1	1	1	
A ⑨財産権	1	1	1	1		1		2	1	1	1				
A ⑩人身の自由							1	1	1	1			1		

　表を見るとわかるように，本章で扱うテーマは人権の中でも出題頻度の高い分野である。しっかりと勉強してほしい。

　内容面の特徴として，人身の自由の分野では，他の人権の問題と異なり，条文の内容をそのまま問う条文問題も出題されている。問題文に参考として条文が挙げられることが多いのも特徴である。

● 国家総合職

　出題形式は，判例・通説の見解を素直に問う単純正誤型と組合せ型である。内容的にも，農地改革事件における相当補償説など判例・通説に沿った問題となっている。職業選択の自由では経済的自由規制立法の違憲審査基準が出題の中心を占める。これは公務員憲法の最難関のテーマであり，判例の理解度が問われるものである。なお，職業選択の自由との混合問題として，居住・移転の自由や財産権の問題も出題されている。

● 国家一般職

　出題形式は，判例を素材とした空欄補充型と組合せ型の問題である。内容的には，小売市場事件，第三者所有物没収事件などの重要な判例の知識が問われている。なお，29年度に，22条と29条の経済的自由に関する混合問題も出されている。

● 国家専門職

　出題形式は，判例・通説の見解を素直に問う単純正誤型である。内容的にも，薬局距離制限事件などの判例・通説に沿った重要な知識が問われている。13年度に初めて人身の自由について問う判例問題が単独で出題された。なお，経済的自由

地方上級（全国型）					地方上級（特別区）					市役所（C日程）					
21-23	24-26	27-29	30-2	3-5	21-23	24-26	27-29	30-2	3-5	21-23	24-26	27-29	30-2	3-4	
2	0	2	0	0	3	2	2	2	3	2	2	1	1	0	
					1		1		1	1			1		テーマ8
1		1			1	1		1	1	1	1				テーマ9
1		1			1	1	1	1	1		1	1			テーマ10

の判例を問う問題で職業選択の自由と財産権の混合問題が数問出題されている。

● 地方上級

　出題形式は，判例・通説や条文の内容を素直に問う単純正誤型である。内容的にも，薬局や小売商の距離制限事件における厳格な合理制の基準，明白性の原則という違憲審査基準など，判例・通説に沿った重要な知識が問われている。

● 特別区

　出題形式は，判例の見解を素直に問う単純正誤型である。出題内容は，憲法31条以下の人身の自由に関する条文・判例が中心となっている。成田新法事件など，重要な判例が繰り返して出題されている。

● 市役所

　出題は，この章の3つのテーマからバランスよく出題されており，内容は，河川付近地制限令事件などの重要な判例の知識を聞いている。

職業選択の自由

必修問題

　日本国憲法に規定する職業選択の自由についての最高裁判所の判例に関する記述として，妥当なのはどれか。　【地方上級（特別区）・令和4年度】

1　酒税法が酒類販売業について免許制を採用したことは，酒税の適正かつ確実な賦課徴収をはかるという国家の財政目的のために，その必要性と合理性があったというべきであるが，社会経済状態にも大きな変動があった今日においては，このような制度をなお維持すべき必要性と合理性があるとはいえず，<u>憲法に違反</u>するとした。

2　京都府風俗案内所の規制に関する条例が，青少年が多く利用する施設または周辺の環境に特に配慮が必要とされる施設の敷地から一定の範囲内における風俗案内所の営業を禁止し，これを刑罰をもって担保するといった強力な職業の自由の制限措置をとることは，目的と手段の均衡を著しく失するものであって，合理的な裁量の範囲を超え，<u>憲法に違反</u>するとした。

3　薬事法の**薬局の開設**等の許可における**適正配置規制**は，実質的には職業選択の自由に対する大きな制約的効果を有するものであり，設置場所の制限が存在しない場合に一部地域において業者間に過当競争が生じ，不良医薬品の供給の危険が発生する可能性があるとすることは，単なる観念上の想定にすぎず，必要かつ合理的な規制とはいえないため，<u>憲法に違反</u>するとした。

4　司法書士および公共嘱託登記司法書士協会以外の者が，他人の嘱託を受けて，登記に関する手続について代理する業務および登記申請書類を作成する業務を行うことを禁止し，これに違反した者を処罰することにした司法書士法の規定は，登記制度が国民の社会生活上の利益に重大な影響を及ぼすものであることに鑑み，公共の福祉に合致しない不合理なものとして，<u>憲法に違反</u>するとした。

5　小売商業調整特別措置法が小売市場を許可規制の対象としているのは，国が社会経済の調和的発展を企図するという観点から中小企業保護政策の一方策としてとった措置ということができるが，その規制の手段・態様において，**著しく不合理であることが明白**であると認められることから，<u>憲法に違反</u>するとした。

難易度　＊＊

頻出度	国家総合職 ★★	地上特別区 ★★	
A	国家一般職 ★★	市 役 所 C ★★	**8 職業選択の自由**
	国税専門官 ★★		
	地上全国型 —		

必修問題の<u>解説</u>

　憲法22条1項は，「何人も，公共の福祉に反しない限り，……職業選択の自由を有する」と定め，職業選択の自由を保障している。本問のように，職業選択の自由を規制する立法の合憲性判定基準が問われることが多いので，判例の採用している基準と結論を整理しておく必要がある。

1 ✕ 酒類の販売免許制は合憲である。

　酒税の適正かつ確実な賦課徴収をはかるという国家の**財政目的**のために，免許制度を採用したことは，当初は，その必要性と合理性があったというべきであり，その後の社会状況の変化と租税法体系の変遷に伴い，酒税の国税全体に占める割合等が相対的に低下するに至った本件処分当時の時点においてもなお，酒類販売業について免許制度を存置しておくことの必要性および合理性については，当時においてなお酒類販売業免許制度を存置すべきものとした立法府の判断が，政策的，技術的な裁量の範囲を逸脱するもので，著しく不合理であるとまでは断定し難い。酒類の販売免許制度が，立法府の裁量の範囲を逸脱するもので，著しく不合理であるということはできず，憲法22条1項に違反するものということはできないとした（最判平4・12・15）。

2 ✕ 風俗案内所規制に関する条例は合憲である。

　京都府風俗案内所の規制に関する条例が，青少年が多く利用する施設または周辺の環境に特に配慮が必要とされる施設の敷地から一定の範囲内における風俗案内所の営業を禁止し，これを刑罰をもって担保するといった職業の自由の制限措置をとることは，必要性，合理性があるということができ，憲法22条1項に違反するものでないとした（最判平28・12・15）。

3 ◎ 薬局の適正配置規制は違憲である。

　薬事法の薬局の開設等の許可における適正配置規制は，必要かつ合理的な規制とはいえないため，**憲法に違反**するとした薬局距離制限事件の判例である（最大判昭50・4・30）。

4 ✕ 本件の司法書士法の規定は合憲である。

　司法書士および公共嘱託登記司法書士協会以外の者が，他人の嘱託を受けて，登記に関する手続について代理する業務および登記申請書類を作成する業務を行うことを禁止し，これに違反した者を処罰することにした司法書士法の規定は，登記制度が国民の社会生活上の利益に重大な影響を及ぼすものであることに鑑み，公共の福祉に合致した合理的なものであり，憲法22条1項に違反するものでないとした（最判平12・2・8）。

5 ✕ 小売市場の許可規制は合憲である。

　小売市場の許可規制は，国が社会経済の調和的発展を企図するという観点から中小企業保護政策の一方策としてとった措置ということができ，その目的において，一応の合理性を認めることができないわけではなく，また，その

第3章 経済的自由・人身の自由

規制の手段，態様においても，それが**著しく不合理であることが明白である**
とは認められないから，憲法22条1項に違反するものでないとした（最大判
昭47・11・22）。

正答 **3**

FOCUS

　営業の自由規制立法の合憲性判定基準は，公務員憲法における最難関のテ
ーマである。判例の採用する合憲性判定基準が問われやすいので，消極目的
規制については厳格な合理性の基準，積極目的規制については明白性の原則
というように，判例の採用している基準をルール化して整理しておこう。

重要ポイント 1 職業選択の自由の規制

職業選択の自由には，自己の従事する職業を決定する自由と，自己の選択した職業を遂行する自由，すなわち**営業の自由**も含まれる。

そして，営業の自由規制立法は，規制の目的に応じて，**消極（警察）目的規制**と**積極（政策）目的規制**の2つに区別される。**規制目的二分論**である。

消極目的規制	国民の生命・健康に対する危険を防止・除去するために課される規制
積極目的規制	社会的・経済的弱者を保護するためになされる規制

重要ポイント 2 規制の合憲性判定基準

（1）2つの判定基準

営業の自由規制の合憲性判定基準は，規制目的に応じて2つに分けて用いられる。消極目的規制については**厳格な合理性の基準**が使われ，積極目的規制については**明白性の原則**が使われる。

厳格な合理性の基準	同じ目的を達成できる，より緩やかな規制手段がある場合には違憲とする
明白性の原則	当該規制手段が著しく不合理であることが明白である場合に限って違憲とする

消極目的規制には厳しい基準を使い違憲に，積極目的規制には緩やかな基準を使い合憲に，という2種類の基準である。前者については裁判所にある程度の審査能力が認められるが，後者については裁判所の審査能力が十分でないからである。

（2）重要判例

薬局開設に適正配置（距離制限）を要求する規制立法の合憲性が争われた事件。

判例 薬局距離制限事件（最大判昭50・4・30）

> 消極目的の規制については，厳格な合理性の基準をとる。薬局の距離制限は国民の生命・健康に対する危険の防止という消極目的のものである。薬局開設の自由→競争の激化→経営の不安定→不良医薬品供給の危険という因果関係は，立法事実がなく，規制の必要性と合理性は認められない。その目的はより緩やかな規制手段である行政上の取締りによっても十分に達成できる。したがって，適正配置は違憲である。

小売市場の開設に適正配置を要求する規制立法の合憲性が争われた事件。

判例 小売市場距離制限事件（最大判昭47・11・22）

> 積極目的の規制については，明白性の原則をとる。小売市場の距離制限
> は経済的基盤の弱い小売商を過当競争による共倒れから保護するという
> 積極目的のものである。したがって，適正配置は合憲である。

規制目的	判定基準	結論（判例）
消極目的	厳格な合理性の基準	違憲（薬局）
積極目的	明白性の原則	合憲（小売市場）

　薬局のほうは消極目的であるが，小売市場のほうは積極目的である。そのため
に，合憲・違憲の判定基準が厳格な合理性の基準と明白性の原則に分かれ，結論が
反対になったのである。なお，営業の自由規制立法のうちで，**違憲判決**が出されて
いるのは，「薬局の距離制限」の規制のみである。

重要ポイント❸　その他の重要判例

　公衆浴場の開設に適正配置を要求する規制立法の合憲性が争われた事件。

判例 公衆浴場距離制限事件（最判平元・1・20）

> 公衆浴場の距離制限は既存業者の経営の安定を図ることにより，自家風
> 呂を持たない住民にとって厚生施設である浴場を確保するという積極目
> 的である。明白性の原則から，合憲である。

判例 公衆浴場距離制限事件（最判平元・3・7）

> 公衆浴場の距離制限は国民保健および環境，衛生の確保という消極目的
> であるとともに，積極目的もある。合憲である。

　上の2つの判例は，公衆浴場法の規制目的を積極目的のみととらえるか，消極目
的と積極目的とを併有するととらえるかが異なるが，どちらも合憲判決である。
　そのほかには，酒類販売業の免許制の合憲性が争われた事件がある。

判例 酒類販売業免許制事件（最判平4・12・15）

> 酒税の適正かつ確実な賦課徴収を図るという国家の財政目的のためにと
> られた措置であり，その後の社会的状況の変化にかかわらず，なおこれ
> を存置すべきものとした立法府の判断はその政策的，技術的な裁量の範
> 囲を逸脱するもので著しく不合理であるとまではいえない。合憲である。

規制目的	結論（判例）
（消極）積極目的	合憲（公衆浴場）
財政目的	合憲（酒類販売免許制）

実戦問題 ❶　基本レベル

No.1 憲法に定める職業選択の自由についての最高裁判所の判例に関する記述として，妥当なのはどれか。　【地方上級（東京都）・平成17年度】

1　小売市場許可制事件では，小売商業調整特別措置法に定める小売市場の開設許可制は，小売商に対し流通市場における特別の利益を付与するものであり，その目的，規制の手段および態様において合理性が認められず，違憲であるとした。

2　薬局距離制限事件では，薬事法に定める薬局の配置規制は，薬局の偏在を避け，競争激化による不良薬品の供給を防止し，国民の生命および健康に対する危険を防止するために必要かつ合理的な規制であり，合憲であるとした。

3　平成元年の公衆浴場距離制限事件では，公衆浴場法に定める公衆浴場の配置規制は，公衆浴場の経営の安定を目的とするものであるが，規制の必要性と合理性を有しているとは認められず，違憲であるとした。

4　酒類販売免許制事件では，酒税法が酒類販売業を免許制としていることは，酒税の適正かつ確実な賦課徴収をはかるという国家の財政目的のために，必要かつ合理的な規制であるとはいえず，違憲であるとした。

5　司法書士法違反事件では，司法書士法が登記に関する手続の代理等の業務を司法書士以外の者が行うことを禁止していることは，公共の福祉に合致した合理的な規制であり，合憲であるとした。

No.2 日本国憲法に規定する職業選択の自由に関する記述として，最高裁判所の判例に照らして，妥当なのはどれか。　【地方上級（特別区）・平成28年度】

1　自家用自動車を有償運送の用に供することを禁止している道路運送法の規定は，自家用自動車の有償運送行為が無免許営業に発展する危険性の多いものとは認められず，公共の福祉の確保のために必要な制限と解することができないため，憲法に違反するとした。

2　小売商業調整特別措置法の小売市場の開設許可規制は，小売商は共倒れから小売商を保護するためにとられた措置であると認められるが，その目的，規制の手段および態様において著しく不合理であることが明白であり，憲法に違反するとした。

3　薬事法の薬局の適正配置規制は，国民の生命および健康に対する危険の防止という消極的，警察的目的のための措置ではなく，薬局の経営の保護という社会政策的目的のものであるが，薬局の偏在に伴う過当競争による不良医薬品の供給の危険は，観念上の想定にすぎず，公共の利益のために必要かつ合理的な規制を定めたものということができないから，憲法に違反し，無効であるとした。

4　平成元年の公衆浴場法による公衆浴場の適正配置規制に関する判決では，当該規制は公衆浴場業者が経営の困難から廃業や転業をすることを防止し，国民の保

健福祉を維持するという消極的，社会経済政策的な規制目的を有するが，その手段としての必要性と合理性を有していると認められず，憲法に違反し，無効であるとした。

5　法律に別段の定めがある場合を除き，司法書士および公共嘱託登記司法書士協会以外の者が，他人の嘱託を受けて，登記に関する手続について代理する業務および登記申請書類を作成する業務を行うことを禁止し，これに違反した者を処罰する司法書士法の規定は，公共の福祉に合致した合理的なもので憲法に違反するものではないとした。

❖ **No.3** **憲法22条に関するア～オの記述のうち，判例に照らし，妥当なもののみをすべて挙げているのはどれか。ただし，ア～オの記述に掲げられた法律の規定には，現行において廃止・改正されているものも含まれている。**

ア：憲法22条の保障する居住・移転の自由は，自己の住所または居所を自由に決定し移動することを内容とするものであり，旅行のような人間の移動の自由は含まれないため，旅行の自由は，国の内外を問わず，同条によってではなく，一般的な自由または幸福追求権の一部として憲法13条により保障される。

イ：憲法22条1項は日本国内における居住・移転の自由を保障するにとどまり，外国人に入国の自由は保障されないが，同条2項にいう外国移住の自由はその権利の性質上外国人に限って保障しないという理由はなく，出国の自由は外国人にも保障される。

ウ：職業の許可制は，職業選択の自由そのものに制約を課すもので，職業の自由に対する強力な制限であるから，その合憲性を肯定するためには，原則として，重要な公共の利益のために必要かつ合理的な措置であることを要し，また，それが，自由な職業活動が社会公共に対してもたらす弊害を防止するための消極的，警察的措置ではなく，社会政策ないしは経済政策上の積極的な目的のための措置である場合には，許可制に比べて職業の自由に対するより緩やかな制限である職業活動の内容および態様に対する規制によっては目的を十分に達成することができないと認められることを要する。

エ：法律に別段の定めがある場合を除き，司法書士および公共嘱託登記司法書士協会以外の者が，他人の嘱託を受けて，登記に関する手続について代理する業務および登記申請書類を作成する業務を行うことを禁止し，これに違反した者を処罰する司法書士法の規定は，登記制度が国民の権利義務等社会生活上の利益に重大な影響を及ぼすものであることなどに鑑みたものであり，公

共の福祉に合致した合理的な規制を定めたものであって，憲法22条1項に違反しない。

オ：薬局及び医薬品の一般販売業（以下「薬局等」という。）の開設に適正配置を要求する薬事法の規定は，不良医薬品の供給による国民の保健に対する危険を完全に防止するためには，薬局等の乱設による過当競争が生じるのを防ぎ，小企業の多い薬局等の経営の保護を図ることが必要であることなどに鑑みたものであり，公共の福祉に合致した合理的な規制を定めたものであって，憲法22条1項に違反しない。

1 ア，ウ **2** ア，オ **3** イ，ウ **4** イ，エ **5** エ，オ

＊＊
No.4 経済的自由権に関するア～オの記述のうち，妥当なもののみをすべて挙げているのはどれか。 【国家総合職・平成28年度】

ア：憲法22条1項は，職業選択の自由について，「公共の福祉に反しない限り」という留保を付しているが，憲法は，国の責務として積極的な社会経済政策の実施を予定しているものということができ，個人の経済活動の自由に関する限り，個人の精神的自由等に関する場合と異なって，当該社会経済政策の実施の一手段として，これに一定の合理的規制措置を講ずることは許されるとするのが判例である。

イ：憲法22条2項は，国籍を離脱する自由を保障しているが，この国籍離脱の自由には，無国籍になる自由までも含むものではないと一般に解されている。

ウ：憲法22条2項は，外国に移住する自由を保障しているが，この外国に移住する自由は外国へ一時旅行する自由までも含むものではなく，外国への一時旅行の自由は，幸福追求の権利の一部分をなすものとして，憲法13条により保障されるとするのが判例である。

エ：憲法29条3項にいう「正当な補償」とは，原則として，その当時の経済状態において成立すると考えられる価格に基づき，合理的に算出された相当な額をいうが，具体的な補償の額があまりに低廉と認められる場合には，かかる価格と一致することを要するとするのが判例である。

オ：旧薬事法による薬局の開設等の許可における適正配置規制は，主として小企業の多い薬局等の経営の保護という社会政策及び経済政策上の積極的な目的のための規制であるから，当該適正配置規制が著しく不合理であることの明白な場合に限って，これを違憲であるとするのが判例である。

1 イ **2** ア，イ **3** イ，オ
4 エ，オ **5** ア，ウ，エ

実戦問題❶の解説

→問題はP.161 **正答5**

No.1 の解説 職業選択の自由

1 ✕ 小売市場の開設許可制は合憲である。

小売市場の開設許可制は，社会経済の調和的発展の観点から中小企業保護政策としての措置であり，目的において一応の合理性が認められ，手段・態様において著しく不合理であることが**明白**でないので，合憲であるとした（最大判昭47・11・22）。

2 ✕ 薬局の配置規制は違憲である。

薬局の配置規制について，薬局の偏在に伴う過当競争による不良医薬品の供給される危険性は，単なる観念上の想定にすぎないので，公共の利益のために必要かつ合理的な規制ということはできず，**違憲**であるとした（最大判昭50・4・30）。

3 ✕ 公衆浴場の配置規制は合憲である。

公衆浴場の配置規制は，規制の必要性と合理性を有していると認められ，合憲であるとした（最判平元・1・20）。

4 ✕ 酒類販売業の免許制は合憲である。

酒類販売業を免許制としていることは，著しく不合理ではないとして，合憲であるとした（最判平4・12・15）。

5 ◎ 司法書士法の禁止規定は合憲である。

司法書士法違反事件の判例である（最判平12・2・8）。

No.2 の解説 職業選択の自由の判例

→問題はP.161 **正答5**

1 ✕ 自家用自動車の有償運送への供用を禁止するのは合憲である。

判例は，自家用自動車を有償運送の用に供することを禁止しているのは，公共の福祉のために必要な制限であり，憲法に違反しないとする（最大判昭38・12・4）。

2 ✕ 小売市場の開設許可規制は合憲である。

前半は正しいが，後半が誤り。判例は，小売市場の許可規制は，国が社会経済の調和的発展を企図するという観点から中小企業保護政策の一方策としてとった措置ということができ，その目的において，一応の合理性を認めることができないわけではなく，また，その規制の手段・態様においても，それが**著しく不合理であることが明白であるとは認められない**として，憲法に違反しないとする（最大判昭47・11・22）。

3 ✕ 薬局の適正配置規制は消極目的である。

後半は正しいが，前半が誤り。判例は，薬局の適正配置規制は，国民の生命および健康に対する危険の防止という**消極的，警察的目的**のための措置であるとする（最大判昭50・4・30）。

4 ✕ 公衆浴場の適正配置規制は合憲である。
後半が誤り。平成元年の公衆浴場法による公衆浴場の適正配置規制に関する
判決は，憲法に違反しないとした（最判平元・1・20，同平元・3・7）。
5 ◯ 司法書士以外の者による登記手続き代理業務を禁止するのは合憲。
司法書士法についての判例である（最判平12・2・8）。

No.3 の解説　憲法22条の判例　　　　　→問題はP.162　正答4

ア ✕ 海外旅行の自由は憲法22条2項により保障される。
判例は，憲法22条2項の「外国に移住」する自由には，外国へ一時旅行する
自由も含まれるとして，海外旅行の自由について，幸福追求権の憲法13条で
はなく，22条2項により保障されるとする（最大判昭33・9・10）。
イ ◯ 外国人に入国の自由は保障されないが出国の自由は保障される。
判例は，外国人に入国の自由は保障されない（最大判昭32・6・19）が，出
国の自由は保障される（最大判昭32・12・25）とする。
ウ ✕ 積極目的規制の場合は「明白性の原則」で合憲性が判定される。
薬局距離制限事件において，判例は，職業の許可制は，職業選択の自由その
ものに制約を課すもので，職業の自由に対する強力な制限であるから，その
合憲性を肯定するためには，原則として，重要な公共の利益のために必要か
つ合理的な措置であることを要し，また，それが，社会政策ないしは経済政
策上の積極的な目的のための措置ではなく，自由な職業活動が社会公共に対
してもたらす弊害を防止するための消極的，警察的措置である場合には，許
可制に比べて職業の自由に対するよりゆるやかな制限である職業活動の内容
および態様に対する規制によっては目的を十分に達成することができないと
認められることを要するとする（最大判昭50・4・30）。つまり，本肢は，
積極目的と消極目的を逆にして出題しているので誤り。
エ ◯ 登記に関する司法書士法の規定は合憲である。
判例は，司法書士以外の者が登記手続の代理業務を行うことを禁止・処罰す
る司法書士法の規定は，憲法22条1項に違反しないとする（最判平12・2・
8）。
オ ✕ 薬局の適正配置規制は憲法22条1項に違反する。
ウの判例は，薬局の開設等の許可基準の1つとして地域的制限を定めた薬事
法6条2項・4項は，不良医薬品の供給の防止等の目的のために必要かつ合
理的な規制を定めたものということができないから，憲法22条1項に違反
し，無効であるとする違憲判決である。
以上から，妥当なものはイとエであり，**4**が正答となる。

ア○ **経済活動の自由には一定の合理的規制措置を講ずることができる。**

小売市場事件の判例である（最大判昭47・11・22）。

イ○ **国籍離脱の自由には無国籍になる自由は含まない。**

憲法22条 2 項の国籍離脱の自由には，無国籍になる自由までも含むものではない（東京地判平24・5・31参照）。

ウ× **外国に移住する自由には外国へ一時旅行する自由も含む。**

判例は，憲法22条 2 項は，外国に移住する自由を保障しているが，この外国に移住する自由には**外国へ一時旅行する自由**も含まれるとする（最大判昭33・9・10）。そのうえで，この自由も，公共の福祉のための合理的制限に服するとしている。

エ× **正当な補償とは相当補償をいう。**

判例は，憲法29条 3 項にいう「正当な補償」とは，その当時の経済状態において成立すると考えられる価格に基づき，合理的に算出された**相当な額**をいうのであって，必ずしも常にかかる価格と完全に一致することを要するものでないとする（最大判昭28・12・23）。

オ× **薬局の適正配置規制は消極目的で厳格な合理性の基準で判断される。**

判例は，旧薬事法による薬局の開設等の許可における適正配置規制は，主として国民の生命および健康に対する危険の防止という**消極的，警察的な目的**のための規制であるから，当該適正配置規制に比べて**より緩やかな規制によってはその目的を十分に達成することができない**と認められることを要するとする（最大判昭50・4・30）。したがって，規制目的も，合憲性審査基準も誤りである。

以上から，妥当なものはアとイであり，**2**が正答となる。

実戦問題❷ 応用レベル

***
No.5 経済的自由権に関するア～オの記述のうち，判例に照らし，妥当なもののみをすべて挙げているのはどれか。 【国家総合職・平成24年度】

ア：一般に職業の許可制は，単なる職業活動の内容及び態様に対する規制を超えて，狭義における職業の選択の自由そのものに制約を課するもので，職業の自由に対する強力な制限であるから，その合憲性を肯定しうるためには，原則として，重要な公共の利益のために必要かつ合理的な措置であることを要する。

イ：公衆浴場法による公衆浴場の適正配置規制は，既存公衆浴場業者の経営の安定をはかることにより，その経営を健全ならしめ，ひいては衛生設備を充実させることをその目的としているが，自由競争原理による経済体制下においては，逆に競争によって衛生設備の向上がはかられることは容易に肯認し得るし，また衛生設備の低下に対しては行政上の監督によるほか許可の取消しという手段によって対処することができ，衛生上の基準に係る許可条件の上に地域的制限を行うことの必要性及び合理性を見いだすことはできず，憲法22条に違反する。

ウ：憲法22条2項の「外国に移住する自由」には外国へ一時旅行する自由をも含むものと解すべきであるが，外国旅行の自由も公共の福祉のために合理的な制限に服すると解すべきであり，旅券発給を拒否することができる場合として，旅券法（当時）が「著しく且つ直接に日本国の利益又は公安を害する行為を行う虞（おそれ）があると認めるに足りる相当の理由がある者」と規定したのは，外国旅行の自由に対し，公共の福祉のために合理的な制限を定めたものとみることができ，憲法22条2項に違反しない。

エ：旧自作農創設特別措置法に基づく農地の買収は，買収された農地が買収申請人に売り渡されるという点において，特定の者が利益を享受するものということができ，公共性を有すると認めることはできないが，対象となった農地の地主が有する権利は憲法が想定する近代的土地所有権が確立する前に取得されたものであり，憲法29条に違反しない。

オ：憲法29条3項にいう「正当な補償」とは，その当時の経済状態において成立すると考えられる価格をいうのであって，私有財産を公共のために用いる場合における補償は，常に当該価格と完全に一致することを要するものであるから，土地が都市計画事業のために収用され，当該土地に建築制限が課されたことによって地価が下がった場合における当該土地の所有者への補償は，地価変動後の価格による補償をなす必要がある。

1 ア，ウ   **2** ア，エ   **3** ア，ウ，エ
4 イ，ウ，オ   **5** イ，エ，オ

No.6 日本国憲法は，基本的人権を「侵すことのできない永久の権利」として保障する一方で，この保障には「公共の福祉」による制約のあることも認めている。この制約については，人権全般について論じられることもあれば，精神的自由や経済的自由に分けて論じられることもある。人権制約の違憲審査の基準に関する次の記述のうち，人権全般や精神的自由についての説明ではなく，経済的自由についての説明として妥当なのはどれか。　　　　　　【国家一般職・平成10年度】

1　人権を規制する立法は明確でなければならず，法文が漠然不明瞭な法令や，法文は一応明確でも，規制の範囲があまりにも広範なものは，原則として違憲無効である。

2　近い将来，実質的害悪を引き起こす蓋然性が明白であること，実質的害悪が重大であること，当該規制手段が害悪を避けるのに必要不可欠であることの３つの要件が認められる場合には，人権を規制することができる。

3　立法目的が正当なものであっても，その目的を達成するため規制の程度のより少ない手段が存在するかを具体的，実質的に審査し，それがありうると解される場合には，当該規制立法を違憲とする。

4　消極的・警察的規制については，規制の必要性，合理性および同じ目的を達成しうるより緩やかな規制手段の有無を審査するが，積極的・政策的規制については，立法府の裁量を広範に認め，当該規制措置が著しく不合理であることの明白である場合に限って違憲とする。

5　人権を制限することによってもたらされる利益とそれを制限しない場合に維持される利益とを比較して，前者の価値が高いと判断される場合には，人権を制限することができる。

No.7　職業選択の自由に関するア～オの記述のうち，判例に照らし，妥当なもののみをすべて挙げているのはどれか。　　　　　　【国家専門職・平成30年度】

　ア：旧薬事法による薬局開設の許可制の採用および許可条件としての薬局の適正配置規制は，国民の生命および健康に対する危険の防止という消極的・警察的目的の規制であり，同法の立法目的である不良医薬品の供給の防止等のために必要かつ合理的な規制とはいえないから，憲法22条１項に違反する。

　イ：公衆浴場法による公衆浴場の適正配置規制は，国民保健および環境衛生の確保という消極的・警察的目的の規制であり，立法事実に照らして当該目的を達成するための必要かつ合理的な範囲内の手段であるとはいえないから，憲法22条１項に違反する。

　ウ：酒税法による酒類販売業の免許制は，もっぱら，零細経営者が多く経済的基盤の弱い酒類販売業者を保護するための積極的・政策的規制と解されるか

ら，当該規制が著しく不合理であることが明白でない限り，憲法22条1項に違反しない。

エ：たばこ事業法による製造たばこの小売販売業の許可制は，公共の福祉に適合する目的のために必要かつ合理的な範囲にとどまる措置ということができ，また，同法による製造たばこの小売販売業に対する適正配置規制は，当該目的のために必要かつ合理的な範囲にとどまるものであって，著しく不合理であることが明白であるとは認め難く，憲法22条1項に違反しない。

オ：司法書士および公共嘱託登記司法書士協会以外の者が他人の嘱託を受けて登記に関する手続について代理する業務等を行うことを禁止し，これに違反した者を処罰する司法書士法の規定は，公共の福祉に合致した合理的なものであって，憲法22条1項に違反しない。

1 ア，ウ　　**2** ア，オ　　**3** イ，ウ　　**4** イ，エ　　**5** エ，オ

◆ No.8 *** 次の文章は，小売商業調整特別措置法による小売市場の許可規制に関する最高裁判所の判決（最大判昭47・11・22刑集26巻9号586頁）の抜粋および同判決に対する評釈である。文章中の空欄A～Gに入る言葉に関する1～5の記述のうち，妥当なのはどれか。　　【国家一般職・平成16年度】

［判決］

「個人の経済活動に対する法的規制は，個人の自由な経済活動からもたらされる諸々の弊害が社会公共の安全と秩序の維持の見地から看過することができないような場合に，　A　的に，かような弊害を除去ないし緩和するために必要かつ合理的な規制である限りにおいて許されるべきことはいうまでもない。のみならず，憲法の他の条項をあわせ考察すると，憲法は，全体として，　B　的理想のもとに，社会経済の均衡のとれた調和的発展を企図しており，その見地から，すべての国民にいわゆる生存権を保障し，その一環として，国民の勤労権を保障する等，経済的劣位に立つ者に対する適切な保護政策を要請していることは明らかである。このような点を総合的に考察すると，憲法は，国の責務として　C　的な社会経済政策の実施を予定しているものということができ，個人の経済活動の自由に関する限り，個人の　D　的自由等に関する場合と異なつて，右社会経済政策の実施の一手段として，これに一定の合理的規制措置を講ずることは，もともと，憲法が予定し，かつ，許容するところと解するのが相当であり，国は，　C　的に，国民経済の健全な発達と国民生活の安定を期し，もつて社会経済全体の均衡のとれた調和的発展を図るために，立法により，個人の経済活動に対し，一定の規制措置を講ずることも，それが右目的達成のために必要かつ合理的な範囲にとどまる限り，許されるべきであつて，決して，憲法の

禁ずるところではないと解すべきである。もつとも，個人の経済活動に対する法的規制は，決して無制限に許されるべきものではなく，その規制の対象，手段，態様等においても，自ら一定の限界が存するものと解するのが相当である。

ところで，社会経済の分野において，法的規制措置を講ずる必要があるかどうか，その必要があるとしても，どのような対象について，どのような手段・態様の規制措置が適切妥当であるかは，主として立法政策の問題として，立法府の　　E　　的判断にまつほかない。というのは，法的規制措置の必要の有無や法的規制措置の対象・手段・態様などを判断するにあたつては，その対象となる社会経済の実態についての正確な基礎資料が必要であり，具体的な法的規制措置が現実の社会経済にどのような影響を及ぼすか，その利害得失を洞察するとともに，広く社会経済政策全体との調和を考慮する等，相互に関連する諸条件についての適正な評価と判断が必要であつて，このような評価と判断の機能は，まさに立法府の使命とするところであり，立法府こそがその機能を果たす適格を具えた国家機関であるというべきであるからである。したがつて，右に述べたような個人の経済活動に対する法的規制措置については，立法府の政策的技術的な裁量に委ねるほかはなく，裁判所は，立法府の右　　E　　的判断を尊重するのを建前とし，ただ，立法府がその裁量権を逸脱し，当該法的規制措置が著しく不合理であることの明白である場合に限つて，これを違憲として，その効力を否定することができるものと解するのが相当である。」

［評釈］

個人の経済活動の自由の法的規制について，本判決の意義は，第一に，規制の目的によって，社会公共の安全と秩序の維持の見地からする　　A　　的な　　F　　的規制と，　　B　　的理想の下における社会経済政策実施のための　　C　　的な政策的規制の二つに分類されることを明らかにしたこと，第二に，個人の経済活動の自由については，　　D　　的自由等の場合と異なって合理的規制が許されるという，いわゆる　　G　　の考え方を判例上初めて明らかにしたところにある。

1　Aには「積極」，Bには「福祉国家」，Fには「警察」が入る。
2　Cには「積極」，Dには「精神」，Gには「二重の基準」が入る。
3　Aには「積極」，Eには「裁量」，Fには「合理」が入る。
4　Cには「消極」，Dには「精神」，Eには「専門」が入る。
5　Bには「夜警国家」，Cには「積極」，Gには「二重の基準」が入る。

170

実戦問題 **2** の 解説

No.5 の解説 経済的自由権　　　　　　　　　→問題はP.167　**正答1**

ア○ **職業の許可制は職業選択の自由の制約である。**
薬局距離制限事件の判例である（最大判昭50・4・30）。

イ× **公衆浴場の適正配置規制は合憲。**
公衆浴場法による適正配置規制は，公衆浴場業者が経営の困難から廃業や転業をすることを防止し，健全で安定した経営を行えるようにして国民の保健福祉を維持するという積極的，社会経済政策的な規制目的に出た立法であり，立法府のとった手段がその裁量権を逸脱し，著しく不合理であることが明白であるとはいえないから，憲法22条に違反しないとする（最判平元・1・20）。

ウ○ **旅券法は合憲。**
旅券法の規定は憲法22条2項に違反しない（最判昭33・9・10）。

エ× **自創法の農地買収は公共の福祉から合憲。**
理由づけが誤り。旧自作農創設特別措置法により買収された農地等が買収申請人である特定の者に売り渡されるとしても，それは農地改革を目的とする公共の福祉のための必要に基づいて制定された同法の運用による当然の結果にほかならないのであるから，憲法29条に違反しないとする（最判昭29・1・22）。

オ× **地価変動後の価格による補償ではない。**
土地収用法における損失の補償は，完全な補償，すなわち，収用の前後を通じて被収用者の財産価値を等しくならしめるような補償をなすべきであり，被収用者に対し土地収用法によって補償すべき相当な価格とは，被収用地が建築制限を受けている場合には，このような建築制限を受けていないとすれば，裁決時において有するであろうと認められる価格をいうとする（最判昭48・10・18）。

以上から，妥当なものは**ア**と**ウ**であり，**1**が正答となる。

No.6 の解説 違憲審査基準　　　　　　　　　→問題はP.168　**正答4**

1〜3× 人権制約の違憲審査基準については，「**二重の基準論**」すなわち精神的自由と経済的自由とで異なった基準が用いられている。なぜなら，民主制の過程を支える精神的自由が不当に制限され，それによって民主制の過程そのものが傷つけられている場合には，裁判所が積極的に介入して民主制の過程の正常な運営を回復する必要があるが，経済的自由の不当な制限については，民主制の過程が十分に機能している限り，その民主制の過程によって是正をはかることが可能だからである。それゆえ，精神的自由については厳格な違憲審査基準が適用されるが，経済的自由については緩やかな違憲審査基準でよいとされる。選択肢**1**は，「**漠然不明確ゆえに無効**」「**過度に広範ゆえ**

171

に無効」の理論，選択肢**2**は，「**明白かつ現在の危険**」の基準，選択肢**3**は，「**より制限的でない他の選びうる手段（LRA）**」の基準であり，厳格な審査を要求される精神的自由についての違憲審査基準である。精神的自由の違憲審査基準として，最低限この３つは知っておく必要がある。

4 ◎ 正しい。経済的自由の規制には，消極的・警察的規制と積極的・政策的規制の２種があり，消極的規制については「**厳格な合理性の基準**」が用いられ，積極的規制については「**明白性の原則**」が妥当するとされる。

5 × 比較衡量論であり，これは人権一般に妥当する違憲審査基準である。

No.7 の解説　職業選択の自由の判例

→問題はP.168　**正答5**

ア × **薬事法による薬局開設の許可制の採用は合憲である。**
　判例は，薬事法は，医薬品等に関する事項を規制し，その適正をはかることを目的として制定された法律であるが，同法は医薬品等の供給業務に関して広く許可制を採用し，薬局については，５条において都道府県知事の許可がなければ開設をしてはならないと定め，６条において許可条件に関する基準を定めており，また，医薬品の一般販売業については，24条において許可を要することと定め，26条において許可権者と許可条件に関する基準を定めている。医薬品は，国民の生命および健康の保持上の必需品であるとともに，これとの関係を有するものであるから，不良医薬品の供給から国民の健康と安全とを守るために，業務の内容の規制のみならず，供給業者を一定の資格要件を具備する者に限定し，それ以外の者による開業を禁止する許可制を採用したことは，それ自体としては公共の福祉に適合する目的のための必要かつ合理的措置として肯認することができるとする（最大判昭50・4・30）。したがって，「薬局開設の許可制の採用」は**合憲**であるので，本記述中のそれを違憲としている点が誤りとなる。判例が**違憲**としたのは，本記述中の「薬局の適正配置規制」の方であることに特に注意が必要である。

薬局開設の許可制の採用	合憲
許可条件としての薬局の適正配置規制	違憲

イ × **公衆浴場の適正配置規制は合憲である。**
　公衆浴場法による公衆浴場の適正配置規制は，公衆浴場業者の廃転業を防止し，健全で安定した経営を行えるようにして国民の保健福祉を維持しようとするものであり，**積極的・社会経済政策的な規制目的**にでた立法であるから，立法府のとった手段がその裁量権を逸脱し，**著しく不合理であることが明白**でない以上，憲法22条１項に違反しないとする（最判平元・1・20）。

ウ × **酒類販売業の免許制は財政目的の規制である。**
　酒税法による酒類販売業の免許制は，適正かつ確実な賦課徴収を図るという国家の**財政目的のための規制**であり，当該規制が，立法府の裁量の範囲を逸

172

脱するもので，著しく不合理であるということはできず，憲法22条１項に違反しないとする（最判平４・12・15）。

エ○ たばこ事業法による許可制と適正配置規制は合憲である。

本件許可制は，従前のたばこ小売人指定制度に基づく小売人を保護することを目的とするものであるから，公共の福祉に適合する目的のための必要かつ合理的な措置であり，この許可制に基づく適正配置規制も，**著しく不合理であることが明白であるとはいえない**とする（最判平５・６・25）。

オ○ 司法書士法の禁止，処罰規定は合憲である。

司法書士法の禁止，処罰規定は，公共の福祉に合致した合理的な規定であるから，憲法22条１項に違反しないとする（最判平12・２・８）。

以上から，妥当なものは**エ**と**オ**であり，**5**が正答となる。

No.8 の解説　小売市場判決とその評釈　　　　→問題はP.169　**正答2**

問題の前半は，最高裁判所の判決文抜粋の空欄補充である。Aには「消極」，Bには「福祉国家」，Cには「積極」，Dには「精神」，Eには「裁量」が入る。

問題の後半は，同判決に対する評釈文の空欄補充である。消極的規制は**警察的規制**ともいうので，Fには「警察」が入る。また，本判決は，アメリカの判例理論に基づいて体系化された，いわゆる**二重の基準の理論**をわが国の判例上初めて明らかにしたものであるので，Gには「二重の基準」が入る。

したがって，**2**が正答となる。

必修問題

　日本国憲法に規定する財産権に関する記述として，最高裁判所の判例に照らして，妥当なのはどれか。　　【地方上級（特別区）・令和3年度】

1 河川附近地制限令の制限は，特定の人に対し，特別に財産上の犠牲を強いるものであり，当該制限に対しては正当な補償をすべきであるにもかかわらず，その損失を補償すべき何らの規定もなく，また，別途**直接憲法を根拠にして補償請求**をする余地もまったくなく，同令によって，当該制限の違反者に対する罰則のみを定めているのは，憲法に違反して無効であるとした。

2 森林法の規定が共有森林につき持分価額2分の1以下の共有者に民法所定の分割請求権を否定しているのは，当該規定の立法目的との関係において，合理性と必要性のいずれをも肯定することのできないことが明らかであって，この点に関する立法府の判断は，その合理的裁量の範囲を超えるものであるといわなければならず，当該規定は，**憲法に違反**し，無効というべきであるとした。

3 証券取引法によるインサイダー取引の規制は，一般投資家の信頼を確保するという目的によるものであり，その規制目的は正当であるが，上場会社の役員または主要株主に対し一定期間内に行われた取引から得た利益の提供請求を認めるような規制手段が必要性または合理性に欠けることが明らかであるから，憲法に違反するとした。

4 土地収用法が，事業認定の告示時における相当な価格を近傍類地の取引価格を考慮して算定したうえで，権利取得裁決時までの物価の変動に応ずる修正率を乗じて，権利取得裁決時における土地収用に伴う補償金の額を決定するとしたことは，近傍類地の取引価格に変動が生ずることがあり，その変動率と修正率とは必ずしも一致せず，被収用者は収用の前後を通じてその有する財産価値を等しくさせる補償は受けられないため，同法の規定は憲法に違反するとした。

5 区分所有法が，1棟建替えにおいて，区分所有者および議決権の各5分の4以上の多数で建替え決議ができると定めているのに比べて，団地内全建物一括建替えにおいて，団地内の各建物の区分所有者および議決権の各3分の2以上の賛成があれば，団地全体の区分所有者および議決権の各5分の4以上の多数の賛成で一括建替え決議ができると定めているのは，十分な合理性を有しておらず，規制の目的等を比較考量して判断すれば，同

法の規定は<u>憲法に違反</u>するとした。

難易度　＊＊

必修問題の 解説

　憲法29条は，財産権を保障している。たとえば，3項では「正当な補償」の意味，補償規定を欠く場合などというように，各項ごとのポイントを正確に理解しておく。

1 ✕ 別途直接憲法を根拠にして補償請求をする余地があり得る。
　判例は，河川附近地制限令による制限について損失補償に関する規定がないからといって，あらゆる場合について一切の損失補償をまったく否定する趣旨とまでは解されず，その損失を具体的に主張立証して，別途，**直接憲法29条3項を根拠**にして，補償請求をする余地がまったくないわけではないから，単に一般的な場合について，当然に受忍すべきものとされる制限を定めた同令およびこの制限違反について罰則を定めた同令の各規定を直ちに違憲無効の規定と解すべきではないとした（最大判昭43・11・27）。

2 ◎ 森林法の本件規定は違憲である。
　共有森林につき持分価額2分の1以下の共有者に民法所定の分割請求権を否定する森林法の規定を違憲とした，森林法共有林事件の判例である（最大判昭62・4・22）。

3 ✕ インサイダー取引の規制は規制手段が必要性や合理性に欠けないので合憲。
　判例は，証券取引法によるインサイダー取引の規制は証券取引市場の公平性，公正性を維持するとともにこれに対する一般投資家の信頼を確保するという目的による規制を定めるものであるところ，その規制目的は正当であり，規制手段が必要性または合理性に欠けることが明らかであるとはいえないから，同項は，公共の福祉に適合する制限を定めたものであって，憲法29条に違反するものではないとした（最大判平14・2・13）。

4 ✕ 収用の前後で被収用者の有する財産価値を等しくさせる補償が受けられる。
　判例は，土地収用法が補償金の額について本肢のように規定したことには，十分な合理性があり，これにより，被収用者は，収用の前後を通じて被収用者の有する財産価値を**等しくさせるような補償**を受けられるものというべきであるため，土地収用法の規定は憲法29条3項に違反するものではないとした（最判平14・6・11）。

5 ✕ 区分所有法の本件規定は違憲ではない。
　判例は，規制の目的，必要性，内容，その規制によって制限される財産権の

種類，性質および制限の程度等を比較考量して判断すれば，区分所有法（建物の区分所有等に関する法律）の規定は，憲法29条に違反するものではないとした（最判平21・4・23）。

正答 2

FOCUS

憲法29条では，１項は財産権と私有財産制の保障，２項では財産権を条例で規制できること，というように，各項ごとに順次そのポイントを押さえていくことが必要である。特に３項は判例も多く，出題されやすいので注意。

重要ポイント 1　財産権保障の意味

　「財産権は，これを侵してはならない」(29条1項)。1項は，個人の現に有する個々の財産権の保障と，私有財産制の保障という2つの意味を有する。私有財産制の保障とは，財産権を制度として保障すること，つまり私有財産を持てることを法制度として保障することである。

重要ポイント 2　財産権の一般的制限

　「財産権の内容は，公共の福祉に適合するやうに，法律でこれを定める」(29条2項)。2項は，1項で保障された財産権の内容が，法律によって制約されるものであることを規定したものである。「公共の福祉」から，政策的制約も認められる。
　「法律」ではなく，条例による財産権の制限が許されるか否かが問題になるが，通説は，条例も地方議会において民主的手続きを経て制定される法であるから，許されるとしている。奈良県が，ため池の破損，決壊による災害を未然に防止するため，ため池の堤とうを使用する行為を禁止する条例を制定した事件で，判例も次のように判示した。

判例　奈良県ため池条例事件 (最大判昭 38・6・26)

> ため池の破損，決壊の原因となるため池の堤とうの使用行為は，憲法，民法の保障する財産権のうち外にあり，このような行為を条例によって禁止，処罰しても憲法に抵触せず，条例で定めても違憲ではない。
> このような制約は，社会生活上やむをえないものであり，ため池の堤とうを使用しうる財産権を有する者が当然受忍しなければならない責務であって，憲法29条3項の損失補償は必要としない。

　その他，2項に関して，森林の共有者による分割請求を禁止する森林法の規定が争われた事件で，判例は次のように違憲と判示した。

判例　森林法共有林事件 (最大判昭 62・4・22)

> 森林法186条が共有森林につき持分価額2分の1以下の共有者に民法所定の分割請求権を否定しているのは，森林法186条の立法目的との関係において，合理性と必要性のいずれをも肯定することのできないことが明らかであって，この点に関する立法府の判断は，その合理的裁量の範囲を超えるものであるといわなければならない。同条は，憲法29条2項に違反し，無効というべきである。

重要ポイント 3　財産権の制限と補償

　「私有財産は，正当な補償の下に，これを公共のために用ひることができる」(29条3項)。3項は，私有財産を公共のために収用または制限することができることと，その際には正当な補償が必要であることを規定している。

(1) 補償の要否

　どのような場合に補償が必要とされるかについて，通説は，財産権に内在する社

会的制約の場合（ため池条例事件など）には補償は不要であるが，特定の個人に特別の犠牲を加えた場合（道路拡張のための土地収用など）には補償が必要であるとする**特別犠牲説**をとっている。

（2）「公共のために」の意味

「公共のために」とは道路，鉄道，公園，ダムの建設のような公共事業の場合はもちろん，それ以外に，結果的に特定の個人が受益者になる場合でも，その目的が広く社会公共の利益のためになれば足りる。広く社会公共の利益のためとは，たとえば，自作農創設のために断行された戦後の農地改革，買収が典型例である。

（3）「正当な補償」の意味

正当な補償とはいくらをさすかについて，当該財産に関して，合理的に算出された相当な額であれば足りる（市場価格以下でもOK）とする**相当補償説**と，客観的な市場価格の全額であるとする**完全補償説**の2大学説が対立している。

判例は，次のように異なる判示をしている。

📖**判例** 農地改革事件（最大判昭28・12・23）

> 憲法29条3項の正当な補償とは，その当時の経済状態において成立することを考えられる価格に基づき，合理的に算出された相当な額をいうのであって，必ずしも常にかかる価格と完全に一致することを要しない。

📖**判例** 土地収用法事件（最判昭48・10・18）

> 土地収用法における損失補償は特定の公益上必要な事業のために土地が収用される場合にその収用によって当該土地の所有者が被る特別な犠牲の回復を図ることを目的とするから，完全な補償，すなわち収用の前後を通じて被収用者の財産価値を等しくするような補償をなすべきである。

2つの判例をどう評価するかが学説上分かれるところなので，農地改革では相当補償，土地収用法では完全補償と，事件に応じて分けて押さえておこう。

補償金の支払い時期について判例は，憲法は，補償の時期については少しも言明していないのであるから，補償が財産の供与と交換的に同時に履行されるべきことについては，憲法の保障するところではないとしている（最大判昭24・7・13）。

（4）補償規定を欠く場合

補償請求は，通常は関係法令の規定に基づいて行われるが，たとえ法令上に補償規定がない場合であっても，判例は，憲法29条3項を直接の根拠にして，補償請求をすることが可能であるとしている。

📖**判例** 河川付近地制限令事件（最大判昭43・11・27）

> 法令に損失補償に関する規定がないからといって，あらゆる場合について一切の損失補償をまったく否定する趣旨とまでは解されず，別途，直接憲法29条3項を根拠にして，補償請求をする余地がありうる。

実戦問題 **1** 基本レベル

**
🔶 **No.1** 憲法29条に関するア～オの記述のうち，妥当なもののみを全て挙げているのはどれか。ただし，争いのあるものは判例の見解による。

ア：憲法29条1項は「財産権は，これを侵してはならない」と規定するが，これは個人の現に有する具体的な財産上の権利の保障を意味し，個人が財産権を享有しうる法制度の保障までも意味するものではない。

イ：憲法29条2項は「財産権の内容は，公共の福祉に適合するやうに，法律でこれを定める」と規定するが，この「公共の福祉」は，各人の権利の公平な保障を狙いとする自由国家的公共の福祉を意味し，各人の人間的な生存の確保を目指す社会国家的公共の福祉までも意味するものではない。

ウ：特定の個人に対し，財産上特別の犠牲が課せられた場合と，生命，身体に対し特別の犠牲が課せられた場合とで，後者の方を不利に扱うことが許されるとする合理的理由はないから，痘そうの予防接種によって重篤な後遺障害が発生した場合には，国家賠償請求によらずに，憲法29条3項を直接適用して，国に対して補償請求をすることができる。

エ：憲法29条3項は「私有財産は，正当な補償の下に，これを公共のために用ひることができる」と規定するが，この「公共のため」とは，ダムや道路などの建設のような公共事業のためであることを意味し，収用全体の目的が広く社会公共の利益のためであっても，特定の個人が受益者となる場合は該当しない。

オ：補償請求は，関係法規の具体的規定に基づいて行うが，法令上補償規定を欠く場合であっても，直接憲法29条3項を根拠にして，補償請求をすることができる。

1 ア
2 オ
3 イ，ウ
4 ウ，エ
5 エ，オ

No.2 日本国憲法に規定する財産権に関するA～Dの記述のうち，最高裁判所の判例に照らして，妥当なものを選んだ組合せはどれか。

【地方上級（特別区）・平成30年度】

A：ため池の破損，決かいの原因となるため池の堤とうの使用行為は，憲法，民法の保障する財産権の行使のうち外にあり，これらの行為を条例によって禁止，処罰しても憲法に抵触せず，条例で定めても違憲ではないが，ため池の堤とうを使用する財産上の権利を有する者は，その財産権の行使をほとんど全面的に禁止されることになるから，これによって生じた損失は，憲法によって正当な補償をしなければならないとした。

B：インサイダー取引の規制を定めた証券取引法は，証券取引市場の公平性，公正性を維持するとともにこれに対する一般投資家の信頼を確保するという目的による規制を定めるものであるところ，その規制目的は正当であり，上場会社等の役員又は主要株主に対し，一定期間内に行われた取引から得た利益の提供請求を認めることは，立法目的達成のための手段として，必要性または合理性に欠けることが明らかであるとはいえないのであるから，憲法に違反するものではないとした。

C：森林法が共有森林につき持分価額2分の1以下の共有者に民法所定の分割請求権を否定しているのは，森林の細分化を防止することによって森林経営の安定を図るとする森林法の立法目的との関係において，合理性と必要性のいずれをも肯定することができ，この点に関する立法府の判断は，その合理的裁量の範囲内であるというべきであるから，憲法に違反するものではないとした。

D：財産上の犠牲が，公共のために必要な制限によるものとはいえ，単に一般的に当然に受認すべきものとされる制限の範囲をこえ，特別の犠牲を課したものである場合に，法令に損失補償に関する規定がないからといって，あらゆる場合について一切の損失補償を全く否定する趣旨とまでは解されず，直接憲法を根拠にして，補償請求をする余地が全くないわけではないとした。

1　A，B

2　A，C

3　A，D

4　B，C

5　B，D

No.3 日本国憲法に規定する財産権に関する記述として，判例，通説に照らして，妥当なのはどれか。　　　　　　　　　【地方上級（特別区）・平成25年度】

1　財産権の保障とは，個々の国民が現に有している個別的，具体的な財産権の保障を意味するものではなく，個人が財産権を享有することができる法制度すなわち私有財産制を保障したものとされている。

2　財産権とは，すべての財産的価値を有する権利を意味するものではなく，所有権その他の物権，債権のほか，著作権，意匠権などの無体財産権をいい，漁業権，鉱業権などの特別法上の権利は財産権には含まれない。

3　財産権の制約の根拠としての「公共の福祉」は，自由国家的な消極的な公共の福祉のみならず，社会国家的な積極的・政策的な公共の福祉の意味を持つものとして解釈され，財産権は積極目的規制にも服するものとされる。

4　最高裁判所の判例では，条例をもって，ため池の堤とうに竹木若しくは農作物を植え，または建物その他の工作物を設置する行為を禁止することは，財産権を法律ではなく条例で制限することになるので，財産権の内容は法律で定めるとする憲法の規定に違反するとした。

5　最高裁判所の判例では，財産上の犠牲が単に一般的に当然に受忍すべきものとされる制限の範囲をこえ，特別の犠牲を課したものである場合であっても，法令に損失補償に関する規定がない場合は，直接憲法を根拠にして補償請求をすることはできないので，損失補償を請求する余地はないとした。

第3章

経済的自由・人身の自由

実戦問題 **1** の 解説

No.1 の解説 憲法29条
→問題はP.179 **正答2**

ア✕ **29条１項は財産権と私有財産制を保障している。**

判例は，憲法29条１項は，**私有財産制度**を保障しているのみでなく，社会的経済的活動の基礎をなす国民の個々の**財産権**につきこれを基本的人権として保障するとする（最大判昭62・4・22）。

イ✕ **２項の公共の福祉は自由国家的公共の福祉＋社会国家的公共の福祉。**

29条２項の「公共の福祉」は，自由国家的公共の福祉のみならず，社会国家的公共の福祉をも意味する。

ウ✕ **予防接種により後遺障害が発生した場合には国家賠償請求による。**

下級審の判断は分かれるが，最高裁判所は，予防接種の実施者に高度の注意義務を課したうえで過失を推定し，国家賠償によって救済をはかっている（最判平3・4・19など）。

エ✕ **３項の「公共のため」は特定の個人が受益者となる場合も当たり得る。**

判例は，憲法29条３項の「公共のため」とは，ダムや道路などの建築のような公共事業のためのみならず，収用全体の目的が広く**社会公共の利益**のためであれば，特定の個人が受益者となる場合も該当するとする（最判昭29・1・22）。

オ○ **直接憲法29条３項を根拠にして補償請求をすることができる。**

判例は，法令に損失補償に関する規定がないからといって，あらゆる場合について一切の損失補償をまったく否定する趣旨とまでは解されず，その損失を具体的に主張立証して，別途，**直接憲法29条３項を根拠**にして，補償請求をする余地がまったくないわけではないとする（最大判昭43・11・27）。

以上から，妥当なものは**オ**のみであり，**2**が正答となる。

No.2 の解説 財産権に関する最高裁判例
→問題はP.180 **正答5**

A✕ **ため池の堤とうの使用行為を条例で禁止しても損失補償は不要である。**

前半は正しいが，後半が誤り。判例は，本条例は，ため池の堤とうを使用する財産上の権利の行使を著しく制限するものではあるが，結局それは，災害を防止し公共の福祉を保持するうえに社会生活上やむをえないものであり，そのような制約は，ため池の堤とうを使用しうる財産権を有する者が当然受忍しなければならない責務というべきものであって，憲法29条３項の損失補償はこれを必要としないとした（最大判昭38・6・26）。

B○ **インサイダー取引の規制は合憲である。**

判例は，証券取引法により，上場会社等の役員または主要株主に対し，一定期間内に行われた取引から得た利益の提供請求を認めることは，立法目的達成の手段として，必要性または合理性に欠けることが明らかであるとはいえないから，憲法29条に違反しないとした（最大判平14・2・13）。

C ✕ **共有森林につき持分2分の1以下の共有者に分割請求を否定するのは違憲。**
判例は，森林法が共有森林につき持分価額2分の1以下の共有者に民法所定の分割請求権を否定しているのは，森林法の立法目的との関係において，合理性と必要性のいずれをも肯定することのできないことが明らかであって，この点に関する立法府の判断は，その合理的裁量の範囲を超えるものであるといわなければならない。したがって，憲法29条2項に違反し，無効であるとした（最大判昭62・4・22）。

D ◯ **直接憲法29条3項を根拠にして補償請求をする余地もある。**
判例は，河川附近地制限令による制限について，法令に損失補償に関する規定がないからといって，あらゆる場合について一切の損失補償をまったく否定する趣旨とまでは解されず，その損失を具体的に主張立証して，別途，**直接憲法29条3項を根拠**にして，補償請求をする余地がまったくないわけではないとした（最大判昭43・11・27）。

以上から，妥当なものは，BとDであり，**5**が正答となる。

No.3 の解説 財産権の判例・通説 　　　　　　　　→問題はP.181　**正答3**

1 ✕ **財産権の保障は具体的な財産権の保障も意味する。**
判例は，憲法29条1項の財産権の保障とは，**私有財産制度**を保障しているのみでなく，社会的，経済的活動の基礎をなす国民の個々の**財産権**につきこれを基本的人権として保障しているとする（最大判昭62・4・22）。通説も同様である。

2 ✕ **特別法上の権利も財産権に含まれる。**
通説は，財産権とは，すべての財産的価値を有する権利を意味すると解し，所有権その他の物権，債権のほか，著作権，意匠権などの無体財産権だけでなく，漁業権，鉱業権などの特別法上の権利も財産権に含まれるとする。

3 ◎ **財産権は積極目的規制にも服する。**
通説の解釈である。

4 ✕ **財産権を条例で制限できる。**
最高裁判所の判例では，**条例**をもって，ため池の堤とうに竹木若しくは農作物を植え，または建物その他の工作物を設置する行為を禁止することも，憲法の規定に違反しないとした（最大判昭38・6・26）。

5 ✕ **直接憲法29条3項を根拠に補償請求できる。**
最高裁判所の判例では，財産上の犠牲が単に一般的に当然に受忍すべきものとされる制限の範囲をこえ，特別の犠牲を課したものである場合には，法令に損失補償に関する規定がない場合でも，**直接憲法29条3項を根拠**にして補償請求をする余地がまったくないわけではないとした（最大判昭43・11・27）。

No.4 財産権の保障に関するア～オの記述のうち，判例に照らし，妥当なもののみをすべて挙げているのはどれか。　【国家総合職・平成22年度】

ア：憲法29条2項は，財産権の内容は「法律でこれを定める」と規定しているから，地方公共団体が私有地に対する個人の権利の行使を法律によらずに条例のみで規制することは，同項の規定に違反する。

イ：憲法29条3項の「公共のために用ひる」とは，直接公共の用に供するため私有財産を収用又は制限する場合のみならず，特定の個人が受益者となるが収用全体の目的が公共の利益のためである場合も含まれるのであり，国による土地の買収において，買収された土地が特定の個人に売り渡されるとしても，そのことのみをもって当該買収の公共性は否定されない。

ウ：土地の形状の変更に制限を課す法令の規定に損失補償に関する定めがない場合，当該規定はあらゆる場合において一切の損失補償を否定していると解されるから，当該規定は憲法29条3項の規定に違反する。

エ：法律でいったん定められた財産権の内容を事後の法律で変更しても，その変更が当該財産権に対する合理的な制約として容認されるべきものである限り，これをもって違憲の立法ということはできない。

オ：ある河川付近の土地に，河川管理上支障のある事態の発生を事前に防止することを目的とした規制が新たに課されたため，従来その土地の賃借料を支払い，労務者を雇い入れ，相当の資本を投入して砂利採取業を営んできた者が，以後これを営みえなくなり，それにより相当の損失を被ったとしても，当該規制は公共のために必要な制限であり，一般的に当然に受忍すべきものとされる制限の範囲を超えるものではないから，損失補償を請求することはできない。

1 ア，ウ

2 ア，オ

3 イ，ウ

4 イ，エ

5 エ，オ

No.5 財産権の保障に関するア〜オの記述のうち，妥当なもののみを全て挙げているのはどれか。　　　　　　　　　　　　　　　【国家総合職・平成25年度】

ア：憲法29条2項は，財産権の内容は法律によって定めると規定していることから，財産権に対する規制は法律によってのみ可能であり，条例によって規制することは許されないと一般に解されている。

イ：憲法29条1項にいう「財産権」とは，個人の有する現実の個々の財産上の権利を保障するものではなく，それらの権利の主体となりうる能力の意味であり，同項はもっぱら私有財産制度を保障するものであると一般に解されている。

ウ：憲法29条3項は，私有財産について，正当な補償のもとに公共のために用いることができるとしているが，財産権は最大限尊重されるべきものであることから，その制限は病院，学校，道路の設置・建設など不特定多数の人々が受益者となる場合に限られるとするのが判例である。

エ：公用収用や公用制限を行う場合，法令に損失補償に関する規定を特段設けていない場合であっても，直接憲法29条3項を根拠にして補償請求をする余地があるとするのが判例である。

オ：法律によって共有森林につき持分価額2分の1以下の共有者に分割請求を禁ずることは，財産権への重大な制限であるから，その立法目的が正当であり，その規制手段が目的達成のために必要最小限度のものであることを要するところ，森林経営の安定をはかるという目的は正当であるが，分割後の面積が安定的な森林経営のために必要な面積を下回るような分割請求を禁ずることによってもその目的を達成することができるから，必要最小限度の制限とはいえず，憲法29条2項に違反するとするのが判例である。

1 エ
2 ア，ウ
3 エ，オ
4 ア，イ，オ
5 イ，ウ，エ，オ

💎 **No.6** 財産権の保障に関するア～オの記述のうち，妥当なもののみをすべて挙げているのはどれか。 【国家総合職・平成27年度】

ア：憲法による財産権の保障は，わが国における私有財産制度の保障と，個人の現に有する具体的な財産上の権利の保障という二つの側面を有する。

イ：憲法29条2項は「財産権の内容は，公共の福祉に適合するやうに，法律でこれを定める」と規定し，また同条3項は，「私有財産は，正当な補償の下に，これを公共のために用ひることができる」と定めている。判例は，これらの規定に照らして，財産権の内容を制限する場合には，法律でこれを定めるとともに，当該法律に補償規定を設けなければ，違憲無効であるとしている。

ウ：憲法上，財産権を侵してはならないとされ，また，その内容は，法律でこれを定めることとされているが，憲法94条に従って「法律の範囲内で」制定される条例によって，財産権に制限を加えることは許容される。

エ：憲法29条3項が定める「公共のため」とは「公共の福祉のため」というよりも狭い観念であると解されるため，その範囲は病院，学校，道路の設置・建設など不特定多数の人々が受益者となる場合に限られるのであって，特定の個人が受益者となる場合はこれに当たらないとするのが判例である。

オ：憲法29条3項にいう「正当な補償」とは，その当時の経済状態において成立すると考えられる価格に基づき合理的に算出された相当な額をいうのであって，必ずしも常に当該価格と完全に一致することを要するものではなく，この趣旨に従うと，収用する土地の補償金の額の算定に定めた土地収用法71条の規定には，十分な合理性があり，同条は憲法29条3項に違反しないとするのが判例である。

1 ア，ウ

2 ア，エ

3 ア，ウ，オ

4 イ，ウ，エ

5 イ，エ，オ

（参考）土地収用法

（土地等に対する補償金の額）

第71条 収用する土地又はその土地に関する所有権以外の権利に対する補償金の額は，近傍類地の取引価格等を考慮して算定した事業の認定の告示の時における相当な価格に，権利取得裁決の時までの物価の変動に応ずる修正率を乗じて得た額とする。

実戦問題 **2** の解説

No.4 の解説 財産権の保障の判例 →問題はP.184 **正答4**

ア ✕ **財産権を条例で制限できる。**
判例は，ため池の破損，決壊の原因となるため池の堤とうの使用行為は，憲法でも民法でも適法な財産権の行使として保障されていないものであって，憲法，民法の保障する財産権の行使の埒外にあるものというべく，これらの行為を**条例**をもって禁止，処罰しても憲法および法律に抵触またはこれを逸脱するものとはいえないとしている（最大判昭38・6・26）。

イ ◯ **公共のために用いるには，特定の個人が受益者となる場合も含まれる。**
判例は，憲法29条3項の「公共のために用ひる」とは，戦後の自作農創設を目的とする農地買収のように，特定の個人が受益者となる場合でも，収用全体の目的が広く**社会公共の利益**のためであればよいとしている（最判昭29・1・22）。

ウ ✕ **直接憲法29条3項を根拠に補償請求できる。**
判例は，土地の形状の変更に制限を課す法令の規定に損失補償に関する規定がないからといって，当該規定があらゆる場合について一切の損失補償をまったく否定する趣旨とまでは解されず，**直接憲法29条3項を根拠**にして補償請求をする余地がまったくないわけではないから，当該規定は憲法29条3項の規定に違反しないとしている（最大判昭43・11・27）。

エ ◯ **事後の法律で変更しても合憲である。**
判例は，農地法による売払いの対価を時価の10分の7に変更する措置について，公共の福祉に適合するとしている（最大判昭53・7・12）。

オ ✕ **本件制限は受忍限度を超える。**
判例は，河川付近地制限令の規制は，公共のために必要な制限によるものとはいえ，単に一般的に当然に受忍すべきものとされる制限の範囲を超え，特別の犠牲を課したものとみる余地がまったくないわけではなく，憲法29条3項の趣旨に照らし，被った現実の損失については，その補償を請求することができるものと解する余地があるとしている（最大判昭43・11・27）。このように解するので，次に，補償規定を欠く場合の**ウ**の論点が問題となるのである。

以上から，妥当なものは**イ**と**エ**であり，**4**が正答となる。

ア✕ 条例によって財産権を規制することは許される。

前半の条文は正しいが，後半が誤り。条例は，地方公共団体の議会において民主的手続きを経て制定される法であるから，**条例で財産権を規制する**ことも許されると一般に解されている。

イ✕ 個人の有する現実の個々の財産上の権利も保障される。

憲法29条は，1項において「財産権は，これを侵してはならない」と規定し，**私有財産制度**を保障しているのみではなく，社会的経済的活動の基礎をなす国民の個々の**財産権**につきこれを基本的人権として保障しているとするのが判例である（最大判昭62・4・22）。

ウ✕ 不特定多数の人々が受益者となる場合に限らない。

前半の条文は正しいが，後半の判例が誤り。判例は，食糧管理法3条の規定は，生産者の財産権を制限するものであることはいうまでもないが，かかる財産権の制限は，政府が国民の食糧の確保および国民経済の安定をはかるため食糧を管理し，その需給および価格の調整，並びに配給の統制を行うことを目的としてなされるものであり，憲法29条3項にいわゆる私有財産制を正当の補償のもとに買受け，これを公共のために用いるものに外ならないとしており（最大判昭27・1・9），私有財産の制限を，病院，学校，道路の設置・建設など，不特定多数の人々が受益者となる場合に限ることなく，広く**社会的公共の利益**のために行うことができるとしている。

エ◯ 直接憲法29条3項を根拠にした補償請求は可能である。

河川付近地制限令の事件の判例である（最大判昭43・11・27）。

オ✕ 目的達成のための手段として必要性・合理性に欠けている場合に違憲。

違憲を導く理由づけの部分が誤り。財産権に対して加えられる規制が，憲法29条2項にいう公共の福祉に適合するものとして是認されるべきものであるかどうかは，立法の規制目的が公共の福祉に合致しないことが明らかであるか，または規制目的が公共の福祉に合致するものであっても，規制手段が当該目的を達成するための手段として必要性もしくは合理性に欠けていることが明らかであって，そのため立法府の判断が合理的裁量の範囲を超えるものとなる場合に限り，当該規制立法は憲法29条2項に違背するものとして，その効力を否定することができる（最大判昭62・4・22）。

以上から，妥当なものはエのみであり，**1**が正答となる。

No.6 の解説 財産権の保障 →問題はP.185 **正答3**

ア◯ 森林法共有林事件の判例である（最大判昭62・4・22）。

イ× 前半の条文は正しい（29条2項・3項）が，後半の判例が誤り。判例は，制限について損失補償に関する規定がないからといって，あらゆる場合について一切の損失補償を全く否定する趣旨とまでは解されず，その損失を具体的に主張立証して，別途，**直接憲法29条3項を根拠**にして，補償請求をする余地がまったくないわけではないから，各規定を直ちに違憲無効の規定と解すべきではないとしているので，「当該法律に補償規定を設けなければ，違憲無効である」の部分が誤りとなる。

ウ◯ 憲法上，財産権を侵してはならない（29条1項）とされ，また，その内容は，法律でこれを定めること（同条2項）とされているが，憲法94条に従って「法律の範囲内で」制定される条例によって，財産権に制限を加えることは許容される。判例は，ため池の堤とうの使用行為を条例をもって禁止，処罰しても憲法および法律に抵触または逸脱するものとはいえないとして，**財産権を制限する条例**を合憲としている（奈良県ため池条例事件：最大判昭38・6・26）。

エ× 憲法29条3項が定める「公共のため」とは，「公共の福祉のため」というよりも広い観念であると解されるため，その範囲は病院，学校，道路の設置・建設など不特定多数の人々が受益者となる場合に限られないのであって，特定の個人が受益者となる場合もこれに当たるとするのが判例である（最判昭29・1・22）。

オ◯ 判例である（最判平14・6・11）。

以上から，妥当なものはア，ウ，オであり，**3**が正答となる。

人身の自由

必修問題

　人身の自由に関する次の記述のうち，判例に照らし，最も妥当なのはどれか。　【国家総合職・令和5年度】

1　憲法35条は，「住居，書類及び所持品について，侵入，捜索及び押収を受けることのない権利」を規定しているところ，この規定の保障対象には，「住居，書類及び所持品」に限らずこれらに準ずる私的領域に「侵入」されることのない権利が含まれる。

2　憲法35条1項は，刑事責任追及の手続における強制について，それが司法権による事前の抑制のもとに置かれるべきことを保障した趣旨であるため，対象となる手続が刑事責任追及を目的とするものでなければ，この規定の保障は及ばない。

3　憲法37条1項は，個々の刑事事件について，審理の著しい遅延の結果，**迅速な裁判を受ける被告人の権利**が害されたと認められる異常な事態が生じた場合であっても，これに対処する具体的規定がない限り，審理を打ち切るという非常救済手段をとることを認めない趣旨の規定である。

4　交通事故の際に事故の内容等を警察官に報告するよう命ずることは，刑事責任を問われるおそれのある事故の原因その他の事項についても報告義務のある「事故の内容」に含まれると解されるため，憲法38条1項にいう自己に**不利益な供述の強要**に該当する。

5　憲法39条は，「同一の犯罪について，重ねて刑事上の責任を問はれない」と規定しているところ，下級審における有罪判決に対し，検察官が上訴しより重い刑の判決を求めることは，被告人を**二重の危険**にさらすものであり，したがって，同条に違反するものである。

難易度　＊

必修問題の解説

　人身の自由の条文は，住居の不可侵（35条），迅速な裁判を受ける権利（37条），不利益供述の不強要（38条）などを規定している。

1 ◎　住居だけでなく，事務所や旅館の居室等に侵入されない権利も保障される。
　憲法 35 条の保障対象には，「住居，書類及び所持品」に限らず，これらに準ずる私的領域，たとえば，事務所や旅館・ホテルの居室などに「侵入」されることのない権利が含まれる。

2 ✕　35条1項は，刑事責任追及を目的としない手続にも保障され得る。
　憲法35条1項の規定は，本来，主として刑事責任追及の手続における強制について，それが司法権による事前の抑制のもとにおかれるべきことを保障した趣旨であるが，当該手続が刑事責任追及を目的とするものでないとの理由のみで，その手続における一切の強制が当然に同規定による**保障の枠外**にあると判断することは相当**ではない**（最大判昭47・11・22）。

3 ✕　迅速な裁判をうける権利は，審理を打ち切るという非常救済手段も認める。
　憲法37条1項の保障する迅速な裁判をうける権利は，個々の刑事事件について，審理の著しい遅延の結果，迅速な裁判をうける被告人の権利が害されたと認められる異常な事態が生じた場合には，これに対処すべき具体的規定がなくても，その**審理を打ち切る**という非常救済手段がとられるべきことを認めている趣旨の規定である（最大判昭47・12・20）。

4 ✕　事故内容等の報告義務は，自己に不利益な供述の強要には該当しない。
　交通事故の際に事故の内容等を警察官に報告するよう命ずることは，刑事責任を問われるおそれのある事故の原因その他の事項については報告義務のある「事故の内容」に含まれないため，憲法38条1項にいう自己に不利益な供述の強要に該当しない（最大判昭37・5・2）。

5 ✕　検察官が上訴することは，被告人を二重の危険にさらすものではなく合憲。
　憲法39条は，「同一の犯罪について，重ねて刑事上の責任を問はれない」と規定しているところ，下級審における有罪判決に対し，検察官が上訴しより重い刑の判決を求めることは，被告人を二重の危険にさらすものではなく，したがって，同条に違反しない（最大判昭25・9・27）。

正答 **1**

第3章

経済的自由・人身の自由

FOCUS

　人身の自由では，他の人権のテーマと異なり条文内容が詳細であることから，条文問題も出題されるので，まず憲法31条と33条〜39条の条文の文言を読み込む必要がある。次に，各条文ごとに多数の判例があるが，一部の重要判例を除き特殊な事案の細かな判例がほとんどなので，事件の概要などは気にせず，結論のみ覚えておけば十分である。

重要ポイント **1** 適正手続きの保障

「何人も，法律の定める手続によらなければ，その生命若しくは自由を奪はれ，又はその他の刑罰を科せられない」（31条）。人身の自由の基本原則を定めた規定である。手続きが法律で定められるだけでなく，手続きが適正でなければならないこと（告知と聴聞），実体も法律で定められなければならないこと，実体規定も適正でなければならないこと（明確性）を意味する。

	法定	適正
手続き	◎（条文上明記されている）	○（解釈で要求する）
実　体	○（解釈で要求する）	○（解釈で要求する）

（1）告知と聴聞を受ける権利

告知と聴聞とは，国民に刑罰を科す場合には，あらかじめその内容を告知し，弁解と防御の機会を与えなければならないというものである。判例も，次の違憲判決でこの権利を認めている。

判例 第三者所有物没収事件（最大判昭37・11・28）

> 第三者の所有物を没収する場合において，その没収に関して当該所有者に対し，なんら告知，弁解，防御の機会を与えることなく，その所有権を奪うことは，第三者に対し，適正な法律手続きによらないで，財産権を侵害する制裁を科するにほかならないから，31条，29条に違反する。

（2）明確性の原則

刑罰法規は不明確なものであってはならない。明確か否かの判断基準について判例は次のように判示している。

判例 徳島市公安条例事件（最大判昭50・9・10）

> 規定が犯罪構成要件として明確かどうかは，通常の判断能力を有する一般人の理解において，具体的な場合に当該行為がその適用を受けるかどうかの判断を可能ならしめるような基準が読みとれるか否かによって決定すべきである。これが可能である規定は31条に違反しない。

（3）行政手続きとの関係

31条は，「刑罰を科されない」という文言および沿革から，直接には刑事手続きについての規定であるが，その保障は行政手続きにも原則として及ぶ。次の判例も認めている。

判例　成田新法事件（最大判平4・7・1）

> 31条の定める法定手続きの保障は，直接には刑事手続きに関するものであるが，行政手続きについては，それが刑事手続きでないとの理由のみで，そのすべてが当然に同条による保障の枠外にあると判断することは相当でない。しかしながら，行政手続きは多種多様であるから，告知，弁解，防御の機会を常に与えることは必要ではない。

重要ポイント 2　被疑者の権利

（1）逮捕の要件

　「何人も，現行犯として逮捕される場合を除いては，権限を有する司法官憲が発し，且つ理由となつてゐる犯罪を明示する令状によらなければ，逮捕されない」（33条）。「司法官憲」とは，裁判官のことであり，「令状」とは，逮捕状などをいう。

（2）住居の不可侵

　「何人も，その住居，書類及び所持品について，侵入，捜索及び押収を受けることのない権利は，第33条の場合を除いては，正当な理由に基いて発せられ，且つ捜索する場所及び押収する物を明示する令状がなければ，侵されない」（35条1項）。35条の「令状」とは，捜索令状・差押令状などをいう。この**令状主義**の例外となる「第33条の場合」とは，現行犯逮捕と令状逮捕の2つの場合である。したがって，逮捕に伴う場合であれば，無令状で住居への侵入などを行うことが許される。

　35条（次ページの38条1項）と行政手続きとの関係については，旧所得税法違反が争われた次の判例が重要である。

判例　川崎民商事件（最大判昭47・11・22）

> 35条1項の規定は，主として刑事責任追及の手続における強制について，それが司法権による事前の抑制の下におかれるべきことを保障した趣旨であるが，当該手続が刑事責任追及を目的とするものでないとの理由のみで，その手続における一切の強制が当然に35条による保障の枠外にあると判断することは相当ではない。しかしながら，旧所得税法に規定する検査は，あらかじめ裁判官の発する令状によることをその一般的要件としないからといって，これを35条に反するものとすることはできない。38条1項による保障は，純然たる刑事手続においてばかりではなく，それ以外の手続においても，実質上，刑事責任追及のための資料の取得収集に直接結びつく作用を一般的に有する手続には，ひとしく及ぶものと解するのを相当とする。しかし，旧所得税法の検査，質問そのものが38条1項にいう「自己に不利益な供述」を強要するものとすることはできない。

（3）抑留・拘禁の要件

　「何人も，理由を直ちに告げられ，且つ，直ちに弁護人に依頼する権利を与へられなければ，抑留又は拘禁されない。又，何人も，正当な理由がなければ，拘禁さ

れず，要求があれば，その理由は，直ちに本人及びその弁護人の出席する公開の法廷で示されなければならない」(34条)。「抑留」は，一時的な身体拘束，「拘禁」は，より継続的な身体拘束をいう。

重要ポイント ❸ 被告人の権利

条文	内　容	判　例
37条	・公平な裁判所の迅速な公開裁判を受ける権利 ・証人審問権・喚問権 ・弁護人依頼権	審理の著しい遅延（15年審理が中断）の結果，被告人の権利が害されたと認められる異常な事態が生じた場合には，これに対処すべき具体的規定がなくても，その審理を打ち切るという非常救済手段が許される（最大判昭47・12・20）。 ビデオリンク方式によったうえで傍聴人と証人との間で遮へい措置が採られても，37条に違反しない（最判平17・4・14）。
38条	・不利益供述の不強要 ・自白の証拠能力	交通事故の報告義務は，報告を要求される事故の内容に刑事責任を問われるおそれのある事故の原因その他の事項は含まれておらず，合憲である（最大判昭37・5・2）。 不当に長い抑留・拘禁後の自白であっても，その抑留・拘禁との間に因果関係が存しないことが明らかであれば，証拠とすることができる（最大判昭23・6・23）。 共犯者であっても，被告人以外の者であるから，共犯者の自白は，「本人の自白」ではない（最大判昭33・5・28）。
39条	・遡及処罰の禁止 ・二重処罰の禁止	検察官の上訴は，被告人を二重の危険にさらすものでなく，39条に違反して重ねて刑事上の責任を問うものでもない（最大判昭25・9・27）。
36条	・拷問・残虐刑の禁止	現行の絞首刑による死刑は，残虐刑に当たらない（最大判昭23・3・12）。

実 戦 問 題 ❶　基本レベル

No.1 日本国憲法に規定する人身の自由に関する記述として，**最高裁判所の判例に照らして，妥当なのはどれか。**　【地方上級（特別区）・平成25年度】

1　旧関税法は，犯罪に関係ある船舶，貨物等が被告人以外の第三者の所有に属する場合にもこれを没収する旨を規定しており，この規定によって第三者に対し，告知，弁解，防御の機会を与えることなく，その所有物を没収することは，適正な法律手続によるものであり，法定手続の保障を定めた憲法に違反しない。

2　黙秘権に関する憲法の規定は，何人も自己が刑事上の責任を問われるおそれのある事項について供述を強要されないことを保障したものと解すべきであり，旧道路交通取締法施行令が，交通事故発生の場合において操縦者に事故の内容の報告義務を課しているのは，その報告が自己に不利益な供述の強要に当たるため，憲法に違反する。

3　刑事被告人が迅速な裁判を受ける権利を保障する憲法の規定は，審理の著しい遅延の結果，迅速な裁判を受ける被告人の権利が害せられたと認められる異常な事態が生じた場合には，当該被告人に対する手続の続行を許さず，その審理を打ち切るという非常救済手段がとられるべきことをも認めている趣旨の規定である。

4　憲法の定める法定手続の保障は，直接には刑事手続に関するものであるが，行政手続についても，行政作用に対する人権保障という観点から，当然にこの保障が及ぶため，行政処分を行う場合には，その相手方に事前の告知，弁解，防御の機会を必ず与えなければならない。

5　刑罰法規があいまい不明確のゆえに憲法の定める法定手続の保障に違反するかどうかは，通常の判断能力を有する一般人の理解において，具体的場合にその適用を受けるものかどうかの判断を可能ならしめるような基準が読みとれるかどうかによって決定すべきであり，公安条例の交通秩序を維持することという規定は，犯罪構成要件の内容をなすものとして不明確なため，違憲である。

No.2 日本国憲法に規定する人身の自由に関する記述として，**通説に照らして，妥当なのはどれか。**　【地方上級（特別区）・平成27年度】

1　人を抑留または拘禁する場合には，その理由を告げ，弁護人に依頼する権利を与えなければならず，また，正当な理由がなければ，抑留または拘禁されず，要求があれば，その理由は，直ちに本人およびその弁護人の出席する公開の法廷で示されなければならない。

2　憲法は，住居，書類および所持品について侵入，捜索および押収を受けることのない権利を保障しており，住居の捜索や所持品の押収については裁判官が発した令状によりこれを行う必要があるが，令状がなくても住居の捜索や所持品の押

収が許されるのは，現行犯逮捕の場合に限られる。

3 憲法は，強制，拷問もしくは脅迫による自白または不当に長く抑留若しくは拘禁された後の自白は，これを証拠とすることができないと定め，任意性のない自白の証拠能力を否定しているが，任意性のある自白であれば，これを補強する証拠が別になくても，有罪とすることができる。

4 憲法で定める刑罰法規の不遡及は，犯罪実行時に適法であった行為のみならず，実行時に刑罰が法定されていなかった違法行為についても，事後法によって刑罰を科すことを禁止しているが，実行時に刑罰が法定化されている場合であれば，事後法によって実行時の法定刑より重い刑罰を適用することができる。

5 憲法の定める法定手続の保障は，手続が法定されることのみならず，その法定手続が適正でなければならないこと，実体もまた法律で定められなければならないこと，および法律で定められた実体規定も適正でなければならないことが必要である。

❖ **No.3** 手続的権利に関するア～オの記述のうち，判例に照らし，妥当なもののみをすべて挙げているのはどれか。 　　　　　　　　　　　　　　　【国家一般職・令和3年度】

ア：審理の著しい遅延の結果，迅速な裁判を受ける被告人の権利が害されたと認められる異常な事態が生じた場合であっても，その救済のためには法律で具体的方法が定められている必要があるから，迅速な裁判を受ける権利を保障した憲法37条1項に違反する審理に対して，その審理を打ち切るために，判決で免訴の言渡しをすることはできない。

イ：黙秘権を規定した憲法38条1項の法意は，何人も自己が刑事上の責任を問われるおそれのある事項について供述を強要されないことを保障したものと解されるから，交通事故を起こした者に事故の内容の警察官への報告を法令で義務付けていることは，同条項に違反する。

ウ：憲法34条前段が規定する弁護人依頼権は，単に身体の拘束を受けている被疑者が弁護人を選任することを官憲が妨害してはならないとするだけではなく，被疑者に対し，弁護人を選任した上で，弁護人に相談し，その助言を受けるなど弁護人から援助を受ける機会を持つことを実質的に保障しているものと解すべきである。

エ：下級審における無罪または有罪判決に対し，検察官が上訴し，有罪またはより重い刑の判決を求めることは，被告人を二重の危険にさらすものではなく，また，憲法39条に違反して重ねて刑事上の責任を問うものでもない。

オ：詐欺その他の不正な方法で法人税を免れた行為に対して，法人税法上のほ脱犯として刑罰を科すとともに追徴税を課すことは，追徴税は名目上は税金で

あるが実質的には刑罰であり，刑罰としての罰金と同一の性質であるから，二重処罰を禁止する憲法39条に違反する。

1 ア，イ
2 ア，オ
3 イ，ウ
4 ウ，エ
5 エ，オ

No.4 日本国憲法に規定する人身の自由に関する記述として，判例，通説に照らして，妥当なのはどれか。 　【地方上級（特別区）・令和元年度】

1 憲法の定める法定手続の保障は，手続が法律で定められることだけでなく，その法律で定められた手続が適正でなければならないこと，実体もまた法律で定められなければならないことを意味するが，法律で定められた実体規定も適正でなければならないことまで要求するものではない。

2 何人も，理由を直ちに告げられ，かつ，直ちに弁護人に依頼する権利を与えられなければ，抑留または拘禁されず，また，何人も，正当な理由がなければ，抑留されず，要求があれば，その理由は，直ちに本人およびその弁護人の出席する公開の法廷で示されなければならない。

3 何人も，その住居，書類および所持品について，侵入，捜索および押収を受けることのない権利が保障されており，住居の捜索や所持品の押収については裁判官が発した令状によりこれを行う必要があるので，令状逮捕の場合以外に住居の捜索や所持品の押収を行うことは許されない。

4 最高裁判所の判例では，憲法の迅速な裁判の保障条項は，迅速な裁判を保障するために必要な措置をとるべきことを要請するにとどまらず，審理の著しい遅延の結果，迅速な裁判を受ける被告人の権利が害せられたと認められる異常な事態が生じた場合，これに対処すべき具体的規定がある場合に限りその審理を打ち切る非常救済手段がとられるべきことを認める趣旨の規定であるとした。

5 最高裁判所の判例では，憲法の定める法定手続の保障が，行政手続に及ぶと解すべき場合であっても，一般に行政手続は刑事手続とその性質においておのずから差異があり，また，行政目的に応じて多種多様であるから，行政処分の相手方に事前の告知，弁解，防御の機会を常に必ず与えることを必要とするものではないとした。

実戦問題 **1** の 解説

No.1 の解説　憲法の人身の自由の最高裁判例

→問題はP.195　**正答3**

1 ✕ **告知，弁解，防御の機会を与えずに没収するのは違憲である。**
告知，弁解，防御の機会を与えることなく，その所有物を没収することは，適正な法律手続によらないで，財産権を侵害する制裁を科するものであり，法定手続の保障を定めた憲法に違反するとする（最大判昭37・11・28）。

2 ✕ **交通事故の報告義務は憲法に違反しない。**
前半は正しいが，後半が誤り。旧道路交通取締法施行令が，交通事故発生の場合において操縦者に事故の内容の報告義務を課しているのは，警察官が交通事故に対する処理をなすにつき必要な限度においてのみであって，それ以上に，刑事責任を問われるおそれのある事故の原因その他の事項までも含まれず，自己に不利益な供述の強要に当たらないから，憲法38条1項に違反しないとする（最大判昭37・5・2）。

3 ◎ **審理打ち切りという非常救済手段も認められる。**
高田事件の判例である（最大判昭47・12・20）。

4 ✕ **告知，弁解，防御の機会を必ずしも与える必要はない。**
憲法31条の定める法定手続の保障は，直接には刑事手続に関するものであるが，**行政手続**については，それが刑事手続ではないとの理由のみで，そのすべてが当然に同条による保障の枠外にあると判断することは相当ではないとするので，本肢のように当然にこの保障が及ぶとはしていないから，前半は誤り。さらに，同条による保障が及ぶと解すべき場合であっても，行政手続は，行政目的に応じて多種多様であるから，行政処分の相手方に事前の告知，弁解，防御の機会を与えるかどうかは，行政処分により制限を受ける権利利益の内容，性質，制限の程度等を総合較量して決定されるべきものであって，常に必ずそのような機会を与えることを必要とするものではないとするので，本肢のように相手方に事前の告知，弁解，防御の機会を必ず与えなければならないとはしていないから，後半も誤り（最大判平4・7・1）。

5 ✕ **交通秩序を維持するという規定はあいまい不明確ではない。**
前半は正しいが後半が誤り。公安条例の「交通秩序を維持すること」という規定は，その意味を一般人がさほど困難なく判断することができるから，憲法31条に違反するとはいえないとする（最大判昭50・9・10）。

No.2 の解説　人身の自由の通説 →問題はP.195　正答5

1 ✕ 正当な理由がなければ拘禁されない。
憲法34条は，「何人も，理由を直ちに告げられ，且つ，直ちに弁護人に依頼する権利を与へられなければ，抑留又は拘禁されない。又，何人も，正当な理由がなければ，拘禁されず，要求があれば，その理由は，直ちに本人及びその弁護人の出席する公開の法廷で示されなければならない。」と規定する。したがって，選択肢が「正当な理由がなければ抑留又は拘禁されず」として，抑留を含んでいる部分が誤り。条文上，抑留よりも長期の身柄拘束である拘禁については，正当な理由も必要とされている。

2 ✕ 令状なく住居の捜索等が許されるのは現行犯逮捕の場合に限られない。
憲法35条は，「何人も，その住居，書類及び所持品について，侵入，捜索及び押収を受けることのない権利は，**第33条の場合**を除いては，正当な理由に基いて発せられ，且つ捜索する場所及び押収する物を明示する令状がなければ，侵されない。捜索又は押収は，権限を有する司法官憲が発する各別の令状により，これを行ふ。」とし，この令状主義の例外となる同33条は，「何人も，**現行犯として逮捕**される場合を除いては，権限を有する司法官憲が発し，且つ理由となつてゐる犯罪を明示する**令状によらなければ，逮捕**されない。」とする。したがって，現行犯逮捕の場合に限られるわけではなく，最後が誤り。

3 ✕ 任意性のある自白でも補強証拠がないと有罪にできない。
憲法38条2項は，「強制，拷問若しくは脅迫による自白又は不当に長く抑留若しくは拘禁された後の自白は，これを証拠とすることができない。」とするので，前半は正しい。しかし，同条3項が，「何人も，自己に不利益な唯一の証拠が本人の自白である場合には，有罪とされ，又は刑罰を科せられない。」とするので，後半が誤り。任意性のある自白でも，これを補強する証拠が別にないと，有罪とすることはできない。

4 ✕ 事後法によって実行時の法定刑より重い刑罰を適用できない。
憲法39条は，「何人も，実行の時に適法であつた行為……については，刑事上の責任を問はれない。」とする規定であるが，「事後法によって実行時の法定刑より重い刑罰を適用する」という変更も，刑罰法規不遡及の原則に違反するとするのが通説である。

5 ◎ 法定手続の保障＝手続の法定＋手続の適正＋実体の法定＋実体の適正
法定手続の保障の通説である。

ア✕ 迅速な裁判を受ける権利に違反した審理に対して，免訴の言渡しができる。
判例は，審理の著しい遅延の結果，**迅速な裁判**の保障条項によって憲法が守ろうとしている被告人の諸利益が著しく害せられると認められる異常な事態が生ずるに至った場合には，その審理を打ち切る方法については現行法上よるべき具体的な明文の規定はないが，これ以上実体的審理を進めることは適当でないから，判決で免訴の言渡しをするのが相当であるとする（最大判昭47・12・20）。

イ✕ 交通事故を起こした者に事故の内容の警察官への報告を命ずることは合憲。
判例は，いわゆる**黙秘権**を規定した憲法38条1項の法意は，何人も自己が刑事上の責任を問われるおそれのある事項について供述を強要されないことを保障したものと解されるが，交通事故を起こした者に事故の内容の警察官への報告を命ずることは，憲法38条1項にいう自己に不利益な供述の強要に当らないとする（最大判昭37・5・2）。

ウ◯ 弁護人依頼権は被疑者が弁護人から援助を受ける機会を持つことを保障。
判例は，憲法34条前段の**弁護人依頼権**は，被疑者に対し，弁護人から援助を受ける機会を持つことを実質的に保障しているとする（最大判平11・3・24）。

エ◯ 検察官が上訴することは被告人を二重の危険にさらすものではない。
判例は，検察官が上訴し，有罪またはより重い刑の判決を求めることは，被告人を**二重の危険**にさらすものではなく，憲法39条に違反して**重ねて刑事上の責任を問う**ものでもないとする（最大判昭25・9・27）。

オ✕ 追徴税を課すことは，二重処罰を禁止する39条に違反しない。
判例は，追徴税は，単に過少申告・不申告による納税義務違反の事実があれば，その違反の法人に対し課せられるものであり，これによって，過少申告・不申告による納税義務違反の発生を防止し，もって納税の実を挙げんとする趣旨に出でた行政上の措置であり，法が追徴税を行政機関の行政手続により租税の形式により課すべきものとしたことは追徴税を課せられるべき納税義務違反者の行為を犯罪とし，これに対する刑罰として，これを課する趣旨でないことは明らかである。追徴税のかような性質に鑑みれば，憲法39条の規定は刑罰たる罰金と追徴税とを併科することを禁止する趣旨を含むものでないと解されるから，違憲ではないとする（最大判昭33・4・30）。
以上から，妥当なものは**ウとエ**であり，**4**が正答となる。

1✕ 法律で定められた実体規定も適正でなければならないことも要求する。
最後の部分が誤り。憲法が定める法定手続の保障（31条）は，法律で定めら

れた実体規定も**適正**でなければならないことまで要求するものである。

2✕ 何人も正当な理由がなければ「拘禁」されない。

何人も，理由を直ちに告げられ，かつ，直ちに弁護人に依頼する権利を与えられなければ，抑留または拘禁されず，また，何人も，正当な理由がなければ，「拘禁」されず，要求があれば，その理由は，直ちに本人およびその弁護人の出席する公開の法廷で示されなければならない（34条）。

3✕ 現行犯逮捕の場合にも，住居の捜索や所持品の押収を行うことが許される。

後半が誤り。憲法35条は，何人も，その住居，書類および所持品について，侵入，捜索及び押収を受けることのない権利は，第33条の場合を除いては，正当な理由に基づいて発せられ，かつ捜索する場所および押収する物を明示する令状がなければ，侵されない。捜索又は押収は，権限を有する司法官憲（裁判官）が発する各別の**令状**により，これを行う，と規定している。そして，同33条は，何人も，現行犯として逮捕される場合を除いては，権限を有する司法官憲が発し，かつ理由となっている犯罪を明示する令状によらなければ，逮捕されない，とする。したがって，令状逮捕の場合以外である**現行犯逮捕**の場合にも，住居の捜索や所持品の押収を行うことが許される。

4✕ 具体的規定がなくても，審理を打ち切るという非常救済手段がとられる。

最高裁判所の判例では，憲法37条1項の保障する迅速な裁判を受ける権利は，憲法の保障する基本的な人権の一つであり，同条項は，単に迅速な裁判を一般的に保障するために必要な立法上および司法行政上の措置をとるべきことを要請するにとどまらず，さらに個々の刑事事件について，現実にこの保障に明らかに反し，審理の著しい遅延の結果，迅速な裁判を受ける被告人の権利が害せられたと認められる異常な事態が生じた場合には，「これに対処すべき具体的規定がなくても」，もはや当該被告人に対する手続の続行を許さず，その審理を打ち切るという非常救済手段がとられるべきことをも認めている趣旨の規定であるとした（最大判昭47・12・20）。

5◎ 行政処分の相手方に事前の告知，弁解，防御の機会を常に与える必要なし。

最高裁判所の判例では，憲法31条の定める法定手続の保障は，直接には刑事手続に関するものであるが，**行政手続**については，それが刑事手続ではないとの理由のみで，そのすべてが当然に同条による保障の枠外にあると判断することは相当ではない。しかしながら，同条による保障が及ぶと解すべき場合であっても，一般に，行政手続は，刑事手続とその性質において自ずから差異があり，また，行政目的に応じて多種多様であるから，行政処分の相手方に事前の**告知，弁解，防御の機会**を与えるかどうかは，行政処分により制限を受ける権利利益の内容，性質，制限の程度，行政処分により達成しようとする公益の内容，程度，緊急性等を総合較量して決定されるべきものであって，常に必ずそのような機会を与えることを必要とするものではないとした（最大判平4・7・1）。

No.5 　刑事被告人の権利に関するア～オの記述のうち，妥当なもののみをすべて挙げているのはどれか。　　　　　【国家一般職・平成24年度】

ア：憲法37条1項にいう「迅速な」裁判とは，適正な裁判を確保するのに必要な期間を超えて不当に遅延した裁判でない裁判をいうと解されている。平成15年に制定された裁判の迅速化に関する法律では，裁判の迅速化の具体的な目標として，第一審の訴訟手続については2年以内のできるだけ短い期間内に終局させることが規定された。

イ：憲法37条1項にいう「公開裁判を受ける権利」とは，対審および判決が公開法廷で行われる裁判を受ける権利をいうが，裁判の対審および判決を公開の法廷で行うことは，刑事被告人の人権を擁護するために必要不可欠であることから，刑事手続上，いかなる例外も認められていない。

ウ：刑事裁判における証人尋問において，刑事訴訟法の規定に基づいて，被告人から証人の状態を認識できなくする遮へい措置が採られ，あるいは，同一構内の別の場所に証人を在席させ，映像と音声の送受信により相手の状態を相互に認識しながら通話する方法で尋問を行うビデオリンク方式によることとされ，さらにはビデオリンク方式によった上で遮へい措置が採られても，憲法37条2項前段に違反するものではないとするのが判例である。

エ：憲法37条2項の趣旨は，刑事被告人の防禦権を訴訟の当事者たる地位にある限度において十分に行使せしめようとするものだけではなく，有罪の判決を受けた場合にも，刑事被告人に対して証人尋問に要する費用を含めて訴訟費用を負担させてはならないという趣旨であるとするのが判例である。

オ：憲法37条3項は，刑事被告人の弁護人依頼権を保障し，これを実質的に担保するものとして国選弁護人の制度を設けているから，裁判所は，被告人から国選弁護人の選任請求があった場合には，被告人が国選弁護人を通じて権利擁護のため正当な防禦活動を行う意思がないことを自らの行動によって表明し，その後も同様の状況を維持存続させたときであっても，当該請求に応じなければならないとするのが判例である。

1　ア，イ　　**2**　ア，ウ　　**3**　イ，オ

4　ウ，エ　　**5**　エ，オ

（参考）日本国憲法

第37条　すべて刑事事件においては，被告人は，公平な裁判所の迅速な公開裁判を受ける権利を有する。

②　刑事被告人は，すべての証人に対して審問する機会を充分に与へられ，又，公費で自己のために強制的手続により証人を求める権利を有する。

③　刑事被告人は，いかなる場合にも，資格を有する弁護人を依頼することができる。被告人が自らこれを依頼することができないときは，国でこれを附する。

***
No.6　**人身の自由に関するア〜オの記述のうち，妥当なもののみをすべて挙げているのはどれか。**　【国家総合職・平成30年度】

ア：被告人の国選弁護人請求権は，憲法上の権利として保障されているものであり，被告人が正当な防御活動をする意思がないことを表明したものと評価すべき行動をとり，裁判所が国選弁護人の辞意を容れてやむなくこれを解任し，その後も被告人がこのような状況を維持存続させた場合であっても，被告人が国選弁護人の再選任請求をする限り，裁判所はこれに応じる義務を負うとするのが判例である。

イ：憲法31条は，「何人も，法律の定める手続によらなければ，その生命若しくは自由を奪われ，又はその他の刑罰を科せられない」と規定しており，これは，直接的には刑事手続についての規定であるが，行政手続が刑事手続ではないとの理由のみで，そのすべてが当然に同条の保障の枠外にあると判断すべきではなく，行政手続に同条の保障が及ぶと解すべき場合には，行政処分の相手方に必ず事前の告知，弁解，防御の機会を与えなければならないとするのが判例である。

ウ：憲法33条は「何人も，現行犯として逮捕される場合を除いては，権限を有する司法官憲が発し，且つ理由となつてゐる犯罪を明示する令状によらなければ，逮捕されない」と規定しており，現行犯逮捕以外の場合には，逮捕時に逮捕状などの令状を要するとするのが判例である。

エ：憲法18条は「何人も，いかなる奴隷的拘束も受けない。又，犯罪に因る処罰の場合を除いては，その意に反する苦役に服させられない」と規定しているが，この「意に反する苦役」とは，広く本人の意思に反して強制される労役をいい，たとえば強制的な土木工事への従事などが考えられるが，災害の発生に際し，その拡大を防止するため緊急の必要があると認められる応急措置の業務への従事は，これに当たらない。

オ：憲法38条1項は「何人も，自己に不利益な供述を強要されない」と規定しており，同項による保障は，純然たる刑事手続以外においても，実質上，刑事責任追及のための資料の取得収集に直接結び付く作用を一般的に有する手続には等しく及ぶが，所得税法（昭和40年法律第33号による改正前のもの）に規定する質問及び検査は，同項にいう自己に不利益な供述の強要に当たらないとするのが判例である。

1 ア，ウ

2 ア，オ

3 イ，ウ

4 イ，エ

5 エ，オ

**
No.7 人身の自由に関する次の文章中の下線部ア～オのうち，妥当なもののみ
をすべて挙げているのはどれか。 【地方上級（全国型）・平成22年度】

　日本国憲法は，明治憲法下で行われた捜査官憲による人身の自由に対する過酷
な侵害を徹底的に排除するために，31条以下において人身の自由を確保するため
の詳細な規定を置いている。たとえば，まず，憲法31条は適正手続の保障を定め
る。この点に関し，ア判例は，関税法において，同法所定の犯罪に関係のある船
舶，貨物等が被告人以外の第三者の所有に属する場合においてもこれを没収する
旨規定しながら，その所有者たる第三者に対し，告知，弁解，防御の機会を与え
るべきことを定めておらず，また，刑事訴訟法その他の法令においてもなんら係
る手続きに関する規定を設けていないときに，関税法の規定により第三者の所有
物を没収することは，憲法29条および31条に違反するとする。そして，この31条
が刑事手続以外の手続きにも適用があるかについては争いがある。この点に関
し，イ判例は，憲法31条の定める法定手続の保障は，直接には刑事手続に関する
ものであるが，財産や自由の剥奪ないし制限といった不利益は，行政処分によっ
て課されることも十分ありうることに鑑みると，行政手続にも刑事手続と等しく
同条による保障が及び，その相手方に対し，必ず事前の告知，弁解，防御の機会
を与える必要があるとする。次に，憲法33条は逮捕の要件についての令状主義を
定め，憲法35条は住居等の不可侵について令状主義を定める。これらの点に関
し，ウ判例は，憲法35条は同法33条の場合を除外して住居，書類および所持品に
つき侵入，捜索および押収を受けることのない権利を保障しており，この法意は
同33条による不逮捕の保障の存しない場合においては捜索押収等を受けることの
ない権利もまた保障されないことを明らかにしたものであり，同33条は現行犯の
場合にあっては同条所定の令状なくして逮捕されてもいわゆる不逮捕の保障には
係りなきことを規定しているのであるから，同35条の保障もまた現行犯の場合に
は及ばないものといわざるをえないとする。そして，この35条についても刑事手
続以外の手続きにも適用があるかについても争いがある。この点に関し，エ判例
は，令状主義について規定する憲法35条１項の規定は，本来，主として刑事責任
追及の手続きにおける強制について，それが司法権による事前の抑制の下に置か
れるべきことを保障した趣旨であるから，当該手続きが刑事責任追及を目的とす

るものでない場合には，その手続きにおける一切の強制が当然に右規定による保障の枠外にあると判断することが相当であるとする。最後に，憲法38条1項は自己に不利益な供述を強要されないことを定める。この38条1項については，この供述拒否権を告知することが義務づけられているかについては争いがある。この点に関し，_オ判例は，憲法38条1項は供述拒否権の告知を義務づけるものではなく，右規定による保障の及ぶ手続きについて供述拒否権の告知を要するものとすべきかどうかは，その手続きの趣旨・目的等により決められるべき立法政策の問題と解されるところから，国税犯則取締法に供述拒否権告知の規定を欠き，収税官吏が犯則嫌疑者に対し同法1条の規定に基づく質問をするに当たりあらかじめ右の告知をしなかったからといって，その質問手続が憲法38条1項に違反することとなるものでないとする。

1　ア，イ，エ
2　ア，ウ，オ
3　ア，エ，オ
4　イ，ウ，エ
5　イ，ウ，オ

実戦問題 ❷ の 解説

ア◯ **迅速な裁判とは不当に遅延した裁判でない裁判をいう。**
裁判の迅速化に関する法律2条1項である。

イ✕ **対審は非公開も可能。**
裁判所が，裁判官の全員一致で，公の秩序または善良の風俗を害するおそれがあると決した場合には，**対審は公開しないで**行うことができる（憲法82条2項）。

ウ◯ **ビデオリンク方式は合憲。**
証人尋問が公判期日において行われる場合，傍聴人と証人との間で**遮へい措置**が取られ，あるいは**ビデオリンク方式**によることとされ，さらには，ビデオリンク方式によったうえで傍聴人と証人との間で遮へい措置が採られても，審理が公開されていることに変わりはないから，憲法82条1項に違反するものではないとする（最判平17・4・14）。

エ✕ **有罪の判決を受けた場合には訴訟費用を負担させてよい。**
憲法37条2項の規定は，証人尋問に要する費用は，すべて国家でこれを支給し，訴訟進行の過程において，被告人にこれを支弁させることなく，被告人の無資産などの事情のために，十分に証人の喚問を請求する自由が妨げられてはならないという趣旨であって，もっぱら刑事被告人をして，訴訟上の防御をいかんなく行使させようとする法意に基づくものであって，その被告人が判決において，有罪の言渡しを受けた場合にも，**訴訟費用**の負担を命じてはならないという趣旨の規定ではないとする（最決昭25・10・19）。

オ✕ **国選弁護人の選任請求があっても，裁判所が応じる義務がない場合もある。**
被告人らが国選弁護人を通じて権利擁護のため正当な防御活動を行う意思がないことを自らの行動によって表明し，そのため裁判所が，**国選弁護人を解任**せざるをえなかったという場合において，被告人らがその後も一体となってそのような状況を維持存続させたなどの事情がある場合には，被告人らの各国選弁護人の再選任請求は，誠実な権利の行使とはほど遠いものというべきであり，このような場合には，形式的な国選弁護人選任請求があっても，裁判所としてはこれに応ずる義務を負わないとする（最判昭54・7・24）。

以上から，妥当なものは**ア**と**ウ**であり，**2**が正答となる。

No.6 の解説 人身の自由 →問題はP.203 **正答5**

ア× **国選弁護人の再選任請求があっても，裁判所が応じる義務がない場合あり。**
判例は，被告人が正当な防御活動をする意思がないことを表明したものと評価すべき行動をとり，裁判所が国選弁護人の辞意を容れてやむなくこれを解任し，その後もこのような状況を維持存続させる場合には，被告人の国選弁護人の再選任請求があっても，裁判所はこれに応じる義務はないとしている（最判昭54・7・24）。

イ× **行政処分の相手方に事前の告知，弁解，防御の機会を必ず与える必要はない。**
判例は，憲法31条の定める法定手続の保障は，直接には刑事手続に関するものであるが，**行政手続**については，それが刑事手続ではないとの理由のみで，そのすべてが当然に同条による保障の枠外にあると判断することは相当ではない。しかしながら，同条による保障が及ぶと解すべき場合であっても，一般に，行政手続は，刑事手続とその性質においておのずから差異があり，また，行政目的に応じて多種多様であるから，行政処分の相手方に事前の**告知，弁解，防御の機会**を与えるかどうかは，行政処分により制限を受ける権利利益の内容，性質，制限の程度，行政処分により達成しようとする公益の内容，程度，緊急性等を総合較量して決定されるべきものであって，常に必ずそのような機会を与えることを必要とするものではないとしている（最大判平4・7・1）。

ウ× **緊急逮捕の場合には，逮捕時に逮捕状などの令状を要しない。**
判例は，刑事訴訟法210条の定める厳格な制約のもとに，罪状の重い一定の犯罪のみについて，緊急やむをえない場合に限り，逮捕後直ちに裁判官の審査を受けて逮捕状の発行を求めることを条件とし，被疑者の逮捕を認めることは，憲法33条に違反しないとして，**緊急逮捕は合憲**としている（最大判昭30・12・14）。

エ○ **応急措置の業務への従事は，「意に反する苦役」に当たらない。**
災害発生の際の緊急の必要がある応急措置の業務への従事は，**意に反する苦役**に当たらない。

オ○ **38条1項の保障は刑事責任追及の資料の取得収集に直接結びつく手続に及ぶ。**
判例は，憲法38条1項による保障は，純然たる刑事手続においてばかりではなく，それ以外の手続においても，実質上，刑事責任追及のための資料の取得収集に直接結びつく作用を一般的に有する手続には，ひとしく及ぶものと解するのを相当とする。しかし，旧所得税法の各規定そのものが憲法38条1項にいう**自己に不利益な供述**を強要するものとすることはできないとしている（最大判昭47・11・22）。

以上から，妥当なものはエとオであり，**5**が正答となる。

ア◯ 第三者所有物没収事件の違憲判決である（最大判昭37・11・28）。

イ✕ 判例は，憲法31条の定める法定手続の保障は，直接には刑事手続に関するものであるが，行政手続については，それが刑事手続ではないとの理由のみで，そのすべてが当然に同条による保障の枠外にあると判断することは相当ではないが，同条による保障が及ぶと解すべき場合であっても，一般に，行政手続は，刑事手続とその性質においておのずから差異があり，また，行政目的に応じて多種多様であるから，行政処分の相手方に事前の**告知，弁解，防御の機会**を与えるかどうかは，行政処分により制限を受ける権利利益の内容，性質，制限の程度，行政処分により達成しようとする公益の内容，程度，緊急性等を総合較量して決定されるべきものであって，常に必ずそのような機会を与えることを必要とするものではないとしている（最大判平4・7・1）。

ウ◯ 判例である（最大判昭30・4・27）。

エ✕ 判例は，憲法35条1項の規定は，本来，主として刑事責任追及の手続における強制について，それが司法権による事前の抑制のもとに置かれるべきことを保障した趣旨であるが，当該手続が刑事責任追及を目的とするものでないとの理由のみで，その手続における一切の強制が当然にその規定による保障の枠外にあると判断することは相当ではないとしている（最大判昭47・11・22）。

オ◯ 判例である（最判昭59・3・27）。

　以上から，妥当なものはア，ウ，オであり，**2**が正答となる。

第4章
参政権・社会権

テーマ 11 選挙権
テーマ 12 社会権

試験別出題傾向と対策

試 験 名	国家総合職					国家一般職					国家専門職				
頻出度 / テーマ　年度	21〜23	24〜26	27〜29	30〜2	3〜5	21〜23	24〜26	27〜29	30〜2	3〜5	21〜23	24〜26	27〜29	30〜2	3〜5
出題数	2	1	1	2	2	2	2	1	2	1	0	0	0	0	2
B 11 選挙権	1			1		1			1						1
A 12 社会権	1	1	1	1	2	1	2	1	1	1					1

　本章の出題形式は，社会権では直接正誤型が中心であり，そこでは判例・通説の基本的理解が問われている。選挙権では，直接正誤型以外に，問題文でいくつかの説を挙げ各選択肢でその内容を問うという論理問題なども出題されている。

● 国家総合職

　社会権では，朝日訴訟などの判例・通説の見解を問う単純正誤型の出題が多いが，生存権の法的性格に関する論理問題も出題されている。公務員の労働基本権に関する最高裁判決について問う空欄補充や下線部を問う問題（テーマ2特別な法律関係，参照）も出ている。また，選挙権でも論理問題が出題されている。問題文で複数の学説を挙げ，各選択肢でその沿革，帰結，比較を問うというものである。このような問題では，通説だけでなく，少数説の知識も必要になる。

● 国家一般職

　出題形式は，判例・通説の見解を問う単純正誤型と組合せ型である。内容的にも，堀木訴訟，旭川学力テスト事件などの判例・通説に沿った重要な知識が繰り返し問われている。なお，21年度に，社会権（教育を受ける権利）と自由権（学問の自由）の混合問題が出されている。

● 国家専門職

　国家専門職試験では，上記2テーマからの単独の出題が少ないのが特徴であるが，16年度と20年度に労働基本権の問題（他のテーマとの混合問題）が見られた。しかし，社会権は他の公務員試験では頻出テーマであり，国家専門職でも未出題分野の出題が十分に予想される。生存権も含めて，きっちり対策をとっておくべきであろう。

地方上級 (全国型)					地方上級 (特別区)					市役所 (C日程)					
21 ｜ 23	24 ｜ 26	27 ｜ 29	30 ｜ 2	3 ｜ 5	21 ｜ 23	24 ｜ 26	27 ｜ 29	30 ｜ 2	3 ｜ 5	21 ｜ 23	24 ｜ 26	27 ｜ 29	30 ｜ 2	3 ｜ 4	
0	2	1	1	1	0	3	1	1	2	1	1	1	1	0	
	1					1					1				テーマ⓫
	1	1	1	1		2	1	1	2	1		1	1		テーマ⓬

● 地方上級

　社会権からの出題は，教育を受ける権利，環境権，労働基本権，生存権などとなっている。一方の選挙権からの出題は，選挙に関する基本原則について，空欄補充型で問うものであった。

● 特別区

　出題形式は，判例や論点に関する学説の見解を問う単純正誤型である。出題分野では，社会権のテーマからの出題が多いのが特徴である。20年度のように，生存権と教育を受ける権利の2問出たときさえあった。したがって，社会権は十分に学習すべきである。なお，選挙権のテーマでは，参政権の問題が25年度に初出題された。

● 市役所

　出題内容として，憲法25条の生存権の法的性格に関するプログラム規定説や抽象的権利説など，重要論点に関する学説の問題まで出題されていることに注意が必要である。

必修問題

　参政権に関するア～オの記述のうち，判例に照らし，妥当なもののみをすべて挙げているのはどれか。　　　　　　　　　　【国家総合職・令和元年度】

ア：**立候補の自由**は，選挙権の自由な行使と表裏の関係にあり，自由かつ公正な選挙を維持するうえで，極めて重要である。このような見地からいえば，憲法15条1項は，被選挙権者の立候補の自由について，直接には規定していないが，これもまた，同条同項の保障する重要な基本的人権の一つと解すべきである。したがって，地方議会議員の選挙に当たり，労働組合が，労働組合の統一候補以外の組合員で立候補しようとする組合員に対し，立候補を思いとどまるように勧告または説得することは許されない。

イ：国民主権を宣言する憲法の下において，公職の選挙権は国民の最も重要な基本的権利の一つであるが，それだけに選挙の公正はあくまでも厳粛に保持されなければならないのであって，一旦この公正を阻害し，選挙に関与せしめることが不適当と認められる者は，しばらく，被選挙権，選挙権の行使から遠ざけて選挙の公正を確保するとともに，本人の反省を促すことが相当であるから，これをもって不当に国民の参政権を奪うものというべきではない。

ウ：国民の選挙権の行使を制限することは原則として許されず，そのような制限をするためには，やむをえないと認められる事由がなければならない。もっとも，国会には選挙制度の仕組みの具体的決定に関して広い立法裁量が認められることから，国会が国民の選挙権の行使を可能にするための所要の措置を採らないという不作為によって国民が選挙権を行使することができない場合においては，選挙の公正を確保しつつそのような措置を採ることが事実上不能ないし著しく困難であるとまではいえなくとも，そのような措置を採らないことに合理的な理由があるときは，上記のやむを得ない事由があるということができる。

エ：**重複立候補制**を採用し，同時に行われる二つの選挙に同一の候補者が重複して立候補することを認めるか否かは，国会が裁量により決定することができる事項である。また，重複して立候補することを認める制度においては，一の選挙において当選人とされなかった者が他の選挙において当選人とされることがあることは当然の帰結であるため，重複立候補制を採用したこと自体が憲法に違反するとはいえない。

　オ：投票の秘密に関する保障は，正当な選挙権者の正当な投票に対する保障であって，選挙権のない者または不正投票者を保護するものではない。しかも，選挙権のない者または不正投票者の投じた投票は，選挙の結果に影響を及ぼすのであるから，議員の当選の効力を定める手続において，選挙権のない者または不正投票者の投票について，その投票が何人に対しなされたかを取り調べることは許される。

1．ア，ウ

2．イ，エ

3．イ，オ

4．ウ，エ

5．エ，オ

難易度　＊＊

必修問題の解説

　憲法15条１項は，「公務員を選定…することは，国民固有の権利である」と定め，選挙権を保障している。在外選挙権制度事件などの判例を押さえることが必要。

ア✕ **労働組合が立候補を思いとどまるように勧告・説得することは許される。**
前半は正しいが，「したがって」以下の後半が誤り。判例は，地方議会議員の選挙に当たり，労働組合が，労働組合の統一候補以外の組合員で立候補しようとする組合員に対し，立候補を思いとどまるように勧告または説得をすることは，それが単なる勧告または説得にとどまる限り，**統制権**の行使として許されるとする（最大判昭43・12・４）。ただし，同判例は，立候補取りやめの要求に従わないことを理由に当該組合員を処分することは，公職選挙における立候補の自由の重要性に鑑みると，統制権の限界を超える違法なものであるとした。

イ◯ **選挙犯罪刑者の選挙権・被選挙権の停止は不当に参政権を奪うものではない。**
判例は，公職選挙法所定の選挙犯罪の処刑者について，一般犯罪の処刑者よりも厳しく選挙権，被選挙権停止の処遇をしても，不当に国民の参政権を奪うものとはいえないとした（最大判昭30・２・９）。

ウ✕ **選挙権の行使の制限には，事実上不可能などのやむをえない事由が必要。**
前半は正しいが，後半が誤り。判例は，国民の選挙権またはその行使を制限するには，その制限なしには公正を確保しつつ選挙権の行使を認めることが事実上不可能ないし著しく困難であるとのやむをえない事由が必要であるとする（最大判平17・９・14）。

213

エ◯ **重複立候補制の採用は合憲である。**

判例は，重複立候補制を採用したこと自体が憲法に違反するとはいえないとする（最大判平11・11・10）。

オ✕ **投票が何人になされたかの取り調べはできない。**

判例は，議員の当選の効力を定める手続において，選挙権のない者または不正投票者の投票について，その投票が何人に対しなされたかを取り調べてはならないとする（最判昭25・11・9）。

以上から，妥当なものは**イ**と**エ**であり，**2**が正答となる。

正答 **2**

FOCUS

　選挙権では，その法的性格と選挙に関する基本原則に関する重要判例（戸別訪問禁止事件など）が出題される。

重要ポイント **1** 選挙権の法的性格

選挙権は，国民の参政権の中で最も重要な権利であるが，その性格については争いがある。

政治に参加する権利と見る権利説や，公務員の選定する公務と見る公務説もあるが，通説は，両者を併せ持つとする**二元説**をとっている。すなわち，参政の権利とともに公務の執行という二重の性格を有するのである。選挙権は，人権である参政権の一つであるから権利ではあるが，公務員を選定するものなので純粋な権利の性格のみとはいえず，公務としての性格もあるからである。

重要ポイント **2** 選挙の基本原則

普通選挙	財力（財産，納税額など），教育，性別などを選挙権の要件としない制度。これに対して，それらを要件とする制度を制限選挙という。憲法は，「公務員の選挙については，成年者による普通選挙を保障する」（15条3項）と定め，被選挙権についても，資格の平等を定める（44条）。
平等選挙	選挙権の価値を平等，つまり1人1票を原則とする制度。これに相対するのが不平等選挙で，複数選挙（特定の選挙人に2票以上の投票を認める制度）などがその例。
自由選挙 （投票）	棄権しても罰金，氏名の公表などの制裁を受けない制度。反対に，正当な理由なしに棄権をした選挙人に制裁を加える制度を強制投票という。
秘密選挙 （投票）	だれに投票したかを秘密にする制度。公開選挙と対置される。憲法は「すべて選挙における投票の秘密は，これを侵してはならない。選挙人は，その選択に関し公的にも私的にも責任を問はれない」（15条4項）と定める。
直接選挙	選挙人が公務員を直接に選挙する制度。これに対し，選挙人がまず選挙委員を選び，その選挙委員が公務員を選挙する制度を間接選挙といい，アメリカ大統領選挙で採用されている。

判例は，被選挙権者の**立候補の自由**は，選挙権の自由な行使と表裏の関係にあり，憲法15条1項には直接には規定していないが，これもまた，同条同項が保障する重要な基本的人権の一つであるとしている（最大判昭43・12・4）。

また，平等選挙に関連して，議員定数不均衡の問題について，近時の判例は，衆参両議院の選挙について，各々次のように判示している。

衆議院議員定数不均衡訴訟 （最大判令5・1・25）	最大2.08倍に関して，アダムズ方式の導入を評価して合憲。
参議院議員定数不均衡訴訟 （最大判令5・10・18）	最大3.03倍に関して，合区による格差縮小を評価して合憲。

第4章 参政権・社会権

選挙に関する判例

(1) 戸別訪問禁止事件

　公職選挙法138条1項の戸別訪問禁止規定が，憲法21条に違反するか否かが争われた事件で，判例は，猿払事件判決（P.34）でとられた合理的関連性の基準を用い，合憲を導いている。

📖**判例** 戸別訪問禁止事件（最判昭56・6・15）

> 戸別訪問の禁止は，意見表明そのものの制約を目的とするものではなく，意見表明の手段方法のもたらす弊害（買収，利害誘導等の温床になりやすい，選挙人の生活の平穏を害する，投票も情実に支配されやすくなるなど）を防止し，もって選挙の自由と公正を確保することを目的としているが，この目的は正当である。そして，この禁止は，戸別訪問以外の手段方法による意見表明の自由を制約するものではなく，単に手段方法の禁止に伴う限度での間接的，付随的な制約にすぎない反面，戸別訪問の禁止により得られる利益は，失われる利益に比してはるかに大きい。
> したがって，戸別訪問を一律に禁止している公選法138条1項の規定は，合理的で必要やむをえない限度を超えるものとは認められず，憲法21条に違反するものではない。

(2) その他の判例

　新聞紙や雑誌の発行頻度等に着目して異なる取扱いを定めた公選法の規定を，合理的なものとしている（最判昭54・12・20）。また，連座制の規定は，憲法に違反しない（最判昭37・3・14）。なお，選挙犯罪者について，一般犯罪者に比し特に選挙権・被選挙権停止の処遇をしても，憲法に違反しない（最大判昭30・2・9）。

　労働組合が立候補の取りやめの要求に従わない組合員を処分することは，組合の統制権の限界を超え，違法であるとしている（最大判昭43・12・4）。

(3) 在外国民選挙権制限事件

　在外国民の国政選挙における選挙権行使の制限が争われた事件で，判例は，98年改正前の公職選挙法が国政選挙で在外国民の投票を認めていなかったこと，改正後の同法が比例区の投票だけに制限し選挙区選挙で在外投票を認めていないことを違憲とした。

📖**判例** 在外国民選挙権制限事件（最大判平17・9・14）

> 本件改正前の公職選挙法が，選挙当時，在外国民の投票をまったく認めていなかったことは，憲法15条1項，3項，43条1項，44条但書に違反するものであった。
> また，遅くとも，本判決言渡し後に初めて行われる衆議院議員総選挙または参議院議員通常選挙の時点においては，衆議院小選挙区選出議員選挙および参議院選挙区選出議員選挙について在外国民に投票をすることを認めないことについて，やむをえない事由があるということはできず，公職選挙法の規定のうち，在外選挙制度の対象となる選挙を当分の間両議院の比例代表選出議員の選挙に限定する部分は，憲法に違反する。

実戦問題

No.1 **参政権に関する記述として，最高裁判所の判例に照らして，妥当なのはどれか。** 【地方上級（特別区）・平成25年度】

1 憲法は，国会議員の選挙制度の仕組みについての具体的な決定を国会の裁量にゆだねていると解され，国外に居住していて国内の市町村の区域内に住所を有していない日本国民に国政選挙における選挙権の行使を認める制度の対象となる選挙を比例代表選出議員の選挙に限定することは，違憲とはいえない。

2 戸別訪問が不正行為を助長するおそれがあるというのは，抽象的な可能性にとどまり，被訪問者の生活の平穏を害するという点は，制限を置くことによってその弊害を除くことができるので，戸別訪問を一律に禁止している公職選挙法の規定は，合理的で必要やむをえない限度を超えており，憲法に違反する。

3 憲法は立候補の自由について直接には規定していないが，立候補の自由も憲法の保障する基本的な人権の一つと解すべきであり，労働組合が，組合の方針に反して立候補しようとする組合員に対し，立候補を取りやめることを要求し，これに従わないことを理由に当該組合員を統制違反者として処分するのは，組合の統制権の限界を超えるものであり，違法である。

4 選挙に関する犯罪により一定以上の刑に処せられた者に対して，選挙権を所定の期間停止することは，選挙権が主権者としての市民の主権行使の権利であるので，憲法に違反するが，被選挙権を所定の期間停止することは，被選挙権は選挙されうる資格ないし地位であるので，憲法に違反しない。

5 選挙運動の総括主宰者だけでなく，組織的選挙運動管理者等が，買収等の悪質な選挙犯罪を犯し禁錮以上の刑に処せられたときに，候補者であった者の当選無効や立候補の禁止という連座の効果を生じさせる公職選挙法の規定は，投票者の選挙権を侵害し，候補者の立候補の自由と被選挙権を侵害するものであり，憲法に違反する。

No.2 憲法15条に関するア～エの記述のうち，判例に照らし，妥当なもののみをすべて挙げているのはどれか。 【国家総合職・平成21年度】

ア：憲法15条１項は立候補の自由について直接には規定していないが，これもまた，同条同項の保障する基本的人権の一つであり，労働組合が，組合の方針に反して立候補しようとする組合員に対し，立候補の取りやめを要求し，これに従わないことを理由に統制違反者として処分することは，組合の統制権の限界を超え，違法となる。

イ：憲法15条１項および３項は，国外に居住していて国内の市町村の区域内に住所を有していない在外国民の選挙権を保障したものではなく，在外国民の国政選挙への参加を比例代表選出議員の選挙に限定したとしても，当該措置は違憲であるとはいえない。

ウ：憲法15条１項が保障する公務員を選定罷免する権利は，国民主権の原理に由来し，その性質上，わが国の国籍を有する日本国民にのみ認められるものであり，たとえ地方公共団体の長やその議会の議員に対する選挙権であっても，日本国民以外の者に法律で選挙権を付与することは憲法上認められない。

エ：全体の奉仕者としての公務員も一般の勤労者であり市民であるから，その政治的活動の自由の制限は，行政の中立性を確保するという目的を達成するため，より制限的でない他の選びうる手段が存在しない場合に限り認められ，公務員の政治的活動を一律に禁止することは憲法に違反する。

1 ア

2 ア，イ

3 イ，エ

4 ウ

5 ウ，エ

（参考）日本国憲法

第15条　公務員を選定し，及びこれを罷免することは，国民固有の権利である。

② すべて公務員は，全体の奉仕者であつて，一部の奉仕者ではない。

③ 公務員の選挙については，成年者による普通選挙を保障する。

④ すべて選挙における投票の秘密は，これを侵してはならない。選挙人は，その選択に関し公的にも私的にも責任を問はれない。

**♦ No.3 ** 参政権に関するア～オの記述のうち，判例に照らし，妥当なもののみを
すべて挙げているのはどれか。　　　　　　　【国家一般職・平成18年度】

ア：選挙権の行使が不可能あるいは著しく困難となり，その投票の機会が奪われ
る結果となることは，これをやむをえないとする合理的理由の存在しない限
り許されないのであるから，在宅投票制度を廃止した立法行為は，立法目的
達成の手段としてその裁量の限度を超え，これをやむをえないとする合理的
理由を欠き，憲法の規定に違反する。

イ：わが国に在留する外国人のうちでも永住者等であってその居住する区域の地
方公共団体と特段に緊密な関係を持つに至ったと認められる者について，そ
の意思を日常生活に密接な関連を有する地方公共団体の公共的事務の処理に
反映させるべく，法律をもって，地方公共団体の長，その議会の議員等に対
する選挙権を付与する措置を講ずることは，憲法上禁止されているものでは
ない。

ウ：初めて在外選挙制度を設けるに当たり，まず問題の比較的少ない比例代表選
出議員の選挙についてだけ在外国民の投票を認めることとすることはまった
く理由のないものということはできないので，本制度創設後に在外選挙が繰
り返し実施されてきている事情を考慮することなく，在外選挙制度の対象と
なる選挙を両議院の比例代表選出議員の選挙に限定し続けることは，憲法の
規定に違反しない。

エ：公職選挙法上，選挙運動の総括主宰者だけではなく，組織的選挙運動管理者
等が買収等の悪質な選挙犯罪を犯し禁錮以上の刑に処せられた場合に連座の
効果を生じさせることは，これを全体として見たときに，立法目的を達成す
るための手段として必要かつ合理的なものであるとはいえないから，憲法の
規定に違反する。

オ：労働組合は，その団結を維持し，その目的を達成するために，組合員に対す
る統制権を有しているが，地方議会議員の選挙において組合として統一候補
を決定し組合を挙げて支持することとした場合に，統一候補以外の組合員で
立候補しようとする者に対し，立候補を思いとどまるよう勧告または説得を
することは，組合の統制権の限界を超えるものとして，憲法の規定に違反す
る。

1　イ

2　ウ

3　ア，ウ

4　イ，オ

5　エ，オ

実戦問題の解説

No.1 の解説　参政権

→問題はP.217　**正答3**

1 ✕　**在外選挙制度の対象を比例代表選出議員の選挙に限定するのは違憲。**

前半は正しいが後半が誤り。国民の選挙権またはその行使を制限することは原則として許されず，国民の選挙権またはその行使を制限するためには，そのような制限をすることがやむをえないと認められる事由がなければならない。国外に移住していて国内の市町村の区域内に住所を有していない日本国民に国政選挙における選挙権の行使を認める制度の対象となる選挙を比例代表選出議員の選挙に限定することは，憲法に違反するとする（最大判平17・9・14）。

2 ✕　**戸別訪問の一律禁止は合憲。**

選挙の自由と公正を確保する見地からする国会の立法裁量の問題であるとして，**戸別訪問を一律に禁止**している公職選挙法の規定は，憲法に違反しないとする（最判昭56・6・15）。

3 ◎　**立候補の自由も基本的人権。**

立候補をやめないことを理由に組合の統制違反者として処分するのは，組合の統制権の限界を超えて違法である（最大判昭43・12・4）。

4 ✕　**選挙犯罪者の選挙権を停止するのは合憲。**

公職の選挙権は国民の最も重要な基本的権利の一つであるが，それだけに選挙の公正はあくまでも厳粛に保持されなければならないのであって，いったんこの公正を阻害し，選挙に関与せしめることが不適当と認められる者は，しばらく被選挙権，選挙権の行使から遠ざけて選挙の公正を確保するとともに，本人の反省を促すことは相当であるからこれをもって不当に国民の参政権を奪うものというべきではない（最大判昭30・2・9）。したがって，選挙に関する犯罪により一定以上の刑に処せられた者に対して，「被選挙権」だけでなく，「選挙権」を所定の期間停止することも，憲法に違反しない。

5 ✕　**拡大連座制は合憲。**

連座の対象者を組織的選挙運動管理者等に**拡大する連座制**の規定は，民主主義の根幹をなす公職選挙の公明，適正を厳粛に保持するという極めて重要な法益を実現するために定められたという立法目的は合理的であり，この目的を達成するための手段としても必要かつ合理的なものであるとして，憲法に違反しないとする（最判平9・3・13）。

No.2 の解説　憲法15条

→問題はP.218　**正答 1**

ア○ **立候補の自由も15条1項で保障される。**

立候補の自由と労働組合の統制権に関する三井美唄事件の判例である（最大判昭43・12・4）。

イ✕ **在外国民の国政選挙を比例代表の選挙に限定するのは違憲である。**

判例は，在外国民は，選挙人名簿の登録について国内に居住する国民と同様の被登録資格を有しないために，そのままでは選挙権を行使することができないが，憲法によって選挙権を保障されていることに変わりはなく，在外選挙制度の対象となる選挙を両議院の比例代表選出議員の選挙に限定することは違憲であるとしている（最大判平17・9・14）。

ウ✕ **地方の選挙権を法律で一定の外国人に付与することは憲法上認められる。**

前半は正しい（最判平5・2・26）が，後半が誤り。判例は，わが国に在留する外国人のうちでも永住者等であって，その居住する区域の地方公共団体と特段に密接な関係を持つに至ったと認められるものについて，その意思を日常生活に密接な関連を有する地方公共団体の公共的事務の処理に反映させるべく，法律をもって，地方公共団体の長，その議会の議員等に対する選挙権を付与する措置を講ずることは，憲法上禁止されているものではないとしている（最判平7・2・28）。

エ✕ **公務員の政治的活動を一律に禁止することは合憲である。**

判例は，公務員の政治的中立性を損なうおそれがあると認められる政治的行為を禁止することは，禁止目的との間に合理的な関連性があるものと認められるのであって，たとえその禁止が，公務員の職種・職務権限，勤務時間の内外，国の施設の利用の有無等を区別することなく，あるいは行政の中立的運営を直接，具体的に損なう行為のみに限定されていないとしても，合理的な関連性が失われるものではないとして**合理的関連性の基準**を採用して，公務員の政治活動の一律禁止を合憲であるとしている（最大判昭49・11・6）。

以上から，妥当なものはアのみであり，**1**が正答となる。

第4章 参政権・社会権

ア✕　**在宅投票制度を廃止した立法行為は違憲ではない。**

憲法には**在宅投票制度**の措置を積極的に命ずる明文の規定が存しないばかりでなく，かえって，その47条は「選挙区，投票の方法その他両議院の議員の選挙に関する事項は，法律でこれを定める」と規定しているのであって，これが投票の方法その他選挙に関する事項の具体的決定を原則として立法府である国会の裁量的権限に任せる趣旨であるとして，在宅投票制度を廃止した国会の行為は，国家賠償法1条1項の適用上違法の評価を受けるものではない（最判昭60・11・21）。

イ◯　**一定の外国人に法律で地方選挙権を付与するのも憲法上禁止はされない。**

定住外国人の地方選挙権に関する判例である（最判平7・2・28）。

ウ✕　**在外選挙の対象を比例代表選挙に限定し続けるのは違憲である。**

最高裁は，初めて在外選挙制度を設けるに当たり，まず問題の比較的少ない比例代表選出議員の選挙についてだけ在外国民の投票を認めることとしたことが，まったく理由のないものであったとまでいうことはできないとしながらも，比例代表選出議員の在外選挙を認めた公職選挙法の改正後に，通信手段が地球規模で目覚ましい発達を遂げていることなどから，在外国民に候補者個人に関する情報を適正に伝達することが著しく困難であるとはいえなくなったとして，在外選挙制度の対象となる選挙を当分の間両議院の比例代表選出議員の選挙に限定する部分は，憲法15条1項・3項，43条1項ならびに44条但書に違反するとした（最大判平17・9・14）。

エ✕　**連座制は合憲である。**

公職選挙法は，組織的選挙運動管理者等が買収などの悪質な選挙犯罪を犯し禁錮以上の刑に処せられたときに限って**連座**の効果を生じさせることとして，連座制の適用範囲に相応の限定を加え，立候補禁止の期間およびその対象となる選挙の範囲も限定し，さらに，選挙犯罪がいわゆるおとり行為または寝返り行為によってされた場合には免責することとしているほか，当該候補者等が選挙犯罪行為の発生を防止するため相当の注意を尽くすことにより連座を免れることのできる途も新たに設けているので，同法の規制は，これを全体として見れば，立法目的を達成するための手段として必要かつ合理的なものというべきである（最判平9・3・13）。

オ✕　**勧告や説得は労働組合の統制権の限界を超えず合憲である。**

統一候補以外の組合員であえて**立候補**しようとする者に対し，組合の所期の目的を達成するため，立候補を思いとどまるよう勧告または説得することも，それが単に勧告または説得にとどまる限り，組合の組合員に対する妥当な範囲の統制権の行使にほかならず，別段，法の禁ずるところとはいえない（最大判昭43・12・4）。

以上から，妥当なものは**イ**のみであり，**1**が正答となる。

第４章

参政権・社会権

必修問題

日本国憲法に規定する生存権に関する記述として，妥当なのはどれか。

【地方上級（特別区）・令和4年度】

1 生存権には，国民各自が自らの手で健康で文化的な最低限度の生活を維持する自由を有し，国家はそれを阻害してはならないという**社会権的側面**と，国家に対してそのような営みの実現を求める**自由権的側面**がある。

2 **プログラム規定説**によれば，生存権実現のための法律の不存在そのものが，生存権という個別具体的な国民の権利を侵害していると主張することが可能であり，立法の不作為自体を訴訟で争うことが可能である。

3 最高裁判所の判例は，一貫して**具体的権利説**を採用し，すべての国民が健康で文化的な最低限度の生活を営みうるよう国政を運営すべきことを国家の責務とする生存権の規定により直接に，個々の国民は，国家に対して具体的，現実的な権利を有するものであるとしている。

4 最高裁判所の判例では，限られた財源の下で福祉的給付を行う場合であっても，自国民を在留外国人より優先的に扱うことは，許されるべきことではないと解され，障害福祉年金の支給対象者から在留外国人を除外することは，憲法に違反するとした。

5 最高裁判所の判例では，健康で文化的な最低限度の生活の内容について，どのような立法措置を講ずるかの選択決定は，**立法府の**広い**裁量**にゆだねられており，それが著しく合理性を欠き明らかに裁量の逸脱濫用と見ざるをえないような場合を除き，裁判所が審査判断するのに適しない事柄であるとした。

難易度 ＊＊

必修問題の 解説

生存権の法的性格に関しては，学説上争いがあり，プログラム規定説，抽象的権利説，具体的権利説の3説がある。

1× **自由権的側面と社会権的側面が逆。**
自由権的側面と社会権的側面の説明が逆になっている。

2× **プログラム規定説ではなく具体的権利説。**
本肢の説明は，プログラム規定説ではなく，具体的権利説である。プログラム規定説は，生存権規定は，**国に政治的・道義的義務**を課したにとどまり，個々の国民に具体的，現実的権利を保障したものではないとする。

3× **最高裁判所の判例は，具体的権利説を採用していない。**
最高裁判所の判例は，次のように，具体的権利説を採用していない。判例は，憲法25条1項は，すべての国民が健康で文化的な最低限度の生活を営みうるように国政を運営すべきことを国の責務として宣言したにとどまり，直接個々の国民に対して**具体的権利を賦与したものではない**。具体的権利としては，憲法の規定の趣旨を実現するために制定された生活保護法などによって，はじめて与えられているというべきであるとしている（最大判昭42・5・24）。

4× **福祉的給付を行う場合に自国民を在留外国人より優先的に扱うことは許容。**
最高裁判所の判例では，限られた財源の下で福祉的給付を行う場合に，自国民を在留外国人より優先的に扱うことは，許されるべきことであると解され，障害福祉年金の支給対象者から在留外国人を除外することは，憲法に違反しないとした（最判平元・3・2）。

5◎ **裁量の逸脱濫用の場合を除き，裁判所は審査判断しない。**
立法府の広い裁量にゆだねられており，それが著しく合理性を欠き明らかに裁量の**逸脱濫用**と見ざるをえないような場合を除き，裁判所は審査判断するのに適しないとした堀木訴訟の判例である（最大判昭57・7・7）。

正答 5

FOCUS

社会権では，生存権（25条），教育を受ける権利（26条），労働基本権（28条）の3つが出題される。生存権では，その法的性格論が重要である。教育を受ける権利では，教育権の所在や義務教育の無償の意味などが，労働基本権では，特に公務員の労働基本権の制限が大切である。

> **重要ポイント ①　生存権**

　社会権は，20世紀になって，社会的・経済的弱者を守るために保障されるに至った人権であり，国に対して一定の行為を要求する権利である。社会権の中で，生存権（25条）の保障は原則的な規定であり，国民が，**健康で文化的な最低限度の生活を営む**ことができるとしたものである。

（1）生存権の学説

　生存権の法的性格については，学説上争いがある。

　第一に，生存権はプログラム規定か法的権利（法規範）かが問題になる。**プログラム規定説**は，25条は国に政治的，道義的義務を課したにとどまり，個々の国民に具体的権利を保障したものではないとする。法的権利説は，25条は国に法的義務を課し，国民の権利を保障したものであるとする。

　第二に，法的権利（法規範）とした場合，さらにその権利が，抽象的権利か具体的権利（裁判規範）かが問題になる。**抽象的権利説**は，25条を直接の根拠にして裁判所に請求することはできないが，生存権を具体化する法律によって具体的な権利になるとする。**具体的権利説**は，国が25条を具体化する立法をしない場合に，裁判所に対して国の立法不作為の違憲確認訴訟を提起できるとする。

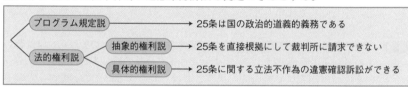

（2）生存権の判例

　学説による評価は分かれるが，判例は朝日訴訟において次のように判示している。抽象的権利説（ないしはプログラム規定説）を採用していると考えられる。

判例　朝日訴訟（最大判昭42・5・24）

> 25条1項は，すべての国民が健康で文化的な最低限度の生活を営みうるように国政を運営すべきことを国の責務として宣言したにとどまり，直接個々の国民に対して具体的権利を賦与したものではない。
> 何が健康で文化的な最低限度の生活であるかの認定基準は，一応，厚生（労働）大臣の合目的的な裁量にゆだねられている。

　なお，この判例は，生活保護受給権は一身専属の権利であり，相続の対象となりえないとしている。

判例　堀木訴訟（最大判昭57・7・7）

> 25条の規定の趣旨に応えて具体的にどのような立法措置を講ずるかの選択決定は，立法府の広い裁量にゆだねられており，それが著しく合理性を欠き明らかに裁量の逸脱・濫用と見ざるをえないような場合を除き，裁判所が審査判断するのに適しない事柄である。

この判例は，社会保障給付額が低額であっても，当然に25条違反となるものではないとしている。

重要ポイント 2　教育を受ける権利

　「すべて国民は，法律の定めるところにより，その能力に応じて，ひとしく教育を受ける権利を有する」（26条1項）。教育を受ける権利は，特に，子供の**学習権**を保障したものである。この権利に対応して，その保護する子女に普通教育を受けさせる義務を負うのは，第一次的には親である（26条2項）。

（1）教育権の所在

　教育内容について国家が関与，決定する権能を有するか否かについて争いがある。判例は，国家の関与を認める国家教育権説と国家の関与を許さない国民教育権説を，いずれも極端かつ一方的であるとして否定し，次のように判示した。

判例 ╲旭川学力テスト事件（最大判昭51・5・21）

> 親の学校外における教育や学校選択の自由，また，教師の教育の自由も，一定の範囲において肯定できる。しかし，それ以外の領域においては，国は必要かつ相当と認められる範囲において，教育内容についてもこれを決定する権能を有する。

（2）義務教育の無償

　「義務教育は，これを無償とする」（26条2項後段）。無償とは，授業料不徴収の意味，すなわち**授業料無償説**が，判例である（最大判昭39・2・26）。

（3）学問の自由・大学の自治

　大学の自治は，「学問の自由は，これを保障する」（23条）という学問の自由に含まれる制度的保障である。大学の内部行政を大学の自主的な決定に任せ，外部勢力による干渉を排除するものである。大学の自治の限界に関して次の判例がある。

判例 ╲東大ポポロ事件（最大判昭38・5・22）

> 学生の集会が真に学問的な研究またはその結果の発表のためのものでなく，実社会の政治的社会的活動に当る行為をする場合には，大学の有する特別の学問の自由と自治は享有しない。

重要ポイント 3　労働基本権

　「勤労者の団結する権利及び団体交渉その他の団体行動をする権利は，これを保障する」（28条）。労働基本権は，団結権，団体交渉権，団体行動権（争議権）の3つからなるので，**労働三権**ともいわれる。社会権としての性格だけでなく，自由権として労働基本権を制限する国家行為を禁止するという意味をも持つ。また，民間の使用者対労働者という私人間の関係にも直接適用される。公務員の労働基本権の制限を，判例は合憲としている（P.35）。

✪ **No.1** 憲法25条に関するア～オの記述のうち，妥当なもののみをすべて挙げて
いるのはどれか。 【国家一般職・平成24年度】

ア：生存権の法的性格については，学説上複数の見解が存在する。このうち，い
わゆるプログラム規定説は，憲法25条は，国民の生存を確保するための立法
を行う法的義務を国に課しているが，国民の具体的権利を認めたものではな
いとする見解であり，同説によれば，立法府がその義務を履行しない場合で
あっても，個々の国民が裁判所に対して国の不作為の違憲訴訟を提起するこ
とはできない。

イ：平成元年改正前の国民年金法が，20歳以上の学生を，国民年金の強制加入被
保険者として一律に保険料納付義務を課すのではなく，任意加入を認めて国
民年金に加入するかどうかを20歳以上の学生の意思にゆだねることとした措
置は，著しく合理性を欠くものとして憲法25条に違反するとするのが判例で
ある。

ウ：憲法25条の定める健康で文化的な最低限度の生活を維持するために必要な生
活費は経済学等の学問的知見によって容易に計量化が可能であり，所得税法
における課税最低限を定めるに当たっては立法府の裁量を認める余地はない
から，同法の定める課税最低限が健康で文化的な最低限度の生活を維持する
ための生計費を下回ることを立証すれば，当該課税最低限に基づく課税の憲
法25条違反を主張することができるとするのが判例である。

エ：社会保障上の施策における在留外国人の処遇については，国は，特別の条約
の存しない限り，当該外国人の属する国との外交関係，変動する国際情勢，
国内の政治・経済・社会的諸事情等に照らしながら，その政治的判断により
決定でき，限られた財源下での福祉的給付に当たり自国民を在留外国人より
優先的に扱うことも許され，障害福祉年金の支給対象者から在留外国人を除
外することは，立法府の裁量の範囲に属する事柄であって，憲法25条に違反
するものではないとするのが判例である。

オ：社会保障法制上，同一人に同一の性格を有する2以上の公的年金が支給され
ることとなるべき場合において，社会保障給付の全般的公平を図るため公的
年金相互間における併給調整を行うかどうかは，立法府の裁量の範囲に属す
る事柄と見るべきであり，また，この種の立法における給付額の決定も，立
法政策上の裁量事項であり，その給付額が低額であるからといって当然に憲
法25条に違反するものではないとするのが判例である。

1 ア，イ **2** ア，ウ **3** イ，オ

4 ウ，エ **5** エ，オ

No.2 日本国憲法に規定する生存権の法的性格に関する記述として，妥当なのはどれか。　【地方上級（特別区）・平成20年度】

1 プログラム規定説は，憲法の生存権の規定は，国民に法的権利を保障したものであるが，それを具体化する法律によって初めて具体的な権利となるとするものである。

2 抽象的権利説は，憲法の生存権の規定は，個々の国民に対し法的権利を保障したものではなく，国に政治的・道義的義務を課したにとどまるとするものである。

3 具体的権利説は，憲法の生存権の規定に具体的権利性を認めたもので，それを実現する法律が存在しない場合には，立法不作為の違憲確認訴訟を提起することができるとするものである。

4 最高裁判所の判例では，憲法の生存権の規定は，すべての国民が健康で文化的な最低限度の生活を営みうるように国政を運営すべきことを国の責務として宣言したにとどまらず，直接個々の国民に対して具体的権利を賦与したものであるとした。

5 最高裁判所の判例では，憲法の生存権の規定における健康で文化的な最低限度の生活なるものは，抽象的・相対的な概念であって，具体的にどのような立法措置を講ずるかの選択決定は立法府の裁量にゆだねられているが，それはすべて裁判所の審査判断の対象となるとした。

No.3 次の文中の空欄Ａ～Ｃに入る語句の組合せとして，それぞれカッコ内の語句の中から適当な語を選択した場合に，正しい組合せとなるのはどれか。

【市役所・平成28年度】

　憲法25条第1項に規定されている生存権は，かつては（　**A**　）と解されていた時期があった。しかし，その後，最高裁判所が，行政が憲法および法律の趣旨・目的に反するような基準を設けるなど，（　**B**　）に違反する行為があった場合には裁量権の逸脱・濫用として違法となるとの判断を示した。このような判例の立場は，（　**C**　）の見解に立ったものと解されている。

　A［プログラム規定，抽象的権利］
　B［政治的義務，法的義務］
　C［抽象的権利説，具体的権利説］

1　A－プログラム規定　　B－法的義務　　C－抽象的権利説
2　A－プログラム規定　　B－法的義務　　C－具体的権利説
3　A－プログラム規定　　B－政治的義務　　C－抽象的権利説
4　A－抽象的権利　　B－政治的義務　　C－具体的権利説
5　A－抽象的権利　　B－法的義務　　C－抽象的権利説

No.4 日本国憲法に規定する生存権の法的性格に関する記述として，判例，通説に照らして，妥当なものはどれか。　　　　　【地方上級（特別区）・平成27年度】

1　生存権には，社会権的側面があるが，国民が自らの手で健康で文化的な最低限度の生活を維持する自由を有し，国家はそれを阻害してはならないという自由権的側面が認められることはない。

2　プログラム規定説は，憲法の生存権の規定は，国民の生存を確保すべき政治的・道義的義務を国に課したにとどまらず，個々の国民に対して法的権利を保障したものである。

3　抽象的権利説は，憲法の規定は，国家に対して立法その他の措置を通じて生存権を実現すべき法的義務を課しているので，直接憲法の規定を根拠に，裁判所に対し国家の立法の不作為の違憲性を争うことも，生存権を具体化する法律の存在を前提として憲法違反を主張することも許されないとしたものである。

4　最高裁判所の判例では，国は，特別の条約の存しない限り，政治的な判断により，限られた財源のもとで福祉的給付を行うに当たり，自国民を在留外国人より優先的に扱うことは許されるべきことと解され，在留外国人を障害福祉年金の支給対象者から除外することは，立法府の裁量の範囲に属するとした。

5　最高裁判所の判例では，健康で文化的な最低限度の生活の内容について，その具体的な立法措置の選択決定は立法府の広い裁量にゆだねられているため，それが著しく合理性を欠き明らかに裁量の逸脱および濫用であるといえる場合であっても，司法審査の対象とならないとした。

No.5 日本国憲法に規定する学問の自由又は教育を受ける権利に関するA～Dの記述のうち，最高裁判所の判例に照らして，妥当なものを選んだ組合せはどれか。

【地方上級（特別区）・令和３年度】

A：学生の集会は，大学の許可したものであっても真に学問的な研究またはその結果の発表のためのものでなく，実社会の政治的社会的活動に当たる行為をする場合には，大学の有する特別の学問の自由と自治は享有しないといわなければならないとした。

B：憲法における学問の自由の保障が，学問研究の自由ばかりでなく，教授の自由をも含み，教授の自由は，教育の本質上，高等教育のみならず，普通教育におけるそれにも及ぶと解すべきであるから，学校において現実に子どもの教育の任に当たる教師は，完全な教授の自由を有し，公権力による支配，介入を受けないで自由に子どもの教育内容を決定することができるとした。

C：高等学校学習指導要領が法規としての性質を有すると解することは，憲法に違反するものであり，学習指導要領から逸脱する授業をしたことを理由とす

る県立高等学校教諭に対する懲戒免職処分は，社会観念上著しく妥当を欠き，懲戒権者の裁量権の範囲を逸脱したものであるとした。

D：憲法の義務教育は無償とするとの規定は，授業料のほかに，教科書，学用品その他教育に必要な一切の費用まで無償としなければならないことを定めたものと解することはできず，国が保護者の教科書等の費用の負担についても，これをできるだけ軽減するよう配慮，努力することは望ましいところであるが，それは，国の財政等の事情を考慮して立法政策の問題として解決すべき事柄であるとした。

1　A，B
2　A，C
3　A，D
4　B，C
5　B，D

💎 **No.6** ＊＊　**日本国憲法に規定する学問の自由又は教育を受ける権利に関する記述として，妥当なのはどれか。**　　　　【地方上級（特別区）・平成24年度】

1　すべて国民は，その保護する子女に普通教育を受けさせる義務を負い，普通教育は子女の人格の完成に不可欠であることから，子女には，義務教育を受ける義務が課せられている。

2　教育を受ける権利は，国の介入，統制を加えられることなく教育を受けることができるという自由権としての側面と，国に対して教育制度の整備とそこでの適切な教育を要求するという社会権としての側面を持つ。

3　最高裁判所の判例では，普通教育の場においては完全な教授の自由が保障されるが，全国的に一定の水準を確保すべき強い要請があることから，国は，必要かつ相当と認められる範囲で，教育内容を決定する権能を有するとした。

4　最高裁判所の判例では，学生集会は，大学が許可したものであり，かつ，政治的社会的活動ではなく真に学問的な研究またはその結果の発表のためのものであっても，大学の有する特別の学問の自由と自治を享有しないとした。

5　最高裁判所の判例では，憲法の義務教育は無償とするとの規定は，授業料および教科書代を徴収しないことを意味し，このほかに学用品その他教育に必要な一切の費用まで無償としなければならないことを定めたものではないとした。

1 労働基本権の権利主体は勤労者であり，勤労者とは，労働組合法上の労働者，すなわち職業の種類を問わず，賃金，給料その他これに準ずる収入によって生活する者をさす。したがって，公務員は勤労者に含まれるが，現に職を持たない失業者は勤労者に含まれない。

2 労働基本権は，社会権として，国に対して労働者の労働基本権を保障する立法その他の措置を要求する権利であると同時に，自由権として，団結や争議行為を制限する立法その他の措置を国に対して禁止するという意味を持つ。また，労働基本権は私人間の関係にも直接適用される。

3 労働協約により，労働組合に加入しない労働者または組合員でなくなった労働者の解雇を使用者に義務付けるユニオン・ショップ協定は，労働者の団結しない自由を侵害するものであるから，有効なものとはなりえない。

4 憲法28条による労働者の団結権保障の効果として，労働組合は，その目的を達成するために，組合員に対する統制権を有しているが，この統制権が及ぶのは，労働組合の経済的活動の範囲内に限られており，労働組合の政治的・社会的活動には及ばない。

5 憲法28条は団体行動をする権利を保障しており，団体行動とはストライキその他の争議行為をいう。労働組合が同条によって保障される正当な争議行為を行った場合，刑事責任は免責されるが，民事上の債務不履行責任や不法行為責任は免責されない。

No.8 社会権に関するア～オの記述のうち，判例に照らし，妥当なもののみを
すべて挙げているのはどれか。　　　　　　　　【国家専門職・令和3年度】

ア：憲法25条1項は，すべての国民が健康で文化的な最低限度の生活を営みうる
ように国政を運営すべきことを国の責務として宣言したにとどまるため，こ
の規定の趣旨に応えてどのような立法措置を講ずるかの選択決定は立法府の
広い裁量に委ねられているから，立法府の判断が著しく合理性を欠き明らか
に裁量の逸脱・濫用となる場合であっても，司法審査は及ばない。

イ：憲法26条1項はすべての国民に教育を受ける権利を保障しているところ，そ
の教育内容について，国は必要かつ相当と認められる範囲においてのみ決定
する権能を有するにすぎないため，国が定める学習指導要領は法規としての
性質を有しない。

ウ：憲法28条の労働基本権の保障の狙いは，憲法25条に定める生存権の保障を基
本理念とし，経済上劣位に立つ勤労者に対して実質的な自由と平等とを確保
するための手段として，その団結権，団体交渉権，争議権等を保障しようと
するものである。また，労働基本権は，単に私企業の労働者だけについて保
障されるのではなく，国家公務員や地方公務員も，憲法28条にいう勤労者に
ほかならない以上，原則的にその保障を受ける。

エ：労働組合が組合員に対して有する統制権は，当該組合の目的を達成するため
に必要であり，かつ合理的な範囲内である場合に限って認められるところ，
労働組合が実施した政治的活動に参加して不利益処分を受けた組合員を救済
する費用として徴収する臨時組合費については，労働組合の統制権の合理的
な範囲を超えた強制に当たり，組合員はこれを納付する義務を負わない。

オ：争議権の保障は，市民法上の権利・自由との衝突を必然的に伴うものである
が，その目的は使用者と労働者との間に実質的な対等を実現することにある
から，労働組合が使用者側の自由意思を抑圧し，財産に対する支配を阻止す
るような手段を用いて争議行為を行った場合であっても，労働者が不当な目
的で争議行為を行ったなどの特段の事情のない限り，正当な争議行為として
認められる。

1　ウ
2　ア，イ
3　ウ，エ
4　ア，イ，オ
5　ウ，エ，オ

実戦問題 **1** の解説

ア✕ プログラム規定説は国に法的義務を認めない。

複数の見解のうち，**プログラム規定説**は，憲法25条の権利性を否定し，憲法25条は国の政治的努力目標にすぎないとするものである。本記述は，**抽象的権利説**の内容になっている。なお，不作為の違憲確認訴訟は，**具体的権利説**からは認められるとされる。

イ✕ 国民年金法は憲法25条に違反しない。

平成元年改正前の国民年金法が，20歳以上の学生の保険料負担能力，国民年金に加入する必要性ないし実益の程度，加入に伴い学生および学生の属する世帯の世帯主等が負うこととなる経済的な負担等を考慮し，保険方式を基本とする国民年金制度の趣旨を踏まえて，20歳以上の学生を国民年金の強制加入被保険者として一律に保険料納付義務を課すのではなく，任意加入を認めて国民年金に加入するかどうかを20歳以上の学生の意思にゆだねることにした措置は，著しく合理性を欠くということはできず，憲法25条に違反しないとする（最判平19・9・28）。

ウ✕ 立法府の広い裁量にゆだねられている。

憲法25条にいう「健康で文化的な最低限度の生活」なるものは，極めて抽象的・相対的な概念であって，その具体的内容は，その時々における文化の発達の程度，経済的・社会的条件，一般的な国民生活の状況等との相関関係において判断決定されるべきものであるとともに，同規定を現実の立法として具体化するに当たっては，国の財政状況を無視することができず，また，多方面にわたる複雑多様な，しかも高度の専門技術的な考察とそれに基づいた政策的判断を必要とするとして，課税最低限も含めて，その決定は**立法府の広い裁量**にゆだねられているとする（最判平元・2・7）。

エ〇 自国民を優先的に扱うことは憲法25条に違反しない。

限られた財源下での福祉的給付に当たり，自国民を在留外国人より優先的に扱うことも許されることを理由としている（最判平元・3・2）。

オ〇 供給調整は憲法25条に違反しない。

社会保障法制上，同一人に同一の性格を有する2以上の公的年金が支給されることとなるべき，いわゆる複数事故において，そのそれぞれの事故それ自体としては支給原因である稼得能力の喪失または低下をもたらすものであっても，事故が2以上重なったからといって稼得能力の喪失または低下の程度が必ずしも事故の数に比例して増加するといえないことは明らかであることを理由としている（最大判昭57・7・7）。

以上から，妥当なものは**エ**と**オ**であり，**5**が正答となる。

No.2 の解説　生存権の法的性格
→問題はP.229 **正答3**

1 ✕ プログラム規定説は国民に法的権利を保障したものではないとする。
プログラム規定説は，選択肢**2**の内容である。

2 ✕ 抽象的権利説は国民に法的権利を保障したものであるとする。
抽象的権利説は，選択肢**1**の内容である。

3 ◎ 具体的権利説は立法不作為の違憲確認訴訟を提起できるとする。
具体的権利説の内容である。

4 ✕ 判例は国の責務としての宣言で，具体的権利を付与していないとする。
最高裁判所の判例では，憲法25条の生存権の規定は，すべての国民が健康で文化的な最低限度の生活を営みうるように国政を運営すべきことを国の責務として「宣言したにとどまり」，直接個々の国民に対して具体的権利を「賦与したものではない」とした（最大判昭42・5・24）。

5 ✕ 立法裁量はすべてが裁判所の審査判断の対象となるわけではない。
最高裁判所の判例では，憲法25条の生存権の規定における健康で文化的な最低限度の生活なるものは，抽象的・相対的な概念であって，具体的にどのような立法措置を講ずるかの選択決定は立法府の広い裁量にゆだねられているが，それが著しく合理性を欠き明らかに裁量の**逸脱・濫用**と見ざるをえないような場合を除き，裁判所が審査判断するのに適しない事柄であるとした（最大判昭57・7・7）。したがって，すべてが裁判所の審査判断の対象となるものではない。

No.3 の解説　生存権の法的性格の判例
→問題はP.229 **正答1**

A：プログラム規定説
最高裁判所は，戦後間もない食糧管理法違反事件において，憲法25条1項により直接に個々の国民は，国家に対して具体的，現実的な権利を有するものではないとした（最大判昭23・9・29）。このような立場を**プログラム規定説**と呼ぶ。

B：法的義務
違反する行為があった場合には裁量権の逸脱・濫用として違法，すなわち，法律違反となるのであるから，カッコには**法的義務**が入る。

C：抽象的権利説
最高裁判所は，生活保護受給が争われた朝日訴訟において，具体的な権利は，憲法の規定の趣旨を実現するために制定された生活保護法によって，はじめて与えられているとした（最大判昭42・5・24）。このような立場は**具体的権利説**ではなく，争いはあるが，**抽象的権利説**と解することができる。

以上から，正しい組合せは**1**である。

No.4 の解説　憲法26条

→問題はP.230　**正答4**

1 ✕　**生存権には自由権的側面も認められる。**
生存権には，社会権的側面のみならず，自由権的側面も認められると解されている。

2 ✕　**プログラム規定説は国民に法的権利を保障したものではないとする。**
プログラム規定説は，憲法25条の生存権の規定は，国民の生存を確保すべき政治的・道義的義務を国に課したにとどまり，個々の国民に対して法的権利を保障したものではないとする学説である。

3 ✕　**抽象的権利説は具体化する法律を前提として違憲の主張が許される。**
抽象的権利説によれば，直接憲法の規定を根拠に，裁判所に対し国家の立法の不作為の違憲性を争うことは許されないが，生存権を具体化する法律の存在を前提として憲法違反を主張することが許されるとするので，後半が誤り。

4 ◎　**福祉的給付を行うに当たり自国民を優先的に扱うことは許される。**
塩見訴訟の判例である（最判平元・3・2）。

5 ✕　**立法裁量の逸脱・濫用の場合には司法審査の対象となる。**
判例は，憲法25条の規定の趣旨にこたえて具体的にどのような立法措置を講ずるかの選択決定は，立法府の広い裁量にゆだねられており，それが著しく合理性を欠き明らかに裁量の**逸脱・濫用**と見ざるをえないような場合を除き，裁判所が審査判断するのに適しない事柄であるとする（最大判昭57・7・7）。したがって，著しく合理性を欠き明らかに裁量の逸脱・濫用であるといえる場合であれば，司法審査の対象となるので，後半が誤り。

No.5 の解説　学問の自由と教育を受ける権利

→問題はP.230　**正答3**

A ◯　**学生集会が実社会の政治的社会的活動をする際，大学の自治は享有しない。**
学生の集会が実社会の政治的社会的活動をする場合には，**大学**の有する特別の学問の自由と**自治**は享有しないとした東大ポポロ事件の判例である（最大判昭38・5・22）。

B ✕　**普通教育の教師には完全な教授の自由はない。**
判例は，憲法の保障する学問の自由は，単に学問研究の自由ばかりでなく，その結果を教授する自由をも含むとし，さらに，もっぱら自由な学問的探求と勉学を旨とする大学教育に比してむしろ知識の伝達と能力の開発を主とする普通教育の場においても，教師が公権力によって特定の意見のみを教授することを強制されないという意味において，また，子どもの教育が教師と子どもとの間の直接の人格的接触を通じ，その個性に応じて行われなければならないという本質的要請に照らし，教授の具体的内容および方法につきある程度自由な裁量が認められなければならないという意味においては，一定の

範囲における教授の自由が保障されるべきことを肯定できないではない。しかし，大学教育の場合には，学生が一応教授内容を批判する能力を備えていると考えられるのに対し，普通教育においては，児童生徒にこのような能力がなく，教師が児童生徒に対して強い影響力，支配力を有することを考え，また，普通教育においては，子どもの側に学校や教師を選択する余地が乏しく，教育の機会均等をはかるうえからも全国的に一定の水準を確保すべき強い要請があること等に思いをいたすときは，**普通教育における教師に完全な教授の自由を認めることは**，とうてい**許されない**ところといわなければならないとした（最大判昭51・5・21）。

C ✕ 高等学校学習指導要領は法規としての性質を有する。

判例は，高等学校学習指導要領が法規としての性質を有すると解することは，憲法23条，26条に違反するものでなく，学習指導要領から逸脱する授業をしたことを理由とする県立高等学校教諭に対する懲戒免職処分は，社会観念上著しく妥当を欠くものとまではいい難く，懲戒権者の裁量権の範囲を逸脱したものと判断することはできないとした（最判平2・1・18）。

D ◯ 義務教育の無償とは，授業料の無償である。

憲法の「義務教育は無償とする」との規定は，**授業料を無償**としなければならないことを定めたものとした教科書費請求事件の判例である（最大判昭39・2・26）。

以上から，妥当なものはAとDであり，**3**が正答となる。

No.6 の解説　学問の自由と教育を受ける権利　　→問題はP.231　**正答2**

1 ✕ 教育を受ける義務はない。

前半は正しい（憲法26条2項前段）。しかし，後半が誤り。この義務は，親権者が負う子女に対して**教育を受けさせる義務**であり（学校教育法16条），子女は教育を受ける権利を有するのであって，子女が義務教育を受ける義務を負うとするものではない。

2 ◎ 教育を受ける権利は自由権＋社会権。

教育を受ける権利は，自由権的側面と社会権的側面を持つ。

3 ✕ 普通教育では完全な教授の自由は保障されない。

最高裁判所の判例では，普通教育の場においても一定の範囲における教授の自由が保障されるべきことを肯定できないではないが，普通教育においては，子どもの側に学校や教師を選択する余地が乏しく，教育の機会均等をはかるうえからも全国的に一定の水準を確保すべき強い要請があることから，普通教育における教師に完全な**教授の自由**を認めることは，とうてい許されないとする（最大判昭51・5・21）。

4 ✕ 学生集会でも学問の自由と自治を享有できる場合がある。

最高裁判所の判例では，学生の集会が真に学問的な研究またはその結果の発

表のためのものではなく，実社会の政治的・社会的活動にあたる行為をする場合には，大学の有する特別の**学問の自由と自治**は享有しないとした（最大判昭38・5・22）。したがって，逆に，真に学問研究や結果発表のためのものであれば，享有しうると考えられる。

5× **教科書代は無償ではない。**
最高裁判所の判例では，憲法の義務教育は無償とするとの規定は，**授業料を徴収しないこと**を意味し，このほかに「**教科書**」，学用品その他教育に必要な一切の費用まで無償としなければならないことを定めたものではないとした（最大判昭39・2・26）。

No.7 の解説　労働基本権　　　　　　　　　　　　　→問題はP.232　**正答2**

1× **公務員も失業者も勤労者に含まれる。**
勤労者とは労働組合法3条の労働者をさす。また，公務員も勤労者に含まれる（最大判昭40・7・14）。しかし，現に職を持たない失業者も勤労者に含まれるので，最後の部分が誤り。

2◎ **労働基本権は社会権・自由権であり，私人間に直接適用される。**
労働基本権は，**社会権**であると同時に自由権でもある。また，**私人間にも直接適用**される。

3× **組合に加入しない労働者の解雇を義務付けるユニオン・ショップ協定も有効。**
労働協約により，労働組合に加入しない労働者または組合員でなくなった労働者の解雇を使用者に義務付ける**ユニオン・ショップ協定**は，有効なものとなりうる。

4× **労働組合の組合員に対する統制権は政治的・社会的活動にも及ぶ。**
前半は正しいが，後半が誤り。労働組合の組合員に対する**統制権**が及ぶのは，労働組合の経済的活動の範囲内に限られず，労働組合の政治的・社会的活動にも及ぶ（最大判昭43・12・4）。

5× **正当な争議行為であれば民事上の債務不履行責任や不法行為責任も免責。**
前半は正しいが，後半が誤り。労働組合が憲法28条によって保障される正当な争議行為を行った場合，刑事責任だけでなく，民事上の債務不履行責任や不法行為責任も**免責**される（労働組合法1条2項，8条）。

No.8 の解説　社会権
→問題はP.232　**正答 1**

ア✕ **立法裁量の逸脱・濫用となる場合には，司法審査が及ぶ。**

判例は，憲法25条の規定の趣旨にこたえて具体的にどのような立法措置を講ずるかの選択決定は，立法府の広い裁量にゆだねられており，それが著しく合理性を欠き明らかに**裁量の逸脱・濫用**と見ざるをえないような場合を除き，裁判所が審査判断するのに適しない事柄であるといわなければならないとする（最大判昭57・7・7）。したがって，立法府の判断が著しく合理性を欠き明らかに裁量の逸脱・濫用となる場合であれば司法審査が及ぶので，誤り。

イ✕ **国が定める学習指導要領は法規としての性質を有する。**

判例は，国が定める学習指導要領は，必ずしも法的拘束力をもって地方公共団体を制約し，または教師を強制するのに適切でなく，また，はたしてそのように制約し，ないしは強制する趣旨であるかどうか疑わしいものが幾分含まれているとしても，指導要領の下における教師による創造的かつ弾力的な教育の余地や，地方ごとの特殊性を反映した個別化の余地が十分に残されており，全体としてはなお全国的な大綱的基準としての性格をもつものと認められるし，また，その内容においても，教師に対し一方的な一定の理論ないしは観念を生徒に教え込むことを強制するような点はまったく含まれていないのである。それ故，指導要領は，全体としてみた場合，教育政策上の当否はともかくとして，少なくとも法的見地からは，目的のために必要かつ合理的な基準の設定として是認することができるものとする（最大判昭51・5・21）。したがって，国が定める学習指導要領は**法規**としての性質を有するので，誤り。

ウ◯ **労働基本権は団結権・団体交渉権・争議権を保障し公務員にも保障される。**

労働基本権は，勤労者の団結権・団体交渉権・争議権等を保障する。また，**公務員**も原則的にその保障を受ける（最大判昭40・7・14など）。

エ✕ **組合員は本件臨時組合費を納付する義務を負う。**

判例は，安保反対闘争のような政治的活動に参加して不利益処分を受けた組合員に対する救援の問題について考えると，労働組合の行うこのような救援そのものは，組合の主要な目的の一つである組合員に対する共済活動として当然に許されるところであるが，それは同時に，当該政治的活動のいわば延長としての性格を有することも否定できない。しかし，労働組合が共済活動として行う救援の主眼は，組織の維持強化をはかるために，被処分者の受けている生活その他の面での不利益の回復を経済的に援助してやることにあり，処分の原因たる行為のいかんにかかわるものではなく，もとよりその行為を支持，助長することを直接目的とするものではないから，救援費用を拠出することが直ちに処分の原因たる政治的活動に積極的に協力することになるものではなく，また，その活動のよって立つ一定の政治的立場に対する支

持を表明することになるものでもないというべきである。したがって，その拠出を強制しても，組合員個人の政治的思想，見解，判断等に関係する程度は極めて軽微なものであって，このような救援資金については，政治的活動を直接の目的とする資金とは異なり，組合の徴収決議に対する組合員の協力義務を肯定することが相当であるとする（最判昭50・11・28）。したがって，組合員は納付する義務を負うので，誤り。

オ✕ いわゆる生産管理は正当な争議行為と認められない。

判例は，使用者側の自由意思を抑圧し，財産に対する支配を阻止することは，許さるべきでない。同盟罷業も生産管理も財産権の侵害である点において同様であるからといって，その相違点を無視するわけにはいかない。前者において違法性が阻却されるからといって，後者においてもそうだという理由はないとする（最大判昭25・11・15）。したがって，正当な争議行為として認められないので，誤り。

以上から，妥当なものは**ウ**のみであり，**1**が正答となる。

実戦問題❷　応用レベル

No.9 ＊＊ 社会権に関するア～エの記述のうち，妥当なもののみをすべて挙げているのはどれか。　　　　　　　　　　　　　　　　　　　【国家総合職・令和4年度】

ア：国民年金制度は，憲法25条の趣旨を実現するために設けられた社会保障上の制度であるところ，平成元年改正前の国民年金法が，20歳以上の学生を国民年金の強制加入による被保険者とせず，任意加入のみを認めて，20歳以上の学生を強制加入による被保険者との間で加入および保険料納付義務の免除規定の適用に関して区別したこと，ならびに立法府が20歳以上の学生を強制加入による被保険者とするなどの措置を講じなかったことは，立法府の裁量を逸脱するものとはいえず，憲法25条，14条1項に違反しないが，立法府が，傷病により障害の状態にあることとなったが，初診日において20歳以上の学生であって国民年金に任意加入していなかったために障害基礎年金等を受給することができない者に対し，無拠出制の年金を支給するなどの措置を講じなかったことは，立法府の裁量を逸脱するものとして，憲法25条，14条1項に違反するとするのが判例である。

イ：生活保護法に基づく保護基準中の老齢加算の廃止に際し，老齢加算の全部についてその支給の根拠となる特別な需要が認められない場合であっても，老齢加算の廃止は，その支給を前提として現に生活設計を立てていた被保護者に関しては，保護基準によって具体化されていたその期待的利益の喪失をきたす側面があることも否定し得ないところであり，厚生労働大臣は，老齢加算の支給を受けていない者との公平や国の財政事情といった見地に基づく加算の廃止の必要性を踏まえつつ，被保護者の期待的利益についても可及的に配慮するため，その廃止の具体的な方法等について，激変緩和措置の要否などを含め，専門技術的かつ政策的な見地からの裁量権を有しているとするのが判例である。

ウ：教育を受ける権利を定めた憲法26条は，福祉国家の理念に基づき，国が積極的に教育に関する諸施設を設けて国民の利用に供する責務を負うことを明らかにするとともに，親にはその子女に普通教育を受けさせる義務を課し，国にはその費用を負担すべきことを宣言したものであるが，この規定の背後には，国民各自が，個人として成長，発達し，自己の人格を完成，実現するために必要な学習をする固有の権利を有し，特に自ら学習することのできない子どもは，その学習要求を充足するための教育を自己に施すことを大人一般に対して要求する権利を有するとの観念が存在しているとするのが判例である。

エ：憲法28条で定める労働基本権は，私人の就労を制限するような立法その他の国家行為を国に対して禁止する自由権的側面と，国に対して労働者の労働基

本権を保障する措置を求め，国はその施策を実施すべき義務を負うという社会権的側面を有するが，その範囲は私人に対する国家行為の制限あるいは国の義務を定めたものにすぎず，使用者対労働者といった私人間の関係に直接適用されるものではない。

1 ア，イ

2 ア，エ

3 イ，ウ

4 ウ，エ

5 イ，ウ，エ

***
No.10 生存権の法的性格に関する考え方として，次の3説がある。

Ⅰ説：憲法25条1項は，単なるプログラムであり，国家の政治的義務以上のものは定めていない（プログラム規定説）。

Ⅱ説：憲法25条1項は，立法者に対し，立法その他の措置を要求する権利を規定したものであり，国にそれに対応する法的義務を課している（抽象的権利説）。

Ⅲ説：憲法25条1項の権利内容は，憲法上行政権を拘束するほどには明確ではないが，立法権を拘束するほどには明確であり，その意味で具体的な権利を定めたものであって，これを実現する方法が存在しない場合には，国の不作為の違憲性を確認する訴訟を提起することができる（具体的権利説）。

これらの説に関する次の記述のうち，妥当なのはどれか。

【国家総合職・平成14年度】

1 Ⅰ説は，資本主義経済体制の特質，憲法規定の抽象性，財政上の理由等を根拠とする主張であるから，この説によれば，「健康で文化的な最低限度の生活」を積極的に侵害するような国の具体的措置についても，それが，たとえば，財政上の理由を根拠とするものである場合には，国民は，当該措置の違憲無効を主張することはできないことになる。

2 Ⅱ説によれば，憲法25条1項の規定は，立法によって具体化されない限り，国民は具体的な権利を主張しえず，国家の義務も強制しえないこととなるが，Ⅲ説によれば，憲法25条1項に基づいて具体的な生活扶助の請求をすることが可能となることから，同項を直接の根拠として裁判所の給付判決を求めうるということになる。

3 Ⅱ説およびⅢ説によれば，生存権を具体化する趣旨の法律の定める保護基準または同趣旨の法律に基づいて行政庁が設定した保護基準が不当に低い場合も，同趣旨の法律を廃止し，または不当に保護基準を低くした場合も，そのような措置

は国民の生存権を侵害するものとして，憲法25条1項に違反し無効とされうると考えられる。

4 　生存権を具体化する趣旨の法律が存在しない場合，Ⅱ説によっても，Ⅲ説と同様に，その立法の不作為の違憲性を確認する訴訟を提起して争うことができることになるのに対し，Ⅰ説によれば，憲法25条1項を根拠に立法の不作為の違憲性を確認する訴訟を提起したり，立法の不作為の違憲性を国家賠償請求訴訟を提起して争うことを認める余地はないことになる。

5 　判例は，憲法25条1項の法的性格につきⅠ説の趣旨を徹底し，同項が規定する生存権の具体的権利性を否定するとともに，同項の生存権を具体化する趣旨の法律に基づく行政処分の適法性判断や当該法律の憲法適合性の判断に当たり，同項が裁判規範としての効力を有することも否定している。

第4章

参政権・社会権

実戦問題 ❷ の 解説

ア ✕ **本件の措置を講じなかったことは25条・14条1項に違反しない。**

前半は正しいが，後半が誤り。立法府が，傷病により障害の状態にあることとなったが，初診日において20歳以上の学生であって国民年金に任意加入していなかったために障害基礎年金等を受給することができない者に対し，無拠出制の年金を支給するなどの措置を講じなかったことも，**立法府の裁量を逸脱するものとはいえず，憲法25条，14条1項に違反しないとするのが判例である（最判平19・9・28）。

イ 〇 **厚生労働大臣は，老齢加算の廃止について裁量権を有する。**

厚生労働大臣は，老齢加算の廃止の具体的方法等について，専門技術的かつ政策的な見地からの裁量権を有しているとする老齢加算事件の判例である（最判平24・2・28）。

ウ 〇 **子どもは，教育を自己に施すことを大人に要求する権利を有する。**

憲法26条の背後には，自ら学習することのできない子どもは，教育を自己に施すことを大人一般に対して要求する権利を有するとの観念があるとする旭川学力テスト事件の判例である（最大判昭51・5・21）。

エ ✕ **労働基本権は，使用者対労働者という私人間の関係にも直接適用される。**

憲法28条の労働基本権が自由権的側面と社会権的側面を有するとする前半は正しい。しかし，後半が誤り。その範囲は私人に対する国家行為の制限あるいは国の義務を定めたのみでなく，使用者対労働者といった**私人間の関係に直接適用**されるものであると一般に解されている。

以上から，妥当なものはイとウであり，**3** が正答となる。

No.10 の解説　生存権の法的性格の論理問題

→問題はP.242　**正答3**

1 ×　資本主義経済体制の特質などのⅠ説の根拠については正しい。しかし，後半が誤り。Ⅰ説でも，「健康で文化的な最低限度の生活」を積極的に侵害するような国の具体的措置については，国民は，当該措置の違憲無効を主張することができるとする。その例として，生活保護基準の切下げ措置などが挙げられる。

2 ×　前半のⅡ説については正しい。しかし，後半のⅢ説について誤り。Ⅲ説は一般に25条1項を直接の根拠として裁判所の給付判決を求めうるまでは主張せず，国が同項を具体化する立法をしない場合に国の**不作為の違憲確認訴訟**を提起できるとする。

3 ◎　正しい。Ⅱ説およびⅢ説によれば，本肢のような場合は，違憲無効と考えられる。

4 ×　Ⅱ説では，Ⅲ説とは異なり，立法の不作為の違憲性を確認する訴訟を提起して争うことはできない。また，Ⅰ説でも，立法の不作為を国家賠償請求権の問題として争う余地がありえないわけではない。したがって，前半も後半も誤りとなる。

5 ×　判例は，現実の生活条件を無視して著しく低い基準を設定する等，憲法および生活保護法の趣旨・目的に反し，法律によって与えられた裁量権の限界を超えた場合または裁量権を濫用した場合には，違法な行為として司法審査の対象となるとしている（最大判昭42・5・24）。したがって，25条1項の生存権を具体化する趣旨の法律に基づく行政処分の適法性判断に当たり，同項が裁判規範としての効力を有することを否定していない。

第4章　参政権・社会権

第5章

国　会

試験別出題傾向と対策

試　験　名		国家総合職					国家一般職					国家専門職				
頻出度	年　度	21〜23	24〜26	27〜29	30〜2	3〜5	21〜23	24〜26	27〜29	30〜2	3〜5	21〜23	24〜26	27〜29	30〜2	3〜5
	出題数	0	3	1	1	1	2	2	2	2	1	0	1	0	0	0
B	⑬国会の地位と構成		1				1		1				1			
A	⑭国会の活動と権能		2	1	1	1	1	2		1	1					
B	⑮国政調査権									1						
B	⑯国会議員								1							

　国会の分野では，表中の４つのテーマが比較的バランスよく出題されている。いずれも単独テーマとして問われている分野である。この４つ以外には，「議院の権能」の問題が単独テーマとして問われたことがある。そのほかに，「国会に関する次の〜」という形で上記４テーマにまたがる問題が多数出題されていることに注意が必要である。

　出題形式は，従来からの単純正誤型のほかに，下線部問題，空欄補充問題，そして下線や空欄を使用した組合せ型問題が出題されている。そこでは憲法，国会法などの条文や論点における通説の基本的理解が問われている。

● 国家総合職

　出題形式は，条文や論点の見解を問う組合せ型がほとんどである。ただ，問い方には工夫が見られ，設問文の下線部の正誤を聞く，設問文の下線部および空欄の内容を聞くなど，解答に時間がかかる問題も出されている。条文では，憲法典のみならず，国会法などの付属法令も出題されている。論点では，国政調査権の性質に関する補助的権能説などの理解が問われている。

● 国家一般職

　憲法や国会法の条文内容を問う単純正誤型の問題が大半であるが，論理問題も出題されている。具体的には，国政調査権の性質に関する，通説の補助的権能説と少数説の独立権能説の２説を挙げ，その理由づけ，内容，両説の比較などを問うものである。したがって，通説だけでなく，反対説の最低限の知識が国家一般職でも必要になる。なお，複数テーマにまたがる総合問題も出題されている。

地方上級 (全国型)					地方上級 (特別区)					市役所 (C日程)					
21〜23	24〜26	27〜29	30〜2	3〜5	21〜23	24〜26	27〜29	30〜2	3〜5	21〜23	24〜26	27〜29	30〜2	3〜4	
1	0	1	2	2	2	2	2	3	2	1	1	2	2	0	
			1		1	1	1						1		テーマ13
				1				2	1			1			テーマ14
1		1				1	1			1		1			テーマ15
			1	1	1				1		1		1		テーマ16

● 国家専門職

出題は，憲法や国会法の条文内容を問う単純正誤型である。表からは出題が少ないように見えるが，国家専門職の憲法は出題数が少ないことから，第9章に掲載しているような総合問題がよく出題されていることに注意が必要である。上記4テーマにまたがる問題が3年に1回程度出題されており，国会は統治の分野の最頻出テーマといえる。問われる知識は，上記4テーマで押さえるもので十分なので，基本的な事項をしっかりと身につけてほしい。

● 地方上級

出題は，条文内容を問う単純正誤型と論理問題である。後者では，国政調査権の行使に関して，判決内容を批判することの可否についての学説の理解を問う問題が出題されている。ただ，問われている知識は補助的権能説などの従来どおりのものなので，心配はいらない。

● 特別区

出題形式は，条文などの内容を素直に問う単純正誤型である。出題分野は国会全般にわたって，バランスよく出題されている。内容は，不逮捕特権・免責特権などの基本テーマに関する重要憲法条文が中心となっている。

● 市役所

出題は，この章の各テーマからバランスよく出題されており，内容は，国政調査権などの憲法の重要条文の知識を聞いている。

国会の地位と構成

必修問題

日本国憲法に規定する国会に関する記述として，妥当なのはどれか。

【地方上級（特別区）・平成28年度】

1 **予算**は，先に衆議院に提出しなければならず，参議院が，衆議院の可決した予算を受け取った後，国会休会中の期間を除いて<u>30日以内に議決しないときであっても，両院協議会を開かなければならず</u>，直ちに衆議院の議決を国会の議決とすることはできない。

2 **法律案**は，両議院で可決したとき法律となるが，参議院が，衆議院の可決した法律案を受け取った後，国会休会中の期間を除いて<u>60日以内に議決しないときは，直ちに衆議院の議決を国会の議決とする。</u>

3 **内閣総理大臣の指名**について，衆議院と参議院の議決が一致しないときは，参議院は，<u>両院協議会</u>を求めなければならず，衆議院はこの求めを拒むことができない。

4 衆議院議員の任期満了による総選挙が行われたときは，その選挙の日から30日以内に国会の**特別会**を召集しなければならないが，特別会の会期は両議院一致の議決で定め，会期の延長は2回に限って行うことができる。

5 両議院の議事は，憲法に特別の定めのある場合を除いては，出席議員の過半数でこれを決し，可否同数のときは，議長の決するところにより，また，<u>議長は</u>，いずれかの議院の総議員の4分の1以上の要求があれば，国会の**臨時会**の召集を<u>決定しなければならない。</u>

難易度 ＊＊

必修問題の**解説**

統治機構の分野における典型的な出題である条文問題である。議決の価値に関する衆議院の優越について，憲法の条文の厳密な暗記が要求される。要件まで正確に暗記しておかなければならない。

1 ✕ 30日以内に議決しないときは，衆議院の議決を国会の議決とする。

憲法60条は「予算は，**さきに衆議院に提出**しなければならない。予算について，参議院で衆議院と異なつた議決をした場合に，法律の定めるところによ

り，両議院の協議会を開いても意見が一致しないとき，または参議院が，衆議院の可決した予算を受け取つた後，国会休会中の期間を除いて30日以内に，議決しないときは，衆議院の議決を国会の議決とする。」と規定する。したがって，30日以内に議決しないときには，両院協議会を開かずに，直ちに衆議院の議決を国会の議決とする。

2 ✕ **60日以内に議決しないときは，法案を否決したとみなすことができる。**

憲法59条1項は「法律案は，この憲法に特別の定のある場合を除いては，両議院で可決したとき法律となる。」とし，同条4項は「参議院が，衆議院の可決した法律案を受け取つた後，国会休会中の期間を除いて**60日**以内に，議決しないときは，衆議院は，参議院がその法律案を否決したものとみなすことができる。」とする。この場合には，同条2項により「衆議院で可決し，参議院でこれと異なつた議決をした法律案は，衆議院で出席議員の**3分の2以上の多数で再び可決**したときは，法律となる。」したがって，60日以内に議決しないときに，直ちに衆議院の議決が国会の議決となるわけではない。

3 ◎ **両院協議会の求めは拒否できない。**

憲法67条2項は「衆議院と参議院とが異なつた指名の議決をした場合に，法律の定めるところにより，両議院の協議会を開いても意見が一致しないとき，……衆議院の議決を国会の議決とする。」と規定する。そして，国会法は，86条2項で「**内閣総理大臣の指名**について，両議院の議決が一致しないときは，参議院は，**両院協議会**を求めなければならない。」とし，88条で「一の議院から両院協議会を求められたときは，他の議院は，これを拒むことができない。」とする。

4 ✕ **衆議院議員の任期満了による総選挙の後は臨時会が召集される。**

前半が誤り。国会法2条の3第1項本文は「衆議院議員の任期満了による総選挙が行われたときは，その任期が始まる日から30日以内に**臨時会**を召集しなければならない。」とする。なお，特別会の会期に関する後半は正しい（国会法11条，12条2項）。

5 ✕ **内閣が国会の臨時会の召集を決定する。**

前半は正しい（憲法56条2項）が，後半が誤り。国会の臨時会の召集を決定するのは，議長ではなく内閣である（憲法53条後段）。

正答 **3**

FOCUS

国会が併有する3つの地位の意味を，通説で理解しておくことが必要である。また，衆議院にのみ認められている権能には，内閣不信任決議権・予算先議権があり，法律案の議決・予算の議決・条約の承認・内閣総理大臣の指名の場合に議決の価値で衆議院の優越が認められている。

第5章

国会

重要ポイント **1** 　国会の地位

（1）国民の代表機関

「両議院は，全国民を代表する選挙された議員でこれを組織する」（43条1項）の
で，国会は，国民の代表機関であることになる。「代表」とは，単に代表機関であ
る国会が国民の意思を反映するという政治的な意味であり，代表機関の行為イコー
ル国民の行為とみなされるとする法的な意味ではない（**政治的代表説**）。

（2）国権の最高機関

国会は，「国権の最高機関」である（41条）。「最高」とは，国会が主権者である
国民によって選挙される国民の代表機関であることから，国会が国政の中心的な地
位を占める機関であることを，単に政治レベルで強調するだけの飾り言葉にすぎな
い政治的な美称である（**政治的美称説**）。国会が，文字通りの最高，つまり最高の
決定権を持つことによって国政全般を統括，コントロールする権能を有する機関で
ある（統括機関説）というような法的な意味ではない。三権分立の下，内閣には衆
議院の解散権が，裁判所には法律の違憲審査権があるからである。

（3）唯一の立法機関

国会は，国の「唯一の立法機関」である（41条）。「唯一」とは，国会以外の機関
には立法を認めないこと（**国会中心立法の原則**）と，立法には国会以外の機関の関
与を必要としないこと（**国会単独立法の原則**）の2つを意味する。ただし，これに
は憲法自ら認めている例外がある。国会中心立法の原則の例外として，議院規則や
最高裁判所規則などがあり，国会単独立法の原則の例外として，地方自治特別法の
住民投票などがある。

「立法」とは，法規という特定の内容の法規範の定立という**実質的意味**の立法を
意味する。国会が制定する法規範の定立という形式的意味の立法ではない。そし
て，ここで法規とは，国民の権利を制限し義務を課す法規範だけでなく，より広く
一般的（不特定多数の人に対して適用される）・**抽象的**（不特定多数の事件に対し
て適用される）な法規範を含む。

	「代表」	「最高」	「立法」
通　説	政治的意味	政治的美称	実質的意味 （一般的・抽象的法規範）
少数説	法的意味	統括機関	形式的意味

重要ポイント **2** 　衆議院の優越

憲法は，国会の構成について衆議院と参議院の二院制をとり，衆議院の優越を認
めている。衆議院の優越は，憲法上，権能の範囲と議決の価値の2点である。

（1）権能の範囲

衆議院にのみ認められている権能には，**内閣不信任決議権**（69条）と**予算先議権**
（60条1項）の2つがある。内閣不信任決議権については，衆議院の解散のテーマ

で扱う（テーマ19）。

　ここでは，先に衆議院に提出しなければならないとする先議権は，憲法上，予算のみであることに注意。

(2) 議決の価値

　法律案の議決（59条2項～4項），予算の議決と条約の承認（60条2項，61条），内閣総理大臣の指名（67条2項）の場合に，衆議院の優越が認められている。なお，**両院協議会**とは，両議院の意見が対立した場合に妥協案の成立を図るために開かれる協議会である。

　以下の図表において，特に法律案の場合の条文内容が複雑である。その中で，衆議院の再議決は，憲法上，法律案のみの制度であることに特に注意。また，ボイコットの日数と効果，両院協議会の種類にも注意が必要。

　その他の3つの条文内容は，内閣総理大臣指名のボイコット日数の違い（30日ではなく10日）以外は，すべて共通の内容である。法律案に比べ，より強い優越になっている。

●法律案の場合（59条2項～4項）

```
参議院で衆議院と異なった議決 ──────────────┐  ┌─ 衆議院の再議決
                                        │  │   （出席議員の3分の2以上）
参議院が60日以内に議決しない ─→ 否決とみなす場合 ┘  └─ 任意的両院協議会
```

●予算，条約，内閣総理大臣の指名の場合（60条2項，61条，67条2項）

```
参議院で衆議院と異なった議決 ─→ 必要的両院協議会 ──┐
                              でも不一致         ├─→ 衆議院の議決が
参議院が30日以内に議決しない ───────────────┘     国会の議決となる
```

（注）内閣総理大臣の指名の場合，参議院のボイコット日数は10日。

議決	衆議院の再議決	参議院のボイコット日数と効果	両院協議会の開催	衆議院の先議権
法律案	必要	60日 └否決とみなすことができる	任意的 （衆議院の判断）	無
予算	不要	30日 └衆議院の議決を国会の議決とする	必要的	有
条約の承認				無
総理大臣の指名		10日 └衆議院の議決を国会の議決とする		無

（注）このほか，国会法は，臨時会・特別会の会期と国会の会期の延長の決定について衆議院の優越を定めている。

❖　**No.1**　*　衆議院と参議院の関係に関する次の記述のうち，妥当なのはどれか。

【国家一般職・平成14年度】

1　内閣総理大臣の指名については，衆議院と参議院の議決が異なった場合には，法律の定めるところにより，両議院の協議会を開いても意見が一致しないときまたは衆議院が指名の議決をした後，国会休会中の期間を除き60日以内に参議院が指名の議決をしないときには，衆議院の議決をもって国会の議決とされる。

2　予算の議決については，参議院が衆議院と異なった議決をした場合に，法律の定めるところにより，両議院の協議会を開いても意見が一致しないとき，または参議院が，衆議院が可決した予算を受け取った後，国会休会中の期間を除き30日以内に議決をしないときには，衆議院の議決をもって国会の議決とされる。

3　条約の承認については，両議院の意見の一致が求められることから，参議院が衆議院と異なった議決をした場合には，両議院の協議会を開かなければならず，同協議会においても意見が一致しないときには，当該条約を承認することはできない。

4　法律案の議決については，参議院が衆議院と異なった議決をした場合には，両議院の協議会を開くことはできないが，参議院が，衆議院が可決した法律案を受け取った後，国会休会中の期間を除き60日以内に議決をしないときには，衆議院が出席議員の3分の2の多数で再可決することによって，当該法律案は法律となる。

5　国会の会期の延長については，両議院一致の議決が求められることから，会期の延長の決定に関して，両議院の議決が一致しない場合または参議院が議決しない場合であっても，衆議院の議決をもって国会の議決とすることはできず，会期を延長することはできない。

❖　**No.2**　**　日本国憲法に規定する国会に関する記述として，妥当なのはどれか。

【地方上級（特別区）・平成26年度】

1　衆議院が解散された場合，内閣は，国に緊急の必要があるときは参議院の緊急集会を求めることができるが，当該緊急集会において採られた措置は，次の国会開会の後10日以内に，衆議院の同意がない場合には，その効力を失う。

2　衆議院と参議院で予算について異なった議決をした場合は，衆議院の優越が認められているため，衆議院は両議院の協議会の開催を求める必要はなく，衆議院の議決が直ちに国会の議決となる。

3　内閣総理大臣の指名の議決について，衆議院が議決をした後，国会休会中の期間を除いて10日以内に参議院が議決しない場合，衆議院の総議員の3分の2以上の多数で再び可決したときは，衆議院の議決が国会の議決となる。

4 国の収入支出の決算は，先に衆議院に提出され，参議院で衆議院と異なった議決をした場合，両議院の協議会を開いても意見が一致しないときは，衆議院の議決が国会の議決となる。

5 参議院が，衆議院の可決した条約の締結に必要な国会の承認を受け取った後，国会休会中の期間を除いて30日以内に議決しない場合，衆議院で出席議員の3分の2以上の多数で再び可決したときは，衆議院の議決が国会の議決となる。

No.3 国会に関するア～オの記述のうち，妥当なもののみをすべて挙げているのはどれか。　【国家一般職・平成28年度】

ア：両議院の召集，開会および閉会が同時に行われるべきとする両議院の同時活動の原則については，憲法上，これに関連する規定はないが，憲法が二院制を採用していることを踏まえ，法律により明文で規定されている。

イ：両院協議会は，各議員が独立して議事を行い，議決することを内容とする両議院の独立活動の原則の例外とされている。

ウ：衆議院は予算先議権を有し，予算に関連した法律案は予算との関連が密接であることから，憲法上，当該法律案についても衆議院において先議しなければならないと規定されている。

エ：法律案について，衆議院で可決し，参議院でこれと異なった議決がなされた場合，衆議院において出席議員の3分の2以上の多数で再び可決すれば法律が成立するが，衆議院の可決のみで成立してしまうことから，両院協議会を開かなければならない。

オ：憲法上，予算先議権等，衆議院にのみ認められた事項がある一方で，参議院にのみ認められた事項はないことから，衆議院は参議院に優越しているといえる。

1　イ
2　ウ
3　ア，エ
4　イ，オ
5　ウ，エ

No.1 の解説　衆議院と参議院の関係　　　　　　　　　　→問題はP.254　**正答2**

1 ✕　**内閣総理大臣の指名についての参議院のボイコット日数は10日である。**

　　　内閣総理大臣の指名についての参議院のボイコット日数は，国会休会中の期間を除き「10日以内」に参議院が指名の議決をしないときである（67条2項）。「60日以内」である法律案（59条4項）との違いに注意が必要となる。

2 ◯　**予算の議決について衆議院が優越する。**

　　　予算の議決についての参議院のボイコット日数は，「30日以内」である（60条2項）。

3 ✕　**両院協議会でも意見が一致しないときは，衆議院の議決→国会の議決。**

　　　両議院の協議会の開催が必要的であるとする前半は正しい。しかし，後半が誤り。両議院の協議会においても意見が一致しないときには，衆議院の議決を国会の議決とする（61条，60条2項）。

4 ✕　**法案の議決で異なった議決をした場合は両院協議会を開くことができる。**

　　　前半が誤り。**法律案の議決**について，参議院が衆議院と異なった議決をした場合，両議院の協議会を開くことができる（59条3項）。なお，後半は正しい（59条4項・2項）。

5 ✕　**国会の会期の延長についても衆議院の優越が規定されている。**

　　　国会の会期延長の決定に関して，両議院の議決が一致しない場合または参議院が議決しない場合には，衆議院の議決したところによる（国会法12条，13条）。この肢のみ憲法典ではなく，国会法の条文内容を問うものである。このほか，臨時会と特別会の会期についても衆議院の優越がある。すなわち，臨時会と特別会の会期は，両議院一致の議決で定める（同法11条）。また，国会の会期は，両議院一致の議決で延長することができる（同法12条1項）。この2つの場合において，両議院の議決が一致しないとき，または参議院が議決しないときは，衆議院の議決したところによる（同法13条）。

　　●**会期（延長）決定の場合**

両議院の議決が一致しない ┐
　　　　　　　　　　　　　├─→ 衆議院の議決したところによる
参議院が議決しない ────┘

→問題はP.254 **正答1**

No.2 の解説 国会

1 ◎ 内閣は参議院の緊急集会を求めることができる。
憲法54条2項および3項の条文通りである。

2 × 予算について異なる議決→両院協議会を開催しなければならない。
予算について，参議院で衆議院と異なった議決をした場合に，両議院の協議会を開いても意見が一致しないときは，衆議院の議決が国会の議決となる（60条2項）。

3 × 内閣総理大臣の指名の議決については衆議院の再可決は不要である。
内閣総理大臣の指名の議決については，衆議院が議決した後，国会休会中の期間を除いて10日以内に参議院が議決をしない場合，衆議院の議決が国会の議決となる（67条2項）。

4 × 決算については衆議院の優越は認められていない。
2つの予算とは異なり，決算（90条参照）については，衆議院の優越は認められていない。

5 × 条約の締結に必要な国会の承認には衆議院の再可決は不要である。
参議院が，衆議院の可決した**条約の締結に必要な国会の承認**を受け取った後，国会休会中の期間を除いて30日以内に議決しない場合，衆議院の議決が国会の議決となる。

No.3 の解説 国会

→問題はP.255 **正答1**

ア × 両議院の同時活動の原則について，憲法54条2項本文は「衆議院が解散されたときは，参議院は，同時に閉会となる。」という関連する規定を設けている。法律により明文で規定されているわけではない。

イ ◎ 両院協議会は，**両議院の独立活動の原則**の例外である。

ウ × 衆議院は**予算先議権**を有する（60条1項）が，予算に関連した法律案についてまで先議権が規定されているわけではない。

エ × 前半は正しい（59条2項）が，後半が誤り。法律案の場合，両院協議会の開催は任意的であり，必ず開かなければならないわけではない（同条3項）。

オ × 参議院にのみ認められた事項として，**緊急集会**の制度がある（54条2項）ので，誤り。

以上から，妥当なものは**イ**のみであり，**1**が正答となる。

【国家総合職・平成10年度】

1　憲法41条は「国会は，国権の最高機関」であると規定しており，主権者たる国民の代表者である議員により構成される国会の最高機関性を宣言している。これは，独立を保障されている司法権に対して国会が命令をなしうることを意味するものではないが，たとえば裁判中の事件の審理に影響を与えるべく，国会が国政調査権を行使することは可能である。

2　憲法43条１項は，「両議院は，全国民を代表する選挙された議員でこれを組織する」と規定しているから，国会議員はひとたび選任されると全国民の代表となるのであり，比例代表区から選出された議員が選挙後に所属政党の政策・方針と相いれない行動に出たために当該政党から除名された場合であっても，直ちに議員としての資格を喪失することはない。

3　憲法41条は「国会は……国の唯一の立法機関である」と規定しており，国会中心立法の原則を明らかにしている。他方，憲法77条１項は最高裁判所の規則制定権を認めているが，これは，憲法が特に認めた国会中心立法の原則の例外であるから，厳格に解すべきであり，最高裁判所は，下級裁判所に関する規則を定める権限を，下級裁判所に委任することはできない。

4　憲法73条３号は内閣が締結する条約について「事前に，時宜によっては事後に，国会の承認を経ることを必要とする」と規定しており，事前に承認を求めて，これが得られない場合には，内閣は当該条約を締結できなくなり，また，国会から修正決議を受けた場合には，内閣は修正された内容どおりの条約を締結すべく交渉を開始する義務を負う。

5　憲法73条６号は内閣の事務として「憲法及び法律の規定を実施するために，政令を制定すること」を挙げており，憲法の規定を直接実施する命令の制定を許容していることから，この限りにおいて国会中心立法の原則は制限され，法律を媒介としない，法律執行のためではない独立命令は現行憲法下でも可能である。

No.5 わが国の二院制における衆参両議院の権能に関する次の文章の下線部
（ア）〜（オ）のうち，妥当なもののみをすべて挙げているのはどれか。

【国家総合職・平成17年度】

　一般に，二院制における両議院の権能関係については，二院を原則として対等
の関係に置くものと，二院を原則として優劣関係に置くものとの2つがある。
(ア) 明治憲法は，前者の方式を採り，二院対等を原則としたが，日本国憲法は，
後者の方式を採り，多くの重要な問題について，衆議院の優越を認め，参議院を
補充的・第二次院的な地位に置いている。

　衆議院と参議院は，その所管する権能の範囲について，ほぼ対等の関係にあ
る。例外的に，衆議院は，①内閣信任・不信任決議権を保持し，②予算先議権を
有する。これに対して，(イ) 参議院だけが保持するものに，国会閉会中，緊急集
会を開き暫定議決を行う権能がある。なお，この緊急集会に関する規定は，緊急
に際しての一時的な対処方法を定めたものにすぎず，参議院に優越性を与える意
味を持つわけではないとする考えもある。

　衆議院の議決は，憲法上，①法律案の議決，②予算の議決，③条約の承認，④
内閣総理大臣の指名について，参議院の議決に優位することが認められている。
ただし，①の法律案の議決に関する参議院に対する衆議院の優越性は，②〜④の
場合に比べて，実際にはそれほど強力なものではないといえる。なぜなら，参議
院で衆議院と異なる議決がなされたとき，後者の場合には，最終的に衆議院の議
決が「国会の議決」とされるのに対して，前者の場合，「(ウ) 衆議院で総議員の
3分の2以上の多数で再び可決」することが必要であるが，与党が衆議院でこの
ような多数の議席を確保することは，現実問題として困難といわざるをえないか
らである。これに対して，(エ) 憲法改正の発議については，両議院の議決価値に
優劣の差はなく，その価値は対等である。

　憲法に規定がない事項につき法律で衆議院に優越性を与えることが許されるか
どうかは難しい問題であるが，(オ) 国会法は，臨時会・特別会の会期および国会
の会期の延長の決定について衆議院の優越を認めている。

1　（ア），（イ），（エ）
2　（ア），（ウ），（オ）
3　（ア），（エ），（オ）
4　（イ），（ウ），（エ）
5　（イ），（ウ），（オ）

実 戦 問 題 **2** の 解 説

1 ✕ **裁判中の事件の審理に影響を与える国政調査権の行使はできない。**
　　　選択肢の「たとえば」以下が誤り。裁判中の事件の審理に影響を与えるよう
　　な**国政調査権**の行使は，司法権の独立（76条3項）を侵害するものとして許
　　されない。

2 ◎ **国会議員は「全国民」の代表である。**
　　　国会議員は全国民の代表であるから，比例代表区選出の議員が政党から除名
　　された場合でも，議員としての資格を喪失しない。

3 ✕ **最高裁は下級裁に規則制定権を委任できる。**
　　　前半は正しい。最高裁判所の規則制定権は，国会中心立法の原則の例外であ
　　る。しかし，後半が誤り。最高裁判所は，下級裁判所に関する規則を定める
　　権限を下級裁判所に委任することができる（77条3項）。

4 ✕ **内閣は，修正されたどおりの条約締結の義務は負わない。**
　　　前半は正しい。事前の承認が得られない場合には，内閣は条約を締結できな
　　くなる。しかし，後半が誤り。内閣は国会から修正決議を受けた場合でも，
　　修正された内容どおりの条約を締結すべく交渉を開始する義務を負わない。
　　国会の修正決議は内閣に再交渉を促す程度の政治的な意味合いを有するにと
　　どまる。したがって，内閣は修正の内容に不服があれば，再交渉を行わずに
　　条約の締結自体を断念することも可能である。

5 ✕ **憲法を直接実施する命令の制定は許されない。**
　　　国会中心立法の原則との関係から，憲法73条6号の「憲法および法律」の文
　　言は一体的に把握して解釈されており，憲法を直接実施するための命令の制
　　定は認められていない。つまり，明治憲法下で認められていた独立命令は許
　　されないのである。

No.5 の解説 わが国の二院制における衆参両議院の権能 →問題はP.259 **正答3**

ア○ 大日本帝国憲法（明治憲法）は，帝国議会における貴族院と衆議院の二院対等を原則としていた（同33条〜54条参照）。

イ× **参議院の緊急集会**は，衆議院の解散によって国会が閉会になった場合において，国に緊急の必要があるときに開催することができる（54条2項）。したがって，単に「国会閉会中」であればいつでも開けるというものではなく，この部分が誤りとなる。

ウ× 法律案における衆議院の再可決は，「総議員」ではなく「出席議員」の3分の2以上の多数が要求されている（59条2項）。

エ○ **憲法改正の発議**については，両議院の議決の価値は対等である（96条1項前段）。

オ○ 国会法は，臨時会・特別会の会期および国会の会期の延長の決定について衆議院の優越を認めている（同法11条，12条1項，13条）。

　以上から，妥当なものは（ア），（エ），（オ）であり，**3**が正答となる。

第5章

国

会

国会の活動と権能

必修問題

　国会に関するア〜オの記述のうち，妥当なもののみを挙げているのはどれか。

【国家総合職・令和 5 年度】

ア：衆議院が解散されたときは，参議院は同時に閉会となるが，内閣は，国に緊急の必要があるときは，**参議院の緊急集会**を求めることができる。ただし，緊急集会において採られた措置は臨時のものであり，次の国会開会の後10日以内に衆議院の同意がない場合には，その効力を失う。

イ：両議院は，院内の秩序を乱した**議員を懲罰**することができる。院内とは，議員による討議が行われる議場内のことを指し，議場外の行為については，会議の運営に関連するものであったとしても，懲罰の対象とはならない。また，議員を除名するには，各議院の総議員の 3 分の 2 以上の多数による議決が必要とされる。

ウ：国会議員が国会で行った質疑等において，個別の国民の名誉や信用を低下させる発言がなされた場合に，国家賠償法 1 条 1 項にいう違法な行為があったものとして国の損害賠償責任が肯定されるためには，当該国会議員が，その職務とは関わりなく違法または不当な目的をもって事実を摘示し，あるいは，虚偽であることを知りながらあえてその事実を摘示するなど，国会議員がその付与された権限の趣旨に明らかに背いてこれを行使したと認めうるような特別の事情があることを要するとするのが判例である。

エ：両議院の会議は，委員会も含めて**公開が原則**とされているが，出席議員の 3 分の 2 以上の多数で議決したときは，秘密会を開くことができる。秘密会の記録については，原則として公表する必要はない。

オ：**予算案**の議決について，参議院が衆議院の可決した予算案を受け取った後，国会休会中の期間を除いて30日以内に議決しないときは，参議院は当該予算案を否決したものとみなされ，両議院の協議会を開かなければならない。両議院の協議会を開いても意見が一致しないときは，衆議院の議決が国会の議決となる。

1　ア，ウ　　**2**　ア，エ　　**3**　イ，ウ

4　イ，オ　　**5**　エ，オ

難易度　＊＊

必修問題の 解説

　国会の活動に関しては，参議院の緊急集会，議院における会議の原則などが重要である。問題では，条文における「数字」まで問われている。

ア◎ 内閣は国に緊急の必要があるとき参議院の緊急集会を求めることができる。
　衆議院が解散されたときは，参議院は同時に閉会となるが，内閣は，国に緊急の必要があるときは，参議院の緊急集会を求めることができる。緊急集会においてとられた措置は臨時のものであり，次の国会開会の後10日以内に衆議院の同意がない場合には，その効力を失う（憲法54条2項・3項）。

イ✕ 議場外の行為も，会議の運営に関連するものであれば懲罰対象となる。
　両議院は，院内の秩序を乱した議員を懲罰することができる（憲法58条2項本文）。しかし，議場外の行為についても，会議の運営に関連するものであれば，懲罰の対象となる。また，議員を**除名**するには，総議員ではなく**出席議員**の3分の2以上の多数による議決が必要とされる（同条項但書）。

ウ◎ 国会議員が権限の趣旨に明らかに背いて行使したような特別の事情が必要。
　国家賠償法にいう違法な行為があったとして国の損害賠償責任が肯定されるには，国会議員がその付与された権限の趣旨に明らかに背いてこれを行使したと認め得るような特別の事情があることを要する（最判平9・9・9）。

エ✕ 委員会は，議員のほか傍聴を許さないのが原則である。
　両議院の会議は，公開が原則とされているが，出席議員の3分の2以上の多数で議決したときは，**秘密会**を開くことができる（憲法57条1項）。しかし，委員会は，議員のほか傍聴を許さないのが原則である（国会法52条1項）。また，両議院は，秘密会の記録の中で特に秘密を要すると認められるもの以外は，これを公表し，かつ一般に頒布しなければならない（憲法57条2項）。

オ✕ 参議院が30日以内に議決しないときは，衆議院の議決が国会の議決となる。
　予算案の議決について，参議院が衆議院の可決した予算案を受け取った後，国会休会中の期間を除いて30日以内に議決しないときは，**衆議院の議決が国会の議決**となる（憲法60条2項）。

　以上から，妥当なものはアとウであり，**1**が正答となる。

正答 3

FOCUS

　国会の活動と権能では，条文問題が出題の中心である。注意しなければならないのは，過半数なのか3分の2以上なのかという数字まで出題されるので，厳密な暗記が必要となること。また，憲法の条文だけでなく国会法の条文も出題されることである。ただし，国会法は，条文数が多いので全条文を読むことまでは必要なく，過去に問われた条文を正確に押さえておけば足りる。

POINT

重要ポイント 1 ▶ 会 期

　国会は会期中のみ活動する。会期とは，国会が活動能力を有する一定の期間をいい，**常会**，**臨時会**，**特別会**の３つがある。国会は召集によって開会し，会期の終了によって閉会となる。国会の召集は，天皇が国事行為として行う（７条２号）。なお，国会法において，会期中に議決に至らなかった案件は，原則として後会に継続しないとする会期不継続の原則を定めている。

	召　集	会　期
常会（52条） 毎年１回定期的に召集される。	１月中に召集するのを常例とする（国会法２条）。	原則として150日間（国会法10条）。ただし，両議院一致の議決で，１回延長できる（国会法12条）。
臨時会（53条） 常会と常会との間に国会の活動が必要とされる場合に召集する。	内閣が職権で，またはいずれかの議院の総議員の４分の１以上の要求で召集を決定する。	両議院一致の議決で決定する。（国会法11条）ただし，両議院一致の議決で，２回延長できる（国会法12条）。
特別会（54条１項） 衆議院の解散による総選挙があった後に召集する。	解散の日から40日以内に衆議院議員の総選挙を行い，その選挙の日から30日以内に召集する。	

重要ポイント 2 ▶ 会議の原則

　議事議決の**定足数**は，両議院ともそれぞれ総議員の３分の１以上である（56条１項）。**表決数**は，出席議員の過半数という過半数主義が原則であるが，例外として，３分の２以上の多数を必要とする場合もある。憲法上，「３分の２以上」という数字を要求するのは，次の表中の計５つのみであることに注意。

●表決数の原則と例外

原則	出席議員の過半数	可否同数のときは議長が決定する（56条２項）
例外	出席議員の３分の２以上	・議員の資格争訟の裁判で議席を失わせる場合（55条） ・秘密会の開会（57条１項） ・懲罰による議員の除名（58条２項） ・法律案の衆議院の再可決（59条２項）
	各議院の総議員の３分の２以上	・憲法改正の発議（96条１項）

　なお，「出席議員」ではなく「総議員」から数えるものには，憲法改正の発議のほかに，臨時会の要求の「４分の１以上」がある（53条）。憲法上，「総議員」から数えるケースは，次の表中の計３つのみであることに注意。したがって，憲法改正の発議は，衆参の各議院の「総議員」から数え，しかも「３分の２以上」の数を要求する，憲法上，最も厳格な要件となっていることがわかる。

●総議員

定足数	総議員の3分の1以上
臨時会の要求	総議員の4分の1以上
憲法改正の発議	（各議院の）総議員の3分の2以上

憲法改正の手続	①各議院の総議員の3分の2以上の賛成で国会が発議→②国民投票で過半数の賛成→③天皇が公布

重要ポイント 3　参議院の緊急集会

　衆議院が解散されてから，総選挙が施行され，特別会が召集されるまでの間に，国会の開会を必要とするような国の緊急事態が生じた場合に，それに応えて国会を代行する参議院の集会である。

（1）開催手続きと参議院議員の特権

　緊急集会を求めることができるのは，「内閣」のみであり（54条2項但書），参議院が自ら求めることはできない。緊急集会は国会の召集とは異なるので，天皇の召集（7条2号）は必要とされない。

　なお，参議院議員は，緊急集会においても，不逮捕特権（国会法100条）と免責特権を有する。国会を代行する制度だからである。

（2）緊急集会の開催要件と権能

　緊急集会は，「国に緊急の必要があるとき」に限って，求めることができる（54条2項但書）ので，緊急的作用とはいえない憲法改正の発議（96条1項）や内閣総理大臣の指名（67条）はできない。

（3）衆議院の同意と効力

　緊急集会でとられた措置は臨時のものなので，次の国会開会の後10日以内に衆議院の同意がない場合には，「効力を失ふ」（54条3項）。ただし，効力を失うのは将来に対してであり，過去に遡及するものではない。

重要ポイント 4　国会の主な権能

憲法改正の発議権（96条1項）	国民に提案される憲法改正案を決定する。
法律の議決権（59条1項）	国会は法律を制定する。
条約の承認権（73条3号）	内閣が条約を締結するには事前に，時宜によっては事後に国会の承認を経ることを必要とする。
内閣総理大臣の指名権（67条1項）	内閣総理大臣は，国会議員の中から国会の議決で指名する。
弾劾裁判所の設置権（64条）	裁判官を罷免するための弾劾裁判所を設置する。
財政の監督権（83条）	国の財政を処理する権限は，国会の議決に基づいて行使される。

No.1 ****** 国会に関するア～オの記述のうち，妥当なもののみをすべて挙げている
のはどれか。　　　　　　　　　　　　　　　　　　　【国家総合職・平成25年度】

ア：衆議院で可決し，参議院でこれと異なった議決をした法律案は，衆議院で出
　　席議員の3分の2以上の多数で再び可決したときは，法律となる。また，参
　　議院が，衆議院の可決した法律案を受け取った後，国会休会中の期間を除い
　　て60日以内に議決しないときは，衆議院は，参議院がその法律案を否決した
　　とみなすことができる。

イ：条約の締結に必要な国会の承認については，先に衆議院で審議されなければ
　　ならず，参議院で衆議院と異なった議決をした場合に，両議院の協議会を開
　　いても意見が一致しないとき，または参議院が衆議院の可決後，国会休会中
　　の期間を除いて30日以内に議決しないときは，衆議院の議決が国会の議決と
　　なる。

ウ：衆議院が解散されたときは，解散の日から40日以内に衆議院議員の総選挙を
　　行い，その選挙の日から30日以内に特別会を召集しなければならない。解散
　　後，特別会の召集までの間に国会の議決を必要とするような緊急の必要が生
　　じた場合には，内閣は解散前の衆議院議員を構成員とする緊急集会を求めて
　　必要な措置を採ることが認められている。

エ：国会は，国権の最高機関であって，国の唯一の立法機関であり，毎年1回，
　　会期を150日とする常会が必ず召集される。また，臨時会を召集するか否か
　　についての判断は行政権の一部として内閣に専属するが，会期の延長は両議
　　院一致の議決で行うことが認められており，延長の回数は常会は1回まで，
　　臨時会は2回までとされている。

オ：両議院における議決は，原則として出席議員の過半数で行われるが，憲法の
　　改正については，各議院の総議員の3分の2以上の賛成による発議を行い，
　　国民投票における過半数の賛成が必要とされている。

1　ア，イ　　**2**　ア，オ　　**3**　イ，ウ　　**4**　ウ，エ　　**5**　エ，オ

No.2 ******* 国会に関する次の記述のうち，妥当なのはどれか。

【国家総合職・平成24年度】

1　国会の常会は，毎年1回召集され，会期は150日間であるが，会期の延長が1
回に限り認められ，会期の延長の決定については，両議院の議決が一致しないと
き，または参議院が議決しないときは，衆議院の議決したところによるという衆
議院の優越が認められている。

2　両議院の意思の調整をはかる機関として，両院協議会があり，予算の議決，法
律案の議決および条約締結の承認の議決については，衆議院と参議院で異なった

議決をした場合，必ず両院協議会を開くこととされ，また，両院協議会で議決された成案は，両院協議会を求めた議院においてまず審議され，次いで他の議院に送付されるが，成案についてさらに修正することはできないこととされている。

3 両議院の本会議および委員会は，いずれも原則公開であり，これらを秘密会とするためには，出席議員の3分の2以上の多数で議決する必要がある。

4 議院の決議は，議院の意思の表明であり，一般には，法律と同様の拘束力を有するものではないとされるが，衆議院の内閣不信任決議および参議院の内閣総理大臣問責決議については，これが可決された場合，内閣は，10日以内に衆議院が解散されない限り，総辞職をしなければならないという法的効果を伴う。

5 両議院は，議院の自律権の一つとして，議員の懲罰権を有する。議事堂内の行為のみならず，議事堂外における議員としての活動中の行為についても，院内の秩序を乱したと判断されるものは懲罰の対象となり，また，懲罰のうち除名については，議員の地位を失わせるものであるため，各議院の総議員の3分の2以上の多数による議決が必要とされる。

◆ **No.3** 国会に関するア～オの記述のうち，妥当なもののみをすべて挙げているのはどれか。 【国家総合職・平成29年度】

ア：予算の提出および内閣総理大臣の指名については，一般に国民の関心が高いと考えられることから，議員の任期が参議院より短く，解散により議員の任期が短縮される可能性もある点で民意をより直接に代表すると考えられる衆議院において，先になされなければならない。

イ：衆議院で可決された法律案が参議院で否決された場合であっても，衆議院で出席議員の3分の2以上の多数で再び可決すれば，法律となる。条約の締結に必要な国会の承認についても，これと同様である。

ウ：衆議院および参議院の本会議の議事は，憲法に特別の定めがある場合を除き，出席議員の過半数によって決定されるが，可否同数のときは，議長の決するところによる。

エ：国会の会期について，常会は，150日間を原則としつつ一回に限り延長することができる。これに対し，臨時会は，具体的な日数や延長できる回数について明記した法令はないが，実際には，毎年一回召集することとされている常会の運営に支障を来さないように会期の設定が行われている。

オ：衆議院，参議院ともに本会議は公開が原則であるが，出席議員の3分の2以上の多数で議決したときは，秘密会を開くことができる。本会議を公開しない趣旨を徹底するため，秘密会については，その会議の記録も原則として公開されることはない。

1 ア　**2** イ　**3** ウ　**4** イ，エ　**5** ウ，オ

No.4 国会に関する次の記述のうち，妥当なのはどれか。

【国家一般職・令和元年度】

1 常会，臨時会および特別会の会期は，それぞれ召集の都度，両議院一致の議決で定めなければならない。

2 常会，臨時会および特別会の会期は，両議院一致の議決で延長することができるが，いずれの場合も，会期の延長ができる回数についての制限はない。

3 特別会は，衆議院の解散による総選挙の日から30日以内に召集されるが，その召集の時期が常会の召集時期と重なる場合には，常会と併せて召集することができる。

4 国会の会期中に議決に至らなかった案件は，原則として後会に継続しない。これを会期不継続の原則といい，憲法上明文で規定されている。

5 国会は，会期が満了すれば閉会となり，会期中に期間を定めて一時その活動を休止することはあっても，会期の満了を待たずに閉会することはない。

No.5 日本国憲法に規定する参議院の緊急集会に関する記述として，通説に照らして，妥当なのはどれか。 【地方上級（特別区）・令和3年度】

1 衆議院が解散されたときは，参議院は同時に閉会となるが，国に緊急の必要があるときは，参議院は，自発的に緊急集会を行うことができる。

2 緊急集会の要件である，国に緊急の必要があるときとは，総選挙後の特別会の召集を待てないような切迫した場合をいい，その例として自衛隊の防衛出動や災害緊急措置があるが，暫定予算の議決はこれに含まれない。

3 緊急集会の期間中，参議院議員は，国会の通常の会期中とは異なり，不逮捕特権および免責特権を認められていない。

4 緊急集会は，国会の代行機能を果たすものであり，その権限は法律や予算等，国会の権限全般に及ぶものであることから，議員による議案の発議は，内閣が示した案件に関連のあるものに限らず行うことができる。

5 緊急集会において採られた措置は，臨時のものであって，次の国会開会の後10日以内に，衆議院の同意がない場合には，その効力を失う。

実 戦 問 題 の 解 説

No.1 の解説　衆議院の優越と国会の活動
→問題はP.266　**正答2**

ア◯　法律案は衆議院が優越する。
　法律案についての衆議院の優越の規定である（59条2項，4項）。

イ✕　先議権は予算のみである。
　後半は正しいが，前半が誤り。憲法上，条約の締結に必要な国会の承認に関して衆議院の先議権は規定されていない。憲法61条は**予算に関する衆議院の先議権**の規定（60条1項）を準用していない。

ウ✕　緊急集会は参議院のみの制度である。
　前半は正しいが，後半が誤り。衆議院の解散後，特別会の召集までの間に，国会の議決を必要とするような緊急の事態が生じた場合において，内閣の求めにより国会を代行するのは**参議院の緊急集会**であり（54条2項），解散前の衆議院議員を構成員とする緊急集会を求める制度はない。

エ✕　臨時会は議員にも召集請求権がある。
　臨時会の召集を「内閣に専属する」とする部分が誤り。内閣は，臨時会の召集を決定する権限を有しているが，いずれかの議院の総議員の4分の1以上の要求があれば，内閣は，その召集を決定しなければならないと規定されている（53条）から，臨時会を召集するか否かについての判断が内閣に専属するわけではない。

オ◯　議決数が規定されている。
　議決数の原則とその例外などの規定である（56条2項，96条1項）。
　以上から，妥当なものはアとオであり，**2**が正答となる。

No.2 の解説　国会
→問題はP.266　**正答1**

1◎　常会は毎年1回召集される。
　憲法および国会法の規定通りである（52条，国会法10条，12条，13条）。

2✕　法律案の場合の両院協議会は任意的開催である。
　後半は正しい（国会法93条）が，前半が誤り。予算の議決および条約締結の承認については，衆議院と参議院で異なった議決をした場合，**必ず両院協議会を開く**こととされている（60条2項・61条，国会法85条）が，法律案の議決については，衆議院と参議院で異なった議決をした場合，両院協議会を開くかどうかは衆議院の判断にゆだねられている（59条3項，国会法84条）。

3✕　委員会は原則非公開である。
　両議院の本会議については正しい（憲法57条1項）。しかし**委員会**については誤り。委員会は，議員のほかは傍聴が許されず，ただし，報道の任務にあたる者その他の者で委員長の許可を得た者は例外的に認められ（国会法52条1項），さらに委員会の決議により秘密会とすることができる（同条2項）。

4 ✕　参議院の内閣総理大臣問責決議には法的効果なし。

衆議院の内閣不信任決議については，これが可決された場合，内閣は，10日以内に衆議院が解散されない限り，総辞職をしなければならないという法的効果を伴う（69条）が，参議院の内閣総理大臣問責決議については，このような法的効果はなく，政治的意味をもつにとどまる。

5 ✕　除名は出席議員の3分の2以上で議決される。

前半は正しいが，後半が誤り。**懲罰のうち除名**については，各議院の「総議員」ではなく，「出席議員」の3分の2以上の多数による議決が必要とされる（58条2項但書）。

No.3 の解説　国会　　　　　　　　　　　　　→問題はP.265　**正答3**

ア ✕　衆議院の先議権は予算のみである。

予算の提出に関する衆議院の**先議権**については正しい（憲法60条1項）。しかし，内閣総理大臣の指名については，衆議院の先議権はないので誤り。

イ ✕　衆議院の再可決は法律案のみである。

前半の法律案の**再可決**については正しい（憲法59条2項）。しかし，後半の条約の締結に必要な国会の承認については，衆議院の再可決の制度はないので誤り。

ウ ○　議事は，原則として出席議員の過半数で決める。

両院の議事は，この憲法に特別の定めのある場合を除いては，**出席議員の過半数**でこれを決し，可否同数のときは，議長の決するところによる（憲法56条2項）。

エ ✕　臨時会の会期の延長は2回まで。

前半の常会の会期については正しい（国会法10条，12条2項）。しかし，後半が誤り。**会期の延長**は，臨時会にあっては2回を超えてはならないとして，国会法が，延長できる回数については明記している（国会法12条2項）。

オ ✕　秘密会の会議の記録も原則として公開される。

前半の**会議公開の原則**および秘密会開催の要件については正しい（憲法57条1項）。しかし，後半が誤り。両議院は，各々その会議の記録を保存し，秘密会の記録の中で特に秘密を要すると認められるもの以外は，これを公表し，かつ一般に頒布しなければならない（同条2項）ので，秘密会についても，その会議の記録は原則として公開される。

以上から，妥当なものはウのみであり，**3**が正答となる。

No.4 の解説　国会　　　　　　　　　　　　　→問題はP.266　**正答3**

1 ✕　常会の会期は原則として150日間である。

常会の**会期**は，国会法が，原則として150日間とすると規定しているので

（国会法10条），誤り。臨時会と特別会については正しい（同11条）。

2 ✕ **会期が延長できる回数は，常会は1回，臨時会と特別会は2回まで。**
前半は正しいが（国会法12条1項），後半が誤り。**会期の延長**ができる回数は，常会は1回，臨時会と特別会は2回を超えてはならない（同条2項）。

3 ◎ **特別会は衆議院解散総選挙日から30日以内に，常会と併せて招集できる。**
前半は，「衆議院が解散されたときは，解散の日から40日以内に，衆議院議員の総選挙を行ひ，その選挙の日から30日以内に，国会を召集しなければならない」（54条1項）。後半は，「**特別会**は，常会と併せてこれを召集することができる」（国会法2条の2）。

4 ✕ **会期不継続の原則は，国会法上明文で規定されている。**
会期不継続の原則は，憲法ではなく，国会法68条に明文で規定されている。

5 ✕ **会期の満了を待たずに閉会することもある。**
国会が，会期の満了を待たずに閉会することもある。**衆議院が解散**されたときは，参議院は，同時に閉会となる（54条2項本文）。会期中に議員の任期が満限に達する場合には，その満限の日をもって，会期は終了するものとする（国会法10条但書）。

No.5 の解説 参議院の緊急集会

→問題はP.266 **正答5**

1 ✕ **参議院が，自発的に緊急集会を行うことはできない。**
衆議院が解散されたときは，参議院は同時に閉会となるが，「内閣」は，国に緊急の必要があるときは，参議院の緊急集会を求めることができる（54条2項）。

2 ✕ **切迫した場合の例に，暫定予算の議決も含まれる。**
緊急集会の要件である，国に緊急の必要があるときとは，総選挙後の特別会の召集を待てないような切迫した場合をいい，その例として自衛隊の防衛出動や災害緊急措置，そして**暫定予算**の議決もこれに含まれる。

3 ✕ **緊急集会の期間中，参議院議員には，不逮捕特権と免責特権が認められる。**
緊急集会の期間中，参議院議員は，国会の通常の会期中と同様に，**不逮捕特権**（国会法100条1項）および**免責特権**も認められると解されている。

4 ✕ **議員は，内閣が示した案件に関連のあるものに限って議案を発議できる。**
内閣が参議院の緊急集会を求めるには，内閣総理大臣から集会の期日を定め，案件を示して，参議院議長にこれを請求しなければならない（国会法99条1項）。参議院の緊急集会においては，議員は99条1項の規定により示された案件に関連のあるものに限り，議案を発議することができる（同101条）。

5 ◎ **緊急集会で採られた措置は臨時のもの。**
緊急集会においてとられた措置は，臨時のものであって，次の国会開会の後10日以内に，衆議院の同意がない場合には，その効力を失う（54条3項）。

国政調査権

　日本国憲法に規定する議院の国政調査権に関する記述として，判例，通説に照らして，妥当なのはどれか。　　【地方上級（特別区）・令和3年度】

1　国政調査権の性質について，国権の最高機関性に基づく国権統括のための**独立の権能**であるとする説に対し，最高裁判所は，議院に与えられた権能を実効的に行使するために認められた**補助的な権能**であるとした。

2　両議院は，国政調査に関して，証人の出頭および証言ならびに記録の提出を要求することができ，調査手段として，強制力を有する住居侵入，捜索および押収も認められている。

3　裁判所と異なる目的であっても，裁判所に係属中の事件について**並行して調査**することは，司法権の独立を侵すため許されず，二重煙突の代金請求を巡る公文書変造事件の判決において，調査は裁判の公平を害するとされた。

4　国政調査権は，国民により選挙された全国民の代表で組織される両議院に特に認められた権能であるため，特別委員会または常任委員会に調査を委任することはできない。

5　日商岩井事件の判決において，検察権との並行調査は，検察権が行政作用に属するため原則として許容されるが，起訴，不起訴について検察権の行使に政治的圧力を加えることが目的と考えられる調査に限り自制が要請されるとした。

難易度　＊＊

頻出度 国家総合職 ―
国家一般職 ★
国税専門官 ―
地上全国型 ★★

地上特別区 ★★
市役所 C ★

B

15 国政調査権

必修問題の解説

憲法62条は，「両議院は，各々国政に関する調査を行ひ，これに関して，証人の出頭及び証言並びに記録の提出を要求することができる」として，国政調査権を規定している。本問ではその性質，限界が問われている。

1 ◎ **最高裁判所は，補助的権能説を採る。**

国政調査権の性質について，独立権能説と補助的権能説の争いがあるが，最高裁判所は，**補助的権能説**を採用していると考えられている。

2 ✕ **調査手段として，住居侵入や捜索・押収は認められない。**

両議院は，国政調査に関して，証人の出頭および証言ならびに記録の提出を要求することができるが（62条），調査手段として，強制力を有する住居侵入，捜索および押収は認められていない。

3 ✕ **裁判所と異なる目的なら係属中の事件についての並行調査も許される。**

裁判所と**異なる目的**であれば，裁判所に係属中の事件について**並行して調査**することは，司法権の独立を侵さないため許される。二重煙突の代金請求を巡る公文書変造事件の判決において，調査は裁判の公平を害しないとされた（東京地判昭31・7・23）。

4 ✕ **特別委員会または常任委員会に調査を委任することができる。**

両議院が，特別委員会または常任委員会に調査を**委任**することはできる。

5 ✕ **本肢にある調査以外にも自制が要請される場合がある。**

日商岩井事件の判決において，検察権との並行調査は，検察権が行政作用に属するため原則として許容されるが，①起訴，不起訴について検察権の行使に政治的圧力を加えることが目的と考えられるような場合，②起訴事件に直接関連ある捜査および公訴追行の内容を対象とする調査，③捜査の続行に重大な支障をきたすような方法をもって行われる調査等に限り自制が要請されるとした（東京地判昭55・7・24）。

正答 1

FOCUS

国政調査権については，①議院（委員会）の権能であること，②その性質につき争いがあるが，補助的権能説が通説であり，独立権能説は少数説であること，③権力分立原則（司法権・行政権）や基本的人権との関係で限界があること，を順次整理することが必要である。

POINT

重要ポイント 1　国政調査権の主体

　国政調査権は，両議院が国政に関する調査を行い，証人の出頭・証言・記録の提出を要求する権利である。

　その主体は，国会の各議院である。通常は，議院の議決により，常任委員会または特別委員会に付託して行われる。したがって，委員会も調査権を行使できる。

重要ポイント 2　国政調査権の性質

　国政調査権の性質については争いがある。

　少数説は，憲法41条の「最高機関」を統括機関と考えることから，それに基づく国権統括のための独立した権能であるとする独立権能説をとる。これに対し，通説は，単に国会および議院に与えられた権能を実効的に行使するための手段としての補助的な権能であるとする**補助的権能説**をとっている。国会を統括機関と考えることはできない（テーマ13 POINT）からである。

　ただし，通説の補助的権能説をとった場合でも，もともと国会の権能（立法権など）は広範であるので，国政調査権が国政の全般に及ぶことに注意が必要である。

	「最高機関」（41条）	国政調査権の性質
少数説	統括機関説	独立権能説
通説	政治的美称説	補助的権能説

重要ポイント 3　国政調査権の限界

　国政調査権の対象と方法には，権力分立の原則と基本的人権との関係から，次のような限界がある。

（1）司法権との関係からの限界

　司法権の独立を侵害するような調査はできない。たとえば，現在，裁判が係属（進行）中の事件について，裁判官の訴訟指揮を批判するような調査は許されない。また，既に裁判の判決が確定した事件についても，判決内容を批判するような調査は許されない。その裁判官に，事実上重大な影響を与えるからである。ただし，議院が，裁判所とは異なる目的（国会の権能である立法目的など）から調査することは，司法権の独立を害さないので許される。

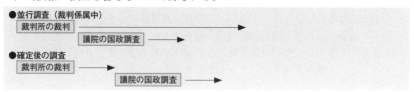

（2）行政権との関係からの限界

議院内閣制の趣旨に従い，行政権に対しては全般にわたって広く調査できる。しかし，公務員の職務上の秘密に関する事項は，原則として調査できない（議院証言法5条）。また，検察権も行政権だから調査の対象になるが，裁判と密接にかかわる作用であるから，司法権に類似する独立性が認められ，起訴・不起訴の判断に政治的圧力を加えるような調査などは許されない。

（3）人権との関係からの限界

基本的人権を侵害する調査は許されない。たとえば，思想・良心の自由を侵害するような質問は許されない。また，捜索，押収，逮捕のような刑事手続き上の強制手段は認められない。

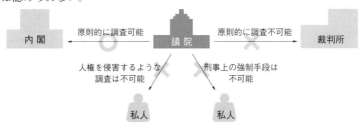

重要ポイント 4 議院自律権

議院はその権能として，国政調査権のほかに，**自律権**を有する。自律権とは，各議院が他の国家機関から監督や干渉を受けることなく，その内部組織および運営に関し自主的に決定できる権能をいう。

判例は，この自律権を理由に，国会内部での議事手続きについて，裁判所は審査できないとしている（最大判昭37・3・7，警察法改正無効事件）。

（1）内部組織に関する自律権

議員の逮捕の許諾権と会期前に逮捕された議員の釈放要求権（50条），役員選任権（58条1項），議員の資格争訟の裁判権（55条）がある。資格争訟の裁判の結果を通常裁判所で争うことはできない。

（2）運営に関する自律権

各議院が内部事項について議事規則を定める議院規則制定権（58条2項）と，院内の秩序を乱した議員を懲罰する議員懲罰権（同条項）がある。

（3）その他の権能

議院は，秘密会を開く権利や，国務大臣の出席を求める権利などを有する。

❖ **No.1** 日本国憲法に規定する議院の国政調査権に関する記述として，通説に照らして，妥当なのはどれか。　【地方上級（特別区）・平成29年度】

1　国政調査権は，国会の国権の最高機関性に基づく，国権を統括するための独立の権能であるが，国政調査権の及ぶ範囲は立法に限られ，国政全般には及ばない。

2　国政調査権は，その行使に当たって，証人の出頭および証言ならびに記録の提出の要求のほか，住居侵入，捜索，押収も強制力を有する手段として認められている。

3　国政調査権は，議院の保持する権能を実効的に行使するためのものでなければならず，議院は，調査を特別委員会または常任委員会に付託して行わせることはできない。

4　国政調査権は，公務員が職務上知りえた事実について，本人から職務上の秘密に関するものであることを申し立てたときは，当該公務所の承認がなければ，証言を求めることができないが，書類の提出を求めることはできる。

5　国政調査権は，裁判所で係属中の事件について，裁判官の訴訟指揮または裁判内容の当否を批判する調査をすることは許されないが，議院が裁判所と異なる目的から，適正な方法で裁判と並行して調査をすることは可能である。

❖ **No.2** 日本国憲法に規定する議院の国政調査権に関する記述として，判例，通説に照らして，妥当なのはどれか。　【地方上級（特別区）・平成24年度】

1　国政調査権の行使に当たっては，議院は証人の出頭および証言ならびに記録の提出を要求することができるが，強制力を有する捜索，押収などの手段によることは認められない。

2　国政調査権は，議院が保持する権能を実効的に行使するためのものであり，その主体は議院であるから，議院は，調査を常任委員会に付託して行わせることはできない。

3　裁判所で審理中の事件について，議院が裁判と並行して調査することは，裁判所と異なる目的であっても，司法権の独立を侵すこととなるので許されないが，判決が確定した事件については，調査することができる。

4　検察事務は，行政権の作用に属するが，検察権が裁判と密接に関連する準司法作用の性質を有することから，司法権に類似した独立性が認められなくてはならないので，国政調査権の対象となることはない。

5　国政調査権は，国会が国権の最高機関であることに基づく，国権を統括するための補助的な権能であるが，立法，予算審議，行政監督など，国政調査権の及ぶ範囲は，国政のほぼ全般にわたる。

No.3 国会に関するア～オの記述のうち，妥当なもののみをすべて挙げているのはどれか。　　　　　　　　　　　　　　【国家一般職・平成30年度】

ア：各議院の議員は，院外における現行犯罪の場合を除いては，国会の会期中その議院の許諾がなければ逮捕されず，議員が国会の会期前に逮捕された場合は，その議院の要求があれば，会期中これを釈放しなければならない。

イ：両議院は，各々その議員の資格に関する争訟を裁判するが，この裁判により議員の議席を失わせるには，総議員の3分の2以上の多数による議決を必要とする。

ウ：両議院は，各々その会議その他の手続および内部の規律に関する規則を定める権能を有するが，憲法上，その権能は憲法および国会法の規定する内容を除く範囲に明文で限定されている。

エ：憲法に基づく両議院の議員懲罰権は，飽くまで議院内部の秩序を乱した議員の懲罰を可能とするにとどまり，議場外の行為で会議の運営と関係のない個人的行為は懲罰の事由にならない。

オ：国政調査権を用いて，現に裁判所に係属中の事件について裁判の内容の当否を判断するために調査を行うことは，国会が国権の最高機関とされていることから認められると一般に解されている。

1　ア，エ

2　ウ，オ

3　ア，イ，エ

4　ア，ウ，エ

5　イ，エ，オ

第5章

国

会

No.1 の解説　議員の国政調査権の通説　　　→問題はP.276　正答5

1 × **国政調査権は，国政を統括するための独立権能ではない。**
　　国政調査権は，国会の国権の最高機関性に基づく，国政を統括するための独立の権能ではなく，国会および議院の保持する権能を実効的に行使するための**補助的権能**である。しかし，国政調査権の及ぶ範囲は立法に限られず，国政全般に及ぶ。

2 × **住居侵入，捜索，押収は手段として認められない。**
　　国政調査権の行使に当たって，住居侵入，捜索，押収は手段として認められていない。

3 × **特別委員会や常任委員会に付託して行わせることができる。**
　　議院は，調査を特別委員会または常任**委員会に付託**して行わせることができる。

4 × **書類の提出を求めることもできない。**
　　公務員が職務上知りえた事実について，本人から職務上の秘密に関するものであることを申し立てたときは，当該公務所の承認がなければ，証言を求めることができないだけでなく，書類の提出を求めることもできない（議院証言法5条1項）。

5 ◎ **裁判所と異なる目的から，並行して調査をすることは可能。**
　　裁判所で係属中の事件について，議院が裁判所と**異なる目的から並行して調査**をすることは可能である。

No.2 の解説　議院の国政調査権　　　→問題はP.276　正答1

1 ◎ **国政調査権では捜索，押収はできない。**
　　通説は，強制力を有する捜索，押収などの手段によることは認められないとする。

2 × **国政調査権の調査を常任委員会に付託できる。**
　　前半は正しいが，後半が誤り。国政調査権は，議院が保持する権能を実効的に行使するためのものであり，その**主体は議院**である（62条）が，通説は，議院は，調査を常任委員会に付託して行わせることができるとしている。

3 × **裁判所と異なる目的で並行調査を行うことは許される。**
　　通説は，裁判所で審理中の事件について，議院が裁判所と**異なる目的で並行して調査**を行うことは，司法権の独立を侵すことにはならないので許されるとする。また，**判決が確定した事件**についても，判決内容を批判するような調査はできない。

4 × **国政調査権では検察権も調査の対象となりうる。**
　　通説は，検察事務は，行政権の作用に属するが，**検察権**が裁判と密接に関連する準司法作用の性質を有することから，司法権に類似した独立性が認めら

れなくてはならないが，国政調査権の対象とならないわけではなく，司法権との関係の場合と同様に慎重な配慮が要求されるとする。

5 ✗ **国政調査権の性質の通説は，補助的権能説である。**
「国会が国権の最高機関であることに基づく，国権を統括するための」の部分が誤り。通説は，国政調査権は，国会が保持する諸機能を行使するために，国政に関する十分な知識，正確な認識を獲得する必要があることから，議院に対して補充的に与えられた事実上の調査権能であるとする**補助的権能説**である。本肢のような国会が国権の最高機関であることに基づく国権を統括するための独立の権能であるとする**独立権能説**ではない。もっとも，通説の立場に立っても，国会の権能，特に立法権は広範な事項に及んでいるので，国政に関係のない純粋に私的な事項を除き，立法，予算審議，行政監督など，国政調査権の及ぶ範囲は，国政のほぼ全般にわたると解されている。

No.3 の解説　両議院
→問題はP.277　**正答1**

ア ○ **議員には不逮捕特権が認められている。**
両議院の議員は，法律の定める場合を除いては，国会の会期中**逮捕されず**，会期前に逮捕された議員は，その議院の要求があれば，会期中これを釈放しなければならない（50条）。各議院の議員は，院外における現行犯罪の場合を除いては，会期中その院の許諾がなければ逮捕されない（国会法33条）。

イ ✗ **議員の議席を失はせるには「出席議員」の3分の2以上の多数が必要。**
両議院は，各々その議員の資格に関する争訟を裁判する。但し，議員の議席を失はせるには，**出席議員**の3分の2以上の多数による議決を必要とする（55条）。「総議員」としている点が誤り。

ウ ✗ **規則制定権の範囲について明文の限定はない。**
両議院は，各々その会議その他の手続および内部の規律に関する**規則**を定めることができる（58条2項前段）。しかし，憲法上，その権能が憲法及び国会法の規定する内容を除く範囲に明文で限定されておらず，後半が誤り。

エ ○ **個人的行為は懲罰事由にならない。**
両議院は，院内の秩序をみだした議員を**懲罰**することができる（58条2項後段）を参照。

オ ✗ **裁判所係属中の事件の裁判内容の当否を判断するための調査はできない。**
国政調査権（62条）を用いて，現に裁判所に係属中の事件について裁判の内容の当否を判断するための調査を行うことは，司法権の独立を害することから認められないと一般に解されている。

以上から，妥当なものは**ア**と**エ**であり，**1**が正答となる。

No.4 憲法62条に規定する国政調査権の性質に関し，これを，議院に与えられた権能を実効的に行使するために認められた補助的な権能と見る説（Ⅰ説），国権統括のための独立の権能と見る説（Ⅱ説）がある。

これらの説に関する次の記述のうち，妥当なのはどれか。

【国家一般職・平成9年度】

1 Ⅰ説の立場では，国会は国権の最高機関であるという憲法41条の規定は，単なる政治的宣言ではなく，国会の行政および司法に対する優位性を示すものであると解されている。

2 Ⅰ説の立場では，裁判の判決確定後であっても，その判決の当否について国政調査権に基づき調査することは，司法権の独立を侵すもので許されないと解されている。

3 Ⅰ説またはⅡ説のいずれの立場でも，国政調査権に基づく調査に対して，内閣が職務上の秘密であることを理由に情報の提供を拒むことは許されないと解されている。

4 Ⅰ説の立場では，司法権の独立についてⅡ説の立場以上に尊重することを要するから，裁判で審理中の事件の事実関係について国政調査権に基づき調査することは一切許されないと解されている。

5 Ⅰ説の立場では，国会の権能が立法，予算審議など広い範囲に及ぶものである点を論拠として，国政調査権はⅡ説に比べて広い範囲に及ぶと解されている。

No.5 国政調査権に関する次の文章中の空欄または下線部に関するア～オの記述のうち，妥当なもののみをすべて挙げているのはどれか。

【国家総合職・平成15年度】

国政調査権とは，国会の地位と活動を強化するために　　**A**　　に与えられた権能である。

もっとも，この国政調査権の法的性格については見解の対立がある。まず，　　**B**　　説によれば，国政調査権は国会が他の国家機関の活動を監督・批判するための独立の権能ということになる。一方，　　**C**　　説によれば，国政調査権は立法府の有する諸権能を実効的に行使するための補助的な権能ということになる。

次に，国政調査権には，その調査の対象や方法について，権力分立と人権の両原理からの制約が存在する。たとえば，(D) 司法権との関係では，司法権の独立の観点から，現に裁判所に係属中の事件に関して，裁判所の執った訴訟指揮の当否の調査や，裁判内容の当否を批判する調査は許されないとする考え方がある。また，人権との関係では，基本的人権を侵害するような調査は許されず，特に調

査の過程で，証人の　　E　　の自由やプライバシーを侵害することがあっては
ならないとされる。

ア：空欄Aには「各議員」が該当する。

イ：　　B　　説は，憲法41条の「国権の最高機関」の規定に法的意味を認め，
国会は国政全般を統括する機関であると解する立場と適合的な説である。

ウ：　　C　　説によれば，国政調査に当たっては，立法府の有する諸権能を実
効的に行使するためであれば，捜索，押収，逮捕といった処分も行うことが
でき，このことは現行法上も認められている。

エ：下線部（D）の考え方からすれば，たとえ，裁判所とは異なった目的から行
う調査であっても，裁判所に係属中の事件の事実について裁判所の審理と並
行して調査を行うことは，司法権の独立を侵害するものとして違法な調査と
なる。

オ：空欄Eには「思想」が該当する。

1　イ　　**2**　ウ　　**3**　ア，エ　　**4**　イ，オ　　**5**　ア，ウ，オ

No.6 議院が国政調査権の行使において裁判所の判決を取り上げて調査し，そ
の内容を批判できるかについては見解が分かれているが，以下のア～オの記述のう
ち，その意見として正しく，かつ否定的立場のものの組合せとして妥当なものはど
れか。　　　　　　　　　　　　　　　　　　　　　【地方上級（全国型）・平成21年度】

ア：国政調査権は，憲法41条の「国権の最高機関」性に基づく，国権統括のため
の独立の権能である。

イ：政治的権力を有する国家機関が，非政治的権力である国家機関の行為を批判
する場合の影響の大きさを考慮すべきである。

ウ：裁判の判決が確定した後に裁判の内容を調査する場合であっても，後続の事
件を審理する裁判官に及ぼす影響は否定できない。

エ：司法権の独立とは，裁判官が裁判をなすにあたって，他の国家機関から事実
上重大な影響を受けることを禁ずる原則である点に最も重要な意味がある。

オ：並行調査とは，議院が裁判所と同一の目的で裁判と並行的に当該事件につい
て調査することをいい，このような調査は，裁判に不当な影響を及ぼさない
手段・態様で行われる限り許される。

1　ア，ウ，オ

2　ア，エ，オ

3　イ，ウ，エ

4　イ，エ，オ

5　ウ，エ，オ

実戦問題 **2** の 解説

→問題はP.280　**正答2**

No.4 の解説　国政調査権の論理問題

1✕　憲法41条の「国権の最高機関」性に関連づけて主張されるのはⅡ説（**独立権能説**）であり，41条が国会の行政・司法に対する優位性を示すという考え方はⅡ説になじむ。

2◎　正しい。判決の当否の判断は裁判所に専属的にゆだねられており，議院の権限には属さない。よって，Ⅰ説（**補助的権能説**）では，裁判の判決確定後であっても，国政調査権の対象にはできない。

3✕　Ⅱ説では当然に，Ⅰ説でも憲法が議院内閣制を採用している以上，内閣の職務に対する国政調査権の行使は認められる。しかし，無制限に認められるわけではなく，いずれの立場をとっても合理的な制限が認められる。たとえば，職務上の秘密については，内閣が情報の提供を拒絶できる場合がある（議院証言法5条）。

4✕　後半が誤り。裁判所で審理中の事件の事実関係について，議院が立法や行政監督などの権限を行使するために裁判所と異なる目的で並行調査することは司法権の独立を侵害することにはならず，Ⅰ説の立場でも認められる。

5✕　Ⅰ説でも国政調査権の範囲は国政のほぼ全般にわたるとされるが，それでもⅡ説に比して広範囲には及ばない。

No.5 の解説　国政調査権の空欄・下線部問題

→問題はP.280　**正答4**

ア✕　「両議院は，各々」国政に関する調査を行い，これに関して，証人の出頭・証言・記録の提出を要求することができる（62条）。よって，国政調査権は，「各議員」ではなく，「**議院**」に与えられた権能である。

イ◯　文章中の「独立の権能」という言葉から，**B説**が**独立権能説**とわかる。独立権能説は，国会を統括機関と解する立場（統括機関説）と適合する説とされる。国会は法的に国権の最高機関であるから，議院は憲法が明文で付与した権能以外にも，独立に最高機関として国政全般を統括でき，国政調査権はそのために必要な調査の権限であるとする。

ウ✕　文章中の「補助的な権能」という言葉から，**C説**が**補助的権能説**とわかる。補助的権能と解すると，国政調査権は立法や予算・条約の承認といった憲法が議院に付与した権能を行使するための補助的手段として認められることになる。すると，国会には捜索，押収，逮捕といった刑事手続き上の権限は認められていないので，このような権限は行使できないことになる。現行法上もこのような処分を認めていない。

エ✕　下線部は，議院による訴訟指揮の当否の調査や裁判内容の当否の調査は，裁判所の判断に圧力として作用するおそれがあり，公正な判断を阻害することになるので許されないとする考え方である。したがって，この見解をとっても，裁判所とは異なった目的から裁判所の判断に影響を与えないような手

段・方法で行われる並行調査であれば，司法権の独立を侵害することにはならないので許されることになる。

オ〇 国政調査権の行使といえども，基本的人権を侵害する調査は許されない。特に，**思想調査やプライバシー侵害に及ぶ調査は禁止される。**

以上から，妥当なものは**イ**と**オ**であり，**4**が正答となる。

No.6 の解説　判決に対する国政調査権の行使　→問題はP.281　正答3

ア✕ 本記述は国政調査権の性質に関する**独立権能説**である。この説は，国会は国権の最高機関であるから，議院は憲法が明文で付与した権能以外にも，独立に最高機関として国政全般を統括でき，国政調査権はそのために必要な調査の権限であるとする。したがって，調査権行使の範囲は議院の権能にかかわらず国政全般に及ぶことになるので，裁判所の判決を取り上げて調査し，その内容を批判できるとする肯定説の根拠となるものである。

イ〇 政治的権力を有する議院（国会）が，非政治的権力である裁判所の行為を批判する場合，政治的権力は，実力でその意思を実現できる機構を有しているため，非政治的権力は政治的権力からの侵害を十分に阻止できず，批判そのものが重大な脅威になる。よって，正しく，かつ，否定的立場の意見となっている。

ウ〇 確かに，裁判の判決が確定した後に裁判の内容を調査する場合には，すでに審理が終結した裁判への影響はない。しかし，そのような調査が行われること自体が，後続の事件を審理する裁判官に強い影響を及ぼし，政治部門からの圧力となり，**司法権の独立を侵害**する。よって，正しく，かつ，否定的立場の意見となっている。

エ〇 国政調査権の行使が事実上のものであっても，他の国家機関である議院から重大な影響を受けて裁判を行うと，客観的で公正な判断ができなくなる。よって，正しく，かつ，否定的立場の意見となっている。

オ✕ 通説は，裁判所と**異なる目的からの並行調査**は肯定しているが，議院が裁判所と同一の目的で並行的に当該事件について調査することは許されない。

以上から，その意見として正しく，かつ，否定的立場のものは，**イ**，**ウ**，**エ**であり，**3**が正答となる。

第5章

国会

国会議員

必修問題

　日本国憲法に規定する国会議員の特権に関する記述として，通説に照らして，妥当なのはどれか。　【地方上級（特別区）・令和5年度】

1　国会議員は，院内における現行犯罪の場合を除いては，国会の会期中，その議員の属する議院の許諾がなければ逮捕されない。

2　国会閉会中の委員会における継続審査は，国会の会期に含まれるため，継続審査中の委員会の委員には，**不逮捕特権**が認められる。

3　参議院の緊急集会前に逮捕された参議院議員は，参議院の要求があれば，緊急集会中，釈放しなければならない。

4　国会議員の**免責特権**の対象となる行為は，院内で行った演説，討論または表決に限られるため，地方公聴会で行った発言について免責されることはない。

5　国会の議席を有しない国務大臣が行った発言については，国会議員と同様に，免責特権が及ぶ。

難易度　＊＊

必修問題の解説

　国民の代表である国会議員には，自由に活動しその職責を果たしうるように，不逮捕特権と免責特権が認められている。国会議員については，この２つの特権が問われやすい。

1 ✕　国会議員は、「院外」における現行犯罪の場合を除いては、である。
　両議院の議員は，法律の定める場合を除いては，国会の会期中逮捕されない（憲法50条前段）。そして，国会法33条は，各議院の議員は，**「院外」における現行犯罪**の場合を除いては，会期中**その院の許諾**がなければ逮捕されない，と規定している。

2 ✕　国会閉会中の委員会における継続審査中の委員には、不逮捕特権はない。
　国会閉会中の委員会における継続審査は，国会の会期に含まれないため，継続審査中の委員会の委員には，不逮捕特権が認められない。

3 ◎　逮捕された参議院議員は，参議院の要求があれば，緊急集会中釈放される。
　参議院の緊急集会前に逮捕された参議院議員は，参議院の要求があれば，緊急集会中，これを釈放しなければならない（国会法100条４項）。

4 ✕　国会議員が地方公聴会で行った発言も免責されうる。
　両議院の議員は，議院で行った演説，討論または表決について，院外で責任を問われない（憲法51条）。議院で行ったとは，議員が議院の活動として職務上行ったことをいうから，**地方公聴会**で行った発言についても免責されうる。

5 ✕　国会の議席を有しない国務大臣が行った発言には，免責特権が及ばない。
　免責特権は，国会議員の特権であるから，国会の議席を有しない**国務大臣**が行った発言については，免責特権が及ばない。

正答 **3**

第5章 国会

FOCUS

　不逮捕特権では，特権が認められない場合が問われやすいので，例外となる２つ，つまり，院外における現行犯と議院の許諾（国会法33条）の暗記が必要である。また，免責特権では，免責される「責任」の内容が問われやすいので，民事，刑事，懲戒責任をさし，政党による除名は許されることに注意が必要である。

── POINT ──

重要ポイント 1 **不逮捕特権**

「両議院の議員は，法律の定める場合を除いては，国会の会期中逮捕されず，会期前に逮捕された議員は，その議院の要求があれば，会期中これを釈放しなければならない」(50条)。

(1) 不逮捕特権の目的

この特権の目的は，議員の身体の自由を保障し，議員の職務の執行が妨げられないようにして，議院の審議権を確保することにある。

(2) 憲法50条の解釈

文　言	意　味	注　記
「法律の定める場合」	院外における現行犯と議院の許諾のある場合（国会法33条）。	院内における現行犯は除く。
「会期中」	国会の会期中のみ妥当する。	参議院の緊急集会中の参議院議員にも保障される（国会法100条1項）。
「逮捕」	刑事訴訟法上の逮捕だけでなく，広く公権力による身体の拘束。	訴追されない特権ではない。

重要ポイント 2 **免責特権**

「両議院の議員は，議院で行つた演説，討論又は表決について，院外で責任を問はれない」(51条)。

(1) 免責特権の目的

この特権の目的は，議員の職務の執行の自由を保障することにある。国会議員の特権であるから，議員ではあっても国務大臣として行った発言，および，国会ではない地方議会議員の発言などは免責されない。

(2) 憲法51条の解釈

文　言	意　味	注　記
「議院で行った」	議員が議院の活動として職務上行ったもの。	必ずしも議事堂内で行われることを要せず，地方公聴会などにおける発言も免責を受ける。
「演説，討論，又は表決」	これらに限定されず，議員の職務行為に付随する行為も含む。	暴力行為は含まれない。
「責任」	民事，刑事の責任（たとえば，名誉毀損としての民法上，刑法上の責任）と公務員等の懲戒責任。	その行為が院内で懲罰の対象となることはある。政党が党員である議員の発言について，除名等の責任を問うことは許される。

実戦問題 1　基本レベル

No.1 日本国憲法に規定する議員の特権に関する記述として，判例，通説に照らして，妥当なのはどれか。　【地方上級（特別区）・令和元年度】

1　国会議員は，議院で職務上行った演説，討論又は表決については，院外で民事上や刑事上の責任を問われず，その責任には所属政党による除名といった制裁や有権者に対する政治責任も含まれる。

2　国会議員の不逮捕特権は，国会の会期中にのみ認められるため，国会閉会中の委員会における継続審議や衆議院が解散されたときに開催される参議院の緊急集会には認められない。

3　国会の会期前に逮捕された国会議員は，罪を犯したことが明白で，政治的な不当な逮捕の危険性が極めて少ないため，当該議員の所属する議院の要求があったとしても，会期中釈放されることは一切ない。

4　最高裁判所の判例では，憲法上，国権の最高機関たる国会について，広範な議院自律権を認め，議員の発言について，いわゆる免責特権を与えており，その理をそのまま直ちに地方議会にあてはめ，地方議会議員の発言についても，国会と同様の免責特権を憲法上保障しているものと解すべきであるとした。

5　最高裁判所の判例では，国会議員が国会で行った質疑について，個別の国民の名誉や信用を低下させる発言があったとしても，当然に国の損害賠償責任が生ずるには，当該国会議員がその付与された権限の趣旨に明らかに背いてこれを行使したものと認めうるような特別の事情を必要とするとした。

No.2 国会議員の不逮捕特権および免責特権に関する次の記述のうち，妥当なのはどれか。　【国家一般職・平成27年度】

1 国会議員の不逮捕特権は，国会の会期中であっても，議院の許諾がある場合と，院内および院外における現行犯罪の場合には，認められない。

2 国会議員に不逮捕特権が認められるのは国会の会期中に限られるが，参議院の緊急集会中は会期中と同様に取り扱われ，参議院の緊急集会が開催されている場合の参議院議員についても，不逮捕特権が認められる。

3 国会議員に免責特権が認められているのは，院内での言論の自由を確保し，国会の機能を十分に発揮させるためであるから，国会議員が所属する委員会の地方公聴会での発言など，国会議員が院外で行った発言には，免責特権は及ばない。

4 国会議員は，議院で行った演説，討論または表決について，院外で責任を問われることはなく，院内においても，その責任を問われ，懲罰の対象とされることはない。

5 国会議員が国会の質疑，演説，討論等の中でした個別の国民の名誉または信用を低下させる発言については，国会議員の裁量に属する正当な職務行為とはいえず，免責特権は及ばないことから，これによって当然に国家賠償法1条1項の規定にいう違法な行為があったものとして国の損害賠償責任が生ずるとするのが判例である。

実 戦 問 題 **1** の 解 説

→問題はP.287

No.1 の解説　議員の特権 **正答5**

1✕ **免責される責任には，所属政党による除名といった制裁などは含まない。**
前半は正しい（51条）が，後半が誤り。免責される責任には，所属政党による除名といった制裁や有権者に対する政治責任は含まれない。

2✕ **不逮捕特権は，参議院の緊急集会における参議院議員にも認められる。**
前半は正しい（50条）が，後半が誤り。**不逮捕特権**は，衆議院が解散されたときに開催される参議院の緊急集会における参議院議員にも認められる（国会法100条）。

3✕ **会期前に逮捕された議員が会期中釈放されることもある。**
憲法50条は，会期前に逮捕された議員は，その議院の要求があれば，会期中これを釈放しなければならないと規定しているので，会期中釈放されることもあり得る。

4✕ **地方議会議員の発言について，免責特権を憲法上保障していない。**
最高裁判所の判例では，地方議会に関して，国会と同様の議会自治・議会自律の原則を認め，さらに，地方議会議員の発言について，**免責特権**を憲法上保障していると解すべき根拠はないとした（最大判昭42・5・24）。

5◎ **国の損害賠償責任が生ずるには特別の事情が必要である。**
最高裁判所の判例では，国会議員が国会で行った質疑等において，個別の国民の名誉や信用を低下させる発言があったとしても，これによって当然に国家賠償法1条1項の規定にいう違法な行為があったものとして国の損害賠償責任が生ずるものではなく，責任が肯定されるためには，当該国会議員が，その職務とはかかわりなく違法または不当な目的をもって事実を摘示し，あるいは，虚偽であることを知りながらあえてその事実を摘示するなど，国会議員がその付与された権限の趣旨に明らかに背いてこれを行使したものと認め得るような特別の事情があることを必要とするとした（最判平9・9・9）。

1 ✕ 不逮捕特権は「院内」における現行犯罪の場合には認められる。

憲法50条は「両議院の議員は，法律の定める場合を除いては，国会の会期中逮捕されず…」とし，これを受けて，国会法33条は「各議院の議員は，院外における現行犯罪の場合を除いては，会期中その院の許諾がなければ逮捕されない。」と規定する。したがって，不逮捕特権は，院内における現行犯罪の場合には，認められることになる。

2 ◎ 参議院の緊急集会中の参議院議員にも不逮捕特権が認められる。

国会法100条1項は「参議院の**緊急集会中，参議院の議員**は，院外における現行犯罪の場合を除いては，参議院の許諾がなければ逮捕されない。」とする。

3 ✕ 国会議員の地方公聴会での発言などにも免責特権は及ぶ。

憲法51条は「両議院の議員は，議院で行つた演説，討論又は表決について，院外で責任を問はれない。」とする。ここで，議院で行ったとは，議院の活動として行ったという意味である。したがって，国会議員が所属する委員会の**地方公聴会**での発言などにも免責特権は及ぶ。

4 ✕ 院内で責任を問われることはある。

院内において，その責任を問われ，懲罰の対象とされることはある。

5 ✕ 当然に国賠法の違法行為があったとして責任が生ずるものではない。

国会議員が国会で行った質疑等において，個別の国民の名誉や信用を低下させる発言があったとしても，これによって当然に国家賠償法1条1項の規定にいう違法な行為があったものとして国の損害賠償責任が生ずるものではなく，責任が肯定されるためには，当該国会議員が，その職務とはかかわりなく違法または不当な目的をもって事実を摘示し，あるいは，虚偽であることを知りながらあえてその事実を摘示するなど，国会議員がその付与された権限の趣旨に明らかに背いてこれを行使したものと認めうるような特別の事情があることを必要とするのが判例である（最判平9・9・9）。

実戦問題❷　応用レベル

No.3 ****** 国会議員に関するア〜オの記述のうち，妥当なもののみをすべて挙げているのはどれか。　【国家一般職・平成19年度】

ア：ある議院に所属する議員は，同時に他方の議院の議員となることはできず，また，国または地方公共団体の公務員や大臣政務官との兼職も禁じられているが，普通地方公共団体の議会の長や内閣総理大臣その他の国務大臣を兼職することについては，禁止されていない。

イ：議員は，その所属する議院に議案を発議する権能を持っており，予算を伴う法律案については，衆議院では50人以上，参議院では20人以上の議員の賛成があれば発議することができ，それ以外の議案については，衆議院では20人以上，参議院では10人以上の議員の賛成があれば発議することができる。

ウ：両議院の議員は，議院で行った演説，討論または表決について院外で責任を問われないが，これは，議院における議員の自由な発言・表決を保障するため一般国民ならば負うべき民事上の法律責任を負わないことを意味するにとどまり，刑事上の法的責任まで免除するものではない。

エ：両議院の議員は，院外における現行犯罪の場合および議員の所属する議院の許諾のある場合を除いては会期中は逮捕されないが，緊急集会中の参議院の議員は，院外における現行犯罪でない場合であっても，参議院の許諾なくして逮捕されることがある。

オ：議員の資格に関する争訟の裁判は，議院の自律性を尊重する趣旨から，裁判所では争うことができず，当該議員の所属する議院が自ら行うべきものとされており，議員に資格がないとしてその議席を失わせるには，出席議員の3分の2以上の多数による議決が必要とされている。

1 ア，ウ，オ

2 ア，エ

3 イ，ウ

4 イ，エ，オ

5 イ，オ

【国家総合職・平成18年度】

1 国会は弾劾裁判所を設置する権限を有し，弾劾裁判所は衆議院の議員の中から推薦された裁判員で組織されるが，弾劾裁判所自体は独立した機関であるため，国会の閉会中も活動能力を有する。

2 両議院の会議は原則公開であるが，出席議員の3分の2以上の多数で議決したときは，秘密会を開くことができる。両議院は，秘密会の記録の中で特に秘密を要すると認められるもの以外は，これを公表し，かつ，一般に頒布しなければならない。

3 国会議員の立法行為が国家賠償法1条1項の適用上違法となるかどうかの問題は，立法の内容の違憲性の問題と同視すべきであり，立法の内容が憲法の規定に違反するおそれがある場合には，その立法行為は直ちに違法の評価を受けるとするのが判例である。

4 国会議員は，法律の定める場合を除いては国会の会期中は逮捕されず，国会の会期前に逮捕された議員は，当該議員の所属する議院の要求の有無にかかわらず，国会の開会日に釈放される。

5 国会での質疑等において，どのような問題を取り上げ，どのような形でこれを行うかは，国会議員の政治的判断を含む広範な裁量にゆだねられている事柄と見るべきであるが，質疑等によって個別の国民の権利等が侵害された場合には，直ちに当該国会議員はその職務上の法的義務に違背したものとするのが判例である。

実戦問題 ❷ の 解説

No.3 の解説　国会議員
→問題はP.291　**正答5**

ア ✕　大臣政務官との兼職は禁止されない。

大臣政務官を兼職することは禁止されていない（国会法39条）。普通地方公共団体の議会の長との兼職は禁じられている（地方自治法103条1項，92条1項）。

イ ◯　国会法の規定である。

議員が議案を発議するには，衆議院においては議員20人以上，参議院においては議員10人以上の賛成を要する。但し，予算を伴う法律案を発議するには，衆議院においては議員50人以上，参議院においては議員20人以上の賛成を要する（国会法56条1項）。

ウ ✕　刑事責任まで免除する。

議員の免責特権（憲法51条）は，議員が民事上の法的責任を負わないことを意味するにとどまらず，議員の**刑事上の法的責任**まで免除するものである。

エ ✕　緊急集会中の参議院議員にも不逮捕特権がある。

前半は正しい（国会法33条）が，後半が誤り。**緊急集会中の参議院の議員**も，院外における現行犯罪でない場合には，参議院の許諾なくして逮捕されない（同100条1項）。

オ ◯　憲法の規定である。

両議院は，各々その議員の資格に関する争訟を裁判する。但し，議員の議席を失わせるには，出席議員の3分の2以上の多数による議決を必要とする（55条）。

以上から，妥当なものは**イ**と**オ**であり，**5**が正答となる。

No.4 の解説　国会および国会議員
→問題はP.292　**正答2**

1 ✕　弾劾裁判所は，両議院の中から選挙された裁判員で組織される。

「弾劾裁判所は衆議院の議員の中から推薦された裁判員で組織される」とする部分のみ誤り。**弾劾裁判所**は，両議院の中から選挙された各7人の裁判員で構成される（憲法64条1項，国会法125条1項，裁判官弾劾法16条1項）。その他は正しい（裁判官弾劾法4条）。

2 ◎　会議は原則公開である。

両議院の会議は，公開とする。但し，出席議員の3分の2以上の多数で議決したときは，秘密会を開くことができる。両議院は，各々その会議の記録を保存し，秘密会の記録の中で特に秘密を要すると認められるもの以外は，これを公表し，かつ一般に頒布しなければならない（57条1項・2項）。

3 ✕　直ちに違法の評価は受けない。

立法の内容または立法不作為が国民に憲法上保障されている権利を違法に侵害するものであることが明白な場合や，国民に憲法上保障されている権利行

使の機会を確保するために所要の立法措置をとることが必要不可欠であり，それが明白であるにもかかわらず，国会が正当な理由なく長期にわたってこれを怠る場合などには，例外的に，国会議員の立法行為または立法不作為は，**国家賠償法**1条1項の適用上，違法の評価を受けるとするのが判例である（最大判平17・9・14）。

4 ✕ **議院の要求がある場合に釈放される。**

前半は正しいが，後半が誤り。会期前に逮捕された議員は，その議院の要求があれば，会期中これを釈放しなければならないとされている（憲法50条）。

5 ✕ **直ちに違背したことにはならない。**

前半は正しいが，後半が誤り。たとえ質疑等によって結果的に個別の国民の権利等が侵害されることになったとしても，直ちに当該国会議員がその職務上の法的義務に違背したとはいえないとするのが判例である（最判平9・9・9）。

第6章

内 閣

第6章 内　閣

試 験 別 出 題 傾 向 と 対 策

試　験　名		国家総合職					国家一般職					国家専門職				
頻出度	年　度 / テーマ	21～23	24～26	27～29	30～2	3～5	21～23	24～26	27～29	30～2	3～5	21～23	24～26	27～29	30～2	3～5
	出題数	3	2	1	2	1	0	1	3	1	1	0	1	1	2	0
A	17 内閣の組織と権能	1			1				1	1	1		1		2	
A	18 内閣総理大臣	1	2	1	1	1		1	1							
B	19 議院内閣制	1							1					1		

　内閣の分野では，組織と権能に関する出題が中心である。内閣の組織と権能については，憲法や付属法令である内閣法の条文に詳細な定めがあるので，条文の内容をそのまま問われることも多い。内閣総理大臣については，他の国務大臣との関係，国会との関係，明治憲法下との相違など，さまざまな観点から問われている。議院内閣制については，これに関連する「衆議院の解散」に関して，論点を問う論理問題や空欄補充問題が出題されている。

● 国家総合職
　内容的には，憲法典のみならず内閣法などの付属法令もよく出題されていることに特徴がある。論理問題も出題されており，独立行政委員会と衆議院の解散の論点が問われた。独立行政委員会は，その合憲性を肯定する考え方の根拠を選ぶ組合せ問題であり，衆議院の解散は，通説と少数説を挙げ，それぞれの理由，批判などを問う論理問題であった。通説の結論のみならず，その理由づけや反対説からの批判，さらには少数説の理由づけや批判まで，正確な知識が必要となる。

● 国家一般職
　内容的には，憲法や内閣法の条文や通説の重要な知識をストレートに問う問題が多い。ただし，議院内閣制では，その歴史的沿革やイギリス・フランスなど他国の例まで，知識が問われていたこともある。

● 国家専門職
　出題形式は，条文・通説の見解を問う単純正誤型が大半であるが，新傾向の下線部問題も出題されている。内容面でも，条文・通説の基礎的な知識を問う問題が中心となっている。表では内閣総理大臣に関する問題が出題されないように見えるが，各テーマにまたがる総合問題は出題されているので，3テーマとも学習する必要はある（第9章参照）。

地方上級（全国型）					地方上級（特別区）					市役所（C日程）					
21〜23	24〜26	27〜29	30〜2	3〜5	21〜23	24〜26	27〜29	30〜2	3〜5	21〜23	24〜26	27〜29	30〜2	3〜4	
2	2	2	1	3	2	1	1	1	1	2	0	3	1	0	
2	1	1		1	1		1	1	1	1		1	1		テーマ**17**
		1		1	1	1				1		1			テーマ**18**
	1		1	1								1			テーマ**19**

● 地方上級

　条文・通説の見解を問う単純正誤型に加えて，変わった傾向の問題も出題されている。たとえば，衆議院の解散権に関する問題は，複数回，出題されている。解散に関する5つの学説とそれらに関する記述との対応関係を考えさせ，特定の説を選択させるものである。各学説の論理的分岐点や根拠についての正確な理解が必要な問題であった。

● 特別区

　出題形式は，条文などの内容を素直に問う単純正誤型である。出題数は，他の2権である国会・裁判所に比べるとやや少なくなっている。内容は，内閣総理大臣などの基本テーマに関する重要な憲法条文が中心となっている。

● 市役所

　出題は，内閣の組織と権能が多くを占め，内容は，内閣総辞職などの憲法の重要条文の知識を聞いている。

第6章

内

閣

内閣の組織と権能

必修問題

日本国憲法に規定する内閣に関する記述として，妥当なのはどれか。

【地方上級（特別区）・令和4年度】

1 内閣は，国会の承認を経ずに，既存の条約を執行するための細部の取決めや条約の委任に基づいて具体的個別的問題についてなされる取決めを締結することができる。

2 内閣は，日本国憲法および法律の規定を実施するために，**政令を制定**することができるほか，国に緊急の必要があるときには，法律の根拠を持たない独立命令を制定することができる。

3 内閣は，自発的に**総辞職**することができるが，内閣総理大臣が病気または生死不明の場合には，総辞職しなければならず，この場合，総辞職した内閣は，新たに内閣総理大臣が任命されるまで，引き続きその職務を行う。

4 内閣は，行政権の行使について，国会に対し**連帯して責任**を負うため，特定の国務大臣が，個人的理由に基づき，またはその所管事項について，個別責任を負うことは，憲法上否定される。

5 内閣は，**予備費**の支出について，事後に国会の承諾を得なければならないが，承諾を得られない場合には，内閣の責任は解除されないため，すでになされた予備費の支出の法的効果に影響を及ぼす。

難易度 ＊＊

内閣の組織と権能

必修問題の 解説

　内閣の組織では内閣の総辞職など，内閣の権能では内閣総理大臣との比較が重要である。

1 ◎ **承認が必要な条約には，条約を執行するための細部の取決め等は含まない。**
　内閣は，**条約を締結**することができるが，国会の承認を経ることを必要とする（73条3号）。ここでいう条約には，既存の条約を執行するための細部の取決めや条約の委任に基づいて具体的個別的問題についてなされる取決めは含まれない。

2 ✕ **内閣は，法律の根拠をもたない独立命令を制定することはできない。**
　内閣は，日本国憲法および法律の規定を実施するために，政令を制定することができる（73条6号）が，国に緊急の必要があるときでも，法律の根拠をもたない**独立命令**を制定することはできない。

3 ✕ **内閣総理大臣が病気または生死不明の場合に総辞職する必要はない。**
　内閣は，自発的に総辞職することができるが，内閣総理大臣が病気または生死不明の場合には，総辞職する必要はない。**内閣総理大臣が欠けたときは，**内閣は総辞職をしなければならない（70条）が，この内閣総理大臣が欠けたときには，内閣総理大臣が病気又は生死不明の場合は含まれない。病気などの暫定的な故障の場合は，副総理などが臨時に職務を代行する（内閣法9条）。なお，総辞職した内閣は，新たに内閣総理大臣が任命されるまで，引き続きその職務を行う（71条）。

4 ✕ **特定の国務大臣が個別責任を負うこともある。**
　内閣は，行政権の行使について，国会に対し連帯して責任を負う（66条3項）が，特定の国務大臣が，個人的理由に基づき，またはその所管事項について，個別責任を負うことも，憲法上否定されない。

5 ✕ **承諾を得られない場合，すでになされた予備費支出の法的効果に影響なし。**
　内閣は，予備費の支出について，事後に国会の承諾を得なければならない（87条2項）が，承諾を得られない場合でも，すでになされた予備費の支出の法的効果には影響を及ぼさない。

正答 **1**

第6章

内閣

FOCUS

　内閣の総辞職については，必ず総辞職しなければならない3つのケースを，内閣の権能についてはそのうちの重要なものを整理しておく必要がある。

299

P O I N T

重要ポイント 1　内閣の組織

　内閣は，首長である**内閣総理大臣**とその他の**国務大臣**で組織される合議体である（66条1項）。国務大臣は，内閣の構成員であると同時に，主任の大臣として，行政事務を分担管理するのが通例であるが，行政事務を分担管理しない無任所大臣を置くこともできる（内閣法3条）。

> 内閣総理大臣（首長）＋その他の国務大臣＝内閣（合議体）

重要ポイント 2　総辞職

　内閣は，いつでも総辞職することができる。ただし，次の場合には必ず総辞職しなければならない。

内閣不信任決議	衆議院で内閣不信任が決議されたときに，10日以内に衆議院が解散されない場合（69条）
総理大臣の欠缺	内閣総理大臣が（死亡，辞職などで）欠けた場合（70条）
衆議院議員総選挙	衆議院議員総選挙の後に初めて国会の召集があった場合（70条）

　総辞職した内閣は，新たに内閣総理大臣が任命されるまで，引き続きその職務を行う（71条）。

重要ポイント 3　内閣の権能

　内閣は広範な行政権を行使するが，主要なものは憲法73条が定めている。内閣は，閣議によってこれらの職権を行う（内閣法4条1項）。閣議は慣習上，全会一致で決められる。

法律の誠実な執行と国務の総理	内閣は，自らが違憲と判断する法律をも誠実に執行する義務がある。内閣には，違憲審査権がないからである。
外交関係の処理	条約締結以外の外交事務も内閣が処理する。
条約の締結	内閣が条約を締結する。国会の原則として事前の承認が必要である。
官吏に関する事務の掌理	国の行政権の活動に従事する公務員の人事行政事務を行う。
予算の作成と国会への提出	内閣が予算を作成・提出するが，国会の審議・議決が必要である。
政令の制定	行政機関が制定する命令のうち，政令は内閣が制定する。ただし，政令には，特に法律の委任がある場合を除いて，罰則を設けることができない。民主的コントロールのためである。
恩赦の決定	恩赦には，天皇の認証も必要とされる（7条6号）。

条約の締結

原則		
国会の事前承認	➡	内閣の締結

例外		
内閣の締結	➡	国会の事後承認

政令の制定

国会の法律
　⬇　委任
内閣の政令　＋　罰則

その他，次のような権能も有する。

天皇	国事行為に対する助言と承認（3条）
国会	臨時会の召集の決定（53条），参議院の緊急集会の決定（54条2項），衆議院の解散の決定（通説）
裁判所	最高裁判所長官の指名（6条2項） 上記以外の裁判官の任命（79条1項，80条1項）
財政	予備費の支出（87条1項），決算・検査報告の提出（90条1項），財政状況の報告（91条）

内閣

重要ポイント 4　内閣の責任

　内閣は，行政権の行使について，国会に対し連帯して責任を負う（66条3項）。内閣が国会に対して**連帯責任**を負うことの裏返しとして，国会は内閣を民主的にコントロールすることが可能になる。「連帯」責任であるから，国務大臣は全員一体となって行動しなければならないが，特定の国務大臣が，個別的理由により単独で責任を負うことはありうる。具体的には，個別の国務大臣に対する不信任決議（問責決議）も，法的効力は持たないが，行われている。

重要ポイント 5　独立行政委員会

　現行法上，人事院，公正取引委員会，国家公安委員会などの独立行政委員会があるが，これらは職権行使につき独立で委員の身分が保障されており，行政組織上，一般行政権からの独立性が認められた存在である。そのため，「行政権は，内閣に属する」（65条）という憲法の建て前と矛盾しないかという点が問題となるが，**合憲説**が通説である。

No.1 内閣に関するア～オの記述のうち，妥当なもののみをすべて挙げているのはどれか。 【国家一般職・平成27年度】

ア：衆議院の解散または衆議院議員の任期満了のときから，衆議院議員総選挙を経て初めて国会が召集されるまでの期間において内閣総理大臣が欠けた場合，内閣は，衆議院議員総選挙の後に初めて国会の召集があったときではなく，直ちに，総辞職するのが先例である。

イ：内閣は，法律を誠実に執行し，また，憲法を尊重し擁護すべき義務を負っていることから，最高裁判所が違憲と判断しなくとも，憲法上の疑義を理由に法律の執行を拒否することができると一般に解されている。

ウ：国務大臣は，その在任中に，内閣の同意がなければ訴追されず，当該同意に基づかない逮捕，勾留は違法であり，当該訴追は無効となる。ただし，訴追の権利は害されないとされていることから，訴追に内閣の同意がない場合には公訴時効の進行は停止し，国務大臣を退職するとともに訴追が可能となると一般に解されている。

エ：内閣は，国会に対し責任を負うとされているが，各議院が個別的に内閣に対して責任を追及することを排除する趣旨ではなく，たとえば，内閣に対して，総辞職か議院の解散かの二者択一を迫る決議案は，衆議院および参議院のいずれにおいても提出することができる。

オ：内閣は，閣議によりその職権を行使するものとされている。内閣総理大臣は内閣の首長であるとされているものの，閣議は全員一致によるものと法定されており，ある国務大臣が閣議決定に反対した場合は，当該国務大臣を罷免しない限り，内閣は職権を行使することができないため，総辞職することになる。

1 ア
2 ウ
3 イ，エ
4 ア，ウ，オ
5 イ，エ，オ

No.2 日本国憲法に規定する内閣または内閣総理大臣に関する記述として，通説に照らして，妥当なのはどれか。　【地方上級（特別区）・平成28年度】

1 内閣は，内閣総理大臣およびその他の国務大臣で組織される合議体であり，国務大臣は内閣の構成員であると同時に，各省の長として行政事務を分担管理する主任の大臣でなければならず，無任所の大臣を置くことは認められていない。

2 内閣は，行政権の行使について，国会に対し連帯して責任を負うため，内閣を組織する国務大臣は一体となって行動しなければならず，特定の国務大臣が，個人的理由に基づき，個別責任を負うことは憲法上否定されている。

3 内閣は，衆議院で不信任の決議案を可決したときは，10日以内に衆議院が解散されない限り，総辞職をしなければならないが，死亡により内閣総理大臣が欠けたときは，総辞職をする必要はない。

4 内閣総理大臣は，国務大臣を任命するとともに，また，任意に国務大臣を罷免することができ，国務大臣の任免権は内閣総理大臣の専権に属するが，この国務大臣の任免には天皇の認証を必要とする。

5 内閣総理大臣は，法律および政令に主任の国務大臣の署名とともに連署することが必要であるため，内閣総理大臣の連署を欠いた法律および政令については，その効力が否定される。

No.3 内閣の権能に関する次の記述のうち，妥当なものはどれか。

【地方上級（全国型）・平成21年度】

1 内閣は，予見し難い予算の不足に充てるため，国会の議決に基づいて予備費を設け，これを支出することができるが，支出に際してはその都度国会の承諾を得なければならない。

2 内閣は，政令を制定することができ，その実効性を確保するために政令に罰則規定を設けることができるが，これについて法律の委任は必要でない。

3 内閣が条約を締結するには，事前に，時宜によっては事後に国会の承認を得ることが必要であるが，いずれの国とどのような条約を締結するかについて決定する権能は内閣にある。

4 内閣は，国会の制定した法律に違憲の疑いがあると思われる場合には，その判断で直ちにその執行を停止しなければならない。

5 最高裁判所の長たる裁判官は国会の同意を得て内閣が指名するが，長たる裁判官以外の裁判官は，国会の同意を要することなく内閣でこれを任命する。

第6章 内閣

No.4 次のア～カの記述のうち，憲法上，内閣の権限または事務とされているもののみをすべて挙げているのはどれか。 　　【国家一般職・平成30年度】

ア：最高裁判所の長たる裁判官を任命すること。

イ：下級裁判所の裁判官を任命すること。

ウ：法律を誠実に執行し，国務を総理すること。

エ：国会の臨時会の召集を決定すること。

オ：参議院の緊急集会を求めること。

カ：国務大臣の訴追について同意すること。

1 ア，エ，カ

2 イ，ウ，オ

3 ア，イ，エ，オ

4 ア，ウ，オ，カ

5 イ，ウ，エ，オ

実戦問題 **1** の 解説

ア○　**内閣総理大臣が欠けた場合，内閣は直ちに総辞職する。**
　　　憲法70条は「内閣総理大臣が欠けたとき，…内閣は，総辞職をしなければならない。」と規定し，直ちに**総辞職**するのが先例である。1980年の衆議院解散総選挙の最中に，当時の大平正芳首相が急逝したとき，内閣はその日に総辞職した。

イ✕　**憲法上の疑義を理由に法律の執行を拒否することはできない。**
　　　最高裁判所が違憲と判断しなければ，憲法上の疑義を理由に法律の執行を拒否することはできないと一般に解されている。

ウ✕　**国務大臣の訴追に対する同意は内閣総理大臣の権能である。**
　　　国務大臣の訴追に対する同意は，内閣でなく，内閣総理大臣の権能である（75条）。

エ✕　**法的に総辞職か議院解散かを迫る決議案は衆議院のみが提出できる。**
　　　内閣に対して，法的に，総辞職か議院の解散かの二者択一を迫る決議案は，**衆議院のみ**が提出することができる（69条）。

オ✕　**閣議が全員一致によるのは慣行であって，法定されていない。**
　　　内閣は，閣議によりその職権を行使する（内閣法4条1項）が，閣議が全員一致によるとされるのは慣行であって，法定されていない。

　以上から，妥当なものは**ア**のみであり，**1**が正答となる。

第6章

内

閣

1 ✕　**行政事務を分担管理しない無任所大臣を置くこともできる。**

前半は正しい（66条1項）が，後半が誤り。国務大臣は，各省の長として行政事務を分担管理する主任の大臣であるのが通例であるが，行政事務を分担管理しない**無任所大臣**を置くことも認められている（内閣法3条）。

2 ✕　**特定の国務大臣が個別責任を負うことは憲法上否定されない。**

前半は正しい（66条3項）が，後半が誤り。特定の国務大臣が，個人的理由に基づき，個別責任を負うことは憲法上否定されていない。

3 ✕　**内閣総理大臣が欠けたときは総辞職をしなければならない。**

前半は正しい（69条）が，後半が誤り。死亡により内閣総理大臣が欠けたときは，**総辞職**をしなければならない（70条）。

4 ◎　**国務大臣の任免権は内閣総理大臣の専権である。**

内閣総理大臣は，国務大臣を任命する（68条1項本文）とともに，また，任意に国務大臣を罷免することができ（同条2項），**国務大臣の任免権**は内閣総理大臣の専権に属するが，この国務大臣の任免には天皇の認証を必要とする（7条5号）。

5 ✕　**内閣総理大臣の連署を欠いた法律・政令も効力は否定されない。**

内閣総理大臣の**連署**（74条）を欠いた法律および政令も，その効力は否定されない。

No.3 の解説　内閣の権能
→問題はP.303　**正答3**

1 ✕ **予備費は事後に国会の承諾。**

前半は正しい（87条1項）が，後半が誤り。**予備費**は予算中に計上され，すでに国会の議決を経ているので，その支出は内閣の責任で行うことができ，その都度国会の承諾を得る必要はない。ただし，内閣はこれを支出した場合には，事後に国会の承諾を得ることが必要とされている（同条2項）。

2 ✕ **罰則つきの政令には法律の委任が必要。**

最後の法律の委任を不要とする点が誤り。**政令**には，特にその法律の委任がある場合を除き，罰則を設けることができないからである（73条6号但書）。

3 ◎ **条約の締結権は内閣。**

条約の締結権は内閣の権能だからである（73条3号）。

4 ✕ **違憲の疑いある法律もそのまま執行。**

法律が違憲かどうかの判断については，国会の判断が内閣に優先する。したがって，最高裁判所が違憲と判断しない限り，内閣は国会の判断に拘束され，その執行を停止することはできない。

5 ✕ **裁判官の任命に国会の同意は不要。**

最高裁判所の長たる裁判官は内閣が指名するが，国会の同意は必要ではない（6条2項）。なお，後半は正しい（79条1項）。

No.4 の解説　内閣の権限または事務
→問題はP.304　**正答5**

ア ✕ 憲法6条2項は，「天皇は，内閣の指名に基いて，最高裁判所の長たる裁判官を任命する。」と規定している。なお，最高裁判所の長たる裁判官以外の裁判官は，内閣で任命する（79条1項）。

イ ◯ 下級裁判所の裁判官の任命は，憲法上，内閣の権限または事務とされている（80条1項）。

ウ ◯ 法律の執行と国務の総理は，憲法上，内閣の権限または事務とされている（73条1号）。

エ ◯ 臨時会の招集は，憲法上，内閣の権限または事務とされている（53条）。

オ ◯ 参議院の緊急集会は，憲法上，内閣の権限または事務とされている（54条2項）。

カ ✕ 憲法75条本文は，「国務大臣は，その在任中，内閣総理大臣の同意がなければ，訴追されない。」と規定している。

以上から，憲法上，内閣の権限または事務とされているものは，**イ・ウ・エ・オ**であり，**5**が正答となる。

第6章

内閣

🔷 **No.5** 　内閣の職務に関するア〜オの記述について，関連する①と②の記述がある。このうち，①は正しいが②は誤っているもののみをすべて挙げているのはどれか。　　　　　　　　　　　　　　　　　　　　　　　　　【国家専門職・平成24年度】

ア：法律を誠実に執行し，国務を総理すること。

　① 　国会が合憲として制定したある法律について，最高裁判所が憲法に違反すると判決した場合でも，判決の効力としてその法律は当然に効力を失うと考えるか否かにかかわらず，国会がその法律について改廃の手続をとるまでは，内閣はその法律を執行しなければならない。

　② 　国会が合憲として制定したある法律について，内閣が憲法に違反すると判断した場合でも，内閣は，その法律を執行しなければならず，その法律を廃止する議案を国会に提出することはできない。

イ：予算を作成して国会に提出し，その議決に基づいて予算を執行すること。

　① 　予見し難い予算の不足に充てるため，国会の議決に基づいて予備費を設け，内閣の責任で支出することができる。この場合，内閣は，すべて予備費の支出について，事後に国会の承諾を得なければならない。

　② 　予算によって立てられた国の収入支出の計画が適正に実施されたかについては，毎年，会計検査院が検査し，会計検査院は，その検査報告を決算として，翌年度の国会に提出する。

ウ：条約を締結すること。

　① 　内閣の条約締結行為は，内閣が任命した全権委員が条約に署名調印し，国会が批准することによって完了する。

　② 　条約の締結については，事前に，時宜によっては事後に，国会の承認を経ることが必要である。

エ：法律の定める基準に従って，官吏に関する事務を掌理すること。

　① 　「官吏」には，憲法第93条で規定する「吏員」は含まれない。

　② 　人事行政の公正の確保等に関する事務をつかさどるために，内閣の所轄の下にいわゆる独立行政委員会である人事院が設置されている。

オ：政令を制定すること。

　① 　内閣は法律を執行するために必要な細則である執行命令のみならず，法律の個別的・具体的な委任に基づく委任命令も制定することができる。

　② 　極めて高度に専門的・技術的な分野および事情の変化に即応して機敏に適応することを要する分野に関しては，法律の委任がなくとも，内閣は，政令で罰則を定めることができる。

1 ア，ウ　　**2** ア，エ　　**3** イ，エ

4 イ，オ　　**5** ウ，オ

No.6 **内閣に関するア～オの記述のうち，妥当なもののみをすべて挙げている**
のはどれか。 【国家総合職・平成25年度】

ア：内閣総理大臣は，国会議員の中から国会の議決で指名される。明治憲法下に
　　おいては，内閣総理大臣は，「同輩中の首席」にすぎず，他の国務大臣と対
　　等の地位にあるにすぎなかったが，日本国憲法は，内閣の首長としての地位
　　を認め，それを裏付ける国務大臣の任免権等を与えている。

イ：内閣総理大臣が，死亡した場合のほか，病気や一時的な生死不明の場合も，
　　憲法上「内閣総理大臣が欠けた」場合に該当し，内閣は総辞職をしなければ
　　ならない。

ウ：衆議院の解散に伴う総選挙の結果，総選挙前の与党が，総選挙後も引き続き
　　政権を担うことになった場合であっても，総選挙後に初めて国会が召集され
　　たときは，内閣は総辞職をしなければならない。

エ：内閣がその職権を行うのは，閣議によることとされ，また，閣議の議事に関
　　する特別の規定はなく，すべて慣習によるが，その議決方式は構成員の過半
　　数によることとされている。

オ：内閣総理大臣は，内閣の明示の意思に反しない限り，行政各部に対し，随
　　時，その所掌事務について一定の方向で処理するよう指導，助言等の指示を
　　与える権限を有するが，内閣総理大臣が，運輸大臣（当時）に対し，特定の
　　民間航空会社に特定機種の選定購入を勧奨するよう働きかける行為は，内閣
　　総理大臣の職務権限には属さないとするのが判例である。

1 ア，イ
2 ア，ウ
3 イ，エ
4 ウ，オ
5 エ，オ

No.7 **内閣に関するア～オの記述のうち，妥当なもののみをすべて挙げている**
のはどれか。 【国家総合職・令和元年度】

ア：内閣総理大臣は，閣議にかけて決定した方針が存在しない場合においても，
　　内閣の明示の意思に反しない限り，行政各部に対し，その所掌事務について
　　指導，助言等の指示を与える権限を有するとするのが判例である。

イ：内閣は，首長たる内閣総理大臣およびその他の国務大臣で組織する合議体で
　　ある。国務大臣は，内閣の構成員であるとともに，主任の大臣として，行政
　　事務を分担管理するが，内閣には，行政事務を分担管理しない無任所の大臣
　　を置くこともできる。

第6章

内

閣

ウ：国務大臣は，内閣総理大臣に案件を提出して，閣議を求めることができる
　　が，主任の大臣として行政事務を分担管理する国務大臣が提出することがで
　　きる案件は，その分担管理する行政事務の範囲に限られる。

エ：内閣は，衆議院議員総選挙の後に初めて召集された国会において，内閣総理
　　大臣が指名され，天皇によって任命された時点で，総辞職をしなければなら
　　ない。

オ：内閣が国会に対して負う責任は，憲法69条の規定による総辞職の場合は別と
　　して，法的責任であると一般に解されている。

1　ア，イ

2　ア，ウ

3　ア，オ

4　イ，オ

5　ウ，エ

***
No.8　次のA～Eの記述のうちから，独立行政委員会の合憲性を肯定する考え
方の根拠となるものを選んだ場合に，妥当なもののみを挙げているのはどれか。

【国家総合職・平成10年度】

A：憲法41条が国会を「唯一の立法機関」と定め，また，76条が「すべて司法
　　権」を裁判所に属させているのに対し，65条は「行政権は，内閣に属する」
　　としているにとどまる。

B：憲法自身が，内閣から独立して職務を行う会計検査院の存在を認める。

C：内閣は，独立行政委員会による個々の職権行使についての指揮監督権を持っ
　　ていないが，人事権・予算権を通じて，なお一定の監督権を有している。

D：法律によって独立行政委員会を設置した場合，国会は，当該委員会の職務行
　　為に関して，内閣の連帯責任を解除したものと考えてよい。したがって，法
　　律によって設置されるものである限り，独立行政委員会は憲法に違反するも
　　のではない。

E：行政権が内閣に属するというのは，それを通じて行政権の行使を国会の統制
　　の下に置こうとする趣旨にすぎないから，内閣が独立行政委員会に対して全
　　面的な監督権を有することは必ずしも必要ではない。

1　A，B，C

2　B，D，E

3　A，C，D

4　A，C，E

5　A，D，E

実戦問題 ❷ の 解 説

→問題はP.308 **正答 4**

No.5 の解説 内閣の職務

ア : 違憲判決が出た法律は，執行を差し控えなければならない。

①✗ ①誤り。違憲判決の効力としてその法律は当然に効力を失うと考えるか否か
②✗ にかかわらず，国会が改廃の手続きをとるまでは，内閣はその執行を差し控
えなければならない。②誤り。内閣は，最高裁判所が違憲と判断しない限
り，ある法律について憲法上の疑義を理由にその執行を拒否することは許さ
れないが，その法律を廃止する議案を国会に提出することは差し支えない
（内閣法5条）。

イ : 決算を国会に提出するのは内閣である。

①◯ ①正しい（87条）。②誤り。国の収入支出の決算を毎年検査するのは**会計検**
②✗ **査院**であるが，その結果報告とともにこれを翌年度の国会に提出するのは，
会計監査院ではなく**内閣**である（90条1項）。

ウ : 条約は内閣が批准する。

①✗ ①誤り。内閣の条約締結行為は，内閣が任命した全権委員が条約に署名調印
②◯ し，国会ではなく内閣が批准，つまり，成立した条約を審査し，それに同意
を与え，その効力を最終的に確定する行為によって完了する。②正しい（73
条3号但書）。

エ : 「吏員」は「官吏」には含まれない。

①◯ ①正しい。憲法93条で規定する地方公共団体の「吏員」は，地方自治の本旨
②◯ にかんがみて，73条4号の「官吏」には含まれない。②正しい（国家公務員
法3条1項）。

オ : 法律の委任がないと，政令で罰則を定めることはできない。

①◯ ①正しい（73条6号参照）。②誤り。**政令**には，特にその法律の委任がある
②✗ 場合を除いては，**罰則**を設けることができない（同号但書）。

以上から，①は正しいが②は誤っているものは**イ**と**オ**であり，**4**が正答となる。

ア◯ 内閣総理大臣は，明治憲法下では同輩中の首席，日本国憲法下では首長。

現行憲法上，内閣総理大臣は国会議員の中から国会の議決で指名され（67条1項），内閣の**首長**としての地位を認められ（66条1項），それを裏付ける国務大臣の任免権等を与えられている（68条）。

イ✕ 病気や一時的な生死不明は，「内閣総理大臣が欠けた」場合に当たらない。

内閣総理大臣が死亡した場合は，「内閣総理大臣が欠けた」場合に該当し（70条），内閣は**総辞職**をしなければならない。しかし，内閣総理大臣の病気や一時的な生死不明の場合のように，その臨時代理を必要とする事態が発生した場合は，予め指定された国務大臣が，臨時に内閣総理大臣の職務を代行することになり（内閣法9条），内閣の総辞職には及ばない。

ウ◯ 総選挙後の新国会召集のときに内閣は総辞職。

総選挙後に初めて国会が召集されたときは，内閣は**総辞職**をしなければならない（70条）。

エ✕ 閣議の全員一致。

最後の部分が誤り。内閣の職権行使は**閣議**による旨が規定されている（内閣法4条1項）。そして，閣議の議決方法については明文規定はないが，現行憲法は，内閣の一体性を前提とし，国会に対して連帯責任を負うとしていることから，閣議の議決方式は全員一致が慣行となっている。

オ✕ 本件働きかけは内閣総理大臣の職務権限に属する。

前半は正しいが，後半が誤り。内閣総理大臣が，運輸大臣に対し，特定の民間航空会社に特定機種の選定購入を勧奨するよう働きかける行為は，内閣総理大臣の運輸大臣に対する指示という職務権限に属する行為ということができるとするのが判例である（最大判平7・2・22）。

以上から，妥当なものはアとウであり，**2**が正答となる。

ア◯ 内閣総理大臣は閣議決定がなくても行政各部に指示を与えることができる。

内閣総理大臣が行政各部に対し指揮監督権を行使するためには，閣議にかけて決定した方針が存在することを要するが，閣議にかけて決定した方針が存在しない場合においても，内閣総理大臣の地位および権限に照らすと，流動的で多様な行政需要に遅滞なく対応するため，内閣総理大臣は，少なくとも，内閣の明示の意思に反しない限り，行政各部に対し，随時，その所掌事務について一定の方向で処理するよう指導，助言等の指示を与える権限を有するとするのが判例である（最大判平7・2・22）。

イ◯ 内閣に無任所大臣を置くこともできる。

内閣は，法律の定めるところにより，その首長たる内閣総理大臣およびその

他の国務大臣でこれを組織する（66条1項）。内閣は，国会の指名に基づいて任命された首長たる内閣総理大臣および内閣総理大臣により任命された国務大臣をもって，これを組織する。各大臣は，主任の大臣として，行政事務を分担管理するが，行政事務を分担管理しない大臣（**無任所大臣**）の存することを妨げるものではない（内閣法2条1項，3条1項・2項）。

ウ × 国務大臣は，案件のいかんを問わず提出して閣議を求めることができる。

各大臣は，案件のいかんを問わず，内閣総理大臣に提出して，閣議を求めることができる（内閣法4条3項）。したがって，その分担管理する行政事務の範囲に限られるとする点が誤り。

エ × 衆議院議員総選挙後に初めて国会の召集があったときに総辞職する。

衆議院議員総選挙の後に初めて国会の召集があったときは，内閣は，**総辞職**をしなければならない（70条）。総辞職をしなければならないのは，内閣総理大臣が指名され，天皇によって任命された時点ではなく，誤り。

オ × 内閣が国会に対して負う責任は政治的責任である。

内閣が国会に対して負う責任は，憲法69条の規定による総辞職の場合は別として，政治的責任であると一般に解されているので，誤り。

以上から，妥当なものは**ア**と**イ**であり，**1**が正答となる。

No.8 の解説 独立行政委員会　　　　　　　　　　→問題はP.310　**正答4**

A：権限の集中を認める内容の「すべて」や「唯一」といった文言がないということは，内閣から独立した行政機関を設けても，必ずしも憲法に違反しないということを意味する。したがって，これは合憲性を肯定する根拠となる。

B：会計検査院を憲法自身が特に明文で認めた例外であると解すると，そのほかに独立行政委員会は設置できないということになる。したがって，これは合憲性を否定する根拠となる。

C：人事権・予算権を通じてなお一定の監督権を有しているとする主張は，独立行政委員会はなんらかの意味において，なお内閣のもとにあるとする合憲説の立場からのものである。したがって，合憲性を肯定する根拠となる。ただし，A，Eとは視点が異なることに注意。

D：憲法より下位に位置する法律によって憲法上の原則である内閣の連帯責任の解除はなしえず，そもそもこの理由によって合憲性を根拠づけることはできない。よって，合憲性の根拠とはなりえない。

E：この主張は，内閣の統制が不十分な部分を国会による統制で補えばよいとするもので，合憲性を肯定する根拠となる。

以上から，**合憲説**の根拠となるものはA，C，Eの3つであり，**4**が正答となる。

内閣総理大臣

必修問題

　内閣に関するア〜オの記述のうち，妥当なもののみをすべて挙げているのはどれか。　【国家総合職・令和3年度】

ア：憲法は，内閣が行政権の行使について国会に対し連帯して責任を負うことを定めているが，ここにいう責任とは法的制裁に裏付けられた<u>法的責任</u>のことであるから，その責任追及の原因は内閣の<u>違法な行為</u>に限られる。

イ：内閣がその職務を行うのは，**閣議**によることとされているが，閣議の議事に関する原則については，法律にも定めはなく，<u>慣例に従って運用</u>されており，たとえば，閣議の議決方式は全員一致によることとされている。

ウ：内閣総理大臣は，国会の議決による指名に基づき，天皇が任命するが，憲法は，内閣総理大臣になるための資格として，<u>衆議院議員であること</u>と，文民であることの二つを定めている。また，国務大臣は，内閣総理大臣が任命し，天皇が認証するが，憲法は，国務大臣の過半数は国会議員の中から選ばれなければならないと定めている。

エ：明治憲法は，内閣についてなんらの規定も置いておらず，内閣総理大臣についても憲法上の規定を欠いていた。これに対し，日本国憲法は，内閣総理大臣が内閣の**首長**たる地位にあることを明文で定め，内閣総理大臣は任意に国務大臣を**罷免**することができると定めている。

オ：内閣総理大臣の**行政各部への指揮監督権**は，内閣総理大臣の首長としての地位に基づくものであるから，内閣総理大臣は，閣議にかけて決定した方針が存在しない場合には，<u>内閣の明示の意思に反するものであっても</u>，独自の見解に基づいて指揮監督権を行使することができるとするのが判例である。

1 ア，ウ　　**2** ア，オ　　**3** イ，ウ　　**4** イ，エ　　**5** エ，オ

難易度　＊＊

必修問題の解説

　内閣総理大臣は，憲法上，国務大臣の任免権などの権能を持っている。この権能について，条文内容と関連事項を確認しておく必要がある。

ア ✕ **責任は法的責任ではなく，責任追及原因は違法な行為に限られない。**
　　前半は正しいが，後半が誤り。憲法は，内閣が行政権の行使について国会に対し連帯して責任を負うことを定めている（66条3項）。しかし，ここにいう責任とは法的制裁に裏付けられた法的責任のことではなく，その責任追及

の原因は内閣の違法な行為に限られるわけではない。

イ○ 閣議の議事は，慣例に従って運用されている。

内閣がその職務を行うのは，閣議によることとされている（内閣法4条1項）。しかし，閣議の議事に関する原則については，法律にも定めはなく，慣例に従って運用されており，たとえば，閣議の議決方式は全員一致によることとされている。

ウ× 内閣総理大臣は衆議院議員でなくてもよい。

内閣総理大臣が「衆議院議員であること」とする部分のみが誤り。内閣総理大臣は「国会議員」の中から国会の議決で指名される（67条1項前段）。その他は，すべて正しい（6条1項，66条2項，68条1項，7条5号）。

エ○ 内閣総理大臣は首長であり，任意に国務大臣を罷免できる。

明治憲法は，内閣について何らの規定も置いておらず，内閣総理大臣についても憲法上の規定を欠いていた。日本国憲法については，内閣は，法律の定めるところにより，その首長たる内閣総理大臣およびその他の国務大臣でこれを組織する（66条1項）。内閣総理大臣は，**任意に国務大臣を罷免**することができる（68条2項）と定めている。

オ× 内閣の明示の意思に反するときには，指揮監督できない。

判例は，内閣総理大臣は，憲法上，行政権を行使する内閣の首長として，国務大臣の任免権，内閣を代表して行政各部を指揮監督する職務権限を有するなど，内閣を統率し，行政各部を統轄調整する地位にあるものである。そして，内閣法は，閣議は内閣総理大臣が主宰するものと定め，内閣総理大臣は，閣議にかけて決定した方針に基づいて行政各部を指揮監督し，行政各部の処分または命令を中止させることができるものとしている。このように，内閣総理大臣が行政各部に対し指揮監督権を行使するためには，閣議にかけて決定した方針が存在することを要するが，閣議にかけて決定した方針が存在しない場合においても，内閣総理大臣のこのような地位および権限に照らすと，流動的で多様な行政需要に遅滞なく対応するため，内閣総理大臣は，少なくとも，「内閣の明示の意思に反しない限り」，行政各部に対し，随時，その所掌事務について一定の方向で処理するよう指導，助言等の指示を与える権限を有するとした（最大判平7・2・22）。

以上から，妥当なものはイとエであり，**4**が正答となる。

正答 4

第6章 内閣

FOCUS

内閣総理大臣は，内閣の首長たる地位を有する。その憲法上の権限は，国務大臣の任免，内閣の代表，国務大臣の訴追に対する同意，法律・政令の署名および連署，議院出席の5つである。特に，他の国務大臣や国会との関係が問われやすいので注意しよう。

重要ポイント 1 　内閣総理大臣の地位

　内閣総理大臣は，国会議員の中から国会の議決で指名し，天皇が任命する（67条
1項，6条1項）。内閣総理大臣となる資格を失った場合や辞職した場合には，そ
の地位を失う。

　明治憲法においては，内閣総理大臣は「同輩中の首席」にすぎず，他の国務大臣
と対等，同格の地位とされていた。しかし，日本国憲法は内閣総理大臣に内閣の
「**首長**」，つまりヘッドとしての地位を認め，他の国務大臣の長に位置するものとし
ている（66条1項）。

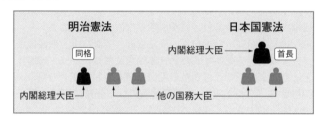

重要ポイント 2 　内閣総理大臣の権能

　内閣総理大臣には，憲法上，次の表のような権能がある。このほか，内閣法は，
主任の大臣の間における権限についての疑義を裁定すること，行政各部の処分・命
令を中止させることなどを定めている（同法7条，8条）。

●**憲法が定める内閣総理大臣の権能**

国務大臣の 任免権（68条）	国務大臣を任命し，また任意に罷免することができる。内閣総理 大臣の専権に属する。
内閣の代表権 （72条）	内閣を代表して，議案を国会に提出し，一般国務および外交関係 について国会に報告し，行政各部を指揮監督する。なお，内閣総 理大臣は，閣議にかけて決定した方針に基づいて，行政各部を指 揮監督する（内閣法6条）。
法律・政令の署名 および連署（74条）	内閣総理大臣は，主任の国務大臣として署名することがあるほ か，主任の国務大臣の署名とともに連署する。この連署は，効力 要件ではない。
国務大臣の訴追に対 する同意権（75条）	国務大臣は，その在任中，内閣総理大臣の同意がなければ訴追 （検察官の公訴の提起）されない。ただし，訴追の権利は害され ない。同意を与えるか否かは内閣総理大臣の裁量に属し，これを 法的に争うことはできない。
議院出席権 （63条）	議案について発言するために，議院に出席することができる。こ れは，その他の国務大臣も同様である。

実戦問題 **1**　基本レベル

No.1 　内閣総理大臣の権限に関する次の記述のうち，妥当なのはどれか。

【国家一般職・平成25年度】

1　内閣総理大臣は，恩赦を決定し，天皇がこれを認証する。

2　各大臣は，案件を内閣総理大臣に提出して，閣議を求めることができる。他方，内閣総理大臣は，閣議を主宰するが，自ら案件を発議することはできない。

3　主任の大臣の間における権限について疑義があり，内閣総理大臣がこれを裁定する場合，閣議にかけることが必要である。

4　内閣総理大臣が行政各部に対し指揮監督権を行使するためには，閣議にかけて決定した方針が存在することが必要であるから，これが存在しない場合に，内閣の明示の意思に反しない範囲で，内閣総理大臣が行政各部に対して一定の方向で処理するよう指導，助言等の指示をすることはありうるが，それは内閣総理大臣としての権限に属するものではないとするのが判例である。

5　予算に予備費を計上し，内閣総理大臣の責任でこれを支出することができるが，その支出については，事後に国会の承諾を得なければならない。

No.2 　日本国憲法に規定する内閣総理大臣に関する記述として，通説に照らして，妥当なのはどれか。
【地方上級（特別区）・平成17年度】

1　内閣総理大臣は，国会議員の中から国会の議決で指名され，国会議員の任期満了または衆議院の解散により，国会議員の地位を失った場合においては，直ちに内閣総理大臣の地位を失う。

2　内閣総理大臣は，国務大臣を任意に罷免することができるが，この罷免権は内閣総理大臣の専権に属するため，国務大臣の罷免に当たっては，天皇の認証を必要としない。

3　内閣総理大臣は，国務大臣の在任中における訴追への同意権を有するが，同意を拒否した場合，国務大臣は訴追されず，訴追の理由となった犯罪に対する公訴時効は進行する。

4　内閣総理大臣は，内閣を代表して議案を国会に提出することができるが，この議案には法律案および予算案が含まれる。

5　内閣総理大臣は，法律に主任の国務大臣とともに連署しなければならないため，内閣総理大臣の連署を欠く法律の効力は否定される。

実 戦 問 題 **1** の 解説

No.1 の解説　内閣総理大臣の権限　　　　　　　　　→問題はP.317　**正答3**

1 ✕　**恩赦を決定するのは内閣である。**

天皇が認証するという後半は正しい（7条6号）が，前半が誤り。**大赦，特赦等の恩赦**を決定する権限は「内閣総理大臣」ではなく「内閣」に属する（73条7号）。

2 ✕　**内閣総理大臣は，自ら案件を発議できる。**

各大臣が案件を提出して**閣議**を求めることができるとする前半は正しい（内閣法4条3項）が，後半が誤り。内閣総理大臣は，閣議において，内閣の重要政策に関する基本的な方針その他の案件を発議することができる（同4条2項後段）。

3 ◎　**内閣総理大臣の裁定は閣議にかけて行う。**

このような場合の裁定は，内閣総理大臣が単独で行うのではなく，閣議にかけて行う（内閣法7条）。

4 ✕　**閣議決定した方針がない場合でも，内閣総理大臣の権限内のこともある。**

内閣総理大臣が行政各部に対し指揮監督権を行使するためには，閣議にかけて決定した方針が存在することを要するが，閣議にかけて決定した方針が存在しない場合においても，内閣総理大臣の地位および権限に照らすと，流動的で多様な行政需要に遅滞なく対応するため，内閣総理大臣は，少なくとも，内閣の明示の意思に反しない限り，行政各部に対し，随時，その所掌事務について一定の方向で処理するよう指導，助言等の指示を与える権限を有するものとするのが判例である（最大判平7・2・22）。

5 ✕　**予備費は内閣の責任で支出する。**

事後に国会の承諾とする後半は正しい（87条2項）が，前半が誤り。予備費は，「内閣総理大臣」ではなく「内閣」の責任でこれを支出することができる（同条1項）。

No.2 の解説　日本国憲法に規定する内閣総理大臣　→問題はP.317　**正答4**

1× 直ちに内閣総理大臣の地位を失うとは限らない。

前半は正しいが，後半が誤り。内閣総理大臣は，国会議員の中から国会の議決で指名される（67条1項前段）。しかし，内閣総理大臣が衆議院議員であった場合，衆議院議員総選挙後に新国会が召集されるまでの間はその地位を失わないので（70条），この場合には直ちにその地位を失わない。

2× 国務大臣の罷免には天皇の認証を必要とする。

前半は正しいが，後半が誤り。内閣総理大臣は，国務大臣を任意に罷免することができ（68条2項），この**罷免権**は内閣総理大臣の専権に属する。しかし，国務大臣の罷免に当たっては，天皇の認証が必要とされる（7条5号）。

3× 同意を拒否した場合には公訴時効は停止する。

前半は正しいが，後半が誤り。内閣総理大臣は，国務大臣の在任中における**訴追への同意権**を有し，同意を拒否した場合，国務大臣は訴追されない（75条本文）。しかし，訴追の理由となった犯罪に対する公訴時効は停止する（同条但書参照）。

4◎ 内閣総理大臣は議案を国会に提出できる。

内閣総理大臣の有する内閣代表権の一つである（憲法72条，内閣法5条）。

5× 内閣総理大臣の連署を欠く法律の効力は否定されない。

前半は正しいが，後半が誤り。内閣総理大臣は，法律に主任の国務大臣とともに**連署**しなければならない（74条）。しかし，内閣総理大臣の連署は法律の執行責任を明確にする趣旨で要求されているものであって，すでに法律は有効に成立しているから，この連署を欠く法律の効力は否定されない。

第6章　内閣

❖ **No.3**_{**＊＊**}　内閣に関するア～オの記述のうち，妥当なもののみをすべて挙げている
のはどれか。　　　　　　　　　　　　　　　　【国家総合職・令和２年度】

　ア：内閣は，内閣総理大臣およびその他の国務大臣をもって組織され，各省の大
　　　臣は，国務大臣の中から内閣総理大臣によって任命される。また，内閣総理
　　　大臣は，行政各部の指揮監督権を有しており，主任の大臣の間における権限
　　　についての疑義を閣議にかけることなく自らの判断で裁定することができる
　　　と内閣法に規定されている。

　イ：憲法上，内閣総理大臣その他の国務大臣は，文民でなければならないとされ
　　　ている。ここにいう文民とは，第二次世界大戦以前の職業軍人の経歴を有さ
　　　ない者を意味しており，自衛隊の自衛官は，現職であっても文民に含まれる
　　　と一般に解されている。

　ウ：明治憲法においては，内閣総理大臣は，国務大臣を罷免する権限を持たない
　　　など，「同輩中の首席」にすぎなかった。他方，日本国憲法においては，内
　　　閣総理大臣の権能が強化され，自らの判断で国務大臣を罷免する権限が与え
　　　られている。

　エ：条約の締結は内閣の主要な権限の一つであるが，原則として条約の署名また
　　　は批准に先立って国会の承認を得ることを要し，緊急を要する場合等の限ら
　　　れた状況においてのみ，事後に承認を求めることも許容されると一般に解さ
　　　れている。ここにいう「条約」には，国会の承認を得て締結された条約の実
　　　施のために相手国行政府との間で結ばれる行政協定（行政取極）もすべて含
　　　まれる。

　オ：行政機関が制定する法形式を一般に「命令」といい，内閣が定める命令であ
　　　る政令は，命令の中で最高の形式的効力を有する。憲法73条６号は「この憲
　　　法及び法律の規定を実施するために」政令を制定する権限を内閣に与えてい
　　　るが，政令により憲法を直接実施することは認められていないと一般に解さ
　　　れている。

　1　ア，ウ

　2　ア，オ

　3　イ，エ

　4　ウ，エ

　5　ウ，オ

No.4 **内閣に関する次の記述のうち，妥当なのはどれか。**

【国家総合職・平成25年度】

1 内閣は，その職権を行うに当たっては閣議によることとされているが，閣議の運営の大部分が長年の慣行に委ねられており，その議決方式については，構成員の過半数の賛成によることとされている。

2 内閣が法律案を国会に提出することは，立法作用そのものには含まれず，国会を「国の唯一の立法機関」とする憲法41条には違反せず認められるが，内閣が憲法改正の原案としての議案を国会に提出することは，憲法を尊重・擁護する義務を課する憲法99条に違反し認められないとされている。

3 内閣総理大臣は，閣議を主宰し，閣議にかけて決定した方針に基づいて行政各部を指揮監督するが，閣議にかけて決定した方針が存在しない場合でも，内閣総理大臣は，少なくとも，内閣の明示の意思に反しない限り，行政各部に対し，その所掌事務について一定の方向で処理するよう指導，助言等の指示を与える権限を有するとするのが判例である。

4 内閣総理大臣に事故のあるとき，または内閣総理大臣が欠けたときには，そのあらかじめ指定する国務大臣が臨時に内閣総理大臣の職務を行うが，この内閣総理大臣の臨時代理の権限の範囲については内閣法に規定があり，内閣総理大臣の臨時代理は，内閣総理大臣の一身専属的な権限である衆議院の解散権および国務大臣の任免権は有しないが，自衛隊の指揮監督権は有すると定められている。

5 国会で議決された法律には，内閣総理大臣が署名し，主任の国務大臣が連署することが必要とされているが，この署名と連署は，法律が正当に成立したことを公証する編制の行為であり，署名と連署を欠いた法律は有効に成立しない。

（参考）日本国憲法

第99条　天皇又は摂政及び国務大臣，国会議員，裁判官その他の公務員は，この憲法を尊重し擁護する義務を負ふ。

ア：憲法66条３項は，内閣は，行政権の行使について，国会に対し連帯して責任
　　を負うと規定していることから，閣議決定は，内閣法４条１項の「内閣がそ
　　の職権を行うのは，閣議によるものとする」との規定に基づく要式行為と解
　　すべきであり，その決定は全大臣が署名押印した文書により行う必要があ
　　る。

イ：憲法72条の規定に基づいて，内閣法６条は，「内閣総理大臣は，閣議にかけ
　　て決定した方針に基いて，行政各部を指揮監督する」と規定している。この
　　指揮監督権を行使するためには，閣議にかけて決定した方針が存在すること
　　を要するが，閣議にかけて決定した方針が存在しない場合においても，内閣
　　総理大臣は，内閣の明示の意思に反しない限り，行政各部に対し，その所掌
　　事務について一定の方向で処理するよう指導，助言等の指示を与える権限を
　　有するとするのが判例である。

ウ：内閣法９条は，「内閣総理大臣に事故のあるとき」又は「内閣総理大臣が欠
　　けたとき」は，そのあらかじめ指定する国務大臣が臨時に内閣総理大臣の職
　　務を行うものとしているが，当該国務大臣は，臨時の内閣総理大臣としての
　　職責を全うするために，その他の国務大臣に関する任免権や衆議院の解散権
　　を行使することができる。

エ：明治憲法において，内閣総理大臣は「同輩中の首席」にすぎず，他の国務大
　　臣と対等の地位にあるものとされたのに対して，憲法66条１項は，内閣総理
　　大臣は内閣の首長であると定めている。また，各省大臣は，国務大臣の中か
　　ら内閣総理大臣によって任命されるが，内閣総理大臣自らが各省大臣に当た
　　ることは許されない。

オ：憲法69条は，内閣は，衆議院で不信任決議案が可決された場合には，10日以
　　内に衆議院が解散されない限り，総辞職をしなければならないとしている
　　が，衆議院で信任決議案が否決された場合には，内閣は，改めて不信任決議
　　案が可決されない限り，衆議院の解散または内閣総辞職をする必要はない。

1 　イ

2 　エ

3 　ア，オ

4 　イ，エ

5 　ウ，オ

実戦問題❷の解説

→問題はP.320 **正答5**

No.3 の解説 内閣

ア× **主任の大臣間における権限の疑義は，閣議にかけて裁定する。**
内閣は，内閣総理大臣及びその他の国務大臣をもって組織され（66条），各省の大臣は，国務大臣の中から内閣総理大臣によって任命され（68条），内閣総理大臣は，行政各部の指揮監督権を有している（72条）。しかし，主任の大臣の間における権限についての疑義は，**閣議**にかけて裁定すると内閣法7条に規定されている。

イ× **現職の自衛隊の自衛官は文民に含まれない。**
憲法上，内閣総理大臣その他の国務大臣は，**文民**でなければならないとされている（66条2項）。現職の自衛隊の自衛官は，文民に含まれないと一般に解されている。

ウ○ **内閣総理大臣は自らの判断で国務大臣を罷免することができる。**
明治憲法に関する前半は正しい。日本国憲法では，内閣総理大臣自らの判断で国務大臣を**罷免**する権限が与えられており（68条2項），後半も正しい。

エ× **国会の承認を要する条約に相手国との間で結ばれる行政協定は含まない。**
条約の締結は内閣の権限の一つであるが，原則として条約の署名または批准に先立って国会の承認を得ることを要し，緊急を要する場合等の限られた状況においてのみ，事後に承認を求めることも許容される（73条3号）。しかし，ここにいう条約には，国会の承認を得て締結された条約の実施のために相手国行政府との間で結ばれる行政協定は含まれない。テーマ26 ポイント1参照。

オ○ **政令により，憲法を直接実施することは認められない。**
行政機関が制定する法形式を命令といい，内閣が定める命令である**政令**は，命令の中で最高の形式的効力を有する。政令により憲法を直接実施することは認められていない。テーマ26 ポイント2参照。

以上から，妥当なものは**ウ**と**オ**であり，**5**が正答となる。

1 ✕ **閣議の議決は全会一致。**

前半は正しい（内閣法4条1項）が，後半が誤り。閣議の議決方式については，明治憲法下におけるのと同様に，**全会一致**によることが慣例となっている。

2 ✕ **内閣は憲法改正案を国会に提出できる。**

前半は正しい（内閣法5条）が，後半が誤り。内閣が憲法改正の原案としての議案を国会に提出できるか否かについては，肯定説と否定説との争いがあるので，本肢のように認められないとは断言できない。ただ，内閣は，実際には議員たる資格を有する国務大臣その他の議員を通じて原案を提出することができるので，内閣の発案権の有無を議論する実益は乏しい。

3 ◎ **閣議決定がなくても内閣総理大臣は行政各部の指揮監督ができる。**

ロッキード事件の判例である（最大判平7・2・22）。

4 ✕ **内閣総理大臣臨時代理の権限の範囲について内閣法に規定はない。**

前半は正しい（内閣法9条）が，後半が誤り。**内閣総理大臣の臨時代理**の権限の範囲については，内閣法に規定がなく，無限界説と限界説とが対立している。

5 ✕ **署名と連署を欠いた法律も有効。**

法律への**署名と連署**の趣旨は，執行責任の明確化にあることから，この署名と連署を欠いても法律の効力には影響はない。

No.5 の解説　内閣および内閣総理大臣
→問題はP.322　**正答 1**

ア×　閣議は要式行為ではない。
　憲法66条3項と内閣法4条1項の条文は正しいが，閣議について，議事に関する特別の規定はなく慣習によっているので，最後の要式行為の部分が誤り。

イ○　閣議決定がなくても内閣総理大臣は行政各部の指揮監督ができる。
　ロッキード事件の判例である（最大判平7・2・22）。

ウ×　内閣総理大臣臨時代理に国務大臣の任免権はない。
　内閣法9条の条文は正しいが，後半が誤り。まず，その他の国務大臣の任免権は内閣総理大臣の一身専属的権利であり代理に親しまないので，**内閣総理大臣臨時代理**は，代行できない。次に，衆議院の解散権は，そもそも内閣総理大臣ではなく内閣の権能であるので，行使することができない。

エ×　内閣総理大臣自ら各省大臣に当たることもできる。
　明治憲法における内閣総理大臣の地位と，日本国憲法66条1項の条文については正しいが，後半が誤り。各省大臣は，国務大臣の中から内閣総理大臣によって任命されるが，内閣総理大臣自らが各省大臣に当たることも許される（国家行政組織法5条2項）。

オ×　衆議院の解散か内閣総辞職が必要となる。
　憲法69条は，内閣は，衆議院で不信任の決議案を可決し，「又は信任の決議案を否決したときは」，10日以内に衆議院が解散されない限り，総辞職をしなければならないと規定しているので，後半が誤り。衆議院で信任決議案が否決された場合には，内閣は，衆議院の解散または内閣総辞職をする必要がある。

　以上から，妥当なものはイのみであり，**1**が正答となる。

必修問題

　わが国における立法と行政の関係について述べた次の文章の空欄①～⑤に入る言葉を語群ア～コより選んだ場合，使用しない言葉が5つある。それらのうち，3つを挙げているのはどれか。　　　　【国家総合職・平成16年度】

　立法権と行政権との関係は国により異なるが，日本国憲法が**議院内閣制**を採用していることは，憲法が，内閣の連帯責任の原則，内閣不信任決議権，国会による 　①　 などを定めていることをみても明らかである。

　議院内閣制にもさまざまな態様が存在するが，その特徴となる要素を挙げると，議会と政府（行政府）が分立していることと，政府が議会の信任に依拠して存在することである。ここで，政府が議会の信任に依拠していることを議院内閣制の本質とみる説（Ⅰ説）と，それに加えて政府と議会の均衡も重視し，　②　 も議院内閣制の本質構成要素であるとする説（Ⅱ説）とがある。このうち，政府に対する民主的コントロールを重視するのは 　③　 である。

　内閣による解散について，日本国憲法は69条以外の場合の解散については直接定めていない。ここで内閣による解散は**69条の場合に限定されない**とする立場が通説であるが，その根拠をみると，憲法7条の国事行為に対する内閣の助言と承認に求める説（A説），議院内閣制に求める説（B説）などがある。このうち，　④　 に対しては循環論法のきらいがある，という批判が可能である。

　なお，衆議院のいわゆる抜き打ち解散については，判例はいわゆる 　⑤　 の考え方を認めているが，任期満了前に議員としての身分を失わせる内閣による解散権の行使は無制限に認められているわけではないと解される。

ア．Ⅰ説　　イ．Ⅱ説　　ウ．A説　　エ．B説
オ．内閣不信任決議権　カ．**解散権**　キ．国政調査権
ク．内閣総理大臣の指名　ケ．自由裁量　コ．**統治行為**

1 ア，オ，コ　　**2** イ，ク，ケ　　**3** ウ，カ，ケ
4 オ，キ，ケ　　**5** キ，ク，コ

難易度　＊＊＊

必修問題の**解説**

　立法と行政の関係における議院内閣制について，憲法条文，議院内閣制の本質，

解散権の根拠などについて総合的に問う問題である。

①：　内閣総理大臣は国会が指名する。

　　ク の「内閣総理大臣の指名」が入る（67条1項）。内閣総理大臣が国会により指名されることは，内閣の成立が国会の信任に基づいていることを意味しており，日本国憲法が議院内閣制を採用していることの表れとされる。

②：　政府と議会の均衡のためには解散権が重要である。

　　カ の「解散権」が入る。議会は政府に対して内閣不信任決議権を有しているが，この権限と力のうえで均衡をはかりうるのは内閣の持つ解散権である。Ⅱ説は均衡本質説である。

③：　民主的コントロールのためには，政府が議会の信任に依拠することが必要。

　　ア の「Ⅰ説」が入る。政府に対する民主的コントロールとは，国民の直接選出にかからない行政府の行為を，国民の直接選出にかかる議会によって監視・統制することを意味する。この民主的コントロールを重視すれば，非民主的機関である行政府が民主的機関である議会を解散するのは背理であるから，解散権は議院内閣制の本質構成要素には含まれないことになる。Ⅰ説は責任本質説である。

④：　解散権があるのが議院内閣制なので制度説は循環論法になる。

　　エ の「Ｂ説」が入る。Ｂ説は，憲法が議院内閣制を採用したことを根拠に憲法69条以外に解散が認められるとする。では，なぜ憲法は議院内閣制を採用しているかというと，自由な解散権を認めるためであるとする。そこで循環論法のきらいがあるとの批判が可能である。Ｂ説は制度説である。

⑤：　判例は統治行為論をとっている。

　　コ の「統治行為」が入る。判例は，抜き打ち解散の効力が争われた苫米地事件において，衆議院の解散は，裁判所の審査権の外にあり，その判断は主権者たる国民に対して政治的責任を負うところの政府，国会等の政治部門の判断に任され，最終的には国民の政治判断に委ねられているとして，統治行為の理論を採用した（最大判昭35・6・8）。

　　以上から，使用しない言葉は，**イ，ウ，オ，キ，ケ**であり，**4**が正答となる。

正答 **4**

第6章

内

閣

FOCUS

　　議院内閣制と関連する衆議院の解散では，学説上争いのある論点が出題されている。そこで，「解散の行われる場合は69条の場合に限定されず，解散権の主体は内閣である」という通説をまず理解し，そのうえで，さらに少数説まで確認しておく必要がある。

POINT

重要ポイント 1 議院内閣制の本質

議院内閣制の本質を巡っては，学説上激しい争いがある。政府に対する民主的コントロールを重視して，政府が議会の信任に依存することをその本質と見る説（責任本質説）と，政府と議会との均衡を重視して解散権をその本質と見る説（均衡本質説）との争いである。両説の大きな相違点は，内閣の有する議会の解散権を，議院内閣制にとって不可欠な要素と考えるか否かである。

	議院内閣制の定義	内閣の解散権
責任本質説	議会と政府が一応分立しつつも，政府が議会に対して連帯責任を負う政治形態。	不可欠なものではない。
均衡本質説	議会と政府が一応分立しつつも，政府が議会に対して連帯責任を負い，内閣が議会の解散権を有する政治形態。	権力の均衡を重視するので，不可欠である。

重要ポイント 2 日本国憲法の議院内閣制

日本国憲法が議院内閣制を採用していることは，次の規定から明らかである。その中でも特に，憲法は，「内閣は，行政権の行使について，国会に対し連帯して責任を負ふ」（66条3項）として，内閣の国会に対する連帯責任を定めており，また，後述する衆議院の内閣不信任決議（69条）も重要である。

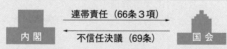

- 内閣総理大臣は，国会議員の中から国会の議決で指名される（67条1項）。
- 国務大臣の過半数は，国会議員の中から選ばれなければならない（68条1項）。
- 内閣総理大臣・国務大臣の議院出席の権利と義務（63条）。総選挙後に初めて国会召集があったときの内閣の総辞職（70条）。総辞職後の内閣による新内閣総理大臣任命までの職務執行（71条）。

重要ポイント 3 衆議院の解散

（1）衆議院解散権の意義

衆議院議員の任期満了前にその全員の資格を失わせる行為である。解散に続く総選挙によって国民の審判を求めるという民主主義的な目的を持つ。

日本国憲法には，解散を明示した規定がないことから，次のような論点がある。

（2）解散が行われる場合

憲法は，「内閣は，衆議院で不信任の決議案を可決し，又は信任の決議案を否決したときは，10日以内に衆議院が解散されない限り，総辞職をしなければならない」（69条）と定めるのみで，その他の解散可能性について規定していない。そこ

で，解散は69条の場合に限定されるとする説（69条説）と，限定されないとする説（**非限定説**）が対立している。衆議院の解散の実例から，非限定説による慣行が成立したといえること，国民の意思を問う必要がある場合には，解散の正当な理由があることから，非限定説が通説となっている。

（3）解散権の実質的主体

憲法は，衆議院の解散権を天皇の国事行為としているが（7条3号），天皇の行為は形式的・儀礼的な行為にすぎない。したがって，だれが解散を実質的に決定するのかが問題になる。

まず，国会が国権の最高機関であることを理由に，衆議院の解散決議による解散が可能とする説（自律的解散説）と不可能とする説の対立がある。自律的解散は，多数者の意思によって少数者の議員たる地位が剥奪されることになるから，不可能とする説が通説である。不可能とする説は，内閣が実質的に解散を決定するとする（**内閣説**）。

（4）内閣説の根拠

憲法条文に根拠を求める説（65条説，7条説）と，条文ではなく憲法上の制度に根拠を求める説（制度説）の争いがある。

65条説	行政控除説を背景に，解散は立法でも司法でもないから行政であり，65条は「行政権は，内閣に属する」としていることを根拠にする。しかし，解散という重要な作用を，立法でも司法でもないから行政であるという論法は消極的である。
制度説	議院内閣制などの制度を根拠に，憲法が議院内閣制をとっていることから，内閣の解散権を導く。しかし，内閣が解散権を持つことが議院内閣制の本質的要素だと考えるとすれば，その議院内閣制を根拠に内閣の解散権を帰結するのは循環論法である。
7条説（多数説）	7条3号の解散権は元来政治的なものであるが，もっぱら内閣の「助言と承認」に基づかせることによって，天皇の形式的な国事行為としたとする。

以上から，通説は，解散が行われるのは69条の場合に限定されないとしたうえで，解散を実質的に決定するのは内閣であるとしている。ただし，その根拠については上記のように争いがあり，特に制度説と7条説とで争われている。

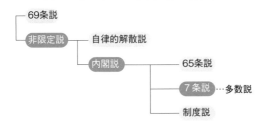

No.1 内閣に関するア～オの記述のうち，妥当なもののみをすべて挙げているのはどれか。　　　　　　　　　　　　　　　　【国家専門職・平成27年度】

ア：明治憲法においては，内閣についての規定がなく，また内閣総理大臣は同輩中の首席にすぎなかった。一方，日本国憲法においては，内閣に行政権の主体としての地位を認めており，また内閣総理大臣に主席としての地位と権能を与え，内閣総理大臣は任意に国務大臣を罷免することができる。

イ：内閣は，行政権の行使について，国会に対し連帯して責任を負うが，特定の国務大臣が個別に責任を負うことは憲法上否定されていない。

ウ：内閣は，自発的に総辞職することは許されないが，衆議院で不信任の決議案を可決し，または信任の決議案を否決し，10日以内に衆議院が解散されない場合，内閣総理大臣が欠けた場合および衆議院議員総選挙の後に初めて国会の召集があった場合には，必ず総辞職しなければならない。

エ：日本国憲法においては，議院内閣制を採用している旨の明文はないものの，内閣の連帯責任の原則（66条3項），内閣不信任決議権（69条）および内閣総理大臣による行政各部の指揮監督権（72条）の規定はいずれも，日本国憲法が議院内閣制を採用している根拠であると一般に解されている。

オ：内閣総理大臣その他の国務大臣は，国会議員の中から選ばれなければならず，かつ，その過半数は衆議院議員でなければならない。

1 　ア，イ

2 　ア，ウ

3 　イ，エ

4 　ウ，エ

5 　エ，オ

No.2 ** 衆議院の解散権の根拠に関しては，さまざまな見解があるが，このうち，憲法7条を根拠とする見解からの主張として最も妥当なのは，次のうちどれか。

【地方上級（全国型）・平成18年度】

1 天皇の国事行為は，もともと形式的行為として想定されているものであり，内閣の助言と承認の結果として形式的行為となるものではない。

2 解散権は立法でも司法でもないから行政であり，それゆえに内閣に帰属する。

3 解散権の根拠は，憲法が直接に解散できる場合について明示した規定に求めるべきであり，かつ，解散できる場合もその場合に限定される。

4 憲法は議院内閣制という制度を採用しているが，議院内閣制においては自由な解散権が認められるのが通例である。

5 天皇の国事行為が国政に関する権能という性質を有しないのは，助言と承認を通じて内閣が実質的決定権を有するためである。

（参考）日本国憲法

第7条　天皇は，内閣の助言と承認により，国民のために，左の国事に関する行為を行ふ。

一～二号（省略）

三　衆議院を解散すること。

第6章

内閣

衆議院の解散等に関するア～オの記述のうち，妥当なもののみをすべて挙げているのはどれか。 【国家総合職・平成23年度】

ア：憲法69条は，内閣不信任決議案が可決され，または内閣信任決議案が否決された場合に内閣が採り得る手段を規定したものにすぎないとの主張は，憲法第7条3号を根拠に内閣が衆議院の解散を決定する権限を有するとの見解の根拠の一つとなりうる。他方，この見解に対しては，天皇の国事行為は本来すべて形式的・儀礼的行為であるから，このような国事行為に対する内閣の助言と承認には実質的決定権は含まれないはずであるとの批判がある。

イ：衆議院の解散は憲法69条の場合に限定されるものではなく，憲法7条3号を根拠として，内閣は衆議院の解散を決定する権限を有すると解すべきであるとしつつも，直接国家統治の基本に関する高度に政治性のある国家行為は裁判所の審査権の外にあるから，現実に行われた衆議院の解散が無効であるかどうかの判断はできないとするのが判例である。

ウ：国会閉会中において，いずれかの議院の総議員の4分の1以上の議員が臨時会の召集を求めた場合は，内閣は臨時会を召集する義務を負うが，この場合において，議員が召集期日を指定したときは，内閣はそれに拘束される。

エ：衆議院が解散されたときは，参議院は同時に閉会となるが，災害緊急措置や自衛隊の防衛出動等，国家の重大な緊急事態への対処の必要が生じた場合は，内閣総理大臣は単独で，参議院の緊急集会を求めることができる。

オ：衆議院で内閣不信任決議案が可決された場合においても，10日以内に衆議院が解散されたときには，内閣は総辞職する必要はないが，その後，衆議院の総選挙後に特別会が召集されたときには，内閣は総辞職しなければならない。

1 ア，オ
2 イ，エ
3 ア，イ，オ
4 ア，ウ，オ
5 イ，ウ，エ

実戦問題 **1** の 解説

→問題はP.330 **正答 1**

No.1 の解説 内閣

ア◯ **明治憲法には内閣の規定がなく，内閣総理大臣は同輩中の首席だった。**
明治憲法についても，日本国憲法についても正しい（憲法65条，66条1項，68条2項）。

イ◯ **内閣は行政権の行使について国会に対し連帯責任を負う。**
内閣は，行政権の行使について，国会に対し**連帯して責任**を負う（66条3項）。後半も正しい。

ウ✕ **内閣は自発的に総辞職することが許される。**
内閣は，自発的に**総辞職**することが許されるので，最初の部分が誤り。必ず総辞職しなければならない場合に関する，その後の部分は正しい（69条，70条）。

エ✕ **内閣総理大臣の行政各部の指揮監督権は議院内閣制の根拠ではない。**
内閣総理大臣による行政各部の指揮監督権（72条）の規定は，日本国憲法が**議院内閣制**を採用している根拠ではなく，誤り。その他は正しい（66条3項，69条）。

オ✕ **内閣総理大臣その他の国務大臣は衆議院議員でなくてもよい。**
内閣総理大臣は，国会議員の中から国会の議決で，これを指名する（67条1項）。また，内閣総理大臣は，国務大臣を任命する。ただし，その過半数は，国会議員の中から選ばれなければならない（68条1項）。その過半数が「衆議院議員」でなければならない，が誤り。

以上から，妥当なものは**ア**と**イ**であり，**1**が正答となる。

第6章 内閣

No.2 の解説　衆議院の解散権の根拠（7条説）

→問題はP.331　**正答5**

1 ✕　7条説に対する批判である。すなわち，内閣の助言と承認は，単なる形式的行為にすぎない国事行為に対して行われるものであるから，それ自体はなんら実質的解散権の根拠とはなりえないとする批判である。

2 ✕　「行政権は，内閣に属する」という**65条説**の主張で，行政控除説を背景にしている。

3 ✕　**69条説**の主張である。69条は，「内閣は，衆議院で不信任の決議案を可決し，又は信任の決議案を否決したときは，十日以内に衆議院が解散されない限り」と規定しており，憲法で唯一具体的に解散が行われる場合について言及した規定である。したがって，これを根拠にすべきとの主張である。

4 ✕　**制度説**である。議院内閣制には解散権が内在している。そして憲法が議院内閣制を採用している以上，解散権は内閣に属するという主張である。

5 ◎　最も妥当である。天皇の国事行為については，内閣が実質的決定権を有する。そして，天皇の国事行為の中に衆議院の解散が含まれているということは，解散について実質的決定権を有するのは内閣である。憲法7条はそのことを表した規定であるとする主張である。

No.3 の解説　衆議院の解散等

→問題はP.332　**正答1**

ア ◯　前半は，69条非限定とする**7条3号説**の根拠であり，後半は，7条3号説に対する批判である。

イ ✕　前半が誤り。衆議院の解散について，判例は，本記述後半のように「**統治行為論**」を採用しているので（最大判昭35・6・8），前半の69条限定説，7条3号説などについて，判示していない。

ウ ✕　前半は正しい（53条後段）が，後半が誤り。議員が召集期日を指定したとしても，内閣はそれに拘束されない。

エ ✕　「内閣総理大臣は単独で」の部分が誤り。参議院の緊急集会を求めることができるのは，「内閣」である（54条2項，国会法99条1項）。その他は，正しい。

オ ◯　前半の内閣不信任決議案可決の場合について69条，後半の内閣総辞職について70条。

　以上から，妥当なものは**ア**と**オ**であり，**1**が正答となる。

実戦問題 ❷ 応用レベル

***
No.4 衆議院の解散権に関して，7条説，65条説，69条説，制度説，自律的解散説がある。次の記述中には，A〜Eの5つの説があり，前記の5つの説のいずれかに対応している。D説に該当するのはどれか。【地方上級（全国型）・平成11年度】

ア：解散権がどの機関に帰属するかという見地から分類すると，A，B，C，Dの各説からなるグループと，E説とに分類される。

イ：解散をなしうるのはいかなる場合かという見地からA，B，C，Dを分類すると，B，C，Dの各説からなるグループと，A説とに分類される。

ウ：B説は，天皇の国事行為は，本来，形式的な行為であるわけではなく，内閣の助言と承認を通じて実質的決定がなされる結果，形式的・儀礼的なものになると考える。

エ：C説は，いわゆる控除説を前提としている。

1 7条説

2 65条説

3 69条説

4 制度説

5 自律的解散説

（参照）日本国憲法

第7条　天皇は，内閣の助言と承認により，国民のために，左の国事に関する行為を行ふ。

三　衆議院を解散すること。

第65条　行政権は，内閣に属する。

第69条　内閣は，衆議院で不信任の決議案を可決し，又は信任の決議案を否決したときは，10日以内に衆議院が解散されない限り，総辞職をしなければならない。

第6章

内

閣

***
衆議院の解散に関する考え方として，次の５つの説がある。

Ⅰ説：衆議院の解散は憲法69条の場合に限定される。

Ⅱ説：衆議院の解散は憲法69条の場合に限定されず，憲法７条３号による解散も認められる。

Ⅲ説：衆議院の解散は憲法69条の場合に限定されず，憲法65条による解散も認められる。

Ⅳ説：衆議院の解散は憲法69条の場合に限定されず，議院内閣制という憲法原理を根拠とした解散も認められる。

Ⅴ説：衆議院の解散は憲法69条の場合に限定されず，衆議院自身の決議による自律的解散も認められる。

これらの説に関する次の記述のうち，妥当なのはどれか。

【国家総合職・平成12年度】

1 Ⅰ説によっても，選挙の際に直接の争点とはならなかった重大な問題が生じ，任期満了を待たずにそのことに関する国民の意思を問う必要がある場合には，内閣に衆議院を解散することが認められる。

2 Ⅱ説は，内閣の実質的解散権を肯定するために憲法７条を根拠として，そこに列挙された天皇の国事行為を本来的に名目的・儀礼的な行為であると考えず，天皇の実質的決定権を肯定する解釈をとるものであり，また，この説によると内閣に解散権の限界は存しないことになる。

3 Ⅲ説は，衆議院の解散は立法作用でも司法作用でもないため「行政」に属するから，憲法65条により解散の実質的決定権は内閣に存するとするものであり，本説は通説・判例のとる見解である。

4 Ⅳ説は，内閣の解散権を肯定するために憲法原理である議院内閣制を根拠として，その本質を議会と内閣の均衡に求める見解である。

5 Ⅴ説は，国民主権や国会の最高機関性を根拠とするものであり，衆議院議員の多数が内閣と対立している場合，本説をとると衆議院が不信任決議案を可決することはできなくなることから，最も意義のある見解となる。

（参考条文省略）

実戦問題❷の解説

No.4 の解説 衆議院の解散の論理問題 →問題はP.335 **正答4**

ア：解散権がどの機関に帰属するかという見地から分類すると，内閣に解散権が帰属するという説のグループと，衆議院に解散権が帰属するという説に分類される。よって，E説は**自律的解散説**である。

イ：解散をなしうるのはいかなる場合かという見地から分類すると，69条の場合に限定されないとする説のグループと，69条の場合に限定されるとする説に分類される。よって，A説は**69条説**である。

ウ：B説は，7条の天皇の国事行為に根拠を求めていることから，**7条説**である。

エ：C説は，すべての国家作用から立法と司法を除いた残りの作用を行政とする控除説を前提としていることから，**65条説**である。

　以上から，D説に該当するのは，**4**の**制度説**ということになる。

第6章

内

閣

1 ✗ Ⅰ説は**69条限定説**である。したがって，69条の場合以外には，解散は認められない。

2 ✗ Ⅱ説は**7条3号説**である。この説によっても天皇の実質的解散権は否定される。また，内閣の解散権にも限界がある。

3 ✗ Ⅲ説は**65条説**である。前半の根拠は正しいが，本説は通説・判例ではなく少数説である。

4 ◎ 正しい。Ⅳ説は**制度説**である。この説は，議院内閣制の本質について均衡本質説をとっている。

5 ✗ Ⅴ説は**衆議院自律解散説**である。根拠は正しいが，後半の内容が矛盾している。すなわち，衆議院議員の多数が内閣と対立している場合であれば，衆議院が不信任決議案を可決することができるはずだからである。

第7章

裁判所

試験別出題傾向と対策

	試験名	国家総合職					国家一般職					国家専門職				
頻出度	年度	21 ↓ 23	24 ↓ 26	27 ↓ 29	30 ↓ 2	3 ↓ 5	21 ↓ 23	24 ↓ 26	27 ↓ 29	30 ↓ 2	3 ↓ 5	21 ↓ 23	24 ↓ 26	27 ↓ 29	30 ↓ 2	3 ↓ 5
	テーマ　　　出題数	2	3	3	0	5	2	1	1	1	1	0	1	0	0	0
A	20 司法権の範囲と限界	1	1	1		1	1			1	1		1			
B	21 裁判所の組織と権能		1					1	1							
A	22 司法権の独立	1				2	1									
A	23 違憲審査制		1	2		2										

　国会，内閣に関しては，「地位・組織と権能」などの総論的なテーマが出題の中心となっているが，裁判所はさまざまな観点からバランスよく出題されている。なかでも，違憲審査制は統治機構の分野の最重要テーマともいえるので，十分な学習をしておきたい。違憲審査権に関して，通説・判例と少数説を挙げたうえで，その論拠，批判，帰結などを問う論理問題や，組合せ型の問題も出題されている。

● 国家総合職

　出題パターンは，条文・判例・通説の見解を問う単純正誤型や組合せ型がほとんどであるが，新傾向問題も出されている。国会や内閣と同様に，憲法典のみならず裁判所法，裁判官弾劾法，裁判官分限法などの付属法令もよく出題されている。新傾向問題は，違憲審査制の性格に関する通説・判例の付随的審査制説と少数説の抽象的審査制説を前提に，通説・判例の論拠を選ぶ問題や，憲法判断の方法の知識を問う分類形式の問題が出されている。なお，25年度に裁判員制度に関連して，「国民の司法参加」を問う時事的な問題も出題された。29年度には，違憲審査制を中心にした憲法保障に関する問題も出されている。

● 国家一般職

　出題形式は，条文や判例の見解を問う単純正誤型と組合せ型である。判例の事例を前提にその知識を問う問題も出題されている。内容的には，共産党袴田事件，砂川事件などの重要判例と，それらに沿った基本的な知識が問われている。論理問題は，違憲判決の効力に関する少数説の一般的効力説と通説の個別的効力説を挙げて，一般的効力説の論拠を選択させる問題が13年度に初めて出題された。なお，29年度に，問題の一部ではあるが，裁判員制度について問われている。

地方上級 (全国型)					地方上級 (特別区)					市役所 (C日程)					
21〜23	24〜26	27〜29	30〜2	3〜5	21〜23	24〜26	27〜29	30〜2	3〜5	21〜23	24〜26	27〜29	30〜2	3〜4	
2	2	2	1	2	2	3	1	2	2	2	2	1	1	1	
1						1		1		1	1			1	テーマ⑳
1	1	1			1			1				1			テーマ㉑
			1		1	1	1		1	1	1	1			テーマ㉒
	1	1	2	1	1										テーマ㉓

● **国家専門職**

出題は，条文・判例・通説の見解を問う単純正誤型と組合せ型である。内容的にも，法廷メモ採取事件などの基本的な知識が問われている。表からは，司法権の独立と違憲審査制について出題されていないように見えるが，17年度以前や総合問題では出題されており，当該テーマの出題はあることに注意しよう。

● **地方上級**

国家公務員試験に比べた特徴として，司法権の独立のテーマから，18年度に初めて出題があったことが挙げられる。

また，地方上級（全国型）では，新傾向問題も出題されている。判例を題材としたもので，事件の概要と判決がそのまま問題文として使用され，選択肢で判決に対する批判を問う問題であった。

● **特別区**

出題形式は，条文や判例の見解を素直に問う単純正誤型である。分野は，全般にわたってバランスよく出題されており，同じ年度に２問出題されたことも数回あるくらいの頻出分野となっている。内容は，裁判官の身分保障などの基本テーマに関する条文と，司法権の限界や違憲審査権に関する苫米地事件や砂川事件などの重要判例が中心となっている。

● **市役所**

裁判所（司法権）の問題が，三権のなかで，比較的よく出題されている。部分社会の法理などの判例や，裁判官の身分保障などの条文の知識が問われる。

第7章 裁判所

司法権の範囲と限界

必修問題

　司法権に関するア～エの記述のうち，妥当なもののみをすべて挙げているのはどれか。ただし，争いのあるものは判例の見解による。

【国家一般職・令和4年度】

ア：憲法76条1項は，すべて司法権は，最高裁判所および法律の定めるところにより設置する下級裁判所に属する旨規定する。その例外として，裁判官の**弾劾裁判**を国会の設ける裁判官弾劾裁判所で行うことや，国会議員の**資格争訟についての裁判**を各議院で行うことが憲法上認められているが，これらの裁判に対して不服のある者は，さらに<u>司法裁判所へ出訴することができる</u>。

イ：最高裁判所は，訴訟に関する手続，弁護士，裁判所の内部規律および司法事務処理に関する事項について，<u>規則を定める権限を有する</u>。また，最高裁判所は，下級裁判所に関する規則を定める権限を，下級裁判所に委任することができる。

ウ：国公立**大学における授業科目の単位授与（認定）**行為は，学生が授業科目を履修し試験に合格したことを確認する教育上の措置であり，**内部的な問題**であることが明らかであるため，<u>およそ司法審査の対象となることはない</u>が，他方，国公立大学における**専攻科修了認定**行為は，大学が専攻科修了の認定をしないことは実質的に学生が一般市民として有する公の施設を利用する権利を侵害するものであるため，司法審査の対象となる。

エ：**政党が党員に対してした処分**が一般市民法秩序と直接の関係を有しない**内部的な問題**にとどまる限り，裁判所の審判権は及ばないが，他方，当該処分が一般市民としての権利利益を侵害する場合であっても，当該処分の当否は，当該政党の自律的に定めた規範が公序良俗に反するなどの特段の事情のない限り当該規範に照らし，当該規範を有しないときは条理に基づき，<u>適正な手続に則ってされたか否か</u>によって決すべきである。

1 ア，イ　　**2** ア，ウ　　**3** イ，エ

4 ウ，エ　　**5** ア，イ，エ

難易度　＊＊

必修問題の解説

　司法審査の及ぶ範囲と限界について問う問題である。判例が審査の対象とならないとした「部分社会」の内部問題などを具体的に押さえよう。

ア ✕　弾劾裁判や資格争訟裁判に不服があっても，司法裁判所へは出訴できない。
　途中までは正しい（76条1項，64条，55条）。しかし，弾劾裁判や資格争訟裁判に対して不服のある者であっても，さらに司法裁判所へ出訴することはできず，誤り。

イ ○　最高裁判所は，規則を定める権限を有し，権限を下級裁判所に委任できる。
　最高裁判所は，訴訟に関する手続，弁護士，裁判所の内部規律および司法事務処理に関する事項について，規則を定める権限を有する。最高裁判所は，下級裁判所に関する規則を定める権限を，下級裁判所に委任することができる（77条1項・3項）。

ウ ✕　大学の単位授与（認定）も，例外的に司法審査の対象となることもある。
　後半は正しいが，前半が誤り。判例は，単位の授与（認定）という行為は，学生が当該授業科目を履修し試験に合格したことを確認する教育上の措置であり，卒業の要件をなすものではあるが，当然に一般市民法秩序と直接の関係を有するものでないことは明らかである。それゆえ，単位授与（認定）行為は，ほかにそれが一般市民法秩序と直接の関係を有するものであることを肯認するに足りる特段の事情のない限り，純然たる大学**内部**の問題として大学の自主的，自律的な判断に委ねられるべきものであって，裁判所の司法審査の対象にはならないものと解するとする（最判昭52・3・15）。したがって，およそ司法審査の対象となることはない，とする点が誤り。

エ ○　政党が党員にした処分の当否は適正な手続に則ったか否かによって決する。
　政党が党員に対してした処分の当否は，当該規範，条理に基づき，適正な**手続**に則ってされたか否かによって決すべきとする共産党袴田事件の判例である（最判昭63・12・20）。

　以上から，妥当なものは**イ**と**エ**であり，**3**が正答となる。

正答 **3**

第7章
裁判所

FOCUS

　司法権の限界，つまり，審査の対象とならないものがよく問われる。法律上の争訟に当たらないもの，自律権に属する行為，自由裁量行為，統治行為，部分社会の法理などを順次押さえていく必要がある。その中でも，部分社会の法理は最頻出テーマである。

POINT

重要ポイント **1** 司法権の範囲

「司法権」とは，(1) 具体的な争訟について，(2) 法を適用することによって，これを解決する国家作用であり，この2つの要件を備えるものを「**法律上の争訟**」（裁判所法3条1項）という。以下のような，「法律上の争訟」に当たらないものには，裁判所の審査権は及ばない。

(1) 具体的な争訟でない場合

当事者間の具体的な権利義務ないし法律関係の存否に関する紛争でない場合である。たとえば，単なる学問上・技術上の論争である。よって，国家試験における合格・不合格の判定は，裁判の対象にならない（最判昭41・2・8）。

(2) 法を適用することによって解決できない場合

法令の適用によって終局的に解決することができない場合である。たとえば，信仰の対象の価値または宗教上の教義に関する判断を求めるものである。

> **判例 板まんだら事件**（最判昭56・4・7）
>
> 訴訟が，具体的な権利義務ないし法律関係に関する紛争の形式をとっていても，その前提として信仰の対象の価値または宗教上の教義に関する判断を行わなければならない場合には，結局，訴訟は実質的には法令の適用による終局的な解決の不可能なものであるから，法律上の争訟に当たらない。

重要ポイント **2** 司法権の限界

裁判所は，一切の「法律上の争訟」を裁判するが，この原則には例外もある。憲法が明文で認める例外に，議員の資格争訟の裁判（55条）と裁判官の弾劾裁判（64条）がある。判例は以下の4つの場合も裁判所の審査権が及ばないとしている。

(1) 自律権に属する行為

自律権とは，たとえば議事手続きなど，各議院などがその内部事項について自主的に決定できる権能をいう。

> **判例 警察法改正無効事件**（最大判昭37・3・7）
>
> 国会の両院において議決を経たものとされ，適法な手続きによって公布された法律については，裁判所は，両院の自主性を尊重して，制定の議事手続きに関する事実を審理して，その有効無効を判断すべきではない。

(2) 自由裁量行為

国会や行政機関の自由裁量にゆだねられている行為は，当不当が問題となるだけで，裁量権を逸脱するか濫用した場合でないと，裁判所の審査権は及ばない（最大判昭57・7・7，堀木訴訟）。

(3) 統治行為

統治行為とは，直接国家統治の基本に関する高度に政治性のある国家行為で，裁

判所による法律的な判断が可能であるのに，司法審査の対象から除外される行為をいう。司法権の内在的制約であると理解される。判例が，真正面から統治行為と認めた例が，衆議院の解散である。

📖判例 **苫米地事件**（最大判昭35・6・8）

> 衆議院の解散は，極めて政治性の高い国家統治の基本に関する行為であって，このような行為について，その法律上の有効無効を審査することは司法裁判所の権限の外にある。

(4) 部分社会の法理

　一般市民社会の中にあってこれとは別個に自律的な法規範を有する特殊な部分社会の内部的な問題は，司法審査の対象にならない。部分社会の例として，大学，政党などがある。

📖判例 **富山大学単位不認定事件**（最判昭52・3・15）

> 大学は，一般市民社会と異なる特殊な部分社会を形成しているから，単位授与行為は，特別の事情のない限り，純然たる大学内部の問題として大学の自主的，自律的な判断にゆだねられるべきものであって，司法審査の対象にはならない。他方，専攻科修了（卒業）の認定に関する争いは司法審査の対象になる。

📖判例 **共産党袴田事件**（最判昭63・12・20）

> 政党の党員処分が，一般市民としての権利利益を侵害する場合であっても，処分の当否は，政党の自律的に定めた規範が公序良俗に反するなどの特別の事情のない限り規範に照らし，規範を有しないときは条理に基づき，適正な手続きにのっとってなされたか否かによって決すべきである。

　同じ「除名処分」であっても，地方議会議員の懲罰としての除名処分とは異なり，政党の党員処分としての除名処分は，原則として審査が否定される。政党には，より高度の自主性と自律性が認められるからである。

📖判例 **出席停止処分取消等請求事件**（最大判令2・11・25）

> 出席停止の懲罰が科されると，当該議員はその期間，会議への出席が停止され，議事に参与して議決に加わる議員の中核的な活動をすることができず，議員の責務を果たすことができなくなるから，議員の権利行使の一時的制限にすぎないとして，その適否が専ら議会の自主的，自律的な解決に委ねられるべきであるとはいえない。議会の自律的な権能に基づいてされ，議会に一定の裁量が認められるべきであるものの，裁判所は，常にその適否を判断することができ，地方公共団体の議会議員に対する出席停止の懲罰の適否は，司法審査の対象となる。

　地方公共団体の議会議員に対する出席停止の懲罰の適否について，司法審査を否定していた従来の判例を，60年ぶりに変更したものである。

❖ No.1 ＊＊ 司法権の限界に関する記述として，最高裁判所の判例に照らして，妥当なのはどれか。 【地方上級（特別区）・平成24年度】

1 裁判所は，法令の形式的審査権を持つので，両院において議決を経たものとされ適法な手続によって公布されている法について，法制定の議事手続に関する事実を審理してその有効無効を判断することができる。

2 衆議院の解散は，極めて政治性の高い国家統治の基本に関する行為であって，その法律上の有効無効を審査することは，衆議院の解散が訴訟の前提問題として主張されている場合においても，裁判所の審査権の外にある。

3 大学における授業科目の単位授与行為は，一般市民法秩序と直接の関係を有するので，大学が特殊な部分社会を形成しているとしても，当該行為は，大学内部の問題として大学の自主的，自律的な判断に委ねられるべきではなく，裁判所の司法審査の対象になる。

4 自律的な法規範をもつ社会ないしは団体にあっては，当該規範の実現を内部規律の問題として自治的措置に任せ，必ずしも，裁判にまつを適当としないものがあり，地方公共団体の議会の議員に対する除名処分はそれに該当し，その懲罰議決の適否は裁判権の外にある。

5 政党は，議会制民主主義を支える上で重要な存在であり，高度の自主性と自律性を与えて自主的に組織運営をなしうる自由を保障しなければならないので，政党が党員に対してした処分には，一般市民法秩序と直接の関係を有するか否かにかかわらず，裁判所の審判権が及ばない。

❖ No.2 ＊ 司法権の限界に関する記述として，判例，通説に照らして，妥当なのはどれか。 【地方上級（特別区）・平成30年度】

1 裁判所は一切の法律上の争訟を裁判するが，日本国憲法は，この唯一の例外として，国会議員によって行われる裁判官の弾劾裁判の規定について明文化している。

2 国会が行う立法については，立法機関としての自由裁量に委ねられているため，国会がその裁量権を著しく逸脱，濫用した場合にも，裁判所の審査権が及ぶことはない。

3 最高裁判所の判例では，衆議院の解散は，極めて政治性の高い国家統治の基本に関する行為であるが，それが法律上の争訟となり，これに対する有効無効の判断が法律上可能である場合は，裁判所の審査権に服するとした。

4 最高裁判所の判例では，自律的な法規範を持つ社会ないし団体にあっては，当該規範の実現を内部規律の問題として自治的措置に任せ，必ずしも，裁判にまつを適当としないものがあり，地方議会議員の出席停止処分は，権利行使の一時的

制限に過ぎず，司法審査の対象とならないとした。

5 最高裁判所の判例では，大学の単位授与行為は，常に一般市民法秩序と直接の関係を有するものであり，純然たる大学内部の問題として大学の自主的，自律的な判断に委ねられるべきものではないため，裁判所の司法審査の対象になるとした。

No.3 司法権および違憲審査権に関する次の記述のうち，判例に照らし，妥当なものはどれか。 【地方上級（全国型）・令和3年度】

1 裁判所の判決は，憲法81条の「一切の法律，命令，規則又は処分」にいう「処分」に含まれるので，違憲審査の対象となる。

2 信仰の対象の価値または宗教上の教義に関する判断が，訴訟の帰すうを左右する必要不可欠のものと認められ，訴訟の争点および当事者の主張立証もその判断に関するものが核心となっている場合には，当該訴訟は，法律上の争訟に当たる。

3 衆議院の解散は，政治性の高い国家統治の基本に関する行為ではあるが，その法律上の有効無効を審査することは，司法裁判所の権限内にある。

4 大学の単位の授与認定という行為は，学生が当該授業科目を履修し試験に合格したことを確認する教育上の措置であり，卒業の要件をなすものであるので，常に裁判所の司法審査の対象となる。

5 裁判所は，具体的な争訟事件が提起されなくても，将来を予想して憲法およびその他の法律命令等の解釈に対し存在する疑義論争に関し，抽象的な判断を下しえる。

実 戦 問 題 ❶ の 解 説

No.1 の解説 司法権の限界の最高裁判例

1 ✕ 議事手続は自律権に属する行為である。
両院において議決を経たものとされ，適法な手続によって公布されている法について，裁判所は**両院の自主性**を尊重すべく，同法制定の議事手続に関する事実を審理してその有効無効を判断すべきでない（最大判昭37・3・7）。

2 ◎ 衆議院の解散は統治行為である。
苫米地事件の判例である（最大判昭35・6・8）。

3 ✕ 大学の単位授与行為は部分社会の内部問題である。
大学における授業科目の**単位授与行為**は，一般市民法秩序と直接の関係を有するものであることを肯認するに足りる特段の事情のない限り，純然たる大学**内部の問題**として大学の自主的，自律的な判断に委ねられるべきものであって，裁判所の司法審査の対象にはならないとする（最判昭52・3・15）。

4 ✕ 地方議員の除名処分は部分社会の内部問題ではない。
地方公共団体の議会の議員に対する**除名処分**は，議員の身分の喪失に関する重大事項で，単なる内部規律の問題にとどまらないから，裁判権の範囲内の事項であるとする（最大判昭35・10・19）。

5 ✕ 一般市民法秩序と直接の関係を有する場合は，審判権が及ぶ。
政党は，議会制民主主義を支える上で重要な存在であり，高度の自主性と自律性を与えて自主的に組織運営をなしうる自由を保障しなければならないとしたうえで，**政党が党員にした処分**が一般市民法秩序と直接の関係を有しない内部的な問題にとどまる限り，裁判所の審判権は及ばないというべきであるとする（最判昭63・12・20）。したがって，政党が党員に対してした処分でも，一般市民法秩序と直接の関係を有する場合には，裁判所の審判権が及ぶことになる。

No.2 の解説　司法権の限界の判例　　　　　→問題はP.346　**正答なし**

1 ✕　**一切の法律上の争訟の裁判の例外として弾劾裁判と資格争訟の裁判がある。**
前半は正しい（裁判所法3条1項）。しかし，日本国憲法は，裁判所が一切の法律上の争訟を裁判することの例外として，本肢にある裁判官の**弾劾裁判**（64条）だけでなく，各議院によって行われる議員の**資格争訟の裁判**（55条）の規定も明文化しているので，後半が誤り。

2 ✕　**国会が立法の裁量権を著しく逸脱・濫用の場合には裁判所の審査権が及ぶ。**
後半が誤り。たとえば，堀木訴訟（最大判昭57・7・7）において，憲法25条の規定の趣旨にこたえて具体的にどのような立法措置を講ずるかの選択決定は，**立法府の広い裁量**に委ねられており，それが著しく合理性を欠き明らかに裁量の**逸脱・濫用**と見ざるをえないような場合を除き，裁判所が審査判断するのに適しない事柄であるといわなければならない，と判示している。したがって，国会がその裁量権を著しく逸脱・濫用した場合には，裁判所の審査権が及ぶことになる。

3 ✕　**衆議院の解散は統治行為である。**
判例は，**衆議院の解散**は，極めて政治性の高い国家**統治**の基本に関する**行為**であって，それが法律上の争訟となり，これに対する有効無効の判断が法律上可能である場合であっても，かかる国家行為は裁判所の審査権の外にあるとした（最大判昭35・6・8）。

4 ✕　**地方議会議員の出席停止処分は司法審査の対象になる。**
出題時は妥当であったが，令和2年11月25日の判例変更により，正答なしとなった。新判例は，出席停止の懲罰が科されると，当該議員はその期間，会議及び委員会への出席が停止され，議事に参与して議決に加わるなどの議員としての中核的な活動をすることができず，住民の負託を受けた議員としての責務を十分に果たすことができなくなる。議員の権利行使の一時的制限にすぎないものとして，その適否が専ら議会の自主的，自律的な解決に委ねられるべきであるということはできない。出席停止の懲罰は，議会の自律的な権能に基づいてされたものとして，議会に一定の裁量が認められるべきであるものの，裁判所は，常にその適否を判断することができるというべきであり，**普通地方公共団体の議会の議員に対する出席停止の懲罰の適否は，司法審査の対象となる**とした（最大判令2・11・25）。

5 ✕　**大学の単位授与（認定）行為は司法審査の対象にならない。**
判例は，**大学の単位の授与（認定）行為**は，当然に一般市民法秩序と直接の関係を有するものでないことは明らかである。それゆえ，単位授与（認定）行為は，他にそれが一般市民法秩序と直接の関係を有するものであることを肯認するに足りる特段の事情のない限り，純然たる大学内部の問題として大学の自主的，自律的な判断に委ねられるべきものであって，裁判所の司法審査の対象にはならないとした（最判昭52・3・15）。

1 ◎　裁判所の判決は違憲審査の対象となる。

正しい。判例は，裁判所の判決は，憲法81条の「処分」に含まれるので，違憲審査の対象となるとする（最大判昭23・7・8）。

2 ×　信仰対象の価値・宗教上の教義に関する訴訟は法律上の争訟に当たらない。

判例は，本件訴訟は，具体的な権利義務ないし法律関係に関する紛争の形式をとっており，その結果信仰の対象の価値または宗教上の教義に関する判断は請求の当否を決するについての前提問題であるにとどまるものとされてはいるが，本件訴訟の帰すうを左右する必要不可欠のものと認められ，また，本件訴訟の争点および当事者の主張立証もその判断に関するものがその核心となっていると認められることからすれば，結局本件訴訟は，その実質において法令の適用による終局的な解決の不可能なものであって，裁判所法3条にいう**法律上の争訟に当たらない**とする（最判昭56・4・7）。

3 ×　衆議院の解散は統治行為である。

判例は，**衆議院の解散**は，極めて政治性の高い国家統治の基本に関する行為であって，かくのごとき行為について，その法律上の有効無効を審査することは司法裁判所の権限の外にあるとする（最大判昭35・6・8）。

4 ×　大学の単位授与認定は原則として司法審査の対象にならない。

判例は，**単位の授与認定**という行為は，学生が当該授業科目を履修し試験に合格したことを確認する教育上の措置であり，卒業の要件をなすものではあるが，当然に一般市民法秩序と直接の関係を有するものでないことは明らかである。それゆえ，単位授与認定行為は，ほかにそれが一般市民法秩序と直接の関係を有するものであることを肯認するに足りる特段の事情のない限り，純然たる大学内部の問題として大学の自主的，自律的な判断に委ねられるべきものであって，裁判所の司法審査の対象にはならないとする（最判昭52・3・15）。

5 ×　裁判所は，憲法等の解釈の疑義論争に関し抽象的な判断を下せない。

判例は，わが裁判所が現行の制度上与えられているのは司法権を行う権限であり，そして司法権が発動するためには具体的な争訟事件が提起されることを必要とする。わが裁判所は，**具体的な争訟事件**が提起されないのに将来を予想して憲法およびその他の法律命令等の解釈に対し存在する疑義論争に関し抽象的な判断を下すごとき権限を行いうるものではないとする（最大判昭27・10・8）。

実戦問題❷　応用レベル

No.4 **司法権に関するア〜オの記述のうち，判例に照らし，妥当なもののみを
すべて挙げているのはどれか。** 【国家総合職・平成28年度】

ア：大学は，国公立であると私立であるとを問わず，基本的には一般市民社会と
　　は異なる特殊な部分社会を形成しているため，大学における法律上の係争
　　は，一般市民法秩序と直接の関係を有するものであることを肯認するに足り
　　る特段の事情がない限り，司法審査の対象とならないが，単位授与（認定）
　　行為は，一般に大学からの卒業という一般市民法秩序への学生の参加の側面
　　に関わるものであるため，純然たる大学内部の問題として大学の自主的，自
　　律的な判断に委ねられるべきものとはいえず，原則として司法審査の対象と
　　なる。

イ：信仰の対象の価値または宗教上の教義に関する判断が，訴訟の帰すうを左右
　　する必要不可欠のものであり，紛争の核心となっている場合であっても，当
　　該訴訟が，金銭の給付を求める請求であって，宗教上の論争そのものを目的
　　とするものではないときは，法律上の争訟に該当し，裁判所の審判の対象と
　　なる。

ウ：衆参両院において議決を経たものとされ適法な手続によって公布されている
　　法律については，原則として，裁判所は両院の自主性を尊重すべく法律制定
　　の議事手続に関する事実関係を審理してその有効無効を判断すべきではない
　　が，警察法等国民の権利義務に重大な影響を及ぼす法律についてはこの限り
　　ではない。

エ：日米安全保障条約は，主権国としてのわが国の存立の基礎に極めて重大な関
　　係を持つ高度の政治性を有するものというべきであって，その内容が違憲か
　　否かの法的判断は，純司法的機能をその使命とする司法裁判所の審査には，
　　原則としてなじまない性質のものであり，一見極めて明白に違憲無効である
　　と認められない限りは，裁判所の司法審査権の範囲外のものである。

オ：衆議院の解散のような直接国家統治の基本に関する高度に政治性のある国家
　　行為は，たとえそれが法律上の争訟となり，これに対する有効無効の判断が
　　法律上可能である場合であっても，かかる国家行為は，裁判所の審査権の外
　　にある。この司法権に対する制約は，結局，三権分立の原理に由来し，当該
　　国家行為の高度の政治性，裁判所の司法機関としての性格，裁判に必然的に
　　随伴する手続上の制約等に鑑み，特定の明文による規定はないが，司法権の
　　憲法上の本質に内在する制約と理解すべきである。

1　ア，ウ　　**2**　ア，オ　　**3**　イ，エ

4　イ，オ　　**5**　エ，オ

^{**} 司法権に関するア～エの記述のうち，判例に照らし，妥当なもののみを
すべて挙げているのはどれか。　　　　　　　　　　　【国家総合職・令和３年度】

ア：国会議員の立法行為または立法不作為が国家賠償法１条１項の適用上違法と
なるかどうかは，国会議員の立法過程における行動が個々の国民に対して負
う職務上の法的義務に違反したかどうかの問題であり，立法の内容の違憲性
の問題とは区別されるべきものであるが，法律の規定が憲法上保障され又は
保護されている権利利益を合理的な理由なく制約するものとして憲法の規定
に違反するものであることが明白であるにもかかわらず，国会が正当な理由
なく長期にわたってその改廃等の立法措置を怠る場合などにおいては，国会
議員の立法過程における行動が当該職務上の法的義務に違反したものとし
て，例外的に，その立法不作為は，国家賠償法１条１項の規定の適用上違法
の評価を受けることがあるというべきである。

イ：大学の単位授与行為は，学生が授業科目を履修し試験に合格したことを確認
する教育上の措置であり，卒業の要件をなすものではあるが，当然に一般市
民法秩序と直接の関係を有するものでないことは明らかであるから，ほかに
それが一般市民法秩序と直接の関係を有するものであることを肯認するに足
りる特段の事情のない限り，純然たる大学内部の問題として大学の自主的，
自律的な判断に委ねられるべきものであって，裁判所の司法審査の対象には
ならない。

ウ：政党が党員に対してした処分が一般市民法秩序と直接の関係を有しない内部
的な問題にとどまる限り，裁判所の審判権は及ばないというべきであり，他
方，当該処分が一般市民としての権利利益を侵害する場合であっても，当該
処分の当否は，当該政党の自律的に定めた規範が公序良俗に反するなどの特
段の事情のない限り当該規範に照らし，当該規範を有しないときは条理に基
づき，適正な手続にのっとってされたか否かによって決すべきである。

エ：特定の者が宗教団体の宗教活動上の地位にあることに基づいて宗教法人であ
る当該宗教団体の代表役員の地位にあることが争われている場合において，
当該者の宗教活動上の地位の存否を審理，判断するにつき当該宗教団体の教
義ないし信仰の内容に立ち入って審理，判断することが必要不可欠であると
きであっても，当該宗教団体は，宗教法人法により法人格を取得し法律上の
能力が与えられているのであり，その限りにおいて法律的世俗的存在でもあ
って，所轄庁の認証を受けた規則によって代表役員が選定されたか否かは，
正に法律的事項であるから，当該者の宗教法人の代表役員の地位の存否の確
認を求める訴えは，裁判所法３条にいう「法律上の争訟」に当たる。

1 ア，イ　　**2** ア，ウ　　**3** イ，エ　　**4** ア，イ，ウ　　**5** イ，ウ，エ

No.6 次のＡ～Ｈが争われた事実のそれぞれを，司法権の範囲又は限界について論じたア～オの記述のうち判例の趣旨に照らして最も対応するものと結び付けた場合に，挙げられた組合せがすべて正しいのは後記１～５のうちどれか。

【国家総合職・平成22年度】

Ａ：大学の単位不認定処分の有効性
Ｂ：国会における法案議決の際の議事手続の有効性
Ｃ：衆議院解散の有効性
Ｄ：地方議会議員に対する出席停止処分の効力
Ｅ：信仰の対象の価値や宗教上の教義に関する判断を前提とする請求の当否
Ｆ：政党による党員の除名処分の効力
Ｇ：国家試験における合否判定の当否
Ｈ：日米安全保障条約の合憲性

ア：法令を適用することによって解決し得ない紛争は，「法律上の争訟」とはいえず，裁判所の審査権は及ばない。
イ：立法府の自律権に属する行為については，裁判所の審査権は及ばない。
ウ：立法府や行政府の自由裁量に委ねられている行為については，裁判所の審査権は及ばない。
エ：直接国家統治の基本に関する高度に政治性のある国家行為については，裁判所の審査権は及ばない。
オ：自律的な法規範をもつ社会や団体の内部的事項に関する行為については，裁判所の審査権は及ばない。

1 Ａ－ア，Ｂ－イ，Ｈ－エ
2 Ａ－オ，Ｃ－ウ，Ｄ－イ
3 Ｂ－ウ，Ｅ－ア，Ｆ－オ
4 Ｃ－エ，Ｄ－オ，Ｇ－ア
5 Ｅ－ア，Ｆ－イ，Ｈ－エ

No.7 Xは，長年A政党の幹部として政党活動を行ってきたが，A政党の最高幹部と意見を異にしたなどという理由で，A政党から除名処分を受けた。Xは，この処分は違法かつ無効であるとして裁判所に訴えを提起した。

この事例に関する次の記述のうち，判例に照らし，妥当なのはどれか。

【国家一般職・平成15年度】

1 憲法には政党に関する規定がないことから，政党は憲法上なんらかの権利を与えられるものではない。したがって，その存在は当然のことながら，政党の党員であることについても，一切憲法上の保障を受けるものではない。除名処分について裁判所が判断を行うことは政党の党員に対しなんらかの法的保護を付与することにつながるから，当該処分については裁判所の審査権は及ばない。

2 政党は結社としての自主性を有し，内部的自律権に属する行為は，法律に特別の規定がない限り尊重すべきで，原則として自律的な解決に委ねるのが妥当である。したがって，一般市民法秩序と直接の関係を有しない内部的な問題にとどまる限り，裁判所の審査権は及ばない。

3 憲法には政党に関する規定はないものの，政党は議会制民主主義を支えるうえで不可欠な存在である。したがって，政党は立法機関の一構成要素と同視しうるから，立法機関の自律に属するこのような事項につき裁判所が判断することは，特段の法律の規定がない限り，権力分立の原理に反し，許されない。

4 政党は，結社として憲法上結社の自由の保障を受けるが，その目的に鑑みると，もっぱら政治的な意見の実現のために組織される団体であることから，本件処分のような内部的な規律もすべて政治的判断に基づくものである。他方，裁判所は法律上の争訟について判断を行う機関であるから，およそ政党にかかわる判断は行うことができない。

5 政党は国会において立法活動を行うとともに，憲法上認められた国政調査権を行使することができ，裁判所が下した判決について，政党はこの権能により調査，批判することが許されている。したがって，司法権の独立の要請と国政調査権との調和を図る必要から，裁判所は政党に関する紛争については判断を差し控えるのが妥当である。

実 戦 問 題 ❷ の 解 説

No.4 の解説　司法権の判例
→問題はP.351　**正答5**

ア× 単位授与行為は司法審査の対象にならない。

　　　前半は正しいが，後半が誤り。判例は，**単位授与（認定）行為**は，卒業の要件をなすものではあるが，当然に一般市民法秩序と直接の関係を有するものではないため，特段の事情のない限り，純然たる大学の**内部問題**として大学の自主的，自律的な判断に委ねられるべきものであって，裁判所の司法審査の対象にはならないとする（最判昭52・3・15）。

イ× 信仰の対象の価値・宗教上の教義の判断は法律上の争訟に該当しない。

　　　判例は，信仰の対象の価値または宗教上の教義に関する判断が，訴訟の帰すうを左右する必要不可欠のものであり，紛争の核心となっている場合には，当該訴訟が，金銭の給付を求める請求であっても，**法律上の争訟**に該当せず，裁判所の審判の対象とならないとする（最判昭56・4・7）。

ウ× 法律制定の議事手続に関して有効無効を判断すべきではない。

　　　判例は，衆参両院において議決を経たものとされ適法な手続によって公布されている法律（改正警察法）については，裁判所は，**両院の自主性**を尊重すべく法律制定の議事手続に関する事実関係を審理して，その有効無効を判断すべきではないとする（最大判昭37・3・7）。

エ○ 条約は一見極めて明白に違憲無効と認められない限り審査権の範囲外。

　　　砂川事件の判例である（最大判昭34・12・16）。

オ○ 衆議院の解散は統治行為である。

　　　内在的制約説を根拠に**統治行為論**を採用した苫米地事件の判例である（最大判昭35・6・8）。

　以上から，妥当なものはエとオであり，**5**が正答となる。

No.5 の解説　司法権の判例
→問題はP.352　**正答4**

ア○ 立法不作為は例外的に国賠法上違法となる。

　　　国会議員の立法不作為は，例外的に，国家賠償法1条1項の規定の適用上違法の評価を受けるとする在宅投票制度廃止訴訟の判例である（最判昭60・11・21）。

イ○ 大学の単位授与行為は原則として司法審査の対象にならない。

　　　大学の単位授与行為は，特段の事情のない限り，純然たる大学**内部の問題**として，裁判所の司法審査の対象にはならないとする富山大学単位不認定事件の判例である（最判昭52・3・15）。

ウ○ 政党が党員にした処分の当否は適正な手続に則ったか否かによって決する。

　　　政党が党員に対してした処分の当否は，当該規範，条理に基づき，適正な手続に則ってされたか否かによって決すべきとする共産党袴田事件の判例である（最判昭63・12・20）。

エ✕ **本件の地位の存否の確認を求める訴えは，法律上の争訟に当たらない。**

判例は，特定の者が宗教団体の宗教活動上の地位にあることに基づいて宗教法人である当該宗教団体の代表役員の地位にあることが争われている場合には，裁判所は，原則として，その者が宗教活動上の地位にあるか否かを審理，判断すべきものであるが，他方，宗教上の教義ないし信仰の内容にかかわる事項についてまで裁判所の審判権が及ぶものではない。したがって，特定の者の宗教活動上の地位の存否を審理，判断するにつき，当該宗教団体の教義ないし信仰の内容に立ち入って審理，判断することが必要不可欠である場合には，裁判所は，その者が宗教活動上の地位にあるか否かを審理，判断することができず，その結果，宗教法人の代表役員の地位の存否についても審理，判断することができないことになるが，この場合には，特定の者の宗教法人の代表役員の地位の存否の確認を求める訴えは，裁判所が法令の適用によって終局的な解決を図ることができない訴訟として，裁判所法3条にいう**「法律上の争訟」**に当たらないとする（最判平5・9・7）。

以上から，妥当なものは**ア・イ・ウ**であり，**4**が正答となる。

No.6 の解説　司法権の範囲または限界 →問題はP.353 **正答なし**

ア：E（最判昭56・4・7）とG（最判昭41・2・8）は，法令を適用することによって解決し得ない紛争であり，**「法律上の争訟」**とはいえず，裁判所の審査権は及ばないとするのが判例である。

イ：B（最大判昭37・3・7）は，立法府の**自律権**に属する行為であり，裁判所の審査権は及ばないとするのが判例である。

ウ：立法府や行政府の**自由裁量**に委ねられている行為について争われた事案は，A〜Hの中にはない。

エ：C（最大判昭35・6・8）とH（最大判昭34・12・16）は，**統治行為**，すなわち，直接国家統治の基本に関する高度に政治性のある国家行為であり，裁判所の審査権は及ばないとするのが判例である。ただし，Hについては，一見極めて明白に違憲無効の場合には司法審査は可能であるとして，純粋な統治行為論を採用していない点には注意が必要である。

オ：A（最判昭52・3・15）とF（最判昭63・12・20）は，**部分社会の法理**，すなわち，自律的な法規範を持つ社会や団体の内部的事項に関する行為であり，裁判所の審査権は及ばないとするのが判例である。ただし，Fについては，政党の高度の自主性を尊重して，一般市民としての権利を侵害する場合であったとしても，裁判所は適法な手続に則ってなされた否かのみを判断すべきであるとしている点には注意が必要である。なお，Dについては，出題時はオに対応して結び付くものであったが，判例変更により，オと結び付かなくなった。P346実戦問題 No.2参照。

したがって，正しい組合せは，A－オ，B－イ，C－エ，E－ア，F－オ，G－

ア，H－エである。よって，判例変更により正答なしとなった。

No.7 の解説 共産党袴田事件 →問題はP.354 **正答2**

　本問は，**共産党袴田事件**（最判昭63・12・20）を素材とした出題である。判例は，次のように判示している。

　「政党は議会制民主主義を支える上においてきわめて重要な存在であるから，政党に対しては，高度の自主性と自律性を与えて自主的に組織運営をなしうる自由を保障しなければならない。他方，このような政党の性質，目的からすると，自由な意思によって政党を結成し，あるいはそれに加入した以上，党員が政党の存立及び組織の秩序維持のために，自己の権利や自由に一定の制約を受けることがあることもまた当然である。

　このような政党の結社としての自主性にかんがみると，政党の内部的自律権に属する行為は，法律に特別の定めのない限り尊重すべきであるから，政党が組織内の自律的運営として党員に対してした除名その他の処分の当否については，原則として自律的な解決にゆだねるのを相当とし，したがって，政党が党員に対してした処分が一般市民法秩序と直接の関係を有しない内部的な問題にとどまる限り，裁判所の審判権は及ばないというべきである。

　他方，その処分が一般市民としての権利利益を侵害する場合であっても，その処分の当否は，当該政党の自律的に定めた規範が公序良俗に反するなどの特段の事情のない限りその規範に照らし，規範を有しないときは条理に基づき，適正な手続に則ってされたか否かによって決すべき，その審理もこの点に限られる。」

　したがって，上記第2段落部分から，**2**が正答となる。

　1は，政党の党員が一切憲法上の保障を受けないとする点と除名処分に裁判所の審査権が及ばないとする点，**3**は，政党を立法機関の一構成要素と同視しうるとする点，**4**は，裁判所がおよそ政党にかかわる判断ができないとする点，**5**は，政党が国政調査権を行使できるとする点などが，それぞれ誤り。

裁判所の組織と権能

必修問題

　日本国憲法に規定する裁判の公開に関する記述として，妥当なのはどれか。

【地方上級（特別区）・令和5年度】

1　**裁判の公開**とは，広く国民一般に審判を公開し，その傍聴を認めることであり，裁判についての報道の自由を含むが，民事訴訟では，裁判長の許可を得なければ，法廷における速記をすることができない。

2　**出版に関する犯罪の対審**は，裁判所が，裁判官の全員一致で，公の秩序または善良の風俗を害するおそれがあると決したときには，公開しないでこれを行うことができる。

3　最高裁判所の判例では，憲法は，裁判を一般に公開して裁判が公正に行われることを，制度として保障するものであり，各人が裁判所に対して傍聴することを権利として要求できることを認めたものであるとした。

4　最高裁判所の判例では，刑事訴訟における証人尋問が行われる場合に，傍聴人と証人との間で遮へい措置を採り，あるいはビデオリンク方式によることは，審理が公開されているとはいえず，憲法に違反するとした。

5　最高裁判所の判例では，裁判官に対する懲戒は，一般の公務員に対する懲戒と同様，裁判官に対する行政処分であるが，裁判所が裁判という形式をもってするため，懲戒の裁判を非公開の手続で行うことは，憲法に違反するとした。

難易度　＊＊

必修問題の解説

　裁判所では，裁判の公開（82条）などを中心に，条文や判例が問われる。また，本問のように付属法令が出題されることもあるので，最低限の条文をチェックしておこう。

頻出度
国家総合職 ★
国家一般職 ★★
国税専門官 ★
地上全国型 ★★
地上特別区 ★★
市役所C ★

21 裁判所の組織と権能

1 ◎ 民事訴訟では，裁判長の許可を得なければ，法廷において速記はできない。

裁判の公開とは，広く国民一般に審判を公開し，その**傍聴**を認めることであり，裁判についての**報道の自由**を含む。また、法廷における写真の撮影、速記、録画または放送は、裁判長の許可を得なければすることができない（民事訴訟規則77条）。

2 ✕ 出版に関する犯罪の対審は、常に公開しなければならない。

裁判所が、裁判官の全員一致で、公の秩序または善良の風俗を害する虞があると決した場合には、対審は、公開しないでこれを行うことができる。但し、政治犯罪、出版に関する犯罪またはこの憲法第3章で保障する国民の権利が問題となっている事件の対審は、**常に**これを**公開**しなければならない（憲法82条2項）。

3 ✕ 各人は、裁判所に対して傍聴することを権利として要求はできない。

判例は，憲法は，裁判を一般に公開して裁判が公正に行われることを，制度として保障するが，各人が裁判所に対して傍聴することを権利として要求できることまでを認めたものでないとした（最大判平元・3・8）。

4 ✕ 遮へい措置を採ったり，ビデオリンク方式によることは，合憲。

判例は，刑事訴訟における証人尋問が行われる場合に，傍聴人と証人との間で遮へい措置を採り，あるいはビデオリンク方式によることも，審理が公開されていることに変わりはないから，憲法に違反しないとした（最判平17・4・14）。

5 ✕ 裁判官に対する懲戒の裁判を非公開の手続で行うことは，合憲。

判例は，裁判官に懲戒を課する作用は固有の意味における司法権の作用ではなく、純然たる訴訟事件の裁判に当たらないことは明らかである上、懲戒を行う裁判所は申立てを端緒として職権で事実を探知し、証拠調べを行って自ら処分するのであって訴訟事件とはまったく構造を異にするため、分限事件については憲法82条1項の適用はないとした（最大決平10・12・1）。したがって、**裁判官に対する懲戒の裁判**を非公開の手続で行うことは，憲法に違反しない。

正答 **1**

第7章

裁判所

FOCUS

　特別裁判所の禁止では，「特別裁判所」の意味を，裁判の公開では，82条の条文構造と法廷メモ採取事件の判例を理解しておくことが必要である。裁判所法などの付属法令に関しては，過去問で出題されている重要条文に絞って押さえておけば足りる。

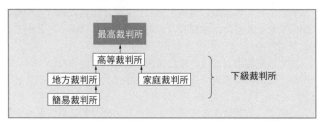

　日本国憲法の下で司法権を行使する裁判所は，**最高裁判所**と**下級裁判所**であり，これを「司法裁判所」または「通常裁判所」という。司法権は通常の司法裁判所が行使するので，「特別裁判所は，これを設置することができない。行政機関は，終審として裁判を行ふことができない」（76条2項）。

（1）特別裁判所

　司法権を行う通常裁判所の系列から独立して設けられる裁判機関である。**家庭裁判所**は，司法権を行う通常裁判所の系列に属する下級裁判所であり，76条2項が禁止する特別裁判所ではない（最大判昭31・5・30）。なお，弾劾裁判所（64条）は，特別裁判所に当たるが，これは憲法自身が認める例外である。

（2）終審

　審級制の一番最後の審級をいう。76条2項が禁じているのは行政機関が終審として裁判を行うことなので，行政機関が裁判所の裁判の前審として裁判（争訟を裁断する行為）を行うことはできる。たとえば，行政機関が審査請求に対して裁決を下すことは禁止されない。

行政機関の終審裁判禁止（前審は許容）

終審	行政機関×	裁判所

↑

前審	行政機関○

　最高裁判所は，**最高裁判所長官**1名および**最高裁判所判事**14名の計15名で構成される（79条1項，裁判所法5条）。審理・裁判は，大法廷（15名全員）または小法廷（5名）で行われる。

　最高裁判所は，裁判権，違憲審査権のほかに，最高裁判所規則の制定権（77条1項），下級裁判所の裁判官指名権（80条1項），下級裁判所および裁判所職員の監督権などの権能を有する。最高裁判所規則の制定権は，一種の立法権であり，訴訟に関する手続き，弁護士，裁判所の内部規律および司法事務処理に関する事項について規則を定める。なお，これらは法律でも定めることができる。

　裁判の公正を確保するために、「裁判の対審及び判決は、公開法廷でこれを行ふ」（82条1項）。ただし、政治犯罪、出版犯罪などを除き、公序良俗を害するおそれがあると決定した場合には、例外として**非公開**とすることも許される（82条2項）。

(1) 裁判の公開の意義

　公開が要求される「裁判」とは、**純然たる訴訟事件**（実体的権利義務自体の確定）の裁判に限られ、非訟事件に関するものとは区別される（最大決昭35・7・6）。「対審」とは、裁判官の面前で当事者が口頭で主張・立証することをいい、民事訴訟における口頭弁論および刑事訴訟における公判手続きが具体例である。「判決」とは、裁判所の行う判断のうちで、当事者の申立ての本質にかかわる判断をいう。「公開」とは、傍聴の自由を認めることを意味するが、傍聴席数の制限などから、一定の制約を加えることは公開原則に反しない。

判決		
対審	①政治犯罪 ②出版に関する犯罪 ③憲法第3章の国民の権利が問題となっている事件	絶対的公開
	その他の事件	非公開可能（裁判官の全員一致で公序良俗を害するおそれがあると決定した場合）

(2) 裁判の公開に関する判例

　傍聴の自由に関連して、法廷でメモを取る権利が認められるかが争われた事件で、判例は次のように判示している。

判例 法廷メモ採取事件（最大判平元・3・8）

> 　裁判の公開が制度として保障されていることに伴い、各人は、裁判を傍聴することができることとなるが、憲法82条1項の規定は、各人が裁判所に対して傍聴することを権利として要求できることまでを認めたものでないことはもとより、傍聴人に対して法廷においてメモを取ることを権利として保障しているものでもないことも、いうまでもないところである。
> 　筆記行為の自由は憲法21条1項の規定の精神に照らして尊重されるべきである。傍聴人が法廷においてメモを取ることは、その見聞する裁判を認識、記憶するためになされるものである限り、尊重に値し、故なく妨げられてはならないものというべきである。

　ポイントとなるのは、メモを取る権利が、①82条1項からは保障されないとしたうえで、②21条1項で保障されるわけではないが、同条から「尊重」されるとした点である。したがって、判例は、メモを取る権利について、報道のための**取材の自由**と同様の評価をしていることになる。

No.1 司法権に関するア～オの記述のうち，妥当なもののみをすべて挙げているのはどれか。 【国家一般職・平成25年度】

ア：すべて司法権は，最高裁判所および法律の定めるところにより設置する下級裁判所に属するとされているが，国会議員の資格争訟の裁判はおのおのの議院が行うものとされ，罷免の訴追を受けた裁判官の弾劾裁判は国会の設ける弾劾裁判所が行うものとされている。

イ：最高裁判所の長たる裁判官以外の最高裁判所の裁判官の任命権は内閣にあるが，下級裁判所の裁判官の任命権は最高裁判所にあり，下級裁判所の裁判官の任命権を通じて裁判官の人事に関する司法権の自主性が認められている。

ウ：裁判官の職権の独立を実効性のあるものにするため，裁判官の身分は保障されており，裁判官の罷免は，弾劾裁判所の裁判によるものに限られる。

エ：裁判の公開を定める憲法82条は，裁判の公開を制度として保障しているのみならず，裁判所に対して裁判を傍聴することを権利として要求できることを各人に保障したものであるとするのが判例である。

オ：憲法は，行政機関による終審裁判を禁止しているが，終審としてではなく前審としてならば，行政機関による裁判も認められる。

1　ア
2　ウ
3　ア，オ
4　イ，ウ
5　エ，オ

No.2 裁判所および裁判官に関するア〜オの記述のうち，妥当なもののみをすべて挙げているのはどれか。　　　　　　　　　　　【国家一般職・平成27年度】

ア：憲法第76条の例外として，裁判官の弾劾裁判を国会の設ける裁判官弾劾裁判所で行うことや，国会議員の資格争訟についての裁判を各議院で行うことが認められており，これらの裁判に対して，さらに司法裁判所へ出訴することは認められない。

イ：憲法においては，最高裁判所の設置について明示がある一方，下級裁判所の種類，機構等については直接明示するところがないことから，統一的な法令解釈の運用が図られる限り，これらの事項については法律に委ねられているものと一般に解されている。

ウ：行政機関の場合と同様に，下級審の裁判所は，上級審の裁判所の一般的な指揮命令に服することから，下級審の裁判に不服のある訴訟当事者が上級審に不服申立てをした場合に，上級審は，理由ありと認めるときは，下級審の裁判を取り消したり，変更したりする裁判ができる。

エ：憲法第3章で保障する国民の権利が問題となっている事件の対審は，原則として公開して行う必要があるが，裁判官の全員一致で，公の秩序または善良な風俗を害するおそれがあると決した場合には，公開しないで行うことができ，これにかかる判決についても公開しないで行うことができる。

オ：最高裁判所の裁判官は，70歳に達したときに退官するものとされており，その任命は10年の任期付きで行われ，再任されることができるものとされている。また，最高裁判所の裁判官は，弾劾裁判の対象とされ，国民審査に服することとされている。

1　オ
2　ア，イ
3　イ，エ
4　ウ，オ
5　ア，ウ，エ

No.3 司法権に関するア～オの記述のうち，妥当なもののみをすべて挙げているのはどれか。 【国家専門職・平成26年度】

ア：日米安保条約のような，主権国としてのわが国の存立の基礎に重大な関係を持つ高度の政治性を有するものが，違憲であるか否かの法的判断は，純司法的機能を使命とする司法裁判所の審査におよそなじまない性質のものであり，それが一見極めて明白に違憲無効であるとしても，裁判所の司法審査権の範囲外にあるとするのが判例である。

イ：すべて司法権は最高裁判所および法律の定めるところにより設置する下級裁判所に属するところ，家庭裁判所は，一般的に司法権を行う通常裁判所の系列に属する下級裁判所であり，憲法が設置を禁止する特別裁判所には当たらないとするのが判例である。

ウ：憲法上，裁判の公開が制度として保障されていることに伴い，各人は裁判所に対して裁判を傍聴することを権利として要求することが認められ，また，傍聴人には法廷においてメモを取ることが権利として保障されているとするのが判例である。

エ：最高裁判所は，本来の裁判権のほかに，規則制定権，下級裁判所裁判官の指名権，下級裁判所及び裁判所職員に対する監督などの司法行政の監督権を有する。

オ：裁判官に職務上の義務違反がある場合には，裁判によって懲戒処分に付すことができるところ，懲戒処分の種類は，裁判官分限法で免職，戒告，過料の3つが定められている。

1 ア，イ
2 イ，エ
3 ウ，オ
4 ア，ウ，オ
5 イ，エ，オ

実戦問題の解説

→問題はP.362 **正答3**

No.1 の解説 司法権

ア〇 資格争訟の裁判と弾劾裁判は司法裁判所以外が行う。

すべて司法権は，最高裁判所および法律の定めるところにより設置する下級裁判所に属する（76条1項）。したがって，司法権以外の機関が裁判をすることは，憲法が認めた例外の場合を除いて許されないが，国会議員の**資格争訟の裁判**（55条）と裁判官の**弾劾裁判**（64条）は，憲法が認めた例外である。

イ✕ 下級裁判所の裁判官は内閣が任命する。

前半は正しい（79条1項後段）が，後半が誤り。下級裁判所の裁判官は，最高裁判所の指名した者の名簿によって内閣でこれを任命する（80条1項本文前段）ので，最高裁判所に任命権はない。

ウ✕ 裁判官の罷免事由は，①弾劾裁判，②執務不能裁判，③国民審査である。

裁判官は，弾劾裁判のほかに**執務不能の裁判**によっても罷免される（78条前段）。また，最高裁判所の裁判官の場合には，これら2つに加えて**国民審査**によっても罷免される（78条3項）。

エ✕ 裁判所に対して傍聴の権利を要求できない。

憲法82条1項によって**裁判の公開**が制度として保障されていることに伴い，各人は，裁判を傍聴できることとなるが，この規定は，各人が裁判所に対して傍聴することを権利として要求できることまでを認めたものではないとするのが判例である（最大判平元・3・8）。

オ〇 行政機関も前審として裁判ができる。

行政機関は，**終審として裁判**を行うことができない（76条2項）。

以上から，妥当なものはアとオであり，**3**が正答となる。

ア○　弾劾裁判や資格争訟裁判に対して司法裁判所に出訴できない。

裁判官の**弾劾裁判**（64条）や国会議員の**資格争訟裁判**（55条）については，それぞれの判断が最終的なものであり，司法裁判所へ出訴することは認められていない。

イ○　下級裁判所の種類等の事項については法律に委ねられている。

憲法76条1項は「すべて司法権は，最高裁判所及び法律の定めるところにより設置する下級裁判所に属する。」とする。したがって，下級裁判所の種類，機構等の事項については法律（裁判所法）に委ねられているものと解されている。

ウ×　下級審の裁判所は上級審の裁判所の一般的な指揮命令には服さない。

行政機関の場合と異なり，下級審の裁判所は，上級審の裁判所の一般的な指揮命令に服するものではなく，それぞれ**独立**して職権を行使する。憲法76条3項は「すべて裁判官は，その良心に従ひ独立してその職権を行ひ，この憲法及び法律にのみ拘束される。」と規定している。

エ×　判決は公開しないで行うことはできない。

憲法82条は「裁判の対審及び判決は，公開法廷でこれを行ふ。裁判所が，裁判官の全員一致で，公の秩序又は善良の風俗を害する虞があると決した場合には，**対審**は，公開しないでこれを行ふことができる。但し，政治犯罪，出版に関する犯罪又はこの憲法第3章で保障する国民の権利が問題となつてゐる事件の対審は，常にこれを公開しなければならない。」とする。したがって，対審は公開しないで行うことができるが，これに係る判決については公開しないで行うことはできない。

オ×　最高裁判所の裁判官には任期の規定はない。

途中の，任期の部分が誤り。憲法80条1項は，下級裁判所の「裁判官は，**任期を10年とし，再任されることができる**」とするが，最高裁判所の裁判官にはこのような任期の規定はない。なお，その他の70歳に達したときに退官する（裁判所法50条），弾劾裁判の対象とされ（憲法64条），国民審査に服する（同79条2項〜4項）は，正しい。

以上から，妥当なものは**ア**と**イ**であり，**2**が正答となる。

No.3 の解説 司法権の判例・条文　　　　　→問題はP.364　**正答2**

ア ✕ 条約は一見極めて明白に違憲無効であれば司法審査できる。

日米安保条約のような，主権国としてのわが国の存立の基礎に重大な関係を持つ高度の政治性を有するものが，違憲であるか否かの法的判断は，純司法的機能を使命とする司法裁判所の審査に「原則として」なじまない性質のものであり，それが「**一見極めて明白に違憲無効**であると認められない限り」裁判所の司法審査権の範囲外にあるとするのが判例である（最大判昭34・12・16）。

イ ◯ 家庭裁判所は禁止される特別裁判所には当たらない。

前半は憲法76条1項，後半は判例（最大判昭31・5・30）から正しい。

ウ ✕ 法廷においてメモを取ることは権利として保障されていない。

裁判所に対して傍聴することを権利として要求できることまでを認めたものでなく，傍聴人に対して法廷において**メモを取ることを権利として保障しているものでない**とするのが判例である（最大判平元・3・8）。

エ ◯ 最高裁判所は司法行政の監督権を有する。

最高裁判所は，**規則制定権**（憲法77条1項），**下級裁判所裁判官の指名権**（憲法80条1項前段），下級裁判所および裁判所職員に対する監督（裁判所法80条1号）などの司法行政の監督権を有する。

オ ✕ 裁判官の懲戒処分は戒告と過料の2つである。

裁判官の懲戒処分の種類は，戒告と1万円以下の過料の2つである（裁判官分限法2条）。

以上から，妥当なものはイとエであり，**2**が正答となる。

第7章

裁判所

司法権の独立

必修問題

日本国憲法に規定する裁判官に関する記述として，妥当なのはどれか。

【地方上級（特別区）・令和4年度】

1　最高裁判所の裁判官の任命は，<u>任命後10年を経過した後初めて行われる</u>衆議院議員総選挙の際に，最初の**国民審査**に付し，その後10年を経過した後初めて行われる衆議院議員総選挙の際，さらに審査に付し，その後も同様とする。

2　**公の弾劾により裁判官を罷免**するのは，職務上の義務に著しく違反し，もしくは職務を甚だしく怠ったときまたは職務の内外を問わず，裁判官としての威信を著しく失うべき非行があったときに<u>限られる</u>。

3　すべて裁判官は，独立してその職権を行うこととされているが，上級裁判所は，監督権により下級裁判所の裁判官の裁判権に<u>影響を及ぼすことができる</u>。

4　最高裁判所の長たる裁判官は，<u>国会の指名</u>に基づいて，天皇が任命し，最高裁判所の長たる裁判官以外の裁判官は，内閣が任命する。

5　裁判官は，監督権を行う裁判所の長たる裁判官により，心身の故障のために職務を執ることができないと決定されたときは，<u>分限裁判によらず罷免</u>される。

難易度　＊＊

頻出度

A

国家総合職 ★★
国家一般職 ★
国税専門官 ―
地上全国型 ★

地上特別区 ★★
市役所Ｃ ★★

22 司法権の独立

必修問題の解説

　司法権の独立を確保するために，裁判官の職権の独立と，これを強化する裁判官の身分保障がある。特に，罷免事由などの裁判官の身分保障が問われることが多い。

1×　最初の国民審査は，その任命後初めて行われる衆議院議員総選挙の際。
　最高裁判所の裁判官の任命は，「その任命後」初めて行われる衆議院議員総選挙の際に，最初の国民審査に付し，その後10年を経過した後初めて行われる衆議院議員総選挙の際，さらに審査に付し，その後も同様とする（79条2項）。

2◎　弾劾により裁判官を罷免することができるのは，2つの場合に限られる。
　裁判官は，裁判により，心身の故障のために職務を執ることができないと決定された場合を除いては，公の弾劾によらなければ罷免されない（78条前段）。弾劾により裁判官を罷免するのは，次の場合とする。①職務上の義務に著しく違反し，または職務を甚だしく怠ったとき。②その他職務の内外を問わず，裁判官としての威信を著しく失うべき非行があったとき（裁判官弾劾法2条各号）。

3×　上級裁判所は，下級裁判所の裁判官の裁判権に影響を及ぼせない。
　すべて裁判官は，**独立してその職権を行う**こととされている（76条3項）ので，上級裁判所は，監督権により下級裁判所の裁判官の裁判権に影響を及ぼすことができない。

4×　最高裁判所長官は，内閣の指名に基づいて，天皇が任命する。
　最高裁判所の長たる裁判官は，「内閣」の指名に基づいて，天皇が任命し（6条2項），最高裁判所の長たる裁判官以外の裁判官は，内閣が任命する（79条1項）。

5×　裁判官は，本件のような分限裁判によらずに罷免されることはない。
　裁判官は，**分限裁判により**，心身の故障のために職務を執ることができないと決定された場合に**罷免**される（78条前段）。

正答 **2**

第7章
裁判所

FOCUS

　裁判官の身分保障では，特に罷免事由が問われやすい。罷免されるのは，執務不能の裁判による場合，弾劾裁判による場合，最高裁判所裁判官は，さらに国民審査による場合（性質はリコール制）の3つであることを暗記しておく必要がある。付属法令に関しては，過去問で出題されている条文を押さえておけば十分である。

POINT

重要ポイント 1　裁判官の職権の独立

　「すべて裁判官は，その良心に従ひ独立してその職権を行ひ，この憲法及び法律にのみ拘束される」（76条3項）と定め，裁判官の職権行使の独立を規定している。

　「良心」とは，裁判官個々人の内心における主観的な良心ではなく，職業裁判官としての客観的な良心をいう。「独立してその職権を行ひ」とは，他の指示・命令を受けずに自らの判断に基づいて裁判を行うことであり，司法内部の指示・命令をも受けない。

重要ポイント 2　裁判官の身分保障

（1）裁判官の任命と定年・任期

	最高裁判所		下級裁判所
	長官	判事 （その他の裁判官）	裁判官
任　命	内閣の指名に基づき天皇が任命（6条2項）	内閣が任命（79条1項）	最高裁の指名した名簿により内閣が任命（80条）
任　期	任期制ではなく，定年で退官（79条5項）		任期を10年とし，再任できるが，定年退官もある（80条）

（2）その他の身分保障

　裁判官の懲戒処分は，行政機関が行うことができないという行政機関による懲戒の禁止（78条）。定期的に相当額の報酬を受け，（病気のため職務を行うことができなくても）在任中減額されることはないという報酬の保障（79条6項，80条2項）などがある。

重要ポイント 3　裁判官の罷免

（1）罷免事由

　裁判官は，執務不能の裁判による場合（78条），公の弾劾（弾劾裁判）による場合（78条），最高裁判所裁判官は，さらに国民審査による場合（79条）の3つの場合以外には**罷免**されない。

（2）国民審査

　最高裁判所の裁判官については，特に国民審査の制度が設けられている。最高裁判所裁判官は，衆議院議員総選挙の際，国民審査に付し，投票者の多数が罷免を可とするときは罷免される（79条2項〜4項）。この制度は，国民による民主的コントロールを及ぼすことを目的とし，判例は，審査の性質をリコール（解職）制としている（最大判昭27・2・20）。また，在外国民に国民審査にかかる審査権の行使が認められていないことについて違憲としている。

判例　在外日本人国民審査権訴訟（最大判令4・5・25）

> 国民審査法が在外国民に審査権の行使をまったく認めていないことは，憲法15条1項，79条2項，3項に違反する。

実 戦 問 題

No.1 **　日本国憲法に規定する裁判官に関する記述として，通説に照らして，妥当なのはどれか。　【地方上級（特別区）・平成25年度】

1　最高裁判所の長たる裁判官は，内閣の指名に基づいて天皇が任命し，下級裁判所の裁判官は，内閣の指名した者の名簿によって，最高裁判所が任命する。

2　裁判官は，分限裁判により，回復の困難な心身の故障のために職務を執ることができないと決定された場合は，罷免される。

3　裁判官は，定期に相当額の報酬を受けると定められているが，行政機関は，懲戒処分として，その報酬を減額することができる。

4　憲法は，すべて裁判官はその良心に従い独立してその職権を行うことを定めているが，ここでいう裁判官の良心とは，裁判官としての客観的な良心をいうのではなく，裁判官個人の主観的な良心をいう。

5　憲法は，下級裁判所の裁判官については，法律の定める年齢に達した時に退官することを規定しているが，最高裁判所の裁判官については，国民の審査に付されるため，法律の定める年齢に達した時に退官することを規定していない。

No.2 *　司法権の独立に関する次の記述のうち，妥当なものはどれか。

【地方上級（全国型）・平成30年度】

1　裁判官は心身の故障のために職務を執ることができない場合であっても，公の弾劾または国民審査によらなければ罷免されない。

2　司法府の独立は尊重されるべきであるから，裁判官の免職の懲戒処分の権限は裁判所にのみ与えられているが，免職以外の懲戒処分の権限については行政機関にも認められている。

3　下級裁判所の裁判官の任命権は内閣にあるが，裁判官の人事については裁判所の自主性が尊重されるべきであるから，内閣は下級裁判所の提出した名簿に基づいて任命しなければならない。

4　最高裁判所が下級裁判所の個別具体的な裁判判決に対して直接指示することは，たとえそれが当該判決と先例との整合性を確保する目的であったとしても，許されない。

5　国会の両議院は，司法権に対し国政調査権を有しているので，具体的な判決の当否や，公判廷における裁判所の訴訟指揮の仕方などについて調査することができる。

第7章 裁判所

No.3 日本国憲法に規定する裁判官に関する記述として，通説に照らして，妥当なのはどれか。　　　　　　　　　　　　　　【地方上級（特別区）・平成29年度】

1　最高裁判所の長たる裁判官以外の裁判官は，内閣が任命し，天皇がこれを認証するが，下級裁判所の裁判官は，最高裁判所の指名した者の名簿によって，天皇が任命する。

2　最高裁判所の裁判官の任命は，任命後に初めて行われる衆議院議員総選挙または参議院議員通常選挙の際，国民の審査に付し，その後10年を経過後に初めて行われる衆議院議員総選挙または参議院議員通常選挙の際，さらに審査に付する。

3　最高裁判所の裁判官は，任期は定められていないが，法律の定める年齢に達した時に退官し，下級裁判所の裁判官は，任期を10年とし，再任されることができるが，法律の定める年齢に達した時には退官する。

4　裁判官に，職務上の義務に違反し，もしくは職務を怠り，または品位を辱める行状があったとき，行政機関が懲戒処分を行うことはできないが，立法機関である国会は懲戒処分を行うことができる。

5　裁判官は，国会の両議院の議員で組織する弾劾裁判所による裁判により，回復の困難な心神の故障のために職務を執ることができないと決定された場合には，罷免される。

No.4 司法権に関するア～オの記述のうち，妥当なもののみをすべて挙げているのはどれか。　　　　　　　　　　　　　　【国家総合職・令和４年度】

ア：司法権独立の原則は，司法権が立法権・行政権から独立していることに加え，裁判官が裁判をするに当たって独立して職権を行使することを保障しており，憲法76条３項が規定する裁判官の職権の独立の原則は，裁判官は，他者からの指示・命令を受けずに，自らの判断に基づいて裁判を行うことを意味するが，当該指示・命令は立法権・行政権その他司法部外の主体によるものに限られ，司法部内の指示・命令については裁判官の職権の独立の原則によって排除されない。

イ：裁判官は，心身の故障のために職務を執ることができない場合のほか，公の弾劾による場合に限り，罷免されることになるが，公の弾劾の事由は，当該裁判官の行状や職務執行の態様のほか，行った裁判それ自体の内容に関する評価にも及ぶと一般に解されている。

ウ：憲法82条１項にいう裁判の対審とは，訴訟当事者が，裁判官の面前で，口頭でそれぞれの主張を述べることをいい，民事訴訟における口頭弁論および刑事訴訟における公判手続がこれに当たるが，公判の準備手続は，あくまで公判の審理が完全に行われるための準備であって公判そのものではないから，

同項の裁判の対審には当たらないとするのが判例である。

エ：裁判の公開を制度として保障した憲法82条1項の規定は、各人が裁判所に対して裁判を傍聴することを権利として要求できることまでを認めたものでないことはもとより、傍聴人に対して法廷においてメモを取ることを権利として保障しているものではないが、傍聴人が法廷においてメモを取ることは、その見聞する裁判を認識、記憶するためになされるものである限り、憲法21条1項の規定の精神に照らして尊重に値し、故なく妨げられてはならないとするのが判例である。

オ：憲法76条3項により、裁判官は憲法および法律に拘束されるところ、憲法が一般的に国民の司法参加を許容しており、裁判員法が憲法に適合するようにこれを法制化したものである以上、裁判員法が規定する評決制度のもとで、裁判官が時に自らの意見と異なる結論に従わざるをえない場合があるとしても、それは憲法に適合する法律に拘束される結果であるから、同項違反との評価を受ける余地はなく、また、裁判員制度のもとにおいても、法令の解釈にかかる判断や訴訟手続に関する判断を裁判官の権限にするなど、裁判官を裁判の基本的な担い手として、法に基づく公正中立な裁判の実現がはかられていることから、裁判員制度は同項の趣旨に反するものではないとするのが判例である。

1 ア，イ

2 ウ，オ

3 エ，オ

4 ア，イ，エ

5 ウ，エ，オ

実戦問題の解説

No.1 の解説　裁判官

1 ✕ **下級裁判所の裁判官は内閣が任命する。**
　　前半は正しい（6条2項）が，後半が誤り。下級裁判所の裁判官は，最高裁判所の指名した者の名簿によって，内閣が任命する（80条1項本文前段）。

2 ◎ **裁判官は分限裁判で罷免される。**
　　裁判官は，**分限裁判で罷免**されることがある（78条前段，裁判官分限法1条1項）。

3 ✕ **裁判官の報酬は減額できない。**
　　前半は正しい（79条6項前段，80条2項前段）が，後半が誤り。行政機関は，裁判官の懲戒処分を行うことはできず（78条後段），また，裁判官の報酬は在任中に減額することができない（79条6項後段，80条2項後段）。

4 ✕ **裁判官の良心とは客観的良心をいう。**
　　前半は正しい（76条3項）が，後半が誤り。通説は，ここでいう裁判官の良心とは，19条で保障されている裁判官個人の主観的な良心をいうのではなく，裁判官としての**客観的な良心**をいうと解している。

5 ✕ **最高裁判所の裁判官にも定年退官はある。**
　　前半は正しい（80条1項但書）が，後半が誤り。憲法は，最高裁判所の裁判官についても，法律の定める年齢に達した時に**退官**することを規定している（79条5項）。

No.2 の解説　司法権の独立

→問題はP.371　**正答4**

1 ✗　裁判官は心身の故障のために職務を執ることができない場合には罷免。
　　裁判官は，裁判により，心身の故障のために職務を執ることができないと決定された場合には**罷免**される（78条前段，裁判官分限法1条1項）。

2 ✗　裁判官の懲戒処分は行政機関には認められていない。
　　裁判官の懲戒処分は，行政機関がこれを行うことはできない（78条後段）ので，免職以外の懲戒処分の権限についても行政機関には認められていない。

3 ✗　下級裁判所の裁判官は，内閣が最高裁判所の指名した者の名簿により任命。
　　下級裁判所の裁判官の**任命権**は内閣にあるので，前半は正しい。しかし，内閣は，最高裁判所の指名した者の名簿によって任命するので，後半が誤り（80条1項前段）。

4 ◎　最高裁判所が下級裁判所の裁判判決を直接指示することはできない。
　　司法権の独立は，**司法権の内部でも保障**されるので，最高裁判所が下級裁判所の個別具体的な裁判判決に対して直接指示することは許されない。

5 ✗　国政調査権により判決の当否などを調査することはできない。
　　議院の**国政調査権**（62条）には，司法権の独立との関係で限界があり，具体的な判決の当否や，公判廷における裁判所の訴訟指揮の仕方などについて調査することはできない。ただし，裁判所で審理中の事件について，裁判所とは異なる目的での並行調査は許されることに注意。

第7章
裁判所

1 ✕ **下級裁判所の裁判官は，内閣が任命する。**

前半は正しい（79条1項，7条5号）。しかし，後半が誤り。下級裁判所の裁判官は，最高裁判所の指名した者の名簿によって，天皇ではなく，「内閣」が任命する（80条1項）。

2 ✕ **参議院議員通常選挙の際に国民審査は行われない。**

最高裁判所の裁判官の任命は，その任命後初めて行われる「衆議院議員総選挙」の際国民の審査に付し，その後10年を経過した後初めて行われる「衆議院議員総選挙」の際，さらに審査に付する（79条2項）。参議院議員の通常選挙の際に国民審査は行われない。

3 ◎ **最高裁判所の裁判官に任期の定めはない。**

最高裁判所の裁判官は，法律の定める年齢に達した時に**退官**する（79条5項）。下級裁判所の裁判官は，任期を10年とし，再任されることができるが，法律の定める年齢に達した時には退官する（80条1項）。

4 ✕ **立法機関である国会も懲戒処分を行うことはできない。**

憲法は，裁判官の懲戒処分は，**行政機関**がこれを行うことはできない（78条後段）とのみ規定しているが，これは**立法機関**の場合についても妥当すると解されている。したがって，国会も懲戒処分を行うことはできない。

5 ✕ **職務を執ることができないとする決定は，裁判により行われる。**

弾劾裁判所により罷免されるのは，職務上の義務に著しく違反しまたは職務を甚だしく怠ったとき，その他職務の内外を問わず，裁判官としての威信を著しく失うべき非行があったときである（64条2項，裁判官弾劾法2条）。これに対し，回復の困難な心身の故障のために職務を執ることができないとする決定は，裁判により行われる（78条前段，裁判官分限法1条）。

No.4 の解説　司法権　　　　　　　　　　→問題はP.372　**正答5**

ア✕　司法部内の指示・命令も，裁判官の職権の独立の原則により排除される。
　憲法76条3項が規定する**裁判官の職権の独立の原則**は，裁判官は，他者からの指示・命令を受けずに，自らの判断に基づいて裁判を行うことを意味するが，当該指示・命令は立法権・行政権その他司法部外の主体によるものに限られず，司法部内の指示・命令についても裁判官の職権の独立の原則によって排除される。

イ✕　公の弾劾事由は，裁判官の行った裁判自体の内容に関する評価に及ばない。
　裁判官は，心身の故障のために職務を執ることができない場合のほか，公の弾劾による場合に限り，**罷免**されることになる（78条前段）が，公の弾劾の事由は，当該裁判官の行状や職務執行の態様などであり，行った裁判それ自体の内容に関する評価には及ばない。裁判官弾劾法2条は，弾劾により裁判官を罷免するのは，①職務上の義務に著しく違反し，または職務を甚だしく怠ったとき，②その他職務の内外を問わず，裁判官としての威信を著しく失うべき非行があったとき，と規定する。

ウ◯　公判の準備手続は，82条1項の裁判の対審に当たらない。
　公判の準備手続は，準備であって公判そのものではないから，憲法82条1項の裁判の対審には当たらないとする（最決平25・3・18）。

エ◯　法廷においてメモを取ることは，21条1項から尊重に値する。
　傍聴人が法廷においてメモを取ることは，憲法21条1項の規定の精神に照らして尊重に値し，故なく妨げられてはならないとする法廷メモ訴訟の判例である（最大判平元・3・8）。

オ◯　裁判員制度は76条3項に違反しない。
　裁判員制度は，裁判官は憲法および法律にのみ拘束されるとする憲法76条3項の趣旨に反するものではない（最大判平23・11・16）。

　以上から，妥当なものは**ウ・エ・オ**であり，**5**が正答となる。

第7章　裁判所

違憲審査制

必修問題

　日本国憲法に規定する違憲審査権に関する記述として，**最高裁判所の判例に照らして，妥当なのはどれか。**　【地方上級（特別区）・令和元年度】

1　警察予備隊の設置ならびに維持に関する一切の行為の無効の確認について，現行の制度のもとにおいては，特定の者の具体的な法律関係につき紛争の存しない場合においても裁判所にその判断を求めることができるのであり，裁判所が具体的事件を離れて**抽象的**に法律命令の合憲性を判断する権限を有するとの見解には，憲法上および法令上根拠が存するとした。

2　安全保障条約のような，主権国としてのわが国の存立の基礎に重大な関係を持つ高度の政治性を有するものが，違憲であるか否かの法的判断は，純司法的機能を使命とする司法裁判所の審査になじまない性質のものであるから，一見極めて明白に違憲無効であると認められるとしても，裁判所の司法審査権の範囲外にあるとした。

3　関税法の規定により第三者の所有物を没収する場合に，その没収に関してその所有者に対し，なんら**告知，弁解，防御の機会**を与えることなく，その所有権を奪うことは著しく不合理であって憲法の容認しないところであり，かかる没収の言渡しを受けた被告人は，たとえ第三者の所有物に関する場合でも被告人に対する付加刑である以上，没収の裁判の違憲を理由として上告しうるとした。

4　国会議員は，立法に関して，国民全体に対する関係で政治的責任を負うものであるから，国会議員の立法行為は，立法の内容が憲法の一義的な文言に違反しているにもかかわらず国会があえて立法を行うという容易に想定し難いような例外的な場合でない限り，国家賠償法の規定の適用上，違法の評価を受けるものといわなければならないとした。

5　在外国民の投票を可能にするための法律案が廃案となった後10年以上の長きにわたって何らの立法措置も執られなかったとしても，国民に憲法上保障されている権利が違法に侵害されていることが明白なわけではなく，著しい不作為とまではいえないから過失の存在を認定することはできず，違法な**立法不作為**を理由とする国家賠償請求は認められないとした。

難易度　＊＊

必修問題の 解説

　違憲審査権においては，その性格，対象などが問われる。憲法における最も重要な制度であり，かなり詳細な理解が問われることもあるので，判例・学説ともにしっかり押さえておきたい。

1 ✗ **具体的事件を離れて抽象的に法律命令等の合憲性を判断する権限はない。**
　判例は，わが現行の制度のもとにおいては，特定の者の具体的な法律関係につき紛争の存する場合においてのみ裁判所にその判断を求めることができるのであり，裁判所がかような具体的事件を離れて**抽象的**に法律命令等の合憲性を判断する権限を有するとの見解には，憲法上および法令上何等の根拠も存しないとした（最大判昭27・10・8）。

2 ✗ **安保条約は，一見極めて明白に違憲無効と認められない限り審査権の範囲外。**
　判例は，安全保障条約は，主権国としてのわが国の存立の基礎に極めて重大な関係を持つ高度の政治性を有するものというべきであって，その内容が違憲なりや否やの法的判断は，その条約を締結した内閣およびこれを承認した国会の高度の政治的ないし自由裁量的判断と表裏をなす点がすくなくない。それ故，違憲なりや否やの法的判断は，純司法的機能をその使命とする司法裁判所の審査には，原則としてなじまない性質のものであり，従って，「**一見極めて明白に違憲無効である**と認められない限りは」，裁判所の司法審査権の範囲外のものであるとした（最大判昭34・12・16）。

3 ◎ **所有物を没収される第三者に告知，弁解，防御の機会を与えることが必要。**
　第三者の所有物を没収する場合において，その没収に関して当該所有者に対し，何ら**告知，弁解，防御の機会**を与えることなく，その所有権を奪うことは，著しく不合理であって，憲法の容認しないところであるといわなければならない。第三者の所有物の没収は，被告人に対する付加刑として言い渡され，その刑事処分の効果が第三者に及ぶものであるから，所有物を没収せられる第三者についても，告知，弁解，防御の機会を与えることが必要であって，これなくして第三者の所有物を没収することは，適正な法律手続によらないで，財産権を侵害する制裁を科するに外ならないからであるとした（最大判昭37・11・28）。

4 ✗ **憲法の一義的な文言に違反しているような場合でない限り違法とならない。**
　判例は，国会議員は，立法に関しては，原則として，国民全体に対する関係で政治的責任を負うにとどまり，個別の国民の権利に対応した関係での法的義務を負うものではないというべきであって，国会議員の立法行為は，立法の内容が**憲法の一義的な文言に違反**しているにもかかわらず国会があえて当該立法を行うというごとき，容易に想定し難いような例外的な場合でない限り，国家賠償法1条1項の規定の適用上，「違法の評価を受けないもの」といわなければならないとした（最判昭60・11・21）。

5 ✕ **本件の立法不作為の場合には国家賠償請求が認められる。**

　判例は，法律案が廃案となった後本件選挙の実施に至るまで10年以上の長き
にわたって何らの立法措置も執られなかったのであるから，このような著し
い不作為は例外的な場合に当たり，このような場合においては，過失の存在
を否定することはできない。このような**立法不作為**の結果，上告人らは本件
選挙において投票をすることができず，これによる精神的苦痛を被ったもの
というべきである。したがって，本件においては，違法な立法不作為を理由
とする国家賠償請求はこれを認容すべきであるとした（最大判平17・9・
14）。

正答 **3**

FOCUS

　違憲審査制では，付随的審査制説だけでなく，抽象的審査制説などの少数
説まで問われているので，通説・判例との対比において，少数説まで理解し
ておくことが必要である。

重要ポイント 1 違憲審査権の性格

日本国憲法は，裁判所に違憲審査権を認めている（81条）。違憲審査権の性格には，大別して次の２つがある。

抽象的審査制 （ドイツが典型）	特別に設けられた憲法裁判所が，具体的な争訟と関係なく抽象的に違憲審査を行う。
付随的審査制 （アメリカが典型）	通常の裁判所が，具体的な争訟事件を裁判する際にその前提として事件の解決に必要な限度で適用される法令の違憲審査を行う。

日本の憲法81条の違憲審査権の制度が，上記のどちらに属するかについて，学説上の争いはあるが，**付随的審査制説**が通説・判例である。

まず，理論的な理由として，81条は第６章の「司法」の中に定められているからである。ここで81条を含む司法とは，そもそも具体的な争い（事件）を前提として，それに法令を適用して紛争を解決する国家作用である。だとすれば，その一部として規定されている81条の権利も，当然に具体的な争訟事件がないと行使できないはずだからである。次に，反対説に対する批判である。抽象的審査制を採用するためには，そのために不可欠な規定，たとえば，だれが訴えを提起できるか（提訴権者），違憲判決が出された場合の効力（判決の効力）などを明示する憲法上の規定が必要となる。しかし，日本国憲法には81条の１か条しか規定がないからである。

判例も，（自衛隊の前身である）警察予備隊が合憲か違憲かが抽象的に争われた事件で，次のように抽象的審査ではなく付随的審査であると判示している。

> 判例 **警察予備隊違憲事件**（最大判昭27・10・8）
>
> わが裁判所が現行の制度上与えられているのは司法権を行う権限であり，そして司法権が発動するためには具体的な争訟事件が提起されることを必要とする。わが裁判所は具体的な争訟事件が提起されないのに将来を予想して憲法およびその他の法律命令等の解釈に対し存在する疑義論争に関し抽象的な判断を下すごとき権限を行いうるものではない。

重要ポイント 2 違憲審査権の主体

主語が「最高裁判所は」となっていることから最高裁判所のみに与えられているようにも読めるが，下級裁判所も事件を解決するのに必要である限り，違憲審査権を行使できる。判例も，「憲法は違憲審査権については最高裁判所が終審裁判所でなければならないとしているのみであって，下級裁判所も審査権を有する」としている（最大判昭25・2・1）。

重要ポイント 3 違憲審査の対象

違憲審査の対象となるのは「一切の法律，命令，規則又は処分」（81条）である。「処分」の中には判決も含まれる（最大判昭23・7・8）。条例はここに列挙されていないが，一切の国内法令が対象となることから，条例も対象となる。

（1）条約に対する違憲審査

通説・判例は**憲法優位説**をとるので，条約に対する違憲審査が可能かどうかが問題になる。判例は「一見極めて明白に違憲無効である」と認められない限りは，審査権の範囲外としている以上，逆に「一見極めて明白に違憲無効である」と認められれば審査すると考えられるから条約に対する違憲審査の可能性を認めている。

📖**判例　砂川事件**（最大判昭34・12・16）

> 安保条約は，高度の政治性を有するものであって，司法裁判所の審査には，原則としてなじまない性質のものであり，一見極めて明白に違憲無効であると認められない限りは，裁判所の審査権の範囲外のものである。

（2）立法不作為に対する違憲審査

在宅投票制度を廃止したまま復活を怠った立法不作為の違憲を理由とする国家賠償請求事件で，判例は次のように判示している。

📖**判例　在宅投票制度事件**（最判昭60・11・21）

> 国会議員の立法行為（立法不作為を含む）は，立法の内容が憲法の一義的な文言に違反しているにもかかわらず国会があえて当該立法を行うというように，容易に想定し難い例外的な場合でない限り，国賠法1条1項の適用上，違法の評価を受けない。

重要ポイント 4 　違憲判決の効力

裁判所がある法律を違憲無効と判示した場合に，その法律の効力はどうなるかという問題である。主な説に次の2つがある。

一般的効力説	客観的に無効となり国会による廃止の手続きなしに無くなる。
個別的効力説	当該事件に限って適用が排除される。

通説は**個別的効力説**である。付随的審査制においては，当該事件の解決に必要な限りで違憲審査が行われるから，適用の排除も当該事件に限るのが自然だからである。また，一般的効力を認めると，法律廃止という一種の消極立法を裁判所が行うことになり，国会を唯一の立法機関とする41条に反することも理由とされる。

重要ポイント 5 　違憲判決の種類

違憲判決の主な種類には，法令それ自体を違憲と判断する通常の**法令違憲**と，法令自体は合憲であっても，それが当該事件に適用される限りにおいて違憲であると判断する**適用違憲**の判決がある。最高裁判所の判決のうちで，適用違憲と考えられるものは，**第三者所有物没収事件**（最大判昭37・11・28）の判例である。

実戦問題 ❶　基本レベル

No.1 違憲審査権に関するア～オの記述のうち，判例に照らし，妥当なもののみをすべて挙げているのはどれか。　　　　　　　　【国家一般職・平成19年度】

ア：わが国の法制度の下においては，具体的事件を離れて抽象的に法令等の合憲性を判断する権限を裁判所に付与したものと解することはできず，特定の者の具体的な法律関係について紛争が存する場合にのみ，裁判所は違憲審査権を行使することができると解される。

イ：国会議員の立法行為が国家賠償法上違法の評価を受けるか否かという問題は，当該立法の内容の違憲性の問題とは区別されるべきであり，仮に当該立法の内容が憲法の規定に違反する廉があるとしても，そのことをもって国会議員の立法行為が直ちに違法の評価を受けるものではない。

ウ：条約は，国家間の合意という特質を持ち，しかも極めて政治的な内容を含むものであるから，その内容が違憲となるか否かについての判断は，純司法的機能をその使命とする司法裁判所の審査にはおよそなじまない性質のものであって，裁判所の司法審査権の範囲外にあるというべきである。

エ：違憲審査権は，具体的な訴訟の解決に必要な限りにおいてのみ行使されるのが原則であるから，裁判所が違憲判断をする場合は，法令そのものを違憲と判断する方法によることはできず，当該事件における具体的な適用だけを違憲と判断する方法によらなければならない。

オ：違憲審査権は，最高裁判所だけでなく下級裁判所も当然に行使することができるのであるから，高等裁判所が上告審としてした判決に対しては，当該判決の違憲を理由とする場合であっても，もはや最高裁判所への上訴を認める必要はない。

1　ア，イ
2　ア，イ，オ
3　ア，エ
4　イ，ウ，エ
5　ウ，オ

**違憲審査権に関するア～エの記述のうち，判例に照らし，妥当なものの
みをすべて挙げているのはどれか。** 【国家総合職・平成25年度】

ア：憲法81条は，最高裁判所が違憲審査権を有する終審裁判所であることを明ら
かにした規定であって，下級裁判所が違憲審査権を有することを否定する趣
旨を持っているものではなく，下級裁判所も憲法適否の判断を行うことがで
きる。

イ：司法権を発動するためには，具体的な訴訟事件が提起されていることが必要
であり，裁判所は，具体的な訴訟事件が提起されていないのに将来を予想し
て憲法およびその他の法律命令等の解釈に対し存在する疑義論争に関し抽象
的な判断を下すといった権限を有していない。

ウ：公職選挙法に定める議員定数配分規定の下における投票価値の較差が，憲法
の投票価値の平等要求に反する程度に至った場合，直ちに当該定数配分規定
が憲法に違反することになるが，当該定数配分規定のもとで施行された選挙
を直ちに無効とすることが相当でないときは，裁判所は，選挙を無効とする
がその効果は一定期間経過後に初めて発生するという内容の判決をすること
ができる。

エ：国が，外国に居住する邦人の選挙権の行使を可能にするための所要の措置を
執らないことによって当該邦人が選挙権を行使することができなくとも，そ
れは選挙権に対する制限ではなく，憲法に違反すると解する余地はない。

1 ア，イ
2 イ，ウ
3 ウ，エ
4 ア，イ，ウ
5 イ，ウ，エ

No.3 **違憲審査権**に関するア〜オの記述のうち，判例に照らし，妥当なものの
みをすべて挙げているのはどれか。 【国家総合職・平成29年度】

ア：裁判所が司法権を発動するためには，具体的な争訟事件が提起されることが
　　必要であり，裁判所は，具体的な争訟事件が提起されないのに将来を予想し
　　て憲法およびその他の法律命令等の解釈に対し存在する疑義論争に関し抽象
　　的な判断を下すといった権限を有していない。

イ：憲法81条は，最高裁判所が一切の法律，命令，規則または処分が憲法に適合
　　するかしないかを決定する権限を有すると規定しており，これらに条約は含
　　まれていないことから，条約は違憲審査の対象とはならない。

ウ：裁判所の判決は，憲法81条の「一切の法律，命令，規則又は処分」にいう
　　「処分」に含まれ，違憲審査の対象となる。

エ：衆議院の解散が，その依拠する憲法の条章について適用を誤ったが故に無効
　　であるかどうか，あるいは，衆議院の解散を行うに当たり憲法上必要とされ
　　る内閣の助言と承認に瑕疵があったが故に無効であるかどうかといった問題
　　は，それが一見して極めて明白に違憲無効であると認められない限り，裁判
　　所の違憲審査の対象とはならない。

オ：憲法81条は，最高裁判所が一切の法律，命令，規則または処分が憲法に適合
　　するかしないかを決定する権限を有すると規定していることから，下級裁判
　　所が違憲審査を行うことは認められない。

1 ア，ウ
2 ア，エ
3 イ，オ
4 ア，ウ，エ
5 イ，エ，オ

第7章
裁判所

💎 No.4 違憲審査に関するア〜オの記述のうち，判例に照らし，妥当なもののみをすべて挙げているのはどれか。 【国家総合職・平成20年度】

ア：司法権を発動するためには具体的な争訟事件が提起されることが必要であり，裁判所は，具体的な争訟事件が提起されないのに将来を予想して憲法およびその他の法律命令等の解釈に対し存在する疑義論争に関して，抽象的な判断を下すような権限を行いうるものではない。

イ：憲法98条1項にいう「国務に関するその他の行為」は，その文言から明らかなとおり，国の行為全般を意味しており，公権力を行使して法規範を定立する国の行為のみならず，そのような法規範の定立を伴わないような私人と対等の立場で行う国の行為も含まれると解される。したがって，国が個々的に締結する私法上の契約であっても，憲法の規定の直接適用を受け，違憲審査の対象となると解すべきである。

ウ：主権国としてのわが国の存立の基礎に極めて重大な関係を持つ高度の政治性を有する条約について，その内容が違憲か否かの法的判断は，たとえそれが一見極めて明白に違憲無効であると認められる場合であったとしても，司法裁判所の審査にはなじまない性質のものであるため，裁判所の司法審査権の範囲外と考えられ，当該条約の締結権を有する内閣およびこれに対して承認権を有する国会の判断，さらには主権を有する国民の政治的批判に委ねられると解することが相当である。

エ：公職選挙法に定める議員定数配分規定の下における投票価値の較差が，憲法の選挙権の平等の要求に反する程度に至った場合には，そのことによって直ちに当該議員定数配分規定が憲法に違反するとすべきものではなく，憲法上要求される合理的期間内の是正が行われないときに初めて当該規定が憲法に違反するものというべきである。

オ：現実に行われた衆議院の解散が，その依拠する憲法の条章について適用を誤ったがゆえに無効であるかどうか，あるいは，衆議院の解散を行うに当たり憲法上必要とされる内閣の助言と承認に瑕疵があったがゆえに無効であるかどうかといった問題は，それが一見して極めて明白に違憲無効であると認められない限り，裁判所の審査権に服しないと解すべきである。

1 ア，ウ，オ　　**2** ア，エ　　**3** イ，ウ，オ

4 イ，エ　　**5** ウ，エ，オ

（参考）日本国憲法

第98条　この憲法は，国の最高法規であつて，その条規に反する法律，命令，詔勅及び国務に関するその他の行為の全部又は一部は，その効力を有しない。

（以下略）

実戦問題 **1** の解説

No.1 の解説 違憲審査権の判例 →問題はP.383 **正答 1**

ア〇 判例は抽象的違憲審査制説を採用していない。

警察予備隊違憲事件の判例である（最大判昭27・10・8）。

イ〇 国会議員の立法行為は直ちに違法の評価を受けるものではない。

在宅投票制度事件の判例である（最判昭60・11・21）。

ウ× 条約も司法審査権の対象となりうる。

条約の内容が違憲となるか否かについての判断は，純司法的機能をその使命
とする司法裁判所の審査には原則としてなじまない性質のものであって，一
見極めて明白に違憲無効と認められない限りは，裁判所の司法審査権の範囲
外にあるというべきである（最大判昭34・12・16）。

エ× 違憲判断には法令違憲の方法もある。

裁判所が違憲判断をする場合，法令そのものを違憲と判断する方法（**法令違
憲**）と，当該事件における具体的な適用だけを違憲と判断する方法（**適用違
憲**，最大判昭37・11・28参照）がある。

オ× 判決の違憲を理由とする上訴も認められる。

前半は正しい（最大判昭25・2・1）が，後半が誤り。判決の違憲を理由と
する上訴も認められる（最大判昭23・7・8）。

以上から，妥当なものは**ア**と**イ**であり，**1**が正答となる。

ア○　下級裁判所も違憲審査権を有する。
　　下級裁判所も違憲審査権を有し，憲法適否の判断を行うことができる（最大判昭25・2・1）。

イ○　裁判所に抽象的な審査権はない。
　　具体的な訴訟事件が提起されていないのに，**抽象的**な判断を下すことはできない（最大判昭27・10・8）。

ウ×　直ちに議員定数配分規定を違憲とすべきではない。
　　「直ちに当該定数配分規定が憲法に違反することになる」とする部分が誤り。公職選挙法に定める議員定数配分規定のもとにおける投票価値の較差が，憲法の投票価値の平等要求に反する程度に至ったとしても，そのことによって直ちに当該議員定数配分規定が憲法に違反するとすべきものではなく，憲法上要求される**合理的期間内**の是正が行われないときに初めて当該規定が憲法に違反するものというべきであり，当該定数配分規定のもとで施行された選挙を直ちに無効とすることが相当でないとみられるときは選挙を無効とするが，その結果は一定期間経過後に初めて発生するという内容の判決をすることもできないわけではないとする（最大判昭60・7・17）。

エ×　国が，在外邦人の選挙権行使を可能にする措置を執らないのは違憲。
　　在外国民は，選挙人名簿の登録について国内に移住する国民と同様の被登録資格を有しないために，そのままでは選挙権を行使することができないが，憲法によって選挙権を保障されていることに変わりはなく，国には，選挙の公正の確保に留意しつつ，その行使を現実的に可能にするために所要の措置を執るべき責務があるとする（最大判平17・9・14）。したがって，国が，外国に居住する邦人の選挙権の行使を可能にするための所要の措置を執らないことによって当該邦人が選挙権を行使することができないときには，憲法に違反すると解する余地がある。

　以上から，妥当なものは**ア**と**イ**であり，**1**が正答となる。

ア○　抽象的違憲審査権はない。
　　違憲審査権について，**付随的審査制説**をとった警察予備隊違憲事件の判例である（最大判昭27・10・8）。

イ×　一見極めて明白に違憲無効である条約は，違憲審査の対象となる。
　　日米安全保障条約が争われた砂川事件において判例は，安保条約は，主権国としてのわが国の存立の基礎に極めて重大な関係をもつ高度の政治性を有するものというべきであって，その内容が違憲か否かの法的判断は，その条約を締結した内閣およびこれを承認した国会の高度の政治的ないし自由裁量的

判断と表裏をなす点が少なくない。それ故，違憲か否かの法的判断は，純司法的機能をその使命とする司法裁判所の審査には，原則としてなじまない性質のものであり，従って，**一見極めて明白に違憲無効である**と認められない限りは，裁判所の司法審査権の範囲外のものであって，それは第一次的には，条約の締結権を有する内閣およびこれに対して承認権を有する国会の判断に従うべく，終局的には，主権を有する国民の政治的批判に委ねられるべきものであると解するを相当とする，と判示している（最大判昭34・12・16）。したがって，判例によれば，条約であっても，一見極めて明白に違憲無効であると認められる場合には，違憲審査の対象となりうると考えられるので，誤り。

ウ○ 裁判所の判決も「処分」に含まれる。

裁判所の判決も憲法81条の「処分」に含まれるとする判例である（最大判昭23・7・8）。

エ× 衆議院の解散は統治行為である。

衆議院の解散が争われた苫米地事件において判例は，直接国家統治の基本に関する高度に政治性のある国家行為はたとえそれが法律上の争訟となり，これに対する有効無効の判断が法律上可能である場合であっても，かかる国家行為は裁判所の審査権の外にあり，その判断は主権者たる国民に対して政治的責任を負うところの政府，国会等の政治部門の判断に任され，最終的には国民の政治判断に委ねられているものと解すべきである。この司法権に対する制約は，結局，三権分立の原理に由来し，当該国家行為の高度の政治性，裁判所の司法機関としての性格，裁判に必然的に随伴する手続上の制約等に鑑み，特定の明文による規定はないけれども，司法権の憲法上の本質に内在する制約と理解すべきものである。衆議院の解散は，極めて政治性の高い国家統治の基本に関する行為であって，かくのごとき行為について，その法律上の有効無効を審査することは司法裁判所の権限の外にありと解すべきことは明かである，と判示している（最大判昭35・6・8）。したがって，判例によれば，**衆議院の解散は統治行為**であり，それが一見極めて明白に違憲無効であると認められる場合であっても，裁判所の違憲審査の対象とはならないので，誤り。

オ× 下級裁判所も違憲審査権を有する。

判例は，下級裁判所が違憲審査を行うことが認められるとする（最大判昭25・2・1）。

以上から，妥当なものは**ア**と**ウ**であり，**1**が正答となる。

ア○ **抽象的審査権はない。**
警察予備隊違憲事件の判例である（最大判昭27・10・8）。

イ× **国務に関するその他の行為に，私法上の契約は含まれない。**
憲法98条1項にいう「国務に関するその他の行為」とは，同条項に列挙された法律，命令，詔勅と同一の性質を有する国の行為，言い換えれば，公権力を行使して法規範を定立する国の行為を意味し，私人と対等の立場で行う国の行為は，法規範の定立を伴わないから「国務に関するその他の行為」に該当しないとして，国が個々的に締結する私法上の契約は，特段の事情のない限り，憲法の規定の直接適用を受けず，私法の適用を受けるにすぎないものと解するのが判例である（最判平元・6・20）。

ウ× **一見極めて明白に違憲無効な条約は審査権の範囲内。**
主権国としてのわが国の存立の基礎に極めて重大な関係をもつ高度の政治性を有する**条約**について，その内容が違憲か否かの法的判断は，それが一見極めて明白に違憲無効であると認められない限りは，司法裁判所の審査にはなじまない性質のものであるとするのが判例である（最大判昭34・12・16）。このように判例は条約についての審査の可能性を認めているので，それが一見極めて明白に違憲無効であると認められる場合であれば，司法審査権の範囲内と考えられる。

エ○ **合理的期間経過により違憲となる。**
衆議院議員定数不均衡事件の判例である（最大判昭51・4・14等）。

オ× **一見極めて明白に違憲無効でも，衆議院の解散は審査権の範囲外。**
衆議院の解散は，極めて政治性の高い国家統治の基本に関する行為であって，かくのごとき行為について，その法律上の有効無効を審査することは司法裁判所の権限の外にありと解すべきであるとするのが判例である（最大判昭35・6・8）。このように判例は衆議院解散についての審査の可能性を認めていないので，たとえそれが一見極めて明白に違憲無効であると認められる場合であったとしても，司法審査権の範囲外と考えられる。

以上から，妥当なものは**ア**と**エ**であり，**2**が正答となる。

実戦問題 ② 応用レベル

No.5 憲法の保障に関するア～オの記述のうち，妥当なもののみをすべて挙げているのはどれか。 　　　　　　　　　　　　　　　　　　　　【国家総合職・平成27年度】

ア：憲法保障制度とは，憲法秩序の維持をはかるための事前防止，事後是正のための制度をいい，憲法の最高法規性の宣言，公務員に対する憲法尊重擁護の義務付け，硬性憲法の技術，違憲審査制，抵抗権などがこれに該当し，いずれも憲法上明示的に定められている。

イ：裁判所による違憲審査制については，具体的な訴訟事件を裁判する際に，その前提として事件の解決に必要な限度で違憲審査を行う付随的違憲審査制と，具体的な争訟と関係なく，抽象的に違憲審査を行う抽象的違憲審査制の方式がある。わが国の制度は原則として前者に属するが，具体的な争訟となっていないものの，個人の権利義務に対する侵害のおそれが惹起される場合は，法令等の抽象的審査も認められるなど，後者の性質も一部有していると一般に解されている。

ウ：各訴訟当事者が，その事件・争訟を正しく解決するためには，憲法問題についての判断が必要であることを具体的に示し，違憲性を主張することができることを憲法訴訟の当事者適格という。訴訟当事者が第三者の憲法上の権利について違憲主張の当事者適格を持つか否かについて，判例は，関税法118条1項の規定に基づき第三者所有物の没収の言渡しを受けた被告人は，第三者所有物の没収の違憲を理由として，上告により当該没収の裁判の救済を求めることはできないとしている。

エ：違憲審査の対象は，一切の法律，命令，規則または処分に及ぶとされているところ，国会議員の立法不作為について，判例は，国会議員は，立法に関しては，原則として，国民全体に対する関係で政治的責任を負うにとどまり，個別の国民の権利に対応した関係での法的義務を負うものではないが，たとえば，一定の立法をなすべきことを求める請願がなされ，国会がその後合理的と認められる相当の期間内に当該立法をしないときは，国会議員の立法不作為は，国家賠償法1条1項の規定の適用上，直ちに違法の評価を受けるとしている。

オ：日本国憲法は，憲法の安定性と可変性を両立させる観点から，憲法の改正手続を定めつつ，その改正の要件を厳格にしている。憲法の改正は，各議院の総議員の3分の2以上の賛成による国会の発議，国民投票における過半数の賛成による国民の承認，天皇の公布という3つの手続を経て行われ，国民投票に関する具体的な手続法もすでに定められている。

1 イ 　　**2** オ 　　**3** ア，オ
4 イ，ウ 　　**5** ア，エ，オ

第7章 裁判所

No.6 日本国憲法81条に定める違憲審査制の性格に関する考え方として，次の2つの説がある。

　Ⅰ説：本条は，違憲審査権を行使するには事件性が必要であるとし，付随的違憲
　　　　審査制を明文化したものである。

　Ⅱ説：本条は，司法権の行使に付随する違憲審査権に加えて，具体的事件にかか
　　　　わりなく憲法判断を行う抽象的違憲審査権を認めたものである。

　**次のA～FはⅠ説またはⅡ説の論拠を並べたものであるが，Ⅰ説の論拠となるも
のの組合せとして妥当なのは，以下の1～5のうちどれか。**

【国家総合職・平成11年度】

　A：本条は，憲法制定の経緯に照らせば米国憲法における司法審査制の影響を受
　　　けており，米国憲法の解釈として樹立された違憲審査制と同じ性格を有する
　　　ものである。

　B：本条は「司法」の章にあるが，そもそも「司法」とは流動的または相対的概
　　　念であり，旧西ドイツ基本法でも憲法裁判は司法権の一作用とみなされてい
　　　た。

　C：最高裁判所は，いわゆる朝日訴訟で，「本件訴訟は，上告人の死亡と同時に
　　　終了し」たとしつつ，「なお，念のため」と称して憲法判断を行ったが，反
　　　対説の立場では，こうした場合には訴えの利益の消滅により違憲審査はなし
　　　えないはずである。

　D：本説は権力分立や国民主権の原理に忠実であるが，反対説は，司法権の枠を
　　　越えたいわば第四権的権力を司法権の担当者である最高裁判所に与えること
　　　となる。

　E：本条は最高裁判所を憲法判断に関する「終審裁判所」と規定しており，憲法
　　　判断を行う下級審の存在を想定していると解されるから，憲法裁判所的制度
　　　とは整合的ではない。

　F：現行法上認められているいわゆる客観訴訟とされている民衆訴訟や機関訴訟
　　　において，憲法問題が争点とされうる。

1　A，D，E

2　A，D，F

3　A，E，F

4　B，C，E

5　B，D，F

***
No.7 最高裁判所が，ある法律の条項が憲法違反であると判断した場合に，その判決の効力をどのように理解すべきかについては，次の2説がある。

Ⅰ説：当該条項は一般的かつ確定的に無効となり，当該条項が失われたのと同様の効果を有する。

Ⅱ説：当該条項はその適用が問題となった事件に限り適用が排除され，違憲判断はあくまで裁判の当事者のみに及ぶ。

次のア〜カは，上記2説のいずれかの論拠に関する記述であるが，Ⅰ説の論拠として妥当なものの組合せはどれか。　　　　　　　【国家一般職・平成13年度】

ア：憲法41条は，国会は国の唯一の立法機関であると規定している。

イ：憲法98条1項は，憲法は国の最高法規であって，これに反する法律はその効力を有しないと規定している。

ウ：他方の説によれば，法的安定性や予見可能性を損なうこととなる。

エ：行政機関および司法機関と比べて，立法機関は，その構成員たる議員が国民の直接選挙によって選出されるという意味で，最も民主的基盤を有する機関である。

オ：他方の説によれば，憲法14条1項の平等原則に違反するおそれがある。

カ：最高裁判所が憲法判断を行う場合であっても，その判決が通常の訴訟法上の効力以上に特別な効力を有すると考えることは困難である。

1 イ，エ

2 ウ，カ

3 ア，エ，カ

4 イ，ウ，オ

5 ア，ウ，エ，オ

実戦問題❷の解説

No.5 の解説　憲法の保障

→問題はP.391　**正答2**

ア✕ **抵抗権の明文はない。**

抵抗権は憲法上明示的には定められておらず，この点が誤り。その他の，憲法の最高法規性の宣言（98条1項），公務員に対する憲法尊重擁護の義務付け（99条），硬性憲法の技術（96条），違憲審査制（81条）は正しい。

イ✕ **抽象的審査の性質はない。**

前半の違憲審査制の方式については正しい。しかし，具体的な争訟となっていないものの，個人の権利義務に対する侵害のおそれが惹起される場合は，法令等の抽象的審査も認められるなど，後者の性質も一部有しているとは一般に解されておらず，後半が誤り。

ウ✕ **第三者所有物没収の違憲を理由に上告できる。**

前半の**憲法訴訟の当事者適格**の意味は正しい。しかし，判例は，関税法118条1項の規定に基づき第三者所有物の没収の言渡しを受けた被告人は，第三者所有物の没収の違憲を理由として，上告により当該没収の裁判の救済を求めることができるとしている（最大判昭37・11・28）ので，後半が誤り。

エ✕ **原則として違法の評価を受けない。**

判例は，国会議員の立法行為（立法不作為）は，立法の内容が憲法の一義的な文言に違反しているにもかかわらず国会があえて当該立法を行うというごとき例外的な場合を除き国家賠償法1条1項の規定の適用上，違法の評価を受けないとしている（最判昭60・11・21）。したがって，直ちに違法の評価を受けるとする最後の部分が誤り。

オ〇 **憲法の規定などである。**

憲法および法律に関する内容である（憲法96条，日本国憲法の改正手続に関する法律）。

以上から，妥当なものは**オ**のみであり，**2**が正答となる。

→問題はP.392　**正答1**

No.6 の解説　違憲審査制の性格の論理問題

A：米国憲法の解釈として樹立された違憲審査制は，**付随的審査制**である。81条が，憲法制定の経緯に照らし米国憲法における司法審査の影響を受けており，それと同じ性格を有するということから，Ⅰ説（付随的審査制説）の論拠となる。

B：Ⅰ説は，81条が「司法」の章にあることを論拠としている。これに対する反論として，旧西ドイツ基本法で憲法裁判が司法の一作用とみなされていたことを論拠とするのは，Ⅱ説（抽象的審査制説）である。

C：具体的事件が終了した以上，反対説の立場では，違憲審査をなしえないはずであると批判していることから，Ⅱ説からⅠ説への批判である。

D：「本説」は権力分立の原理などに忠実であるが，反対説は司法権の枠を越えた第四権的権力を最高裁判所に与えることとなると批判していることから，Ⅰ説からⅡ説への批判であり，Ⅰ説の論拠となる。

E：81条が憲法判断を行う下級審の存在を想定しており，憲法裁判所的制度とは整合的でないとしているので，Ⅰ説の論拠となる。

F：個人的権利利益の保護を目的としない民衆訴訟や機関訴訟のような客観訴訟で憲法問題が争点とされうるとしていることから，Ⅱ説の論拠となる。

以上から，Ⅰ説の論拠となるのはA，D，Eであり，**1**が正答となる。

Ⅰ説は**一般的効力説**であり，Ⅱ説は**個別的効力説**である。

ア：Ⅰ説に対する批判である。すなわち，一般的効力を認めると，それは一種の消極的立法作用であり，国会のみが立法権を行使するという憲法41条の規定に反することになる。

イ：Ⅰ説の論拠である。

ウ：Ⅰ説の論拠である。Ⅰ説はⅡ説に対して，ある場合には違憲無効であるにもかかわらず他の場合にはそうでないことになり，法的安定性や予見可能性を損なうこととなると批判している。

エ，カ：Ⅱ説の論拠である。

オ：Ⅰ説の論拠である。Ⅰ説はⅡ説に対して，不公平を生んで憲法14条1項の平等原則に違反するおそれがあると批判している。

以上から，Ⅰ説の論拠となるのは**イ**，**ウ**，**オ**であり，**4**が正答となる。

実戦問題 3　難問レベル

***
No.8 司法による違憲審査制度についての甲乙およびＡＢの見解の組合せについて述べた次の記述のうち，妥当なのはどれか。

【地方上級（全国型）・平成4年度】

甲：憲法81条は，すべての裁判所に認められる具体的事件における違憲審査権と別に，最高裁判所に「一切の法律，命令，規則又は処分」の合憲性を抽象的に決定する権限を与えている。

乙：憲法81条は，すべての裁判所に「司法に付随して」適用される法令の合憲性を審査する権限を与えているが，当事者が争わない限り審査する義務はない。

Ａ：裁判所法3条にいう「法律上の争訟」は，あらゆる法律上の係争を含むものである。

Ｂ：裁判所法3条にいう「法律上の争訟」は，法令を適用することによって解決しうべき権利義務に関する当事者間の紛争である。

1　乙－Ｂの立場によれば，裁判所の違憲審査権限は，極めて限定されるが，現在の判例は，この立場をとっていない。

2　甲－Ｂの立場に立っても，立法で，抽象的違憲審査制を定めることは可能である。

3　乙－Ａの立場によれば，抽象的違憲審査制を定めることは立法をまたずして可能となる。

4　乙－Ｂの立場をとると，地方議会議員の出席停止といった，自律的法規範を持つ社会ないし団体内部の処分をめぐる紛争についても，裁判所は，違憲審査を行わねばならない。

5　甲－Ａの立場をとると，違憲審査の事実認定について，行政機関に委ねることは不可能となる。

実戦問題 ❸ の 解説

→問題はP.397

No.8 の解説 　違憲審査制度の論理問題 　　　　　　　　　　　　　**正答 2**

1 ✕ 　これが現在の判例がとっている立場である（乙は**付随的審査制**，Bにつき最判昭29・2・11）。

2 ◎ 　正しい。甲説は抽象的審査制説であるから，問題となるのはB説のほうであるが，これは憲法レベルではなく法律レベルの解釈に関するものであるから，立法で抽象的審査制を定めることは可能である。

3 ✕ 　乙説の立場をとる以上は，A説，B説いずれをとっても，抽象的審査制を定めることは困難である。

4 ✕ 　部分社会の法理の問題であり，団体内部の自治に委ねるのが適当だと判断されれば，この立場では司法判断を行うべきでないということになる。ただし，この問題は一般に司法権の限界，つまり司法的救済になじむかどうかという議論である。本問は違憲審査権に関する問題とされ，選択肢も違憲審査を問うているが，過去の裁判例も司法審査の対象となるかどうかで議論されており，問題文で違憲審査の問題としている点には疑問が残る。

5 ✕ 　この立場をとっても，法解釈のみが司法権の本質的内容であるとすれば，事実認定を行政機関に委ねても差し支えないという結論になる。したがって，事実認定を行政機関に委ねることも可能である。

第8章
財政・地方自治・法形式

第8章 財政・地方自治・法形式

試験別出題傾向と対策

試験名	国家総合職					国家一般職					国家専門職				
年度	21〜23	24〜26	27〜29	30〜2	3〜5	21〜23	24〜26	27〜29	30〜2	3〜5	21〜23	24〜26	27〜29	30〜2	3〜5
出題数	2	1	4	2	2	1	2	1	2	2	0	0	2	0	1
A ㉔財政		1	2	1	1		2	1	1	1			1		1
A ㉕地方自治	1		1	1	1	1			1				1		
B ㉖条約と法令	1		1							1					

　本章は，第5章から第7章までに扱った三権以外の統治機構に関する小テーマ群を，便宜上1つにまとめた章である。小テーマとはいえ，出題頻度が高いことからわかるように，財政と地方自治は極めて重要なテーマなので，しっかりと学んでほしい。出題形式は，単純正誤型が多く，憲法，財政法，地方自治法などの条文や判例・通説の基本的理解が問われる。

●国家総合職

　他のテーマと同じように，国家総合職では，憲法典のみならず財政法，地方自治法などの付属法令も出題されている。主要な論点としては，国会の条約修正権についての否定説などの学説や，特別区区長公選制廃止事件などの判例の理解が問われている。これらの分野では，論理問題も出題されている。財政では，予算の法的性格に関する予算行政説・予算法形式説・予算法律説という3つの学説を前提に，それぞれの効果，手続，措置などが問われている。条約では，不承認条約の効力，憲法と条約の優劣などの論点に関して，無効説，有効説などの学説を挙げ，その根拠，他の論点との関係を問う問題などが出されている。

●国家一般職

　出題形式は，条文や学説・判例の見解を問う単純正誤型と組合せ型である。内容的には，財政では予算の修正に関する各学説，地方自治では，徳島市公安条例事件の判例などの正確な知識を問う問題が，それぞれ出題されている。

●国家専門職

　従来，この章からは財政からしか出題されていなかったのが，この試験の大きな特徴であったが，28年度に初めて地方自治から1問出題された。条例に関する判

地方上級 (全国型)					地方上級 (特別区)					市役所 (C日程)					
21‐23	24‐26	27‐29	30‐2	3‐5	21‐23	24‐26	27‐29	30‐2	3‐5	21‐23	24‐26	27‐29	30‐2	3‐4	
1	1	4	0	1	1	1	4	2	2	1	1	1	1	1	
1	1	2				1	1	1	1	1			1		テーマ24
		1			1		2	1	1			1			テーマ25
		1		1			1				1		1		テーマ26

例問題であった。ただし，依然として条約と法令からの出題はない。

● 地方上級

　内容的には，憲法の条文や国会による条約修正否定説などの通説が出題されている。財政では，予算の法的性質に関する論理問題が出題されている。予算法形式説などの3説を挙げて，その内容を問うものであった。条約でも，国会の事後承認が得られなかった効力に関する有効説と無効説の問題が出ている。地方自治からの出題は意外に少ないが，地方公務員の採用試験である以上，地方自治からの出題も十分予想されるので注意が必要である。地方上級受験者も，地方自治に必ず目を通してほしい。

● 特別区

　出題形式は，条文や通説などの見解を素直に問う単純正誤型である。出題内容は，財政・地方自治ともに，とくに憲法条文が中心となっている。27年度に，条約の問題が出題された。

● 市役所

　この章は，さまざまな出題が見られる分野である。具体的には，財政のテーマでは，租税法律主義で近時の最高裁判例，予算で法的性質の学説問題，次に，地方自治では，国との関係での事務，さらに，条約ワンテーマに絞って，条文・通説を総合的に問う問題などが出されている。

必修問題

　財政に関するア～オの記述のうち，妥当なもののみをすべて挙げているのはどれか。ただし，争いのあるものは判例の見解による。

【国家一般職・令和4年度】

ア：憲法84条は，新たに**租税**を課し，または現行の租税を変更するには，法律または法律の定める条件によることを必要とする旨規定しているが，法律上課税できる品目であるにもかかわらず，実際上は非課税として取り扱われてきた品目を，通達によって新たに課税物品として取り扱うことは，通達の内容が法の正しい解釈に合致するものであっても，法的安定性や国民の予測可能性を欠くので，同条に違反する。

イ：国が**国費を支出**するには，国会の議決を経る必要があるが，国が財政上の需要を充足するために**債務を負担**するには，債務を負担する時点では国費の支出は伴っていないため，国会の議決は要しない。

ウ：内閣は，予見し難い予算の不足に充てるため，国会の議決を経ることなく**予備費**を設け，内閣の責任においてこれを支出することができる。ただし，予備費の支出については，内閣は，事後に国会の承諾を得なければならず，また，予備費の支出の決算については，会計検査院がこれを検査することとされている。

エ：憲法89条が禁止している公金その他の公の財産を宗教上の組織または団体の使用，便益または維持のために支出することまたはその利用に供することというのは，憲法が定める政教分離原則の意義に照らして，公金支出行為等における国家と宗教との関わり合いが相当とされる限度を超えるものをいうと解すべきであり，これに該当するかどうかを検討するに当たっては，憲法20条3項にいう宗教的活動に該当するかどうかを検討するに当たっての基準と同様の基準によって判断しなければならない。

オ：国または地方公共団体が，課税権に基づき，その経費に充てるための資金を調達する目的をもって，特別の給付に対する反対給付としてではなく，一定の要件に該当するすべての者に対して課する金銭給付は，その形式のいかんにかかわらず，憲法84条に規定する租税に当たる。

1 ア，イ　　　**2** ア，ウ　　　**3** イ，オ

4 ウ，エ　　　**5** エ，オ

難易度　＊＊

必修問題の 解説

　財政においては，憲法84条以下の条文と通達課税などの重要判例が最もよく出題されている。まず，憲法条文を正確に押さえなければならない。

ア× 通達の内容が法の正しい解釈に合致するものであれば84条に違反しない。

　前半の条文は正しいが，後半の判例が誤り。判例は，本件の課税がたまたま**通達**を機縁として行われたものであっても，通達の内容が法の正しい解釈に合致するものである以上，本件課税処分は法の根拠に基く処分と解するに妨げがなく，憲法84条に違反しないとする（最判昭33・3・28）。

イ× 国費を支出したり，国が債務を負担するには，国会の議決が必要。

　前半は正しいが，後半が誤り。国費を支出し，または国が債務を負担するには，国会の議決に基づくことを必要とする（85条）。

ウ× 内閣は，国会の議決を経て予備費を設ける。

　予見し難い予算の不足に充てるため，国会の議決に基づいて予備費を設け，内閣の責任でこれを支出することができる。また，すべて予備費の支出については，内閣は，事後に国会の承諾を得なければならない（87条）。国会の議決を経ることなく予備費を設けることができるとする点が誤り。国の収入支出の**決算**は，すべて毎年会計検査院がこれを検査し，内閣は，次の年度に，その検査報告とともに，これを国会に提出しなければならない（90条1項）。

エ○ 国と宗教との関わり合いが相当限度を超えるかは宗教的活動と同基準で判断。

　公金支出行為等における国家と宗教との関わり合いが相当とされる限度を超えるかどうかを検討するに当たっては，憲法20条3項にいう宗教的活動に該当するかどうかを検討するに当たっての基準と同様の基準によって判断しなければならないとする愛媛玉串料事件の判例である（最大判平9・4・2）。

オ○ 一定の要件に該当するすべての者に対して課する金銭付は，租税に当たる。

　地方公共団体が，課税権に基づき，その経費に充てるための資金を調達する目的をもって，一定の要件に該当するすべての者に対して課する金銭給付は，その形式のいかんにかかわらず，憲法84条に規定する租税に当たるとする旭川市国民健康保険条例事件の判例である（最大判平18・3・1）。

　以上から，妥当なものは**エ**と**オ**であり，**5**が正答となる。

正答 **5**

第8章　財政・地方自治・法形式

FOCUS

　財政のテーマでは，論点である予算の法的性格が問われやすい。予算法形式説などの学説を押さえ，さらに，増額修正の可否を見ておく必要がある。租税法律主義では，「租税」の意味に注意が必要である。なお，財政法では，重要条文のみ押さえておけば十分である。

重要ポイント 1　財政民主主義

　日本国憲法は,「国の財政を処理する権限は,国会の議決に基いて,これを行使しなければならない」(83条)と規定し,財政について国会のコントロールを強く認めている。

(1) 租税法律主義

　「あらたに租税を課し,又は現行の租税を変更するには,法律又は法律の定める条件によることを必要とする」(84条)。租税は国民に対して直接負担を求めるものであるから,国会の法律によらなければならないという原則である。

　「租税」とは,国または地方公共団体が,その使用する経費に充てるために強制的に徴収する金銭給付をいう。所得税,法人税などのように形式的に租税といわなくても,国民から強制的に徴収する金銭,たとえば,検定手数料なども含まれる(財政法3条)。また,「法律」には,条例および条約も含まれる。この点に関連して,次の判例がある。

判例　旭川市国民健康保険条例事件（最大判平18・3・1）

> 国,地方公共団体等が賦課徴収する租税以外の公課であっても,その性質に応じて,法律又は法律の範囲内で制定された条例によって適正な規律がされるべきものと解すべきであり,憲法84条に規定する租税ではないという理由だけから,そのすべてが当然に同条に現れた法原則のらち外にあると判断することは相当ではない。そして,租税以外の公課であっても,賦課徴収の強制の度合い等の点において租税に類似する性質を有するものについては,憲法84条の趣旨が及ぶと解すべきである。

　なお,法律上は課税できる物品が,実際上は非課税として取り扱われてきた場合に,「通達」によって新たに課税物件として取り扱うことも,通達の内容が法の正しい解釈に合致するものであれば許されるとされる(最判昭33・3・28)。

(2) 国費支出・国の債務負担

　「国費を支出し,又は国が債務を負担するには,国会の議決に基くことを必要とする」(85条)。国の債務負担に対する国会の議決の方法には,予算の形式による方法,法律の形式による方法がある(財政法15条)。

(3) 公金支出の禁止

　公金その他の公の財産の支出は,国民の負担に関係するものだから,適正に管理され,民主的にコントロールされることが必要である。憲法は,「公金その他の公の財産は,宗教上の組織若しくは団体の使用,便益若しくは維持のため,又は公の支配に属しない慈善,教育若しくは博愛の事業に対し,これを支出し,又はその利用に供してはならない」(89条)と定めている。

　本条前段は,宗教上の組織・団体への公金の支出を禁止することで,20条の**政教分離の原則**を,後段については争いがあるが,公財産の濫費を防止するものと解される。そのうえで「公の支配に属する」を国または地方公共団体の一定の監督が及んでいることで足りるとすれば,私学助成も合憲と解される。

国の収入および支出（国の収支）は，内閣が毎年予算という形で国会に提出し，審議・議決される。予算とは，一会計年度における国の財政行為の準則である。「内閣は，毎会計年度の予算を作成し，国会に提出して，その審議を受け議決を経なければならない」（86条）。予算の作成と国会への提出権は，内閣にある。予算を審議し，議決するのは国会である。

（1）予算の法的性格

予算行政説	国会が内閣に対して支出につき与える事前の承認にすぎない。
予算法形式説	法律ではないが，法律と並ぶ国法の一形式である。
予算法律説	法律の一種である。

多数説は，予算は政府の行為を規律する法規範であり，法律とは異なる特殊の法形式であると考える（**予算法形式説**）。法律と違って，予算が政府を拘束するのみであること，効力が一会計年度に限られていること，内容的に計算のみであることからである。そのため，予算と法律の不一致の問題が生じる。

（2）予算修正の可否

予算修正の可否についても争いがあるが，減額修正はもとより**増額修正もできる**と考えられている（肯定説）。財政について国会を中心とする財政民主主義から，増額修正も内閣の予算提出権を侵害しないからである。ただし，予算の同一性を損なうような大修正はできないと考えられている（**限界説**）。

（3）暫定予算

会計年度が開始する時点までに当該年度の予算が成立しない場合でも，前年度の予算を施行することは許されず，財政法により暫定予算が設けられる。暫定予算は，正規の予算が成立したときには失効する（同法30条）。

（4）予備費

予見し難い予算の不足に充てるために，国会の議決に基づいて予備費を設け，内閣の責任でこれを支出することができるが，「すべて予備費の支出については，内閣は，事後に国会の承諾を得なければならない」（87条2項）。国会の事後の承認が得られない場合は，内閣の政治責任が生じるが，支出の法的効力に影響はないとされている。

（5）決算

「国の収入支出の決算は，すべて毎年会計検査院がこれを検査し，内閣は，次の年度に，その検査報告とともに，これを国会に提出しなければならない」（90条1項）。決算は，まず，**会計検査院**が検査する。次に，検査をした会計検査院ではなく，内閣が国会に提出する。国会における審査の結果いかんは，収支の効力には影響を与えないとされている。

No.1 予算と決算に関する次の記述のうち，妥当なものはどれか。
【地方上級（全国型）・平成28年度】

1　憲法上，予算の作成・提出の権限は内閣に属することとされているが，国会も予算を作成・提出することができる。

2　財政民主主義の観点から，国会は提出された予算案を審議する中で，これを修正し，減額または増額することができる。

3　予算は，会計年度ごとに作成されることになっているので，数年間かけて支出をするための継続費を設けることは許されない。

4　予備費は内閣の責任で支出することができるので，事後に国会の承諾を得る必要はない。

5　決算は，会計検査院が検査し，内閣が国会に提出することとされているが，国会は内閣に対して決算に関して責任を問うことができない。

No.2 日本国憲法に規定する財政に関する記述として，妥当なのはどれか。
【地方上級（特別区）・平成25年度】

1　予備費を設ける場合の国会の議決は，歳出予算の他の費目についての国会の議決とはその性質を異にし，一定の金額を予備費として計上することの承認であって，具体的な支出を承認する意味を持つものではない。

2　会計検査院は，国の収入支出の決算について，このすべてを毎年検査し，次の年度に，その検査報告とともに，国会に提出しなければならない。

3　予算は，一会計年度内の国家の具体的な財政行為のみを規律し，法律のように一般国民の行為を一般的に規律しないことから，予算の法規範性を否定する見解が通説となっている。

4　内閣は，会計年度が開始するときまでに当該年度の予算が成立しない場合には，暫定予算として前年度の予算を施行することができる。

5　憲法は，国費を支出するには，国会の議決に基づくことを必要とすると定めているが，公共の安全を保持するため緊急の需要がある場合に限り，内閣は，国会の議決を経ることなく，補正予算を定め必要な支出をすることができる。

No.3 日本国憲法に規定する財政に関する記述として，通説に照らして，妥当なのはどれか。
【地方上級（特別区）・平成27年度】

1　内閣は，予備費の支出について，事後に国会の承諾を得なければならないが，承諾が得られない場合においても，すでになされた予備費支出の法的効果には影響を及ぼさない。

2　内閣は，会計年度が開始する時までに当該年度の予算が成立しない場合，一会

計年度のうちの一定期間に係る暫定予算を作成することができるが，暫定予算の成立に国会の議決は必要ない。

3 国会は，予算の議決に際し，予算原案にあるものを廃除削減する修正を行うことはできるが，予算原案に新たな款項を設けたり，その金額を増加する修正を行うことは許されない。

4 国が債務を負担するには，国会の議決に基づく必要があり，その場合の債務とは金銭債務を意味するが，それは直接に金銭を支払う義務に限られ，債務の支払の保証や損失補償の承認は債務の負担に含まれない。

5 憲法で定める租税法律主義とは，租税の新設及び税制の変更が法律の形式によって国会の議決を必要とする原則をいい，実質的に租税と同様に強制的に徴収される負担金や手数料はその適用を受けない。

**
No.4 憲法84条に関するア～オの記述のうち，妥当なもののみをすべて挙げているのはどれか。 【国家総合職・平成24年度】

ア：国又は地方公共団体が，課税権に基づき，特別の給付に対する反対給付としてではなく，一定の要件に該当するすべての者に対して課する金銭給付は，その形式のいかんにかかわらず，憲法84条に規定する租税に当たるというべきところ，市町村が行う国民健康保険の保険料は，被保険者において保険給付を受けうることに対する反対給付として徴収されるものではあるものの，国民健康保険事業に要する経費の多くは公的資金によって賄われており，これによって保険料と保険給付を受けうる地位との牽連性が断ち切られていること，国民健康保険は強制加入とされ，保険料が強制徴収されることに鑑みれば，国民健康保険の保険料は憲法84条に規定する租税に当たり，同条の規定が直接に適用されるとするのが判例である。

イ：公共組合である農業共済組合が組合員に対して賦課徴収する共済掛金および賦課金については，同組合は，国の農業災害対策の一つである農業災害補償制度の運営を担当する組織として設立が認められたものであり，農作物共済に関しては同組合への当該加入制がとられ，共済掛金および賦課金が強制徴収され，賦課徴収の強制の度合いにおいては租税に類似する性質を有するものであるから，憲法84条の趣旨が及ぶと解すべきところ，農業災害補償法は，農作物共済にかかる共済掛金および賦課金の具体的な決定を農業共済組合の定款又は総会もしくは総代会の議決に委ねており，かかる法の規定は，その賦課に関する規律として合理性を有するものとはいえないから，憲法84条の趣旨に反するとするのが判例である。

ウ：法律上は課税できるにもかかわらず，実際上は非課税として取り扱われてき

たパチンコ球遊器に対する課税処分は，たまたまそれが通達を機縁として行われたものであっても，通達の内容が法の正しい解釈に合致するものである以上，法の根拠に基づく処分と解することができるとするのが判例である。

エ：憲法84条により法律に基づいて定めることとされる事項は，租税の創設，改廃はもとより，納税義務者，課税物件，課税標準，税率等の課税の実体的要件も含まれるが，税の賦課徴収の手続的要件については，税の効率的かつ柔軟な賦課徴収を担保するという観点から，法律に基づいて定めることを要しないとするのが判例である。

オ：形式的には租税ではないとしても，国民に対し，一方的・強制的に賦課徴収する金銭は，実質的に租税と同視しうるものであるから，道路占有料などの負担金，国公立美術館入場料などの手数料，電気・ガス料金などの公益事業の料金は，いずれも憲法84条にいう「租税」に含まれ，これらはすべて法律で定めなければならないと一般に解されている。

1 イ

2 ウ

3 ア，イ

4 ア，ウ

5 エ，オ

（参考）日本国憲法

第84条　あらたに租税を課し，又は現行の租税を変更するには，法律又は法律の定める条件によることを必要とする。

No.5 日本国憲法に規定する財政に関する記述として，通説に照らして，妥当なのはどれか。　　　　　　　　　　【地方上級（特別区）・令和元年度】

1 あらたに租税を課し，または現行の租税を変更するには，法律または法律の定める条件によることを必要とし，租税に関する事項の細目については，明示的・個別的・具体的な法律の委任に基づき，命令で定めることができる。

2 内閣は，毎会計年度の予算を作成し，国会に提出して，その審議を受け議決を経なければならないが，災害復旧その他緊急の必要がある場合においては，補正予算を作成し，国会の議決を経ることなくこれを支出することができる。

3 内閣は，予見し難い予算の不足に充てるため，国会の議決に基づいて予備費を設けることができるが，すべて予備費の支出については，内閣の責任でこれを支出することができ，事後に国会の承諾を得る必要はない。

4 内閣は，会計年度が開始する時までに当該年度の予算が成立しない場合，暫定予算を作成し，これを国会に提出することができるが，当該暫定予算が成立しない場合には，前年度の予算を施行することができる。

5 国の収入支出の決算は，すべて毎年会計検査院がこれを検査し，当該会計検査院は，その検査報告とともに，これを国会に提出しなければならないが，決算が否決された場合でも，すでになされた支出の効力に影響はない。

No.6 日本国憲法に規定する財政に関する記述として，判例，通説に照らして，妥当なのはどれか。　　　　　　　　　　【地方上級（特別区）・令和3年度】

1 国による債務の負担には国会の議決に基づくことを必要とするが，この債務の負担には，金銭債務，債務の支払いの保障は含まれるが，損失補償の承認は含まれない。

2 内閣は，予見し難い予算の不足に充てるため，国会の議決に基づいて予備費を支出することができるが，その支出について事後に国会の承諾を得られない場合には，支出の効果に影響を及ぼし，無効となる。

3 国の収入支出の決算は，すべて毎年内閣がこれを検査し，また，内閣総理大臣は，次の年度に，その検査報告とともに，これを国会に提出しなければならない。

4 最高裁判所の判例では，物品税課税無効確認ならびに納税金返還請求事件において，パチンコ球遊器が物品税法上の遊戯具に含まれるとするのは困難であり，また，通達課税に関しては，通達の内容が法の正しい解釈に合致しないため，本件課税処分は法の根拠に基づく処分と解することはできないとした。

5 最高裁判所の判例では，津地鎮祭事件において，津市体育館の起工式の挙式費用の支出は，当該起工式の目的，効果および支出金の性質，額等から考えると，特定の宗教組織または宗教団体に対する財政援助的な支出とはいえないから，憲法に違反するものではないとした。

実戦問題 **1** の 解説

1 ✕ **国会に予算の作成提出権はない。**
前半は正しいが，後半が誤り（憲法73条5号，86条）。国会は予算を作成・提出することはできない。

2 ◎ **国会は予算案を修正して減額・増額することができる。**
財政民主主義の観点（憲法83条）から，国会は提出された予算案を審議する中で，これを修正し，減額または増額（国会法57条の3参照）することができる。

3 ✕ **継続費を設けることもできる。**
数年間かけて支出をするための**継続費**を設けることも許される（財政法14条の2）。

4 ✕ **予備費の支出については事後に国会の承諾が必要である。**
前半は正しいが，後半が誤り。**予備費**は内閣の責任で支出することができるが，事後に国会の承諾を得る必要がある（憲法87条）。

5 ✕ **国会は内閣に対して決算に関して責任を問うことができる。**
前半は正しい（憲法90条1項）が，後半が誤り。国会は内閣に対して**決算**に関して政治的責任を問うことができる。

1 ◎ **予備費の議決は具体的な支出の承認ではない。**
予備費を設ける場合の国会の議決は，具体的な支出を承認する意味をもたない（87条1項，財政法24条）。

2 ✕ **国会に提出するのは会計検査院ではなく内閣である。**
会計検査院は，国の収入支出の決算について，そのすべてを毎年検査する。しかし，次の年度に，その検査報告とともに国会に提出しなければならないとされる機関は内閣であり（90条1項），会計検査院ではない。

3 ✕ **予算の法規範性を肯定する見解が通説である。**
憲法83条が規定する財政国会中心主義の原則から，予算の法規範性を肯定する見解が通説となっている。この予算の法規範性を肯定する見解の中で，一会計年度内の国家の具体的な財政行為のみを規律し，法律のように国民の行為を一般的に規律しないことから，予算は法律とは異なった国法の一形式であると解する**予算法形式説**が多数説となっている。

4 ✕ **前年度の予算を執行することはできない。**
内閣は，会計年度が開始するときまでに当該年度の予算が成立しない場合には，一会計年度のうちの一定期間に係る**暫定予算**を作成し，これを国会に提出することで対応することができる（財政法30条1項）。なお，前年度の予算を執行することは，明治憲法71条では認められていたが，日本国憲法では認

められていない。

5 ✕ 国会の議決を経ずに補正予算を定め支出をすることはできない。

憲法は，国費を支出するには，国会の議決に基づくことを必要と定めている（85条）。公共の安全を保持するため緊急の需要がある場合には，内閣は，予備費の支出で対応することはできるが，国会の議決を経ることなく，補正予算を定め必要な支出をすることはできない（財政法29条）。

No.3 の解説　日本国憲法に規定する財政の通説　　→問題はP.406　正答 1

1 ◎ 承諾が得られない場合でも予備費支出の法的効果に影響なし。

「すべて**予備費**の支出については，内閣は，事後に国会の承諾を得なければならない」（87条2項）が，承諾が得られない場合においても，すでになされた予備費支出の法的効果には影響を及ぼさず，内閣の政治的責任が生じるにとどまる。

2 ✕ 暫定予算の成立には国会の議決が必要である。

前半は正しい（財政法30条1項）が，後半が誤り。**暫定予算**も予算である以上，その成立には国会の議決が必要である。憲法86条は「内閣は，毎会計年度の予算を作成し，国会に提出して，その審議を受け議決を経なければならない。」と規定する。

3 ✕ 予算の議決に際してある程度の増額修正を行うことは許される。

通説は，予算の同一性を損なうような大修正は許されないが，ある程度の**増額修正**は可能であるとする。

4 ✕ 債務の支払の保証や損失補償の承認も債務の負担に含まれる。

前半は正しい（憲法85条）が，後半が誤り。この場合の債務とは金銭債務を意味するが，それは直接に金銭を支払う義務に限られず，債務の支払の保証や損失補償の承認も債務の負担に含まれる。

5 ✕ 租税と同様に強制的に徴収される負担金などにも租税法律主義は適用。

通説は，実質的に租税と同様に強制的に徴収される負担金や手数料も，**租税法律主義**（憲法84条）の適用を受けるとする。

No.4 の解説　憲法84条　　→問題はP.407　正答 2

ア ✕ 憲法84条は直接適用されない。

前半は正しいが，後半が誤り。市町村が行う国民健康保険の保険料は，被保険者において保険給付を受け得ることに対する反対給付として徴収されるものであり，国民健康保険事業に要する経費の多くは公的資産によって賄われているが，これによって保険料と保険給付を受け取る地位との牽連性が断ち切られるものではないこと，国民健康保険が強制加入とされ，保険料が強制徴収されるのは，社会保険としての国民健康保険の目的および性質に由来す

るものというべきであることに鑑みれば，国民健康保険の保険料に**憲法84条
の規定が直接に適用されることはない**とする（最大判平18・3・1）。

イ✕ **憲法84条の趣旨に反しない。**

前半は正しいが，後半が誤り。農業災害補償法は，農作物共済にかかる共済
掛金および賦課金の具体的決定を農業共済組合の定款または総会もしくは総
代会の議決に委ねているが，これは上記の決定を農業共済組合の自治に委
ね，その組合員による民主的な統制のもとに置くものとしたものであって，
その賦課に関する規律としての合理性を有するものということができるか
ら，かかる法の規定は，憲法84条の趣旨に反しないとする（最判平18・3・
28）。

ウ◯ **通達を機縁とする課税も許され得る。**

パチンコ球遊器事件の判例である（最判昭33・3・28）。

エ✕ **手続的要件も法律に基づいて定める。**

日本国憲法の下では，**租税**を創設し，改廃するのはもとより，納税義務者，
課税標準，徴税の手続はすべて法律に基づいて定められなければならないと
同時に，法律に基づいて定めるところに任せられているとする（最大判昭
30・3・23）。

オ✕ **いずれもが租税に含まれるわけではない。**

前半は正しいが，後半が誤り。租税は，特別の給付に対する反対給付として
の性質をもたないものであるから，記述に挙げられているものがいずれも憲
法84条にいう「租税」に含まれ，これらはすべて法律で定めなければならな
いと解されているわけではない。

以上から，妥当なものは**ウ**のみであり，**2**が正答となる。

No.5 の解説 日本国憲法に規定する財政の通説 →問題はP.409 **正答1**

1◎ **租税法律主義である。**

あらたに租税を課し，または現行の租税を変更するには，法律または法律の
定める条件によることを必要とする（84条）。

2✕ **補正予算にも国会の議決が必要である。**

前半は正しい（86条）が，後半が誤り。**補正予算**についても，国会の議決を
経なければならない（財政法29条参照）。

3✕ **すべて予備費の支出について事後に国会の承諾が必要である。**

前半は正しい（87条1項）が，後半が誤り。すべて予備費の支出について
は，内閣は，事後に国会の承諾を得なければならない（同条2項）。

4✕ **暫定予算が成立しない場合，前年度の予算の施行はできない。**

前半は正しい（財政法30条1項）が，後半が誤り。当該**暫定予算**が成立しな
い場合に，前年度の予算を施行することはできない（大日本帝国憲法71条参
照）。

5× 次の年度に検査報告とともに決算を国会に提出するのは，内閣である。

前半が誤り。国の収入支出の**決算**は，すべて毎年会計検査院がこれを検査し，「内閣」は，次の年度に，その検査報告とともに，これを国会に提出しなければならない（90条1項）。決算が否決された場合でも，すでになされた支出の効力に影響はないので，後半は正しい。

No.6 の解説 日本国憲法に規定する財政の判例・通説 →問題はP.409 **正答5**

1× 国による債務の負担には損失補償の承認も含まれる。

国による**債務の負担**には国会の議決に基づくことを必要とするが（85条），この債務の負担には，金銭債務，債務の支払いの保障，損失補償の承認が含まれる（財政法15条参照）。

2× 予備費の支出について事後に国会の承諾を得られない場合でも有効である。

内閣は，予見し難い予算の不足に充てるため，国会の議決に基づいて**予備費**を支出することができるが（87条1項），その支出について事後に国会の承諾を得られない場合でも，支出の効果には影響を及ぼさず，有効である。

3× 決算は，会計検査院が検査し，内閣が国会に提出する。

国の収入支出の**決算**は，すべて毎年「会計検査院」がこれを検査し，また，「内閣」は，次の年度に，その検査報告とともに，これを国会に提出しなければならない（90条1項）。

4× 本件課税処分は法の根拠に基づく処分と解される。

最高裁判所の判例では，本件の課税がたまたま**通達**を機縁として行われたものであっても，通達の内容が法の正しい解釈に合致するものである以上，本件課税処分は法の根拠に基づく処分と解するに妨げがないとした（最判昭33・3・28）。

5◎ 津地鎮祭事件は合憲判決。

市体育館の起工式の挙式費用の支出を合憲とした津地鎮祭事件の判例である（最大判昭52・7・13）。

第8章

財政・地方自治・法形式

No.7 財政に関するア～エの記述のうち，妥当なもののみをすべて挙げているのはどれか。

【国家総合職・平成27年度】

ア：新たに租税を課し，または現行の租税を変更するには，法律または法律の定める条件によることが必要とされていることから，租税を創設し，改廃することはもとより，納税義務者，課税標準は法律に基づいて定めなければならないが，徴税の手続については，租税の確実な賦課徴収をはかる観点から，法律に基づいて定めることは要しないとするのが判例である。

イ：国または地方公共団体が，課税権に基づき，その経費に充てるための資金を調達する目的をもって，特別の給付に対する反対給付としてではなく，一定の要件に該当するすべての者に対して課する金銭給付は，その形式のいかんにかかわらず，憲法84条に規定する租税に当たるというべきであるところ，市町村が行う国民健康保険の保険料は，被保険者において保険給付を受けうることに対する反対給付として徴収されるものであり，憲法84条の規定が直接に適用されることはないが，市町村が行う国民健康保険は，保険料を徴収する方式のものであっても，強制加入とされ，保険料が強制徴収され，賦課徴収の強制の度合いにおいては租税に類似する性質を有するものであるから，憲法84条の趣旨が及ぶとするのが判例である。

ウ：法律上は課税できる物品であるにもかかわらず，実際上は非課税として取り扱われてきた物品に対する課税処分について，それがたまたま通達を機縁として行われたものであっても，通達の内容が法の正しい解釈に合致するものである以上，法の根拠に基づく課税処分であるとするのが判例である。

エ：予備費は，予見し難い予算の不足に充てるため，国会の議決に基づいて設けられ，内閣の責任で支出することができるとされており，予備費を設けることについてすでに国会の議決は得ていることから，内閣は，予備費の支出について事後に国会の承諾を得ることまでは求められておらず，報告を行うことで足りる。

1 ア　　　　　　**2** イ，ウ　　　　　　**3** ア，イ，ウ
4 イ，ウ，エ　　**5** ア，イ，ウ，エ

No.8 予算の法的性質に関しては，次の3つの考え方がある。

A説：予算は国会が政府に対して1年間の財政計画を承認する意思表示である（予算行政説）

B説：予算に法的性格を認めるが，法律とは異なった国法の一形式である（予算法形式説）

C説：予算は法律それ自体である（予算法律説）

これらの説に関する次の記述のうち，妥当なのはどれか。

【地方上級（全国型）・平成22年度】

1 A説の立場では，国会は予算を修正できない。

2 B説によれば，予算と法律が矛盾するという問題が排除される。

3 予算は国を拘束するが国民を拘束するものではないとの主張は，B説の根拠となる。

4 C説に対しては，財政国会中心主義の原則に矛盾するとの批判が当てはまる。

5 憲法は予算と法律とで議決方法を異にしているという主張は，C説の根拠となる。

***
No.9 国会による予算の修正に関するア〜オの記述のうち，妥当なもののみをすべて挙げているのはどれか。 【国家一般職・平成17年度】

ア：予算に法規範性を認めないいわゆる承認説ないし予算行政説によれば，国会は予算に新たな款項を加え，または款項の金額を増額することには限界がないとするのが論理的である。

イ：予算は法律とは異なる国法の一形式であるとするいわゆる予算法規範説を採ることと，予算の修正における限界の有無とは，論理的な関係がない。

ウ：予算は法律それ自体であるとするいわゆる予算法律説を採る場合には，予算の増額修正に限界があるとする見解を採ることは論理的に不可能である。

エ：国会は，その限度はさておき，予算の款項を削除し，款項の金額を減額し，または予算の総額を減額することができると解されている。

オ：財政法19条に規定される場合に限って予算の増額修正ができるという見解は，予算に法規範性を認めないいわゆる予算承認説ないし予算行政説よりも，予算は法律それ自体であるとする予算法律説に整合的である。

1 ア，イ **2** ア，オ **3** イ，エ
4 ウ，エ **5** ウ，オ

（参考）　財政法

第19条　内閣は，国会，裁判所及び会計検査院の歳出見積を減額した場合において
は，国会，裁判所又は会計検査院の送付に係る歳出見積について，その詳細を歳
入歳出予算に附記するとともに，国会が，国会，裁判所又は会計検査院に係る歳
出額を修正する場合における必要な財源についても明記しなければならない。

実戦問題❷の解説

No.7 の解説　財政

→問題はP.414 **正答2**

ア✕ 判例は，新たに租税を課し，または現行の租税を変更するには，法律または法律の定める条件によることが必要とされていること（84条）から，租税を創設し，改廃することはもとより，納税義務者，課税標準，徴税の手続はすべて法律に基づいて定められなければならないとしている（最大判昭30・3・23）。したがって，徴税の手続については法律を要しないとする最後の部分が誤り。

イ〇 旭川市国民健康保険条例事件の判例である（最大判平18・3・1）。

ウ〇 パチンコ球遊器事件の判例である（最判昭33・3・28）。

エ✕ 憲法は，予見し難い予算の不足に充てるため，国会の議決に基づいて**予備費**を設け，内閣の責任でこれを支出することができる（87条1項）。すべて予備費の支出については，内閣は，事後に国会の承諾を得なければならない（同条2項）と規定している。したがって，報告を行うことで足りるとする後半が誤り。

以上から，妥当なものはイとウであり，**2**が正答となる。

No.8 の解説　予算の法的性質の論理問題

→問題はP.414 **正答3**

1✕ 確かにA説の予算行政説の中には，国会に予算の発議権がないことを根拠に，国会による予算の増額修正を否定する立場もあるが，少なくとも減額修正については，**財政国会中心主義の原則**（83条）から認めている。したがって，予算を修正することは可能である。

2✕ 憲法上，予算と法律の法形式が異なっている（59条，60条対比）ため，**予算と法律の不一致**が生ずる場合があり，B説によれば予算は法律とは異なった国法の一形式であると考えるのであるから，予算と法律が矛盾するという問題が生じうる。なお，C説では，予算＝法律とするので，両者が矛盾するという問題が排除されることになり，これはC説の根拠となっている。

3◎ B説はその根拠あるいは他説に対する批判として，予算は国を拘束するから法規範で，法的性格を有するものであって，単なる国会による承認（A説）ではなく，また，予算は国民を拘束するものではないから，国民の行為を一般的に規律する法律（C説）とも区別されるとしている。

4✕ 逆にC説は，財政国会中心主義の原則を根拠とする立場である。なお，財政国会中心主義の原則に矛盾するとの批判は，A説に対して当てはまる。

5✕ C説は，予算は法律それ自体であるとしているが，このC説に対しては，憲法は予算と法律とで議決方法を異にしていることとの整合性がとれないという批判がある。

No.9 の解説　予算の修正
→問題はP.415　**正答3**

ア✕　**承認説**ないし**予算行政説**によれば，国会が予算に新たな款項を加え，または款項の金額を増額することには限界があるとするのが論理的である。

イ◯　**予算法規範説**を採ったとしても，予算の修正における限界の有無は性質論とは別に議論するので，論理的な関係はない。限界説のほかに，提出権を損なうかどうか，同一性を損なうかどうかは，具体的には極めて不明確なので，予算法規範説を採りつつ国会の予算修正権に限界はないとする説もある。

ウ✕　**予算法律説**を採る場合であっても，条理上の制約を考えれば，予算の増額修正に限界があるとする見解を採ることは論理的に不可能ではない。

エ◯　国会は，予算の款項を削除し，款項の金額を減額し，または予算の総額を減額することができる。

オ✕　承認説ないし予算行政説と，予算法律説が逆である。

以上から，妥当なものは**イ**と**エ**であり，**3**が正答となる。

地方自治

必修問題

　地方自治に関するア〜オの記述のうち，妥当なもののみをすべて挙げているのはどれか。　　　　　　　　　　　　　【国家総合職・令和元年度】

ア：日本国憲法は，明治憲法とは異なり，地方自治の章を設け，憲法上の制度として地方自治を厚く保障しているが，この保障の性質は，地方自治という歴史的・伝統的制度の保障ではなく，地方公共団体の自然権的・固有権的な基本権の保障であり，法律によってその権能をみだりに制限ないし剥奪することは許されないと一般に解されている。

イ：憲法92条が定める**地方自治の本旨**とは，**住民自治と団体自治**によって構成され，住民自治の原則は，地方公共団体の自治権を定めることによって，団体自治の原則は，地方公共団体の議会の設置および執行機関の直接公選制による団体の機関の民主化を定めることによって，それぞれ具体化されていると一般に解されている。

ウ：地方公共団体の議会は，住民の代表機関であり，議決機関である点において，国会と同じ性質を有しており，また，執行機関との関係においても，国会が国権の最高機関であるのと同様に，地方公共団体の議会も自治権の唯一の最高機関たる地位にあると一般に解されている。

エ：憲法93条２項の地方公共団体といい得るためには，必ずしも法律で地方公共団体として取り扱われている必要はないが，事実上住民が経済的文化的に密接な共同生活を営み，共同体意識を持っているという社会基盤が存在し，沿革的に見ても，現実の行政の上においても，相当程度の自主立法権，自主行政権，自主財政権等地方自治の基本的権能を付与された地域団体であることを必要とし，**東京都の特別区は憲法上の地方公共団体とはいえない**とするのが判例である。

オ：憲法は，地方公共団体の課税権の具体的内容について規定していないが，地方公共団体が，地方自治の本旨に従い，その財産を管理し，事務を処理し，および行政を執行するためには，その財源を自ら調達する権能を有することが必要であることからすると，地方公共団体は，地方自治の不可欠の要素として，国とは別途に課税権の主体となることが憲法上予定されているとするのが判例である。

1 エ　　　　**2** オ　　　　**3** ア，イ
4 ウ，エ　　**5** ウ，オ

難易度　＊＊

必修問題の解説

　本問は，明治憲法との比較から最高裁判例まで，地方自治制度について広く問う内容になっている。

ア✕ **保障の性質は，地方自治という歴史的・伝統的制度の保障である。**
　明治憲法との違いに関する前半は正しい（日本国憲法第8章）。しかし，保障の性質に関する後半が誤り。この保障の性質は，地方自治という歴史的・伝統的**制度の保障**であると一般に解されている。

イ✕ **住民自治は団体の機関の民主化，団体自治は地方公共団体の自治権。**
　憲法92条が定める地方自治の本旨とは，住民自治と団体自治によって構成されるが，その後の，住民自治の原則と団体自治の原則の説明内容が逆になっている。

ウ✕ **地方公共団体の議会は自治権の唯一の最高機関たる地位にはない。**
　前半は正しい。しかし，「また」以下の後半が誤り。地方公共団体の議会は自治権の唯一の最高機関たる地位にあるとは一般に解されていない。

エ✕ **憲法の地方公共団体は，法律で地方公共団体とされていることが必要。**
　後半は正しいが，前半が誤り。判例は，憲法93条2項の地方公共団体といいうるためには，法律で地方公共団体とされているだけでは足りないと判示している（最大判昭38・3・27）。したがって，本記述中の，必ずしも法律で地方公共団体として取り扱われている必要はないが，とする部分が誤り。

オ○ **地方公共団体は国とは別に課税権の主体となることが憲法上予定されている。**
　地方公共団体は，地方自治の不可欠の要素として，その役務の提供等を受ける個人または法人に対して国とは別途に課税権の主体となることが憲法上予定されているとするのが判例である（最判平25・3・21）。

　以上から，妥当なものは**オ**のみであり，**2**が正答となる。

正答 **2**

第8章 財政・地方自治・法形式

FOCUS

　地方自治では，地方公共団体の自主立法である条例制定権の限界が出題の中心であり，法律留保事項である財産権（29条2項）や刑罰（31条）との関係，法令との関係（94条）が問われる。常に，国法との関係を把握しながら一つ一つ押さえていこう。

POINT

重要ポイント ❶ 地方自治の本旨

　明治憲法には，地方自治についての規定がなかった。これに対し，日本国憲法は，特に地方自治の章を設け，憲法上で保障している。この保障の性質については争いがあるが，通説は，地方公共団体の固有権的な保障ではなく，地方自治という歴史的，伝統的な公法上の制度の保障であるとしている（**制度的保障説**）。

　「地方公共団体の組織及び運営に関する事項は，地方自治の本旨に基いて，法律でこれを定める」（92条）。「地方自治の本旨」には，住民自治と団体自治の2つの要素がある。

	意　義	具体化
住民自治	地方自治が住民の意思に基づいて行われるということ。	機関の直接選挙（93条2項）・地方自治特別法の住民投票（95条）
団体自治	地方自治が国から独立した団体にゆだねられ，その意思と責任で行われる。	地方公共団体の権能（94条）

重要ポイント ❷ 地方公共団体の機関

　地方公共団体には，議事機関として地方議会が設置され，また，地方公共団体の長，議会の議員などは住民の直接選挙によって選ばれる（93条）。ここでいう「地方公共団体」とは，都道府県・市町村という標準的な地方公共団体をいう。

判例 特別区区長公選制廃止事件（最大判昭38・3・27）

> 憲法93条2項の地方公共団体というためには，事実上住民が経済的文化的に密接な共同生活を営み，共同体意識を持っているという社会的基盤が存在し，沿革的に見ても，また現実の行政の上においても，相当程度の自主立法権，自主行政権，自主財政権等地方自治の基本的権能を付与された地域団体であることを必要とする。

　この判例は，地方自治法の「特別地方公共団体」（1条の3）である東京都の**特別区**は，沿革的にも実質的にも憲法93条にいう地方公共団体とはいえないとし，区長の公選制を廃止した地方自治法の改正を違憲ではないと判示した（なお，公選制は昭和49年に復活している）。地方自治法の地方公共団体≠憲法上の地方公共団体，という判例の考え方に，特に注意が必要である。

重要ポイント ❸ 条　例

（1）条例の意義

　地方公共団体は，法律の範囲内で条例を制定することができる（94条）。「条例」とは，地方公共団体がその自主立法権に基づいて制定する法である。広い意味においては，長の制定する規則や委員会の制定する規則を含むが，狭い意味において

は，議会が定める「条例」（地方自治法14条）をいう。

（2）法律留保事項

憲法上，国会が制定する法律に留保されている事項について，地方公共団体が制定する条例による規制が可能かどうかが問題になる。

条例と財産権：憲法29条2項との関連で，条例による財産権の規制が許されるか否か争いがあるが，許されるとするのが通説である（テーマ9 POINT）。

条例と刑罰：「法律」によらない刑罰を禁止する憲法31条と法律の委任なく政令に罰則を設けることを禁止する憲法73条6号との関連で，条例で罰則を定めることができるか否か争いがある。この点について判例は，法律の委任は必要であるが，その程度は相当に具体的で限定されていればよいとしている。

判例 **条例における罰則事件**（最大判昭37・5・30）

> 条例は，法律以下の法令といっても，公選の議員をもって組織する地方公共団体の議会の議決を経て制定される自治立法であって，行政府の制定する命令等とは性質を異にし，むしろ国民の公選した議員をもって組織する国会の議決を経て制定される法律に類するものであるから，条例によって刑罰を定める場合には，法律の授権（委任）が相当な程度に具体的であり，限定されておれば足りる。

（3）法令との関係

条例には，法令に反してはならないという限界がある。憲法94条は「法律の範囲内」で，地方自治法14条1項は「法令に違反しない限りにおいて」条例制定権を認めているからである。判例は，条例が国の法令に違反するか否かは，その趣旨で判断するとしている。

判例 **徳島市公安条例事件**（最大判昭50・9・10）

> 条例が国の法令に違反するかどうかは，両者の対象事項と規定文言を対比するのみでなく，それぞれの趣旨，目的，内容および効果を比較し，両者の間に矛盾抵触があるかどうかによって決しなければならない。

国法なし （横出し条例）	規定の欠如が特に当該事項についていかなる規制も施すことなく放置すべきとする趣旨であるときは，これについて規律を設ける条例の規定は国法に違反する。
国法あり （上乗せ条例）	国法がその規定によって全国的に一律に同一内容の規制を施す趣旨ではなく，それぞれの地方公共団体において，その地方実情に応じて別段の規制を施すことを容認する趣旨であるときは，条例は国法に違反しない。

No.1
**　日本国憲法に規定する地方自治に関する記述として，通説に照らして，妥当なのはどれか。**【地方上級（特別区）・平成27年度】

1　地方自治権の性質として，個人が国家に対して不可侵の権利を持つのと同様に地方自治体も基本権を有するという承認説と，国は地方自治体の廃止を含めて地方自治保障の範囲を法律によって定めることができるという固有権説がある。

2　憲法では，地方公共団体には，法律の定めるところにより，その議事機関として議会を設置すると定めており，法律で，町村において議会を置かず，選挙権を有する者の総会を設けることができる旨の規定を設けることはできない。

3　憲法では，地方公共団体の長，その議会の議員および法律の定めるその他の吏員は，その地方公共団体の住民が，直接これを選挙すると定めており，法律の定めるその他の吏員を必ず設けなければならない。

4　憲法では，法律の範囲内で，条例を制定することができると定めており，この条例とは，地方公共団体の議会の議決によって制定される条例のみが当たり，長の制定する規則はこれに当たらない。

5　特定の地方公共団体のみに適用される特別法は，法律の定めるところにより，その地方公共団体の住民の投票においてその過半数の同意を得なければ，国会は，これを制定することはできない。

No.2　**条例に関するア～オの記述のうち，妥当なもののみをすべて挙げているのはどれか。**【国家専門職・平成28年度】

ア：憲法31条は必ずしも刑罰がすべて法律そのもので定められなければならないとするものでなく，法律の授権によってそれ以下の法令によって定めることもできると解すべきであるところ，条例によって刑罰を定める場合には，法律の授権が相当な程度に具体的であり，限定されていれば足りるとするのが判例である。

イ：憲法29条2項は，「財産権の内容は，公共の福祉に適合するやうに，法律でこれを定める」と規定しているところ，この「法律」には条例は含まれないため，法律の個別的な委任がある場合を除いて，条例で財産権を規制することはできないと一般に解されている。

ウ：特定事項についてこれを規律する国の法令と条例とが併存する場合において，両者が同一の目的に出たものであっても，国の法令が必ずしもその規定によって全国的に一律に同一内容の規制を施す趣旨ではなく，それぞれの普通地方公共団体において，その地方の実情に応じて，別段の規制を施すことを容認する趣旨であると解されるときは，条例が国の法令に違反する問題は生じえないとするのが判例である。

エ：憲法が各地方公共団体の条例制定権を認める以上，地域によって差別を生ずることは当然に予期されることであるから，かかる差別は憲法自ら容認するところであると解すべきであり，地方公共団体が各別に条例を制定する結果，その取扱いに差別を生ずることがあっても，地域差を理由に違憲ということはできないとするのが判例である。

オ：憲法84条は，「あらたに租税を課し，又は現行の租税を変更するには，法律又は法律の定める条件によることを必要とする」と規定しているところ，この「法律」には条例が含まれないため，条例によって地方税を定めることはできないと一般に解されている。

1 ア，ウ

2 イ，エ

3 ア，イ，オ

4 ア，ウ，エ

5 イ，ウ，オ

No.3 日本国憲法に規定する条例又は特別法に関する記述として，判例，通説に照らして，妥当なのはどれか。 【地方上級（特別区）・令和４年度】

1 地方公共団体は，法律の範囲内で条例を制定することができるが，この条例には，議会が制定する条例のみならず，長が制定する規則も含まれる。

2 地方公共団体は，法律の範囲内で条例を制定することができるが，法律で定める規制基準より厳しい基準を定める条例は一切認められない。

3 財産権の内容については，法律によってのみ制約可能であり，条例による財産権の制限は認められない。

4 最高裁判所の判例では，大阪市売春取締条例事件において，条例によって刑罰を定める場合，法律の授権が相当な程度に具体的で，限定されていれば足りると解するのは正当でなく，必ず個別的・具体的委任を要するものとした。

5 一の地方公共団体のみに適用される特別法は，法律の定めるところにより，特別の国民投票においてその過半数の同意を得なければ，制定することができない。

第8章 財政・地方自治・法形式

No.4 条例に関する次の記述のうち，妥当なのはどれか。

【国家総合職・平成30年度】

1 地方公共団体は，その区域内における当該地方公共団体の役務の提供等を受ける個人または法人に対して国とは別途に課税権の主体となることまで憲法上予定されているものではないが，法律の範囲内で条例を制定することができるものとされていることなどに照らすと，地方公共団体が法律の範囲内で課税権を行使することは妨げられないとするのが判例である。

2 財産権の内容については，法律により統一的に規制しようとするのが憲法29条2項の趣旨であるから，条例による財産権の規制は，法律の個別具体的な委任がある場合を除き，許されないと一般に解されている。

3 憲法31条は必ずしも刑罰がすべて法律そのもので定められなければならないとするものではなく，法律の委任によってそれ以下の法令で定めることもできるが，条例によって刑罰を定める場合には，その委任は，政令への罰則の委任の場合と同程度に個別具体的なものでなければならないとするのが判例である。

4 憲法が各地方公共団体の条例制定権を認める以上，地域によって差別を生ずることは当然に予期されることであるから，かかる差別は憲法が自ら容認するところであり，したがって，地方公共団体が売春の取締りについて各別に条例を制定する結果，その取扱いに差別を生ずることがあっても，憲法14条に違反しないとするのが判例である。

5 ある事項について規律する国の法令がすでにある場合，法令とは別の目的に基づいて，法令の定める規制よりも厳しい規制を条例で定めることができるが，法令と同一の目的に基づいて，法令の定める規制よりも厳しい規制を条例で定めることは，国の法令の趣旨にかかわらず，許されないとするのが判例である。

実戦問題 **1** の 解説

→問題はP.422

No.1 の解説　日本国憲法に規定する地方自治　　→問題はP.422　**正答5**

1 ✕　**地方自治の性質に関して，承認説と固有権説がある。**
　　　　承認説と固有権説の説明文が逆になっている。

2 ✕　**町村において議会を置かず選挙権を有する者の総会を設けられる。**
　　　　前半の憲法条文は正しい（93条1項）が，後半が誤り。法律である地方自治
　　　　法94条で，「町村は，条例で，…議会を置かず，選挙権を有する者の**総会**を
　　　　設けることができる。」と規定しており，同条は，合憲と解されている。

3 ✕　**吏員を必ず設けなければならないわけではない。**
　　　　前半の憲法条文は正しい（93条2項）が，後半が誤り。吏員は法律が定める
　　　　ものだから，国会が必要と判断した場合に設ければよく，必ず設けなければ
　　　　ならないわけではない。

4 ✕　**条例には長の制定する規則も含まれる。**
　　　　憲法94条は，「地方公共団体は，…法律の範囲内で条例を制定することがで
　　　　きる。」と定めており，この条例には，地方公共団体の議会の議決によって
　　　　制定される**条例**のみでなく，地方公共団体の長の制定する**規則**も含まれる。

5 ◎　**地方特別法の制定には住民投票が必要である。**
　　　　住民自治から，「一の地方公共団体のみに適用される**特別法**は，法律の定め
　　　　るところにより，その地方公共団体の**住民の投票**においてその過半数の同意
　　　　を得なければ，国会は，これを制定することができない。」（95条）。

No.2 の解説　条例　　→問題はP.422　**正答4**

ア ◎　**条例による刑罰は法律の授権が相当に具体的で限定されていればよい。**
　　　　条例による罰則事件の判例である（最大判昭37・5・30）。

イ ✕　**法律の個別的委任がなくても条例で財産権を規制できる。**
　　　　法律の個別的な委任がなくても，**条例で財産権規制**ができると一般に解され
　　　　ている。判例も，災害を未然に防止するために，条例で補償なしに財産権の
　　　　行使を制限しても，憲法および法律に違反しないとしている（最大判昭38・
　　　　6・26）。

ウ ◎　**上乗せ条例も趣旨によっては合憲である。**
　　　　徳島市公安条例事件の判例である（最大判昭50・9・10）。

エ ◎　**条例による地域差が違憲になるわけではない。**
　　　　売春条例事件の判例である（最大判昭33・10・15）。

オ ✕　**条例によって地方税を定めることができる。**
　　　　憲法84条は，「あらたに租税を課し，又は現行の租税を変更するには，法律
　　　　又は法律の定める条件によることを必要とする」と規定しているところ，こ
　　　　の「法律」には条例も含まれるため，**条例で地方税**を定めることができると
　　　　一般に解されている（地方税法3条参照）。

以上から，妥当なものはア，ウ，エであり，**4**が正答となる。

No.3 の解説 条例と特別法

1 ◎ **条例には長が制定する規則も含まれる。**
地方公共団体は，法律の範囲内で条例を制定することができる（94条）。この条例には，長が制定する**規則**も含まれる。

2 ✕ **法律で定める規制基準より厳しい基準を定める条例も認められ得る。**
法律で定める規制基準より厳しい基準を定める条例である**上乗せ条例**も認められうる（徳島市公安条例事件：最大判昭50・9・10参照）。

3 ✕ **財産権の内容については条例による財産権の制限も認められ得る。**
財産権の内容については，法律によってのみ制約可能なわけではなく，条例による財産権の制限も認められうる（奈良県ため池条例事件：最大判昭38・6・26参照）。

4 ✕ **法律の授権が相当な程度に具体的で限定されていれば足りる。**
最高裁判所の判例では，大阪市売春取締条例事件（最大判昭37・5・30）において，条例によって刑罰を定める場合，法律の授権が相当な程度に具体的で，限定されていれば足りるとした。

5 ✕ **特別法は，その地方公共団体の住民投票においてその過半数の同意で制定。**
一の地方公共団体のみに適用される**特別法**は，法律の定めるところにより，特別の国民投票ではなく「その地方公共団体の住民の投票」においてその過半数の同意を得なければ，国会は，制定することができない（95条）。

No.4 の解説 条例

1 ✕ **地方公共団体は国とは別に課税権の主体となることが憲法上予定されている。**
前半が誤り。判例は，地方公共団体は国とは別途に**課税権**の主体となることが憲法上予定されているとしている（最判平25・3・21）。

2 ✕ **条例による財産権の規制も許される。**
条例による財産権の規制も許されると一般に解されている。判例も，ため池の破損，決かいの原因となるため池の堤とうの使用行為は，憲法でも，民法でも適法な財産権の行使として保障されていないものであって，憲法，民法の保障する財産権の行使の埒外にあるものというべく，従って，これらの行為を条例をもって禁止，処罰しても憲法および法律に牴触またはこれを逸脱するものとはいえないとする（最大判昭38・6・26）。

3 ✕ **条例による刑罰は，法律の授権が相当に具体的で限定されていれば足りる。**
後半が誤り。判例は，憲法31条は必ずしも刑罰がすべて法律そのもので定められなければならないとするものでなく，法律の授権によってそれ以下の法令によって定めることもできると解すべきである。ただ，法律の授権が不特

定な一般的の白紙委任的なものであってはならないことは，いうまでもない。条例は，法律以下の法令といっても，公選の議員をもって組織する地方公共団体の議会の議決を経て制定される自治立法であって，行政府の制定する命令等とは性質を異にし，むしろ国民の公選した議員をもって組織する国会の議決を経て制定される法律に類するものであるから，**条例によって刑罰を定める場合には，法律の授権が相当な程度に具体的であり，限定**されておれば足りるとしている（最大判昭37・5・30）。

4◎ 憲法が各地方公共団体の条例制定権を認めるので地域によって差別は生ずる。
判例は，憲法が各地方公共団体の条例制定権を認める以上，地域によって差別を生ずることは当然に予期されることであるから，かかる差別は憲法みずから容認するところである。それゆえ，地方公共団体が売春の取締りについて各別に条例を制定する結果，その取扱いに差別を生ずることがあっても，地域差のゆえをもって違憲ということはできないとしている（最大判昭33・10・15）。

5✕ 法令よりも厳しい規制を条例で定めることも，国法の趣旨によって許される。
前半は正しいが，後半が誤り。判例は，条例が国の法令に違反するかどうかは，両者の対象事項と規定文言を対比するのみでなく，それぞれの**趣旨**，目的，内容および効果を比較し，両者の間に矛盾牴触があるかどうかによってこれを決しなければならない。たとえば，特定事項についてこれを規律する国の法令と条例とが併存する場合でも，後者が前者とは別の目的に基づく規律を意図するものであり，その適用によって前者の規定の意図する目的と効果をなんら阻害することがないときや，両者が同一の目的に出たものであっても，国の法令が必ずしもその規定によって全国的に一律に同一内容の規制を施す趣旨ではなく，それぞれの普通地方公共団体において，その地方の実情に応じて，別段の規制を施すことを容認する趣旨であると解されるときは，国の法令と条例との間にはなんらの矛盾牴触なく，条例が国の法令に違反する問題は生じえないとしている（最大判昭50・9・10）。

No.5 ******* 地方自治に関するア～オの記述のうち，妥当なもののみをすべて挙げて
いるのはどれか。　　　　　　　　　　　　　　　　【国家総合職・令和4年度】

ア：憲法上の地方公共団体には，市町村のほか，都道府県も含まれる。したがっ
　　て，憲法は，基礎的な地方公共団体である市町村と広域の地方公共団体であ
　　る都道府県の二層制を保障していると解され，地方自治法でも，国による
　　個々の都道府県の廃止は認められていない。

イ：地方公共団体には，住民が直接選出した議員によって構成される議会が置か
　　れる。地方公共団体の議会は，住民の代表機関であり，議決機関である点に
　　おいて，国会と同じ性質を有しており，執行機関との関係においても，国会
　　が国権の最高機関であるのと同様に，自治権の最高機関たる地位にあると一
　　般に解されている。

ウ：特定の地方公共団体のみに適用される特別法は，当該特別法が適用される地
　　方公共団体が複数の場合であっても，憲法95条の規定に基づき，法律の定め
　　るところにより，各地方公共団体の住民の投票においてその過半数の同意を
　　得られれば，国会は，これを制定することができる。

エ：地方公共団体は地域における公共的な事務のすべてを処理することができ
　　る。地方公共団体の事務は自治事務と法定受託事務とに分類され，このう
　　ち，法定受託事務は，国または都道府県が本来果たすべき役割にかかるもの
　　であって，国又は都道府県においてその適正な処理を特に確保する必要があ
　　る事務であり，法定受託事務には条例制定権や議会の調査権は及ばない。

オ：地方公務員法は，一般職の地方公務員に本邦に在留する外国人を任命するこ
　　とができるかどうかについて明文の規定を置いていないが，同法は，普通地
　　方公共団体が，法による制限の下で，条例，規則等の定めるところにより一
　　般職の地方公務員に本邦に在留する外国人を任命することを禁止するもので
　　はないとするのが判例である。

1　ア，イ
2　ア，エ
3　イ，ウ
4　ウ，オ
5　エ，オ

No.6 条例制定権の範囲と限界に関するア～オの記述のうち，妥当なもののみをすべて挙げているのはどれか。 【国家一般職・平成18年度】

ア：条例によりため池の破損，決壊を招く原因となる行為を禁止することが憲法上認められるかどうかについて，最高裁判所は，憲法29条2項にいう法律には，地方公共団体の自主立法である条例が含まれることを理由に合憲と判断している。

イ：条例違反に対する制裁として罰則を設けることが憲法上認められるかどうかについて，最高裁判所は，条例中に刑罰規定を設けるには法律の委任が必要であるが，条例は地方住民の代表機関である議会の議決によって成立する民主的立法であり，実質的に法律に準じるものであることから，その委任は一般的・包括的委任で足りるとしている。

ウ：条例により新たに租税を課し，または現行の租税を変更することが憲法上認められるかどうかについて，憲法30条および84条にいう法律には条例が含まれるとの解釈を採る場合，地方税法2条および3条の規定は，憲法の趣旨を確認した規定ということになる。

エ：条例が国の法令に違反するかどうかについては，最高裁判所は，条例と国の法令の対象事項と規定文言を対比するのみでなく，それぞれの趣旨，目的，内容および効果を比較し，両者の間に矛盾抵触があるかどうかによって決すべきものとしている。

オ：最高裁判所は，国の法令は全国的に一律に同一内容の規制を行うことを目的として制定されるものであるから，国の法令と同一の目的で，国の法令よりも厳しい規制基準を定める条例の規定は，法令に違反するとしている。

1．ア，イ

2．ア，エ

3．イ，オ

4．ウ，エ

5．ウ，オ

（参考）日本国憲法

第29条

（第1項略）

② 財産権の内容は，公共の福祉に適合するやうに，法律でこれを定める。

（第3項略）

第30条 国民は，法律の定めるところにより，納税の義務を負ふ。

第84条 あらたに租税を課し，又は現行の租税を変更するには，法律又は法律の定める条件によることを必要とする。

（参考）地方税法

（地方団体の課税権）

第2条　地方団体は，この法律の定めるところによつて，地方税を賦課徴収することができる。

（地方税の賦課徴収に関する規定の形式）

第3条　地方団体は，その地方税の税目，課税客体，課税標準，税率その他賦課徴収について定をするには，当該地方団体の条例によらなければならない。

2　地方団体の長は，前項の条例の実施のための手続その他その施行について必要な事項を規則で定めることができる。

No.7 地方自治に関するア～オの記述のうち，妥当なもののみをすべて挙げているのはどれか。 【国家総合職・平成28年度】

ア：憲法93条１項は，地方公共団体には，法律の定めるところにより，その議事機関として議会を設置することを定めるが，町村が，条例で，議会を置かず，選挙権を有する者の総会を設けることとしても，同項には違反しない。

イ：憲法93条２項は，地方自治が国から独立した団体に委ねられ，団体自らの意思と責任のもとでなされるという「団体自治」の原則が具体化されたものであると一般に解されている。

ウ：東京都の特別区は，憲法93条２項にいう地方公共団体と認められることから，法律によって区長の公選制を廃止することは，同項に違反するとするのが判例である。

エ：地方公共団体が制定する条例は，法律以下の法令といっても，公選の議員をもって組織する地方公共団体の議会の議決を経て制定される自治立法であって，行政府の制定する命令等とは性質を異にし，むしろ国民の公選した議員をもって組織する国会の議決を経て制定される法律に類するものであるから，条例によって刑罰を定める場合には，法律の授権が相当な程度に具体的であり，限定されていれば足りるとするのが判例である。

オ：財産権は全国的な取引の対象となりうるものであり，その内容を定め，あるいはこれを制限するのは統一的に法律によることが合理的であることから，法律の個別的な委任がある場合に限り，条例による財産権の規制も許されると一般に解されている。

1 ア，エ **2** ア，オ **3** イ，ウ

4 ウ，エ **5** エ，オ

（参考）日本国憲法

第93条 （第１項略）

2 地方公共団体の長，その議会の議員及び法律の定めるその他の吏員は，その地方公共団体の住民が，直接これを選挙する。

実戦問題❷の解説

ア✕ 地方自治法は，国による個々の都道府県の廃止を禁止はしていない。
　地方自治法には，国による個々の都道府県の廃止を認める規定などは置かれていない。

イ✕ 地方公共団体の議会が自治権の最高機関たる地位にあるとは解されない。
　地方公共団体には，住民が直接選出した議員によって構成される議会が置かれる（地方自治法89条）。**地方公共団体の議会**は，住民の代表機関であり，議決機関である（同96条）。しかし，執行機関との関係においては，自治権の最高機関たる地位にあるとは一般に解されていない。

ウ◯ 当該特別法が適用される地方公共団体が複数の場合でも制定できる。
　特定の地方公共団体のみに適用される**特別法**は，当該特別法が適用される地方公共団体が複数の場合であっても，憲法95条の規定に基づき，法律の定めるところにより，各地方公共団体の住民の投票においてその過半数の同意を得られれば，国会は，これを制定することができる。

エ✕ 法定受託事務には条例制定権や議会の調査権が及ぶ。
　地方公共団体の事務は自治事務と法定受託事務とに分類され（地方自治法2条8項・9項），このうち，法定受託事務は，国または都道府県が本来果たすべき役割にかかるものであって，国または都道府県においてその適正な処理を特に確保する必要がある事務であるが，法定受託事務には条例制定権や議会の調査権が及ぶ（同14条1項，2条2項，100条1項）。

オ◯ 一般職の地方公務員に本邦在留外国人を任命することは禁止されない。
　地方公務員法は，一般職の地方公務員に本邦に在留する外国人を任命することを禁止するものではないとするのが判例である（最大判平17・1・26）。
　以上から，妥当なものは**ウ**と**オ**であり，**4**が正答となる。

No.6 の解説　条例制定権の範囲と限界　→問題はP.429　正答4

ア✕　憲法29条2項の「法律」に条例が含まれるかは不明である（判例）。

　判例は，ため池の破損，決壊の原因となるため池の堤とうの使用行為は，憲法でも，民法でも適法な財産権の行使として保障されていないものであって，憲法，民法の保障する財産権の行使の埒外にあるから，これを条例で禁止・処罰しても違憲・違法の問題は生じないとしている（最大判昭38・6・26）。本肢のように憲法29条2項の法律に条例が含まれるから合憲と判断しているわけではないことに注意。

イ✕　法律の委任は，一般的・包括的では足りない。

　前半は正しいが，後半が誤り。判例は，一般的・包括的委任では足りず，法律の授権（委任）が**相当な程度に具体的であり，限定**されていなければならないとしている（最大判昭37・5・30）。

ウ◯　地方税法は合憲である。

　憲法84条の「法律」に条例が含まれると解釈すれば，憲法84条は**条例による課税**に際しては，「あらたに租税を課し，又は現行の租税を変更するには，法律・条例又は法律・条例の定める条件によることを必要とする」と読み替えればよい。そうすると，地方税法2条，3条は憲法84条をそのまま具体化したものにすぎず，憲法の趣旨を確認した規定ということになる。

エ◯　条例が国の法令に違反するかどうかは，趣旨などで決する。

　徳島市公安条例事件の判例である（最大判昭50・9・10）。

オ✕　上乗せ条例も制定できる。

　判例は，特定事項についてこれを規律する国の法令と条例とが並存する場合において，たとえ両者が同一の目的に出たものであっても，国の法令が必ずしもその規定によって全国的に一律に同一内容の規制を施す趣旨ではなく，それぞれの普通地方公共団体において，その地方の実情に応じて，別段の規制を施すことを容認する趣旨であると解されるときは，国の法令と条例との間にはなんらの矛盾抵触はなく，条例が国の法令に違反する問題は生じえないとしている（最大判昭50・9・10）。

　以上から，妥当なものは**ウ**と**エ**であり，**4**が正答となる。

ア○ 町村は条例で議会を置かず「町村総会」を設けることができる。

前半は憲法93条1項，後半は地方自治法94条の条文内容である。

イ× 憲法93条2項の直接選挙は「住民自治」の原則が具体化されたもの。

憲法93条2項の直接選挙は，**団体自治**の原則ではなく，地方自治が住民の意思に基づいて行われるという**住民自治**の原則が具体化されたものであると一般に解されている。

ウ× 特別区は93条2項の地方公共団体と認めることはできない（判例）。

判例は，東京都の**特別区**は，憲法93条2項にいう地方公共団体と認めることはできないから，法律によって区長の公選制を廃止することも，同項に違反するということはできないとした（最大判昭38・3・27）。特に注意が必要である。

エ○ 条例による刑罰は法律の授権が相当に具体的で限定されていればよい。

条例による罰則事件の判例である（最大判昭37・5・30）。

オ× 法律の個別的委任なしに条例による財産権の規制が許される。

法律の個別的な委任がなくても，**条例による財産権規制**が許されると一般に解されている。判例も，災害を未然に防止するために，条例で補償なしに財産権の行使を制限しても，憲法および法律に違反しないとしている（奈良県ため池条例事件：最大判昭38・6・26）。

以上から，妥当なものは**ア**と**エ**であり，**1**が正答となる。

第8章

財政・地方自治・法形式

必修問題

条約および確立された国際法規に関するア～オの記述のうち,妥当なもののみをすべて挙げているのはどれか。　【国家総合職・平成27年度】

ア:憲法7条は,**天皇の国事行為**として,条約締結のために批准書を認証することを含めている一方,他の法律や政令とは異なり,条約を公布することは含めておらず,条約を国法の一形式として認めていないことから,憲法81条は,最高裁判所が憲法適合性を決定する対象として条約を明示的には列挙していない。

イ:憲法上,条約の締結に必要な国会の承認については,原則として両議院で可決することが必要であるが,参議院が衆議院と異なった議決をした場合には,衆議院で出席議員の3分の2以上の多数で**再び可決**すれば足りる。

ウ:憲法81条は,違憲審査の対象として「一切の法律,命令,規則又は処分」を規定しているところ,条約に対する違憲審査権について,判例は,条約が高度の政治性を有する場合,それが一見極めて明白に違憲無効であると認められない限りは,裁判所の違憲審査権の範囲外にあると解するのが相当であるとしている。

エ:いわゆる政治犯罪人不引渡しの原則が,憲法98条2項に規定する「確立された国際法規」に該当するか否かが問われた事件において,判例は,純粋の政治犯罪について,本国における処罰が客観的に確実である場合に限り,政治犯罪人不引渡しの原則は確立した一般的な国際慣習法として認められるとしている。

オ:憲法98条2項において,誠実に遵守することが必要とされる「条約」には,憲法73条3号において,その締結に当たって,事前に,時宜によっては事後に,国会の承認を経ることが必要とされている「条約」以外のものは含まれない。

1 ウ　　　**2** オ　　　**3** ア,エ

4 イ,オ　　**5** ウ,エ

難易度　＊＊＊

必修問題の解説

条約は,締結するのが内閣,承認するのが国会,違憲審査をするのが裁判所とい

うように，三権すべてに関連するテーマである。**条文内容および通説・判例を整理**しておく必要がある。

ア× 天皇は国事行為として条約を公布する。

憲法7条1号は，**天皇の国事行為**として，憲法改正，法律，政令および条約を公布することと規定しているので，途中部分の「他の法律や政令とは異なり，条約を公布することは含めておらず」が誤り。なお，その他の，批准書を認証することを含めている点（同条8号），憲法81条が条約を明示的には列挙していないとする点は正しい。

イ× 条約の承認について衆議院の再可決は必要とされない。

前半は正しいが，条約の締結に必要な国会の承認については，参議院が衆議院と異なった議決をした場合には，法律の定めるところにより，両議院の協議会を開いても意見が一致しないときは，衆議院の議決を国会の議決とする（61条，60条2項）ので，後半が誤り。条約の承認に関しては，法律案と違って，**衆議院の再可決**は必要とされない（59条2項参照）。

ウ○ 一見極めて明白に違憲無効であると認められない限り審査権の範囲外。

砂川事件の判例である（最大判昭34・12・16）。

エ× 政治犯罪人不引渡しの原則は確立した一般的な国際慣習法ではない。

判例は，いわゆる政治犯罪人不引渡しの原則は，いまだ確立した一般的な国際慣習法であるとは認められず，逃亡犯罪人引渡法は一般に条約の有無を問わず政治犯罪人の不引渡しを規定したものではないとしている（最判昭51・1・26）。

オ× 条約執行のための技術的細目的な協定なども誠実に遵守される。

憲法98条2項において，誠実に遵守することが必要とされる「条約」には，同73条3号において，その締結に当たって，事前に，時宜によっては事後に，国会の承認を経ることが必要とされている「条約」以外のもの（条約を執行するために必要な技術的細目的な協定，条約の具体的な委任に基づいて定められる政府間取決めなど）も含まれる。

以上から，妥当なものは**ウ**のみであり，**1**が正答となる。

正答 1

FOCUS

条約の問題は，当該テーマ単独での出題以外にも，国会における承認権，内閣における締結権，裁判所における違憲審査権の問題としても出題されており，出題頻度は高い。法令も，国会では法律，内閣では政令，裁判所では規則という内容で出題されている。

POINT

　条約とは，文書による国家間の合意をいう。条約は公布（7条1号）されると原則として直ちに国内法としての効力を持ち，その効力は憲法と法律の中間である。

　条約の締結は内閣の権能とされている。ただし，内閣が条約を締結するには，事前に，時宜によっては事後に，国会の承認を経ることを必要とする（73条3号）。「条約」という名称の有無を問わないが，条約を執行するために必要な技術的，細目的な協定（行政協定）などは含まれない。事前，事後は，条約の成立時を基準とし，一般の批准（条約を審査し同意を与えて効力を確定する行為）を要する条約については，批准前が事前，批准後が事後となる。事前承認が原則である。条約に関しては，次のような論点がある。

論　点	学説・判例
事後に国会の承認が得られなかった条約の効力	①有効説 ②無効説 ③条件付無効説（国会の承認を要することが外国にも周知されている場合には，無効）
国会による条約修正権	①肯定説 ②否定説（通説）
条約に対する違憲審査権	①否定説 ②一部肯定説（判例も，「一見極めて明白に違憲無効な場合には」審査の可能性を認めている）

　法令とは，一般に国会が制定する「法律」と行政機関が制定する「命令」をいう。ただし，地方公共団体が制定する条例や裁判所が制定する規則を含む場合もある。命令には，法律の規定を執行するための**執行命令**と法律の委任に基づく**委任命令**がある。日本国憲法下では，法律とかかわりなく行政権が独自に制定する独立命令は認められていない。また，制定権者によって，内閣が制定する**政令**，内閣総理大臣が制定する内閣府令（府令），各省大臣が制定する省令，委員会が制定する規則などがある。

　なお，法秩序の形式的効力は，右のような上下の段階構造をなしている。したがって，憲法と条約との効力関係では憲法が優位し（憲法優位説），また，条約と法律との効力関係では条約が優位する（条約優位説）のである。

実戦問題 1 基本レベル

＊＊

💎 **No.1** 日本国憲法に規定する条約に関する記述として，通説に照らして，妥当
なのはどれか。 【地方上級（特別区）・平成27年度】

1 条約の意味には，条約を執行するために必要な技術的および細目的協定や，条
約の具体的な委任に基づいて具体的個別的問題について細部の取決めを行うもの
も含まれるので，それらの協定や取極めについても国会の承認を必要とする。

2 条約の締結に必要な国会の承認についての議案は，予算の提出と同様に衆議院
の先議権が認められるので，先に衆議院に提出し，その議決を経なければならな
い。

3 条約の締結に必要な国会の承認について，参議院で衆議院と異なった議決をし
た場合に，両議院の協議会を開いても意見が一致しないときは，衆議院の議決を
国会の議決とする。

4 条約の効力について，条約の国会における事後承認の手続で承認を得られなか
った場合は，国会の承認権の規定の具体的な意味が諸外国にも周知の要件と解さ
れているような場合であっても，国際法的には必ず有効である。

5 憲法は，国の最高法規であって，その条規に反する法律，命令，詔勅および国
務に関するその他の行為の全部または一部は，その効力を有しないとしており，
条約が除外されていることから，条約は憲法に優位する。

No.2 憲法の最高法規性に関するア～オの記述のうち，妥当なもののみをすべて挙げているのはどれか。【国家一般職・令和元年度】

ア：憲法が日本国民に保障する基本的人権は，人類の多年にわたる自由獲得の努力の成果であって，これらの権利は，過去幾多の試練に堪え，現在および将来の国民に対し，侵すことのできない永久の権利として信託されたものであることを，憲法は明文で規定している。

イ：憲法98条１項により，憲法に違反する法律は，原則として当初から無効であり，また，これに基づいてされた行為の効力も否定されるべきものであると解されるため，投票価値の不平等が憲法の選挙権の平等の要求に反する程度となっていた議員定数配分規定の下における選挙は無効であるとするのが判例である。

ウ：憲法98条１項にいう「国務に関するその他の行為」とは，国の行うすべての行為を意味し，国が行う行為であれば，私法上の行為もこれに含まれるのであって，国が私人と対等の立場で行った売買契約も「国務に関するその他の行為」に該当するとするのが判例である。

エ：わが国が締結した条約が，主権国としてのわが国の存立の基礎に極めて重大な関係を持つ高度の政治性を有する場合，その合憲性の判断は，純司法的機能をその使命とする司法裁判所の審査にはなじまない性質のものであり，裁判所の司法審査の対象とはなりえないとするのが判例である。

オ：憲法は，憲法の最高法規としての性格に鑑み，天皇または摂政ならびに国務大臣，国会議員，裁判官その他の公務員および一般国民について，憲法を尊重し擁護する義務を負うことを明文で規定している。

1 ア

2 エ

3 ア，オ

4 イ，ウ

5 ウ，エ

（参考）日本国憲法

第98条　この憲法は，国の最高法規であつて，その条規に反する法律，命令，詔勅及び国務に関するその他の行為の全部又は一部は，その効力を有しない。

（第２項略）

実戦問題 **1** の解説

1 ✕ **条約執行のために必要な技術的・細目的協定などは含まれない。**

国会の承認を必要とする「条約」（73条3号但書）には，条約を執行するために必要な技術的・細目的協定や，条約の具体的な委任に基づいて具体的個別的問題について細部の取決めを行うものは含まれない。

2 ✕ **衆議院の先議権が認められるのは予算のみである。**

先に衆議院に提出しなければならないとする**衆議院先議権**が認められるのは，予算のみであり（60条1項），条約には衆議院の先議権はない。

3 ◎ **両院協議会でも意見が一致しないとき，衆議院の議決→国会の議決。**

条約の締結に必要な国会の承認について，参議院で衆議院と異なった議決をした場合に，両議院の協議会を開いても意見が一致しないときは，衆議院の議決を国会の議決とする（61条，60条2項）。

4 ✕ **諸外国にも周知の要件と解されている場合には国際法的にも無効。**

相手国に不測の事態を招かないので，国会の承認権の規定の具体的な意味が諸外国にも周知の要件と解されているような場合であれば，国際法的にも無効である。

5 ✕ **憲法が条約に優位する。**

前半の条文内容は正しい（98条1項）が，結論が誤り。条約締結権が憲法によって付与された権限である（73条3号）などの理由から，**憲法が条約に優位する**とするのが通説である。

ア◯ **基本的人権の本質は明文で規定されている。**

この憲法が日本国民に保障する基本的人権は，人類の多年にわたる自由獲得の努力の成果であって，これらの権利は，過去幾多の試錬に堪へ，現在および将来の国民に対し，侵すことのできない永久の権利として信託されたものである（97条）。

イ✕ **選挙権平等の要求に反する議員定数配分規定の下の選挙も無効ではない。**

投票価値の不平等が憲法の選挙権の平等の要求に反する程度となっていた議員定数配分規定のもとにおける選挙は，違法と宣言するにとどめ，**無効としない**とするのが判例である（最大判昭51・4・14，同昭60・7・17）。

ウ✕ **国務に関するその他の行為に国が行う私法上の行為は含まない。**

憲法98条1項にいう「国務に関するその他の行為」には，国が行う**私法上の行為**は含まれないので，国が私人と対等の立場で行った売買契約は「国務に関するその他の行為」に該当しないとするのが判例である（最判平元・6・20）。

エ✕ **高度の政治性を有する条約の合憲性の判断は司法裁判所の審査になじまない。**

わが国が締結した**条約**が，主権国としてのわが国の存立の基礎に極めて重大な関係を持つ**高度の政治性**を有する場合，その合憲性の判断は，純司法的機能をその使命とする司法裁判所の審査には原則としてなじまない性質のものであり，一見極めて明白に違憲無効と認められない限りは，裁判所の司法審査権の範囲外にあるとするのが判例である（最大判昭34・12・16）。審査の可能性は認めており，裁判所の司法審査の対象とはなりえないとはしていないので，誤り。

オ✕ **一般国民に憲法尊重擁護義務はない。**

憲法99条は，「天皇又は摂政及び国務大臣，国会議員，裁判官その他の公務員は，この憲法を尊重し擁護する義務を負ふ。」と明文で規定している。したがって，一般国民は規定されておらず，一般国民には**憲法尊重擁護義務**はない。

以上から，妥当なものはアのみであり，**1**が正答となる。

実戦問題❷　応用レベル

No.3 　**国会の事後承認が得られなかった条約の効力については，以下の2つの見解がある。**

　　A説：国内的には無効であるが，国際的には有効である。

　　B説：国内的にも国際的にも無効である。

　次のうち，B説に関する記述として妥当なものはどれか。

【地方上級（全国型）・平成27年度】

1　その国における条約締結の手続きは相手国にはわからない。

2　事前の承認と事後の承認の効力について区別するべきではない。

3　権限ある者と締結した条約が有効であると信じることができないとすれば，法的安定を害する。

4　国内法と国際法とは別の法体系である。

5　憲法で定められているのは条約を締結する機関や手続きについてであり，条約の成立要件を定めているわけではない。

第8章　財政・地方自治・法形式

No.4 条約に対する違憲審査権について，次の3説があるとする。

Ⅰ説：条約をはじめとする国際法と憲法をはじめとする国内法は統一された1個の法秩序を構成しているが，その中で条約は憲法に優位するので，条約は違憲審査の対象とはならない。

Ⅱ説：憲法は条約に優位するが，憲法81条および98条1項に条約が挙げられておらず，逆に98条2項は条約を誠実に遵守することを必要とするとしていること等の理由から，条約は違憲審査の対象とはならない。

Ⅲ説：憲法は条約に優位し，条約は国内では国内法として通用するのであるから，その国内法としての側面については違憲審査の対象となる。

これらの説に関する記述のうち，妥当なのはどれか。【国家総合職・平成18年度】

1　Ⅰ説は，国際法は国内法を破らないし国内法も国際法を破らないとの立場から，憲法が異なる次元に属する条約の有効性を判断することはできないことをその論拠とする。しかし，この説に対しては，条約締結権が憲法に根拠を有していることとの整合性がとれないとの批判が可能である。

2　Ⅱ説の立場に立つと，憲法の所定の手続に従わずに締結され，公布された条約であっても，裁判所は違憲審査権を有しないこととなる。このことは，現行憲法が条約を締結することを内閣の職務とし，明治憲法と同様に国会の関与を認めていないことから導き出される結論である。

3　Ⅲ説の立場からⅡ説に対しては，たとえば表現の自由を制限するような条約が締結された場合を想定すれば明らかであるように，条約が一切違憲審査の対象とならないとすることは問題であり，違憲審査権が及ばないことは憲法の最高法規性に反するとの批判が可能である。

4　Ⅱ説の立場をとり，高度の政治性を有する条約の内容が違憲か否かの法的判断は裁判所の審査になじまない性質のものであるから，およそ条約には違憲審査権が及ぶところではないとするのが判例である。

5　Ⅲ説の立場に立つ場合，裁判所の確定判決において違憲とされた条約は，国内法としては執行不能となるため，その当然の帰結として国際法上の効力も失われる。これは，条約締結権が憲法に根拠を持つことから導き出される結論である。

実戦問題 **2** の 解説

No.3 の解説　事後承認が得られなかった条約の効力　　→問題はP.443　**正答2**

　A説は，国際法的には**有効**とする見解，これに対して，B説は，国際法的にも**無効**とする見解である。

1✕　A説に関する記述である。その国における条約締結の手続きが相手国にはわからない以上，国際法的には有効とする。

2◎　B説に関する記述として妥当である。事前の承認を得られなければ，内閣は条約を締結できず，条約は無効となる。これと区別するべきないとすれば，事後の承認を得られない条約も無効である。

3✕　A説に関する記述である。法的安定性を害さないためには，有効とする。

4✕　A説に関する記述である。国内法と国際法を別の法体系であるとすれば，国内法的には無効であっても，国際法的には有効とすることができる。

5✕　A説に関する記述である。憲法73条3号但書で定められている国会の事後承認は，条約の成立要件ではないとすれば，それが得られなかったとしても，国際法的には無効とならない。

1 ✕ 後半は正しいが，前半が誤り。Ⅰ説（**国際法優位説**）は，国際法は国内法を破るとの立場から，国際法をもって国内法を委任する上位秩序と見ることをその論拠とする。

2 ✕ Ⅱ説に立っても，条約が憲法所定の手続に従って締結され公布されたか否かについて，裁判所が審査権を有することについては問題がない。また，現行憲法は，国会に条約承認権が認められており（73条3号），内閣による条約締結に対する国会の関与が認められている。

3 ◎ 正しい。Ⅲ説は，憲法の保障，とりわけ人権保障という観点から見た場合，Ⅱ説が条約は一切違憲審査の対象とならないとすることを問題視する。

4 ✕ 判例は，およそ条約なるがゆえに違憲審査の対象とはならないとの論法はとっておらず，むしろ審査可能性を前提としたうえで，その条約が高度の政治性を有し，一見極めて明白に違憲でない場合には憲法判断を控えるという態度をとっている（最大判昭34・12・16）。

5 ✕ Ⅲ説の立場に立つ場合，憲法違反とされた条約は国内法的には執行不能となるが，国際法としては依然として妥当することとされる。

第9章

総合問題

テーマ **27** 人権の総合問題
テーマ **28** 統治の総合問題

試験別出題傾向と対策

頻出度	試験名 テーマ	国家総合職					国家一般職					国家専門職				
	年度	21～23	24～26	27～29	30～2	3～5	21～23	24～26	27～29	30～2	3～5	21～23	24～26	27～29	30～2	3～5
	出題数	2	0	1	4	2	1	0	0	0	1	6	1	1	2	2
C	27 人権の総合問題											3			1	
A	28 統治の総合問題	2		1	4	2	1				1	3	1	1	1	2

　本章で扱う「総合問題」とは，基本的人権では，個別の人権規定に関する内容を5肢に混合して1問で問う問題，統治機構では，国会・内閣・裁判所のそれぞれの全般にわたる内容を1問で問う問題を主としている。出題形式は単純正誤型がほとんどである。したがって，総合問題といっても，「応用問題」というわけではない。第8章までに取り上げた複数テーマの内容を5肢に振り分けた問題といったほうが正しい。このタイプの総合問題は，学習のまとめとして力試しをするのに最適なので，本書では最終章として本章にまとめている。

● 国家総合職

　かつては，人権の享有主体性，制度的保障などの人権の総合問題も見られたが，表からわかるように近年は出題されていない。それに対して，統治の総合問題は，憲法その他の条文の理解を問う問題がほとんどではあるが，よく出題されている。その中でも，国会・内閣・裁判所という三権の相互関係を総合的に問う問題まで出題されていることに注意が必要である。

● 国家一般職

　科目選択解答制が実施されるまでは，国家一般職においても総合問題が見られた。基本的人権では，自由権と社会権の混合問題，精神的自由の混合問題が，統治機構では，国会の問題，司法権の問題が出題されている。しかし，平成10年の科目選択解答制導入後は，このタイプの問題は出題が激減し，平成15年度に国会と地方議会の混合問題，22年度に政党等の問題が出題されたのみである。とはいえ，今後の出題の可能性はあるし，力試しとして最適であることに変わりはないので，ぜひとも全問にチャレンジしてほしい。

● 国家専門職

　総合問題の出題が最も多いのが国家専門職である。憲法の出題数が例年3題と

地方上級 (全国型)					地方上級 (特別区)					市役所 (C日程)					
21 | 23	24 | 26	27 | 29	30 | 2	3 | 5	21 | 23	24 | 26	27 | 29	30 | 2	3 | 5	21 | 23	24 | 26	27 | 29	30 | 2	3 | 4	
1	0	0	2	0	0	0	0	0	0	0	1	0	0	1	
			1								1				テーマ 27
1			1											1	テーマ 28

少ないことから，１つのテーマに絞らずに，１つの問題で広範囲に問う総合問題が
よく出題されている。変わった問題として，20年度に，職業選択の自由と労働基
本権の保障の混合問題も出ている。統治機構では，国会，内閣，裁判所それぞれ
の総合問題のほか，26年度に国会と内閣の混合問題が出題されている。

●地方上級

　地方上級試験では，従来，総合問題の出題が少ないことが特徴であったが，令
和元年に，２問も出題された。人権の総合問題は，結社の自由として，会社や税理
士会の政治行為などに関する問題，統治の総合問題は，国家機関として，１選択
肢ではあるが，皇室会議まで問う問題であった。ただし，正答は，基本的知識で導
くことができるものであり，特別な対策は必要としない。

●特別区

　この章での出題は，ほぼゼロであるが，国家一般職のところで触れたように，問
題演習に使ってほしい。

●市役所

　26年度に久しぶりに出題が見られた。財産権と私有財産制など，人権と制度に
ついて広く問う問題であった。

必修問題

　基本的人権の限界に関するア～オの記述のうち，妥当なもののみをすべて挙げているのはどれか。【国家専門職・令和元年度】

ア：未決勾留により**刑事収容施設に拘禁されている者**の新聞紙，図書等の閲読の自由についても，一定の制限を加えられることはやむをえないが，このような制限が認められるためには，刑事収容施設内の規律および秩序が害される一般的，抽象的なおそれが存在することをもって足りるとするのが判例である。

イ：国家公務員法において**禁止されている公務員の政治的行為**は，公務員の職務遂行の政治的中立性を損なうおそれが，観念的なものにとどまらず，現実に起こりうるものとして実質的に認められるものをさしており，こうしたおそれが実質的に認められるか否かは，当該公務員の地位，職務の内容や権限等，当該公務員がした行為の性質，態様，目的，内容等の諸般の事情を総合して判断するのが相当であるとするのが判例である。

ウ：憲法の人権規定が私法関係においても直接適用され，私人間にも直接効力を有すると解する**直接適用説**に立つと，私人間の行為が憲法によって規律されることとなるため，私的自治の原則の保護に資すると一般に解されている。

エ：男女で異なる定年年齢を定める就業規則が，もっぱら性別のみを理由とした不合理な差別であると認められる場合には，民法等の私法における諸規定を適用して解決するまでもなく，当該就業規則は憲法14条1項に違反するため，当然に違憲であるとするのが判例である。

オ：憲法に規定されている「**公共の福祉**」の意味について，「公共の福祉」は，人権の外にあり，人権を制約することのできる一般的な原理であると解する説に立つと，「公共の福祉」による制約が許されるのは，条文中に「公共の福祉」による制約を受けることが明記されている経済的自由権と社会権に限られることになる。

1 イ　　　　**2** ア，オ　　**3** イ，ウ
4 ウ，エ　　**5** ア，エ，オ

難易度　＊＊

C 頻出度
国家総合職 ―
国家一般職 ―
国税専門官 ★★
地上全国型 ★
地上特別区 ―
市役所C ★
27 人権の総合問題

必修問題の解説

　本問は基本的人権保障の典型的な総合問題である。すなわち，アは在監者の人権，イは公務員の人権，ウとエは私人間効力，オは公共の福祉論というように，人権総論から個別論点に至るまで，さまざまなテーマが混合して問われている。

ア ✕ 規律・秩序が害される一般的，抽象的なおそれでは足りない。
　監獄内の規律および秩序の維持のために被拘禁者の新聞紙，図書等の閲読の自由を制限することが許されるためには，当該閲読を許すことによりその規律および秩序が害される一般的，抽象的なおそれがあるというだけでは足りず，その閲読を許すことにより監獄内の規律および秩序の維持上放置することのできない程度の障害が生ずる**相当の蓋然性**があると認められることが必要であるとするのが判例である（最大判昭58・6・22）。

イ ◯ 政治的行為は，政治的中立性を損なうおそれが現実的に起こりうるもの。
　国家公務員法にいう**政治的行為**とは，公務員の職務の遂行の政治的中立性を損なうおそれが，現実的に起こりうるものとして実質的に認められるものを指すとするのが判例である(最判平24・12・7)。

ウ ✕ 直接的適用説に立つと私的自治の原則が保護されない。
　直接的適用説に立つと，私人間の行為が憲法によって規律されることとなるため，私的自治の原則が保護されないと一般に解されている。

エ ✕ 性別のみによる不合理な差別を定めたもので民法90条の規定により無効。
　就業規則中女子の定年年齢を男子より低く定めた部分は，もっぱら女子であることのみを理由として差別したことに帰着するものであり，性別のみによる不合理な差別を定めたものとして**民法90条の規定により無効**であるとするのが判例である（最判昭56・3・24）。したがって，当然に違憲であるとはしていない。

オ ✕ 社会権には「公共の福祉」による制約を受けることが明記されていない。
　本記述の説に立つと，「公共の福祉」による制約が許されるのは，条文中に「公共の福祉」による制約を受けることが明記されている経済的自由に限られることになる（22条1項，29条2項参照）。社会権には明記されていない。

以上から，妥当なものはイのみであり，**1**が正答となる。

正答 **1**

FOCUS

　基本的人権保障の総合問題では，まったく無関係なテーマが5つの選択肢として混合して問われる場合と，たとえば，人権享有主体性や精神的自由権に関する問題など，一定の共通性のあるテーマが問われる場合がある。いずれにせよ，当該テーマについての判例・通説の基本的知識が必要不可欠である。

**
No.1 基本的人権の保障に関するア～オの記述のうち，判例に照らし，妥当な
もののみをすべて挙げているのはどれか。　　　　【国家専門職・平成16年度】

ア：謝罪広告を新聞紙等に掲載すべきことを加害者に命ずることは，それが単に
　　事態の真相を告白し陳謝の意を表明するにとどまる程度のものであっても，
　　加害者に屈辱的もしくは苦役的労苦を科すことになるので，良心の自由を侵
　　害する。

イ：憲法に定める国民の権利および義務の各条項は，性質上可能な限り，内国の
　　法人にも適用されるものであるから，会社は，公共の福祉に反しない限り，
　　政治的行為の自由の一環として，政党に対する政治資金の寄附の自由を有す
　　る。

ウ：賭博行為は，互いに自己の財物を自己の好むところに投じるだけであって，
　　各人に任された自由行為に属するものであり，また，副次的犯罪を誘発しま
　　たは国民経済の機能に重大な障害を与えるおそれはないので，公共の福祉に
　　反するということはない。

エ：喫煙の自由は，憲法13条の保障する基本的人権に含まれるとしても，あらゆ
　　る時，所において保障されなければならないものではないので，未決勾留に
　　より拘禁された者に対し喫煙を禁止する規定が憲法13条に違反するものとは
　　いえない。

オ：報道機関の報道は，国民の知る権利に直接奉仕する極めて重要なものである
　　ことから，報道のための取材の自由は，公正な裁判の実現という憲法上の要
　　請がある場合であっても，制約を受けることがあってはならない。

1　ア，ウ　　　　**2**　イ，エ　　　　**3**　エ，オ
4　ア，ウ，オ　　**5**　イ，エ，オ

No.2 基本的人権の保障等に関するア～オの記述のうち，判例に照らし，妥当なもののみをすべて挙げているのはどれか。 【国家専門職・平成19年度】

ア：謝罪広告を新聞紙等に掲載すべきことを加害者に命ずることは，それが単に事態の真相を告白し陳謝の意を表明するにとどまる程度であれば，これを代替執行により強制しても，加害者に屈辱的もしくは苦役的労苦を科すこと，または加害者の有する倫理的な意思，良心の自由を侵害することを要求するものではない。

イ：税理士会が政党など政治資金規正法上の政治団体に金員の寄付をすることは，税理士に係る法令の制定改廃に関する政治的要求を実現するためのものであれば，税理士法で定められた税理士会の目的の範囲内の行為であり，当該寄付をするために会員から特別会費を徴収する旨の決議は有効である。

ウ：私人の私生活上の行状であっても，そのたずさわる社会的活動の性質およびこれを通じて社会に及ぼす影響力の程度等のいかんによっては，その社会的活動に対する批判ないし評価の一資料として，刑法230条の2第1項にいう「公共の利害に関する事実」に当たる場合がある。

エ：憲法の諸規定による基本的人権の保障は，権利の性質上日本国民のみをその対象としていると解されるものを除き，わが国に在留する外国人に対しても等しく及ぶものと解すべきであるから，外国人の政治活動の自由については，日本国民と等しくその保障が及ぶ。

オ：憲法の各人権規定は，国または地方公共団体と私人との関係を規律するのみならず，私人相互の関係をも直接規律するから，企業が特定の思想や信条を有する労働者をそれを理由として雇い入れることを拒めば，当然に違法となる。

1 ア，イ
2 ア，ウ
3 イ，エ
4 ウ，オ
5 エ，オ

実戦問題 **1** の 解説

ア✕ **謝罪広告は合憲。**

判例は，**謝罪広告**を新聞紙等に掲載すべきことを加害者に命ずることは，それが単に事態の真相を告白し陳謝の意を表明するにとどまる程度のものであれば，加害者に屈辱的もしくは苦役的労苦を科すことにならないので，良心の自由を侵害しないとする（最大判昭31・7・4）。

イ◯ **会社は政治献金ができる。**

八幡製鉄政治献金事件の判例である（最大判昭45・6・24）。ここで，法人の人権に関する八幡製鉄政治献金事件の判例について見てみる。判例は，「会社が，納税の義務を有し自然人たる国民とひとしく国税等の負担に任ずるものである以上，納税者たる立場において，国や地方公共団体の施策に対し，意見の表明その他の行動に出たとしても，これを禁圧すべき理由はない」としたうえで，「憲法第3章に定める国民の権利および義務の各条項は，**性質**上可能な限り，内国の法人にも適用されるものと解すべきであるから，会社は，自然人たる国民と同様，国や政党の特定の政策を支持，推進しまたは反対するなどの政治的行為をなす自由を有するのである。政治資金の寄付もまさにその自由の一環であり，会社によってそれがなされた場合，政治の動向に影響を与えることがあったとしても，これを自然人たる国民による寄附と別異に扱うべき憲法上の要請があるものではない」とした。

ウ✕ **賭博は公共の福祉に反する。**

判例は，賭博行為は，怠惰浪費の弊風を生じ，勤労の美風を害し，副次的犯罪を誘発し，また国民経済の機能に重大な障害を与えるおそれがあるから，公共の福祉に反するとする（最大判昭25・11・22）。

エ◯ **未決勾留者の喫煙禁止は合憲。**

喫煙禁止事件の判例である（最大判昭45・9・16）。

オ✕ **取材の自由も制約を受ける。**

判例は，報道のための**取材の自由**といっても，もとよりなんらの制約を受けないものではなく，たとえば公正な裁判の実現というような憲法上の要請があるときは，ある程度の制約を受けることのあることも否定することができないとする（最大決昭44・11・26）。

以上から，妥当なものはイとエであり，**2**が正答となる。

No.2 の解説　基本的人権の保障等の判例　　　→問題はP.453　正答2

ア〇 謝罪広告は合憲である。

判例である（最大判昭31・7・4）。

イ✕ 税理士会は政治団体に金員の寄付ができない。

税理士会が政党など政治資金規正法上の政治団体に金員の寄付をすることは，税理士にかかる法令の制定改廃に関する政治的要求を実現するためであっても，税理士法で定められた税理士会の目的の範囲外の行為であり，当該寄付をするために会員から特別会費を徴収する旨の決議は無効であるとするのが判例である（最判平8・3・19）。

ウ〇 私人の私生活上の行状でも「公共の利害に関する事実」に当たりうる。

判例である（最判昭56・4・16）。

エ✕ 外国人の政治活動の自由は日本国民と等しくは保障されない。

前半は正しいが，後半が誤り。**外国人の政治活動の自由**については，わが国の政治的意思決定またはその実施に影響を及ぼす活動等外国人の地位に鑑みこれを認めることが相当でないと解されるものを除き，その保障が及ぶとするのが判例である（最大判昭53・10・4）。日本国民と等しくその保障が及ぶ，とはしていない。

オ✕ 憲法の各人権規定は私人相互の関係を直接規律しない。

憲法の各人権規定は，もっぱら国または地方公共団体と私人との関係を規律するものであり，私人相互の関係を**直接**規律することを予定するものではないから，企業が特定の思想や信条を有する労働者をそれを理由として雇い入れることを拒んでも，それを当然に違法とすることはできないとするのが判例である（最大判昭48・12・12）。

以上から，妥当なものは**ア**と**ウ**であり，**2**が正答となる。

＊＊

No.3　基本的人権に関する次の記述のうち，妥当なのはどれか。

【国家総合職・平成13年度】

1　憲法第3章の諸規定による基本的人権の保障は，権利の性質上日本国民のみを対象としていると解されるものを除き，わが国に在留する外国人に対しても等しく及ぶと解すべきであり，憲法22条に規定する外国移住の自由に関しても，その権利の性質上外国人にも保障されるべきものとして出国の自由を基本的に肯定するのが判例の立場である。また，特別永住者の再入国については，生活の本拠地たるわが国に帰国することであり，わが国国民の一時的海外旅行の場合と異ならないとして，憲法22条によって保障されているとするのが判例の立場である。

2　公務員の人権制限に関しては，公務員にも一般の勤労者と同様に労働基本権が保障され，国民生活全体の利益の保障という見地から当然の内在的制約に服するにとどまるとして，いわゆる特別権力関係を否定するのが判例の立場である。一方，在監者の人権制限に関しては，監獄収容関係は特別権力関係であることを肯定し，信書の発信不許可，抹消，書籍等の一部閲読禁止処分等に関しても，拘禁目的のために必要な限度と範囲という基準は採用せず，具体的な法律の根拠なしに命令強制を行いうるとするのが判例の立場である。

3　憲法20条が保障する信教の自由も絶対無制限のものではなく，公共の福祉の観点から制約を受ける場合があるとするのが判例の立場であるが，キリスト教信者の妻が，殉職した自衛官の夫が県隊友会の申請に基づき神社により合祀されたことによって，自らの信教の自由が侵害されたと主張した事件に関し，判例は，合祀は神社の信教の自由に基づく行為ではあるが，個人の信教の自由はより強い保護が必要であるとして，妻の信教の自由が侵害されたことを認めている。

4　弁護士会からの照会に応じて地方公共団体が前科等について回答したために解雇された個人が，プライバシーの権利を侵害されたとして，当該地方公共団体に損害賠償を求めた事件に関し，判例は，前科等は人の名誉，信用に直接かかわる事項であり，地方公共団体がこれをみだりに公表することは違法であると判断した。一方，ノンフィクション作品により前科等の事実を公表された個人が，プライバシーの権利を侵害されたとして，損害賠償を求めた事件に関しては，判例は，前科等は社会的・公共的事項であるから，私人によって公表されない法的利益は認められないとした。

5　営業の自由に関しては，社会経済の調和的発展という積極的な目的のための規制については，判例は，当該規制措置が著しく不合理であることが明白である場合に限って違憲となるとして，立法府の裁量を広範に認め，小売商業調整特別措置法に基づく小売市場の許可制を合憲とした。一方，国民の生命および健康に対する危険を防止することを目的とする消極的・警察的目的の規制については，判

例は，規制の必要性・合理性およびより緩やかな規制手段の有無について厳格に
判断されなければならないとして，薬事法に基づく薬局の適正配置規制を違憲と
した。

憲法が保障する自由および権利に関するア～オの記述のうち，判例に照らし，妥当なもののみをすべて挙げているのはどれか。【国家総合職・平成16年度】

ア：謝罪広告を新聞紙等に掲載することはわが国の国民生活において広く行われており，民法723条に規定する「名誉を回復するのに適当な処分」として謝罪広告を新聞紙等に掲載することを民事執行法の規定に基づき強制したとしても，謝罪広告の名義人の人格を無視し著しくその名誉を毀損し意思決定の自由ないし良心の自由を不当に制限することにはならず，憲法19条との関係で問題が生じることはない。

イ：公職選挙に立候補予定の者を批判する記事を掲載した雑誌の販売を発売前に名誉毀損を理由に差し止めることについて，仮処分による事前差止めは憲法21条2項が禁ずる検閲には当たらないが，公職選挙の立候補予定者に関する批判等の表現は一般に公共の利害に関する事項であって，私人の名誉権に優先する社会的価値を含み憲法上特に保護されるべきであるので，これを事前に差し止めることは原則として許されない。

ウ：公共施設を利用した集会の開催の自由は憲法21条1項で保障される集会の自由に属するが，他方，公共施設の管理者は，当該施設の種類，規模等に応じ，公共施設としての使命を十分達成せしめるよう適切にその管理権を行使する責任を負っており，個別の利用の可否の判断はその管理者の自由裁量に属すると解すべきである。

エ：職業選択の自由については，精神的自由に比較して公権力による規制の要請が強い。特に職業選択の自由に関する規制が自由な職業活動により社会公共に対してもたらされる弊害を防止するための措置である場合には，どのような規制措置が適切であるかを判断するためには，法的規制措置が現実の社会経済に与える影響等を適切に評価することが必要であり，このような評価は立法府によってなされることが適切であるから，裁判所は立法府がその裁量権を逸脱し，当該法的規制措置が著しく不合理であることが明白である場合に限って，その効力を否定することができると解するのが相当である。

オ：普通教育において教育の内容を決定する権能がだれに帰属するかという問題については，親が有する子女の教育の自由は主として家庭教育等学校外における教育や学校選択の自由にあらわれ，また，私学教育における自由や普通教育における教師の教授の自由も限られた一定の範囲においてこれを肯定するのが相当であり，それ以外の領域においては，国が，必要かつ相当と認められる範囲において，教育内容についてもこれを決定する権能を有する。

1 ア，イ

2 イ，エ

3 イ，オ

4 ウ，エ

5 エ，オ

（参考）　民法

第723条　他人の名誉を毀損した者に対しては，裁判所は，被害者の請求により，損害賠償に代えて，又は損害賠償とともに，名誉を回復するのに適当な処分を命ずることができる。

実戦問題 **2** の 解説

No.3 の解説 基本的人権 →問題はP.456 **正答5**

1 ✕ **再入国の自由は保障されない。**

基本的人権の保障が，原則として外国人にも及ぶとする点（最大判昭53・10・4），および，出国の自由（最大判昭32・12・25）についての前半は正しい。しかし，**再入国の自由**についての後半が誤り。在留外国人の再入国の自由は，憲法22条によって保障されていないとするのが判例である（最判平4・11・16）。

2 ✕ **特別権力関係の理論は否定されている。**

公務員の労働基本権の制限について，**特別権力関係の理論**が否定されるとする前半は正しい（最大判昭48・4・25）。しかし，在監者の人権についての後半が誤り。在監者についても，現在，特別権力関係の理論はとられていない。

3 ✕ **妻の信教の自由は侵害されていない。**

信教の自由も，公共の福祉から制約を受ける場合があるとする前半は正しい。しかし，自衛官合祀事件についての後半が誤り。判例は，この事件において，自己の信仰と相いれない信仰を持つ者の信仰に基づく行為に対し，それが自己の信教の自由を妨害しない限り寛容であることが要請されるとして，妻の信教の自由が侵害されたとはしていない（最大判昭63・6・1）。

4 ✕ **前科等を私人に公表されない法的利益も認められる。**

地方公共団体による**前科等の公表**についての前半は正しい（最判昭56・4・14）。しかし，ノンフィクション「逆転」事件についての後半が誤り。判例は，この事件において，前科等を私人によって公表されない法的利益も認められるとしている（最判平6・2・8）。

5 ◎ **小売市場の許可制は合憲，薬局の適正配置は違憲。**

前半の小売市場距離制限事件において，判例は，積極目的規制について**明白性の原則**を採用し，小売市場の許可制を合憲とした（最大判昭47・11・22）。後半の薬局距離制限事件において，判例は，消極目的規制について**厳格な合理性の基準**を採用し，薬局の適正配置規制を違憲とした（最大判昭50・4・30）。

No.4 の解説　憲法が保障する自由・権利の判例　→問題はP.458　正答**3**

ア✕ 謝罪広告は，憲法19条との関係で問題が生じることもあり得る。

判例は，**謝罪広告**を強制することが債務者の人格を無視し著しくその名誉を毀損し意思決定の自由ないし良心の自由を不当に制限することとなり，いわゆる強制執行に適さない場合に該当することもありうるとしつつ，単に事態の真相を告白し陳謝の意を表明するにとどまる程度のものにあっては強制執行も許されるとしている。したがって，謝罪広告一般について憲法19条との関係で問題が生じることはないとしているわけではない（最大判昭31・7・4）。

イ○ 事前差止めは原則許されない。

北方ジャーナル事件の判例である（最大判昭61・6・11）。

ウ✕ 管理者の自由裁量ではない。

判例は，集会の用に供される公共施設の管理者は，当該公共施設の種類に応じ，また，その規模，構造，設備等を勘案し，公共施設としての使命を十分達成せしめるよう適正にその管理権を行使すべきであって，これらの点から見て利用を不相当とする事由が認められないにもかかわらずその利用を拒否しうるのは，利用の希望が競合する場合のほかは，施設をその集会のために利用させることによって，他の基本的人権が侵害され，公共の福祉が損なわれる危険がある場合に限られるとしている。したがって，管理者の自由裁量に属するとはしていない（最判平7・3・7）。

エ✕ 明白性の原則は積極目的規制の審査基準である。

明白性の原則は，記述にあるような消極目的規制ではなく，社会経済の調和的発展のための政策的制約である積極目的規制に妥当する審査基準である（最大判昭50・4・30，同47・11・22）。

オ○ 国民と国に教育権がある。

旭川学力テスト事件の判例である（最大判昭51・5・21）。

以上から，妥当なものは**イ**と**オ**であり，**3**が正答となる。

必修問題

日本の議会に関する次の記述のうち，妥当なものはどれか。

【地方上級（全国型）・平成22年度】

1　国会の**常会**を召集することは天皇の国事行為とはされていない。

2　**臨時会**は，いずれかの議院の総議員の4分の1以上の要求があった場合にのみ召集される。

3　衆議院の解散による総選挙が行われたときに国会が召集される手続きに関しては憲法に規定されているが，衆議院議員の任期満了による総選挙が行われたときに国会が召集される手続きに関しては憲法に直接の規定はない。

4　衆議院が解散されたときに開かれる**参議院の緊急集会**は，国に緊急の必要があるときに内閣が求める場合以外でも，参議院議員の総議員の3分の1以上の要求がある場合には開かれることになる。

5　普通地方公共団体の議会の議員の一定数の者が，当該普通地方公共団体の長に対して**臨時会**の招集を請求することにより，一定期間内に臨時会の招集を義務づける制度は，地方自治法上には存在しない。

難易度　＊＊

必修問題の解説

　本問は統治機構の総合問題である。日本の議会，すなわち，国会と地方議会に関する憲法と地方自治体の条文内容について問われている。

1 ✕ **常会の召集は天皇の国事行為である。**
　常会は国会の一種であり（52条），国会の召集は**天皇の国事行為**である（7条2号）。

2 ✕ **臨時会は内閣も召集を決定できる。**
　臨時会は，①いずれかの議院の総議員の4分の1以上の要求があった場合のみならず，②内閣が召集を決定した場合にも，召集される（53条）。

3 ◎ **特別会については憲法規定がある。**
　衆議院の解散による総選挙が行われたときに国会（**特別会**）が召集される手続に関しては，憲法54条1項（国会法1条3項）に規定されている。これに対し，衆議院議員の任期満了による総選挙が行われたときに国会が召集される手続に関しては，憲法に直接の規定はなく，国会法2条の3第1項が規定している。

4 ✕ **内閣のみ参議院の緊急集会を求めることができる。**
　参議院の緊急集会は**内閣のみ**が求めることができ，参議院議員側から求めることはできない（54条2項但書）。

5 ✕ **地方自治法にも臨時会招集の規定がある。**
　普通地方公共団体の議会の議員の定数の4分の1以上の者は，当該普通地方公共団体の長に対し，会議に付議すべき事件を示して臨時会の招集を請求することができる。この請求があったときは，当該普通地方公共団体の長は，請求のあった日から20日以内に臨時会を招集しなければならない（地方自治法101条3項・4項）。

正答 3

第9章 総合問題

FOCUS

　統治機構の総合問題では，機関の異同や相互関係が問われる場合と，国会・内閣・裁判所それぞれについての全体的理解が問われる場合があるが，いずれにしても，付属法令も含めた条文と，基本的な論点に関する正確な知識があれば対応できるだろう。

No.1 ＊　国会と議院の権能に関する次の記述のうち，妥当なのはどれか。

【市役所・令和3年度】

1　国政調査権は，国会に与えられた権能であるから，衆議院と参議院の両議院が合同して調査を行う。

2　内閣総理大臣の指名は，衆議院にのみ与えられた権能であるから，衆議院のみがこれを行うことができる。

3　条約の締結に必要な国会の承認に関して，条約は，先に衆議院に提出しなければならない。

4　罷免の訴追を受けた裁判官の裁判を行う弾劾裁判所の設置は国会の権能であり，弾劾裁判所は両議院の議員により組織される。

5　両議院は，おのおのその議員の資格に関する争訟を裁判できるが，議員の議席を失わせるには，総議員の3分の2以上の多数による議決が必要となる。

◆◆ **No.2** 　国会と地方公共団体に置かれる議会（以下「地方議会」という。）に関する次の記述のうち，妥当なのはどれか。　【国家一般職・平成15年度】

1　憲法は，「両議院の議員は，議院で行つた演説，討論又は表決について，院外で責任を問はれない。」と規定しているが，地方議会の議員の発言については，いわゆる免責特権が憲法上保障されていると解すべき根拠はないとするのが判例である。

2　地方議会は国会と同じく，憲法上必ず設置しなければならないとされているから，地方公共団体において地方議会を置くことなく選挙権を有する者による総会を設けることができる旨の法律を制定することは，憲法に違反するとする点で学説は一致している。

3　内閣総理大臣は国会議員の中から国会の議決で指名することとされているが，地方公共団体の長についてもこれと同様に，当該地方議会の議員の中から当該地方議会の議決でこれを決する旨の法律を制定しても，憲法に違反するものではない。

4　国会議員の選挙においては投票価値の平等は憲法上保障されているが，地方議会の議員の選挙においては，地方自治の本旨に基づき，各地方公共団体の合理的な判断が優先することから，投票価値の平等は公職選挙法の要請にとどまり，憲法上要請されているものではないとするのが判例である。

5　国会議員の選挙については憲法上普通選挙によることが求められているが，地方議会の議員の選挙についてはそのような規定がないから，地方議会の議員の選挙について，その選挙権を当該地方公共団体の地方税納税額について一定以上の金額を納めている者に限ることとしても，憲法に違反するものではない。

No.3 国会に関する次の記述のうち，妥当なのはどれか。

【国家一般職・令和３年度】

1 国会が「唯一の立法機関」であるとは，国会以外の機関が「法律」の形式で法規範を定立することを禁ずる趣旨であるから，緊急事態における臨時的な対応として，内閣等の機関が独立命令等を制定することを妨げるものではない。

2 衆議院の解散中に国に緊急の必要がある場合，内閣は参議院の緊急集会を求めることができるが，参議院の緊急集会は，あくまで緊急事態に対処するための臨時的な制度として想定されたものであり，これまで実際に開催されたことはない。

3 国会議員が国会で行った質疑等の中でした個別の国民の名誉または信用を低下させる発言について，国の損害賠償責任が認められるためには，当該国会議員が，その職務とは関わりなく違法または不当な目的をもって事実を摘示し，あるいは，虚偽であることを知りながらあえてその事実を摘示するなど，国会議員がその付与された権限の趣旨に明らかに背いてこれを行使したものと認めうるような特別の事情があることを必要とするとするのが判例である。

4 両議院は，おのおのその総議員の３分の１以上の出席がなければ，議事を開き議決することができないとされているが，議員として出席・活動し得ない欠員を議員に含めることは妥当でないことから，国会法は，「総議員」とは，法律で定められた議員数ではなく，現にその任にある議員数によるとしている。

5 法律案は，両議院で可決した場合に法律となるのが原則であるが，参議院で衆議院と異なった議決をした場合に，両議院の協議会を開いても意見が一致しないときは，衆議院の議決が国会の議決とされる。

No.4 **司法権に関するア～オの記述のうち，妥当なもののみを全て挙げている のはどれか。**　【国家総合職・平成30年度】

ア：司法権とは，具体的な争訟について，法を適用し，宣言することによって，
これを裁定する国家の作用であり，裁判所において，紛争当事者間に法律関
係に関する具体的な利害の対立がないにもかかわらず抽象的に法令の解釈ま
たは効力について争うことはできないと一般に解されている。

イ：国民には裁判の傍聴の自由が認められており，裁判の公開の保障は，傍聴人
のメモを取る権利の保障を含むとして，傍聴人のメモを取る行為が公正かつ
円滑な訴訟の運営を妨げない限り，傍聴人がメモを取ることを禁止すること
は許されないとするのが判例である。

ウ：最高裁判所の裁判官の国民審査は，現行法上，罷免を可とすべき裁判官およ
び不可とすべき裁判官にそれぞれ印を付すという投票方法によっているが，
これは，同制度の趣旨が，内閣による裁判官の恣意的な任命を防止し，その
任命を確定させるための事後審査を行う権利を国民に保障するものであると
一般に解されていることを踏まえたものである。

エ：警察法の審議に当たり，法律の成立手続の違憲性が問われた事案において，
最高裁判所は，同法が国会の両院において議決を経たものとされ適法な手続
によって公布されている以上，裁判所は両院の自主性を尊重すべきであり，
同法制定の議事手続の有効無効を判断すべきでないと判示した。

オ：裁判が公正に行われ人権の保障が確保されるためには，裁判を担当する裁判
官が外部からの圧力や干渉を受けずに職責を果たすことが必要であり，裁判
官は，国民審査および公の弾劾による場合を除いては，罷免されない。

1 ア
2 ア，エ
3 イ，ウ
4 ウ，オ
5 ア，エ，オ

実戦問題 **1** の解説

1✗ **国政調査権は，衆参両院が合同して行うものではない。**
両議院は，「各々」国政に関する調査を行い，これに関して，証人の出頭および証言ならびに記録の提出を要求することができる（62条）。**国政調査権**は，各議院に与えられた権能であり，衆参両院が合同して行うものではない。

2✗ **内閣総理大臣の指名は，衆議院にのみ与えられた権能ではない。**
内閣総理大臣は，国会議員の中から「国会の議決」で，これを指名する（67条1項前段）。したがって，**内閣総理大臣の指名**は，衆議院にのみ与えられた権能ではなく，参議院も行うことができる。ただし，指名の議決には衆議院の優越が規定されている（同条2項参照）。

3✗ **条約には，衆議院に先議権はない。**
予算は，さきに衆議院に提出しなければならないが（60条1項），条約の承認について，この規定は準用されていないので（61条参照），条約について，衆議院に先議権はない。

4◎ **罷免訴追を受けた裁判官の裁判のために弾劾裁判所を設置。**
国会は，罷免の訴追を受けた裁判官を裁判するため，両議院の議員で組織する**弾劾裁判所**を設ける（64条1項）。

5✗ **出席議員の3分の2以上の多数による議決が必要。**
両議院は，おのおのその議員の**資格に関する争訟**を裁判するが，議員の議席を失わせるには，総議員ではなく「出席議員」の3分の2以上の多数による議決を必要とする（55条）。

No.2 の解説　国会と地方議会

→問題はP.465　**正答 1**

1 ◎ **地方議会議員に免責特権はない。**

国会議員について憲法51条。地方議会議員については判例（最判昭42・5・24）。

2 ✕ **地方議会は法律の定めによって設置される。**

地方議会は，憲法上，「法律の定めるところにより」設置するとされている（93条1項）。そして，地方自治法94条は，町村は，条例で，議会を置かず，選挙権を有する者の総会（**町村総会**）を設けることができるとしている。

3 ✕ **地方公共団体の長は住民が直接選挙する。**

内閣総理大臣については正しい（67条1項）が，地方公共団体の長について誤り。地方公共団体の長は，その地方公共団体の住民が，直接これを選挙する（93条2項）。

4 ✕ **地方議会議員の選挙でも投票価値の平等が憲法上要請される。**

国会議員の選挙については正しい（最大判昭51・4・14）が，地方議会議員について誤り。地方議会の議員の選挙においても，憲法上の平等要求を受け，地方公共団体の議員定数配分につき，人口比例を最も重要かつ基本的な基準として，各選挙人の**投票価値が平等**であるべきことを強く要求していることが明らかであるとするのが判例である（最判昭59・5・17）。

5 ✕ **地方議会議員の選挙も普通選挙による。**

国会議員だけでなく地方議会議員の選挙についても，憲法上**普通選挙**によることが求められている（15条3項）。

第9章

総合問題

1 ✕ **内閣等の機関が独立命令等を制定することは許されない。**

国会が「**唯一の立法機関**」であるとは，国会以外の機関が法規範を定立することを原則として禁ずる趣旨であるから，前半は誤り。また，緊急事態における臨時的な対応として，内閣等の機関が独立命令等を制定することは許されないので，後半も誤り。

2 ✕ **参議院の緊急集会は，これまで2回開催されたことがある。**

衆議院が解散されたときは，参議院は，同時に閉会となる。但し，内閣は，国に緊急の必要があるときは，**参議院の緊急集会**を求めることができる（54条2項）から，前半は正しい。しかし，これまで2回開催されたことがあるので，後半が誤り。

3 ◎ **国会議員の付与権限の趣旨に明らかに背き行使した特別の事情が必要。**

国会議員がその付与された権限の趣旨に明らかに背いてこれを行使したものと認めうるような特別の事情があることが必要とするのが判例である（最判平9・9・9）。

4 ✕ **国会法には，現にその任にある議員数によるという規定はない。**

両議院は，おのおのその総議員の3分の1以上の出席がなければ，議事を開き議決することができない（56条1項）から，前半は正しい。しかし，国会法には，本肢のような規定はなく，後半が誤り。

5 ✕ **法律案では，衆議院の議決が国会の議決とされるわけではない。**

法律案は，この憲法に特別の定のある場合を除いては，両議院で可決したとき法律となる（59条1項）から，前半は正しい。しかし，予算などの場合（60条2項，61条，67条2項参照）と異なり，法律案では，参議院で衆議院と異なった議決をした場合に，両議院の協議会を開いても意見が一致しないときに，衆議院の議決が国会の議決とされるわけではなく（59条2項・3項参照），後半が誤り。

No.4 の解説 司法権

→問題はP.467 **正答 2**

ア○ 抽象的に法令の解釈効力を争うことはできない。

判例も，わが裁判所が現行の制度上与えられているのは司法権を行う権限であり，そして司法権が発動するためには具体的な争訟事件が提起されることを必要とする。わが裁判所は具体的な争訟事件が提起されないのに将来を予想して憲法およびその他の法律命令等の解釈に対し存在する疑義論争に関し**抽象的な判断を下すごとき権限を行い得るものではない**とする（最大判昭27・10・8）。

イ× 裁判公開の保障は傍聴人のメモを取る権利の保障を含まない。

判例は，裁判の公開が制度として保障されていることに伴い，各人は，裁判を傍聴することができることとなるが，憲法82条1項の規定は，各人が裁判所に対して傍聴することを権利として要求できることまでを認めたものでないことはもとより，傍聴人に対して法廷において**メモを取ることを権利として保障しているものでない**ことも，いうまでもないとした。そのうえで，裁判の公開が制度として保障されていることに伴い，傍聴人は法廷における裁判を見聞することができるのであるから，傍聴人が法廷においてメモを取ることは，その見聞する裁判を認識，記憶するためになされるものである限り，尊重に値し，故なく妨げられてはならないとした（最大判平元・3・8）。

ウ× 最高裁判所裁判官の国民審査は解職の制度である。

最高裁判所の裁判官の国民審査は，現行法上，罷免を可とすべき裁判官にだけ×印を付すという投票方法によっているので，前半が誤り。また，同制度の趣旨は，任命を確定させるものではなく，**解職の制度**であると解されているので（最大判昭27・2・20），後半も誤り。

エ○ 裁判所は，法律制定の議事手続の有効無効は判断しない。

警察法改正無効事件の判例である。最高裁判所は，国会の両院において議決を経たものとされ適法な手続によって公布されている以上，裁判所は両院の自主性を尊重すべく同法制定の議事手続に関する事実を審理してその有効無効を判断すべきでないとした（最大判昭37・3・7）。

オ× 裁判官は，執務不能の裁判によって罷免されることもある。

裁判官は，最高裁判所裁判官の国民審査（79条2項〜4項），公の弾劾（64条，78条前段）による場合以外にも，**執務不能の裁判**によって（78条前段），罷免される。

以上から，妥当なものは**ア**と**エ**であり，**2**が正答となる。

No.5 **国会に関するア〜オの記述のうち，妥当なもののみをすべて挙げているのはどれか。**　　　　　　　　　　　　　　　　　【国家総合職・令和３年度】

ア：両議院は，おのおのその総議員の３分の１以上の出席がなければ，議事を開き議決することができない。委員会も，その委員の３分の１以上の出席がなければ，議事を開き議決することができない。

イ：明治憲法は，議院による請求があるとき国務大臣の出席が義務付けられる旨の規定を置かなかったが，日本国憲法は，答弁または説明のため出席を求められたときは，内閣総理大臣その他の国務大臣は議院に出席しなければならないと定めている。

ウ：両議院の議員は，院外における現行犯罪の場合を除いては，国会の会期中逮捕されず，会期前に逮捕された議員は，その議院の要求があれば，会期中これを釈放しなければならない。

エ：会期中に議決に至らなかった案件は，後会に継続しない。ただし，各議院の議決で特に委員会に付託され閉会中審査した議案および懲罰事犯の件は，後会に継続する。

オ：衆議院だけに認められている権能に，内閣信任・不信任決議権・予算先議権がある。これに対し，参議院だけが保持するものに，衆議院の解散中，国に緊急の必要があるとき，緊急集会を求める権能がある。

1　ア，イ
2　ア，オ
3　イ，エ
4　ウ，エ
5　エ，オ

No.6 予算および法律に関するア～オの記述のうち，妥当なもののみをすべて挙げているのはどれか。 【国家総合職・平成18年度】

ア：法律案について，衆議院で可決し，参議院でこれと異なった議決をした場合，衆議院で再可決するためには少なくとも総議員の3分の2の賛成が必要である。一方，予算について，衆議院と参議院とで異なる議決をした場合に，両院協議会を開いても意見が一致しないときは，衆議院の議決が国会の議決とされる。

イ：参議院が衆議院の可決した法律案を受け取った後，国会休会中の期間を除いて60日以内に議決しないときは，衆議院は，参議院がその法律案を否決したものとみなすことができる。一方，参議院が衆議院の可決した予算を受け取った後，国会休会中の期間を除いて30日以内に議決しないときは，衆議院の議決が国会の議決とされる。

ウ：予算は，内閣のみが作成権および提出権を有するが，法律案は，内閣のほか，衆議院議員，参議院議員のいずれもが提出権を有する。予算は先に参議院に提出しなければならないが，法律案にはこのような制限がない。

エ：法律案が国会の議決を経ずに法律となることはない。一方，予見し難い予算の不足が生じた場合，内閣は，自らの責任で予備費を支出することができ，これについて，内閣は，事後に国会の承諾を得る必要はない。

オ：予算の法的性格について，予算は法律それ自体であるとする説（A説）と，予算に法的性格を認めるが，法律とは異なった国法の一形式であるとする説（B説）があるが，B説の立場からは，A説は予算と法律とで議決方法を異にしていることとの整合性がとれないのではないかとの批判が可能である。

1 ア，ウ
2 ア，オ
3 イ，エ
4 イ，オ
5 ウ，エ

実戦問題❷の解説

No.5 の解説　国会
→問題はP.472　**正答3**

ア✕ 委員会は，その委員の半数以上の出席がなければ議事を開き議決できない。
前半は正しいが，後半が誤り。両議院は，おのおのその総議員の3分の1以上の出席がなければ，議事を開き議決することができない（56条1項）。**委員会**は，その委員の「半数以上」の出席がなければ，議事を開き議決することができない（国会法49条）。

イ〇 国務大臣の出席義務は明治憲法には規定がなく日本国憲法には規定がある。
明治憲法は，議院による請求があるとき**国務大臣の出席**が義務付けられる旨の規定を置かなかった。日本国憲法については，63条後段。

ウ✕ 両議院の議員は院外の現行犯罪とその院の許諾がある場合を除いて不逮捕。
前半が誤りで，後半は正しい。両議院の議員は，院外における現行犯罪の場合と「その院の許諾」がある場合を除いては，国会の会期中**逮捕されない**（50条前段，国会法33条）。会期前に逮捕された議員は，その議院の要求があれば，会期中これを釈放しなければならない（50条後段）。

エ〇 会期不継続が原則であるが，付託案件はその例外となる。
会期中に議決に至らなかった案件は，**後会に継続しない**。但し，国会法47条2項の規定により閉会中審査した議案および懲罰事犯の件は，後会に継続する（国会法68条）。常任委員会および特別委員会は，各議院の議決で特に付託された案件（懲罰事犯の件を含む）については，閉会中もなお，これを審査することができる（同47条2項）。

オ✕ 緊急集会を求めるのは，参議院ではなく内閣の権能である。
前半は正しいが，後半が誤り。衆議院だけに認められている権能に，内閣信任・不信任決議権，予算先議権がある（69条，60条1項）。しかし，衆議院の解散中，国に緊急の必要があるとき，**緊急集会**を求める権能は，参議院ではなく「内閣」の権能である（54条2項）。
以上から，妥当なものはイとエであり，**3**が正答となる。

No.6 の解説　予算および法律
→問題はP.473　**正答4**

ア✕ 前半が誤り。衆議院で可決し，参議院でこれと異なった議決をした法律案は，衆議院で出席議員の3分の2以上の多数で**再可決**すれば法律となる（59条2項）。後半は正しい（60条2項）。

イ〇 妥当である（59条4項，60条2項）。

ウ✕ 予算は先に「衆議院」に提出しなければならない（60条1項）。他は正しい。

エ✕ 前半は正しい（59条1項）が，後半が誤り。すべて予備費の支出については，内閣は，事後に国会の承諾を得なければならない（87条2項）。

オ〇 妥当である。なお，本記述のような理由からB説（**予算法形式説**）が通説となっているが，この見解に立つと予算と法律の不一致の問題が生じうる。
以上から，妥当なものはイとオであり，**4**が正答となる。

索 引

●本書の内容に関するお問合せについて

『新スーパー過去問ゼミ』シリーズに関するお知らせ，また追補・訂正情報がある場合は，小社ブックスサイト（jitsumu.hondana.jp）に掲載します。サイト中の本書ページに正誤表・訂正表がない場合や訂正表に該当箇所が掲載されていない場合は，書名，発行年月日，お客様の名前・連絡先，該当箇所のページ番号と具体的な誤りの内容・理由等をご記入のうえ，郵便，FAX，メールにてお問合せください。

〒163-8671　東京都新宿区新宿1-1-12　実務教育出版　第二編集部問合せ窓口
FAX：03-5369-2237　　E-mail：jitsumu_2hen@jitsumu.co.jp

【ご注意】
※電話でのお問合せは，一切受け付けておりません。
※内容の正誤以外のお問合せ（詳しい解説・受験指導のご要望等）には対応できません。

公務員試験
新スーパー過去問ゼミ7　**憲　法**

2023年 9 月25日　初版第 1 刷発行　　　　　　　　　　　　　　　〈検印省略〉
2023年12月10日　初版第 2 刷発行

編　者　資格試験研究会
発行者　小山隆之

発行所　株式会社　実務教育出版
　　　　〒163-8671　東京都新宿区新宿1-1-12
　　　　☎編集　03-3355-1812　　販売　03-3355-1951
　　　　振替　00160-0-78270

印　刷　図書印刷
製　本　ブックアート

[公務員受験BOOKS]

実務教育出版では、公務員試験の基礎固めから実戦演習にまで役に立つさまざまな入門書や問題集をご用意しています。
過去問を徹底分析して出題ポイントをピックアップするとともに、すばやく正確に解くためのテクニックを伝授します。あなたの学習計画に適した書籍を、ぜひご活用ください。
なお、各書籍の詳細については、弊社のブックスサイトをご覧ください。

https://www.jitsumu.co.jp

重要科目の基本書

基本問題中心の過去問演習書